Civil Enforcement in China

中国民事强制执行法重点讲义

陈杭平 / 著

法律出版社
LAW PRESS·CHINA
北京

图书在版编目(CIP)数据

中国民事强制执行法重点讲义 / 陈杭平著. -- 北京：法律出版社，2023
ISBN 978-7-5197-7416-5

Ⅰ. ①中… Ⅱ. ①陈… Ⅲ. ①民事诉讼－强制执行－研究－中国 Ⅳ. ①D925.118.4

中国版本图书馆CIP数据核字(2022)第238049号

中国民事强制执行法重点讲义
ZHONGGUO MINSHI QIANGZHI ZHIXINGFA ZHONGDIAN JIANGYI

陈杭平 著

责任编辑 赵明霞
装帧设计 汪奇峰

出版发行 法律出版社
编辑统筹 法商出版分社
责任校对 王 丰 李景美
责任印制 胡晓雅
经　　销 新华书店

开本 710毫米×1000毫米 1/16
印张 19.5　字数 368千
版本 2023年3月第1版
印次 2023年3月第1次印刷
印刷 三河市兴达印务有限公司

地址：北京市丰台区莲花池西里7号(100073)
网址：www.lawpress.com.cn
投稿邮箱：info@lawpress.com.cn
举报盗版邮箱：jbwq@lawpress.com.cn

销售电话：010-83938349
客服电话：010-83938350
咨询电话：010-63939796

书号：ISBN 978-7-5197-7416-5
定价：78.00元
凡购买本社图书，如有印装错误，我社负责退换。电话：010-83938349

前　言

本书根据最新《民事诉讼法》及民事执行相关司法解释，结合2022年6月公布的《民事强制执行法（草案）》，撰写而成。本书旨在向读者展示我国语境下的强制执行制度，但并不追求面面俱到，而是以自成体系、突出重点为主要特色。

首先，本书打破总论—分论的篇章结构，以某种自洽的逻辑对内容加以重新编排、整合。总论—分论结构虽然在形式上比较规整，但总论部分因缺乏具体规则、制度的支撑而显得空洞乏味，分论部分又着重具体规则、制度的讨论，容易与总论部分脱节。这样很难让读者在不同章节之间产生强关联，“读了总论不知分论，读到分论又忘了总论”，最终往往只能获得一些碎片化的知识。众所周知，碎片化的知识无法转化为人的中长期记忆，更不能对人的理解、操作、批判、创造等能力之提高有所助益。

其次，本书对某些无关整体、细枝末节的内容作大幅省略。除了本章以一则案件引出强制执行的主要流程和基本概念，对强制执行的目的与价值、执行法律关系、基本原则与基本制度、执行程序、保全执行、公法执行等均不再作专门讨论。作出这种取舍，目的在于保持知识供给的浓密度，提高读者单位阅读时间的知识收益，尽量让读者迅速领略、了解我国强制执行法的重点、难点与“痛点”。

本书各章节之间呈现如图0-1所示的逻辑结构关系：

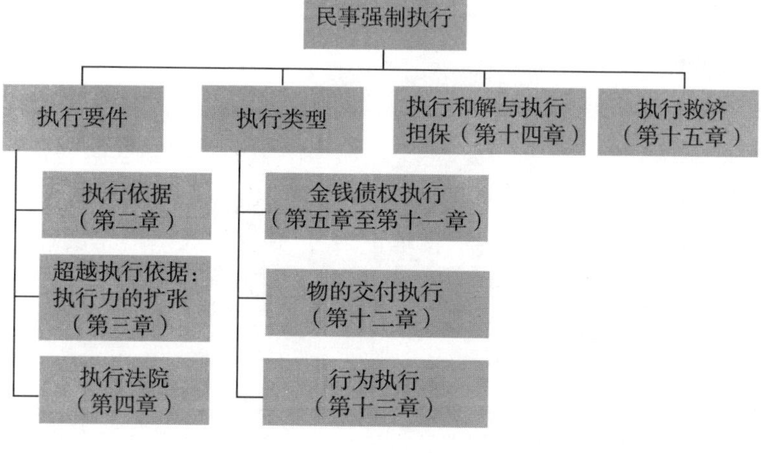

图0-1　本书的逻辑结构关系

从图 0－1 不难看出，在本书的知识体系构成中，金钱债权执行占据最大篇幅。事实上，除了物的交付执行、行为执行在执行方法上有若干特点外，所有强制执行法的原理、规则都能在金钱债权执行中得到贯彻体现。从执行实务来看，金钱债权执行也是程序最复杂、为数最多、争议最大的执行类型。本书将金钱债权执行当作强制执行法知识体系化的中轴，分别从以下模块加以展开（见图 0－2）：

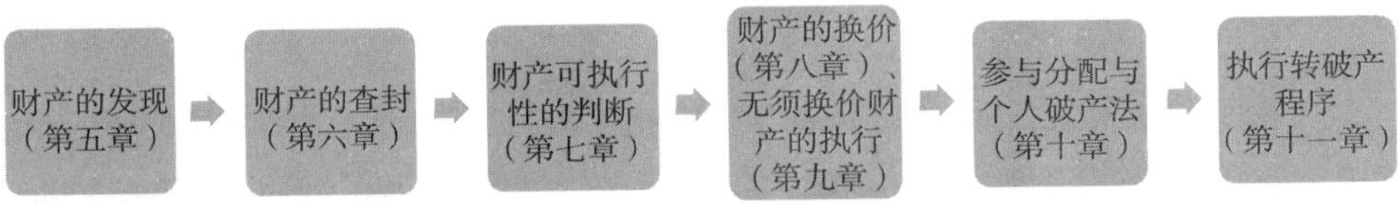

图 0－2　金钱债权执行的程序

为提高阅读本书的效率和效果，有以下几点建议供读者参考：

（1）根据不同的阅读目的，采用不同的阅读方法。[①] 首先，对于初次接触强制执行法的读者，为了对强制执行法形成一个粗略的、整体的、概括的认知，不妨花一点时间快速翻阅第一章、第六章至第十一章。所谓纲举而目张，有了金钱债权执行这条“纲”，就能拎得起强制执行法这张知识之“网”，所有网眼（“目”）也得以舒张。这可以称为检视阅读（inspectional reading）方法，目的在于了解本书“主要在谈什么”“基本结构是怎样的”。其次，在前一阶段基础上，进行分析阅读（analytical reading）。读者可以通过每一章的导言、关键词句把握各章的主旨和重点，梳理相关法规范，尝试制作思维导图，进而看本书的论述是否充分全面、是否具有足够的说服力，解决了哪些问题，遗留了哪些问题。最后，对于熟悉强制执行法、在本领域有耕耘和造诣的读者，可以结合自身需求、兴趣、问题意识，依照本书的关键词索引，进行精准定位和阅读。本书不是一部有关强制执行法的百科全书，对很多知识点到为止，未全面展开。如有需要，可以结合注释或按主题查阅相关著作、论文，进行主题阅读（syntopical reading）。

（2）为了便于读者理解和提高知识的实用性，让读者在知识的“输入”与“输出”之间穿梭，本书特在各个章节中插入若干“设例”。设例一般改编自真实案件，根据讲解、论述的需要进行裁剪加工，聚焦于学理上、实务上富有争议的问题。设例既能为读者提供具体的事实场景，使理论学习“接上地气”，避免读者在抽象的概念、规范中打转，又能引导读者进行思考，将相关知识消化、关联、整合并进行“输

---

① 以下提及的阅读方法主要参见［美］莫提默·J. 艾德勒、查尔斯·范多伦：《如何阅读一本书》，郝明义、朱衣译，商务印书馆 2004 年版。

出”。[1] 读者不妨将设例当作一个个小测验，先结合案情作出解答或评析，再看本书的阐述，是否符合预期，是否值得赞同。主动学习，永远比被动接受知识更有效果。

唐君毅先生谓读书之难与易：“浅尝易，深入难。见文字平铺纸上，易；见若干文字自纸面浮起凸出，难。见书中文字都是一般大小，易；见书中文字重要性有大小，而如变大或变小，难。顺书之文句之次序读书，易；因识其义理之贯通，见前面文句如跑到后面，后面文句如跑到前面，平面之纸变卷筒，难。于有字处见字而知其意义，易；心知著者未言之意，于字里行间无字处见出字来，难。”实乃真知灼见，与读者诸君共勉。

本书源自作者为清华大学法学院本科生、研究生开设的强制执行法一课的讲义，在此对选修课程并提出宝贵意见和建议的同学们表示衷心感谢。在成书过程中，李凯、姜惠雯、胡家涵、晏长超等同学在校对方面提供帮助，一并致以谢意。

① 参见陈杭平：《民事诉讼法学“三位一体”教学模式探索》，载《中国大学教育》2020 年第 2～3 期。

目 录

第一章

导　论

一、从一则案例看强制执行程序

广大银行某市分行城东区望城支行(以下简称望城支行)与自然人张某签订了一份《个人贷款合同》,约定张某向望城支行贷款800万元人民币,以张某个人名下位于该市海丰区某街某号的一套房屋作抵押。其后,张某归还了部分贷款,余款经多次催收一直未付。望城支行向城东区法院起诉,请求张某返还欠款350万元及利息、罚息,并从抵押房屋的所得价款中优先受偿。城东区法院经审理,判决如下:(1)张某于判决生效之日起10日内向望城支行偿还逾期本金350万元及利息、罚息34万元,并支付自2020年5月13日起至实际清偿之日止的罚息;(2)望城支行有权就第1项款项对抵押房屋拍卖、变卖所得价款按照抵押登记顺序优先受偿。张某不服一审判决提起上诉,经某市第二中级人民法院二审审理,于2021年3月12日作出终审判决,维持原判。

(一)执行申请、审查与受理

2021年3月26日上午,望城支行的代理人到城东区法院诉讼服务中心的执行窗口,提交了填写好的《申请执行书》,一并提交的材料还包括一审及二审判决①、执行标的金额确认书、被抵押的房屋他项权证、申请人望城支行的身份信息(法人营业执照、统一社会信用代码证、法定代表人身份证明等复印件)、代理授权委托书、执行款收款账户确认书及收款账户信息复印件、被执行人张某的身份证复印件、送达地址确认书、被执行人财产状况表等。窗口工作人员对提交的材料逐一核对后,予以登记,告诉代理人等候审查通知。

---

① 在原先的执行实践中,如执行依据系一审生效裁判,申请执行人必须一并提交一审法院出具的书面《判决生效证明》。近些年来,随着法院信息化建设的提升及"为群众办实事"理念的贯彻,各地高级人民法院纷纷下令不得再要求申请执行人提交该项证明。有的高级人民法院甚至连对生效裁判文书本身都不再作要求。

经执行局派驻诉服中心的人员初审及立案庭长的审核，本案符合执行立案条件，准予立案。3 月 30 日，立案庭人员打电话给望城支行的代理人，告知案件已经受理，让其尽快到庭领取相关材料。望城支行代理人到庭领取了《执行案件受理通知书》以及告知提供被执行人财产线索、执行风险、执行期限、当事人权利义务等事项的法律文书。窗口工作人员还告知执行费用在结案时收取，无须申请人预缴。

（二）执行通知、财产查控

4 月 1 日，案件移交执行局，随机分配给执行一庭的员额法官赵某（以下简称赵法官[①]）承办。赵法官阅卷之后，告知书记员小胡制作《执行通知书》、《执行裁定书》和《报告财产令》，并于 4 月 2 日向被执行人张某邮寄相关文书。[②] 同时，通过全国网络执行查控系统及高院“点对点”查控系统，赵法官对张某的财产信息进行全面查询。经查询，张某的银行账户上共计有 8 万余元存款，财付通账户内有数千元资金，张某另有某国产品牌轿车一辆，在某有限责任公司拥有 50% 的股权。赵法官分别向相关金融机构、车管所及工商局发出电子《执行裁定书》和《协助执行通知书》，相关机构协助办理了存款冻结及车辆、股权查封登记。另外，赵法官通过高院“点对点”查控系统查询张某的不动产登记信息，发现抵押房屋为张某名下唯一房产，且在郝某对张某申请执行一案中已被海丰区法院先行查封。[③] 赵法官上传电子《执行裁定书》和《协助执行通知书》，并将相关信息提交至不动产登记信息系统。海丰区不动产登记事务中心当天受理，在系统中办理轮候查封登记，并将电子《送达回证》回传至法院。

4 月 21 日，张某将填写好的《财产调查表》寄回执行局，其中对房产、机动车、股权如实申报，但未提及存款。

5 月 3 日，张某应赵法官的传唤，前往执行局接受询问。赵法官告知财产查控情

① 在当前的执行实践中，负责执行实施的人员除了员额法官外，还包括法官助理等司法辅助人员。

② 1991 年《民事诉讼法》第 220 条规定，执行员接到申请执行书或者移交执行书，应当向被执行人发出执行通知，责令其在指定的期间履行，逾期不履行的，强制执行。换言之，发出《执行通知书》且被执行人逾期不履行是法院实施强制执行的前置程序。在执行实务中，《执行通知书》常常变成对被执行人的“逃债通知书”“逃匿通知书”，备受诟病。2007 年《民事诉讼法》修改时，将第 220 条改为第 216 条，增加一款作为第 2 款：“被执行人不履行法律文书确定的义务，并有可能隐匿、转移财产的，执行员可以立即采取强制执行措施。”由此适当缓解了执行实务的困境。在此基础上，2012 年《民事诉讼法》修改时，将第 216 条改为第 240 条，规定：“执行员接到申请执行书或者移交执行书，应当向被执行人发出执行通知，并可以立即采取强制执行措施。”自此以后，发出《执行通知书》及被执行人逾期不履行不再作为法院实施执行的前置程序，执行通知仅是对被执行人的程序性告知。

③ “点对点”网络查控系统由各省高级人民法院自行建设，功能不尽一致。本案例采用的是功能最完善的样本，可直接查封车辆、股权及查询不动产登记情况。在大多数省份，尚不能实现或只能部分实现这些查控功能。

况，对张某未如实申报财产的行为提出严肃批评，并表示如张某不及时清偿，将先划拨这部分存款。张某表示没有其他现金偿还贷款，提出将抵押房屋处置变现用以清偿，但不要处置其所持股权及轿车。赵法官表示会根据实际情况予以考虑。询问结束时，张某在《执行笔录》上签字并写明日期。

6 月初，鉴于房屋拍卖尚需时日，赵法官通过网络执行查控系统向几家银行发出电子《协助扣划存款通知书》，很快近 9 万元的存款被扣划到法院专用账户里。这些信息由书记员小胡录入执行办案系统，并电话通知了申请执行人和被执行人。

（三）财产处置、执行异议

1. 拍卖房产的准备

如前所述，郝某诉张某返还借款一案中，海丰区法院根据郝某的财产保全申请，先行查封了案涉房屋。望城支行的代理人估计该房拍卖所得价款能够同时满足两案共计 600 余万元的债权，并将相关情况反映给赵法官。待海丰区法院查封满 60 天后，城东区法院向海丰区法院发出《商请移送执行函》，附上生效判决书、房屋抵押证明等材料，并告知房屋拍卖款能清偿两案债权等情况。海丰区法院收到商请函后，经了解情况并询问原告郝某的意见，于 6 月底回复《移送执行函》，同意将案涉房屋的处置权移送给城东区法院，同时要求在分配拍卖价款时预留本案的债权数额。

中间发生了一段插曲。张某的妻子刘某在得知案涉房屋即将被拍卖后，于 7 月 10 日向城东区法院执行局提交了一份《执行异议申请书》，请求停止拍卖，理由是该房屋系其夫妻共同财产，且是家庭唯一住房，如被处置其将流落街头。城东区法院在 7 月 12 日立案，执行一庭 3 名员额法官组成合议庭，按照《民事诉讼法》第 234 条对刘某的异议进行审查，并决定暂缓 30 天拍卖。合议庭听取了承办人赵法官的汇报，查阅了相关案卷材料，并在 7 月 18 日传唤申请执行人、被执行人、异议人到庭进行听证。望城支行的代理人提出，张某以案涉房屋抵押贷款时尚未结婚，故该房屋为张某的婚前个人财产。根据其调查了解到的情况，在张某、刘某两人 3 岁的女儿张小某名下有一套位于城东区某街某号的房屋对外出租，按揭款由刘某偿还。望城支行代理人提交了其搜集到的证据。针对望城支行主张的事由及证据，异议人刘某未作进一步说明及提交证据材料。合议庭于 7 月 26 日作出裁定，驳回刘某的执行异议，并向刘某送达裁定书。刘某未在法定期间内向城东区法院提起案外人异议之诉。

8 月 13 日，城东区法院执行局作出《执行裁定书》，裁定对抵押房屋进行拍卖。赵法官通知双方当事人到法院，除了直接送达拍卖裁定书，一并组织确定了拍卖参考价事宜。因双方经协商不能达成议价，且张某坚决不接受网络询价，赵法官决定委托评估机构进行评估。经执行办案系统自动摇号，确定了房产评估机构。城东区法院于 8

月16日向该评估机构发出《司法委托书》并移送评估相关资料，委托其对案涉房屋进行价值评估。评估机构反馈填写好的签收回执和缴费通知，表示接受委托。望城支行预缴评估费用后，评估机构会同双方当事人对案涉房屋进行了实地勘查评估。9月10日，评估机构向城东区法院执行局提交了《评估报告》。执行局随即将该报告连同《评估结果告知书》送达给申请执行人和被执行人，告知双方有权在5日内对评估结果提出异议。张某认为评估结果低于该房的市场价值，于9月14日向法院提出评估异议书，要求评估机构就其估值的依据等作出进一步说明。法院转交异议书后，评估机构数日内发来《评估报告补充说明》，对评估的过程、根据及结果的合理性等作了解释。这些材料均由法院向双方当事人送达。张某收到补充说明，并未再次提出异议或申请重新评估。赵法官根据评估价，报合议庭确定了案涉房屋的起拍价及保留价。

2. 网拍房产的实施

9月28日，城东区法院在TB网络司法拍卖平台上发布拍卖公告，公布拍卖房屋相关信息、竞价时间段、起拍价、保证金。随同公告一并发布的还有拍卖房屋位置、房型等标的物调查情况表及内外景照片等资料，特别提醒起拍价、成交价不包含标的物交割、过户时所发生的全部费用和税费，买受人付清余款后自行办理过户手续，法院不承担拍卖标的瑕疵保证。拍卖房屋的公示期为自公告之日起的30天，在此期间任何潜在竞价者均可就拍卖的房屋产权情况等进行电话咨询，并视情况集中组织一次实地看样。

公示期满之后，在拍卖公告确定的第一次竞价时间段内在网上进行竞价。遗憾的是，因这一期间无人应价，该次竞价流拍。赵法官随即起草了流拍标的物减价再次拍卖的报告，经执行局合议庭合议，将起拍价降低20%，再次进行拍卖。11月2日，城东区法院发布第二次拍卖公告，宣布降低起拍价。在第二次竞价时间段内，有多人应价，从起拍价的700多万元一直竞价到860余万元成交，溢价率为15%左右。因拍卖价款足以清偿全部债权，赵法官及时通过系统解除了对张某车辆、股权的查封。

城东区法院出具《拍卖成交确认书》，确认最高竞价者已经拍得标的物，并将该文书送达给买受人和执行当事人。买受人在指定的期限内将拍卖余款汇进执行局指定账户，赵法官作出《执行裁定书》并向其送达。同时，赵法官制作了数份《协助执行通知书》，送达给海丰区不动产登记事务中心，告知其为买受人办理房产及土地使用权过户登记等手续。11月底，在司法辅助人员的监督下，张某将案涉房屋内的家具电器等腾空，并把钥匙交给买受人，该标的物完成了交付。张某此前交到法院的产权证和望城支行提交的他项权证等相关证书，也由法院交给了买受人。其后，赵法官持《移送执行函》《拍卖成交确认书》到不动产登记中心办理解封手续、涤除抵押登记手续。买受人持《拍卖成交确认书》《执行裁定书》及产权证等材料自行办理了产权变更手续。

（四）执行款的分配与执行结束

城东区法院从海丰区法院处得知，郝某在诉张某返还借款案的一审中已胜诉，目前因张某提起上诉，该案进入第二审程序。由于拍卖款能够满足两个债权，望城支行代理人请求尽快将本案的执行款发还到该支行的账户内。听取了申请执行人代理人意见后，赵法官让小胡制作《划款通知书》，确定发还给望城支行的款项除近400万元的执行款之外，还包括其预缴的评估费用及用于拍卖的若干实际支出。执行费42,000余元也从拍卖款项中扣除。经主管副院长核批签字，法院财务人员于12月8日向望城支行已确认的账号汇款。12月15日，代理人送来盖有望城支行印章和法定代表人签字的《代管款取款凭证》，在相关栏目注明“收到执行款，确认结案”。

12月中旬，赵法官收到海丰区法院有关另案财产保全冻结300多万元的裁定，随即传唤张某到庭，告知其拍卖款除在本案已发还、扣除的金额和另案所冻结的金额之外尚有的余额。张某表示对该余额不持异议，赵法官即为其办理发还该笔余款的手续，张某履行了签收和确认的程序。至此，本案已经全部执行完毕。赵法官交代小胡制作《结案通知书》，并向双方邮寄送达。待双方签收的送达回证返回后，小胡将所有文书归档，并填报结案。

二、我国强制执行法的基本概念

前述内容以一起执行案件为例，展示了我国强制执行的主要阶段和基本流程。该案旨在实现望城支行的金钱债权，属于金钱债权执行。在执行实践中，此类型执行案件无疑是最常见的。与之相对的还有两类非金钱债权执行，即旨在满足权利人请求义务人给付一定物之权利（主要是债权，也包括原物返还等物上请求权）的物的交付执行，以及满足权利人请求义务人为或不为一定行为之权利的行为执行。

望城支行根据第二审法院作出的生效判决，向第一审法院申请强制执行。具有给付内容的生效判决被称为执行依据或执行名义，而申请强制执行须向有执行管辖权的法院为之。执行依据除了法院作出的裁判外，常见的还有仲裁机关作出的仲裁裁决书、仲裁调解书，公证机关制作的公证债权文书等。根据执行依据强制实现权利的属于终局执行，区别于根据行为或财产保全裁定所作维持一定状态、冻结义务人财产的保全执行。前者通常意味着对义务人的财产强制拍卖、变卖或交付执行标的物，后者以防止义务人处分财产或变更状态为目的，原则上不得对保全标的进行换价、划拨等处置。[①] 上述案件中，另案海丰区法院作出的便是保全执行。根据《民事诉讼法》第231条的规定，对于法院作出的裁判，第一审人民法院或者与第一审人民法院同级的被执行的财产所在地法院有执行管辖权；对于非由法院作出的法律文书，被执行人住所地或者被执行的财产所在地法院有执行管辖权。《民事强制执行法（草案）》第36条的规定与《民事诉讼法》大同小异，仅作了文字上的修改完善。

望城支行之所以能向法院提出执行请求或申请强制执行，是因为本案二审判决具有执行力。执行力是现代国家在禁止私力救济之后，向国民提供作为公共服务的强制执行，保障其私权利实现的公法上效力。执行力附着于生效法律文书，并与既判力一样，受到法律文书记载内容的限制。简言之，执行力的范围是"为谁，对谁，强制为何种给付"。就上述案件而言，就是"为了望城支行，对于张某，强制其清偿一定数额的贷款"。

其中，执行力的主观（主体）范围原则上由执行依据记载的权利人、义务人所确定，即"为谁，对谁"，例外情况下会扩张到未被执行依据载明的案外人。例如，上述案件中，根据望城支行的申请，法院有可能追加张某之妻刘某为被执行人。至于能否向案外人扩张，将其变更、追加为执行当事人，取决于对执行当事人适格的判断。作为前提，权利人、义务人须有执行当事人能力。因执行与诉讼都旨在保护民事权利，故自然人、法人或非法人组织（其他组织）有民事诉讼当事人能力，也有执行当事人能力。张某属于适格当事人毫无疑问。望城支行虽不具有法人资格，但其依法设立并领取营业执照，属于《民事诉讼法》第51条规定的其他组织，兼具诉讼及执行的当事人能力。另外，当事人在执行程序中需维护自己的利益，作出表示意思并承受后果，故须有执行行为能力。当然，被执行人主要处于忍受强制执行的被动地位，原则上无须其作出意思表示，应否具有执行行为能力也有不同见解。不过，在执行和解、以自有财产提供执行担保、接受法院询问、提出执行异议或申请复议等情形下，仍需被执行人有执行行为能力。

执行力的客观（客体）范围原则上同样由执行依据记载的给付内容所确定。执行客体即权利人针对义务人的可执行的请求权，具体表现为可请求法院强制实现的"为

---

① 《民事强制执行法（草案）》第201条第2款规定，在例外情形下，执行法院可以责令当事人及时处理保全标的物，由人民法院保全换价所得价款；必要时，执行法院可予以变卖，保全价款。这些保全标的物包括：(1)季节性、鲜活、易腐烂变质以及其他不宜长期保存；(2)不及时变价会导致价值严重贬损；(3)保管困难或者保管费用过高。由于情况紧迫，需追求换价的效率，该条规定执行法院只能进行简便快捷的变卖，而不能组织程序更烦琐的拍卖。

何种给付”。[①] 例如,在一定期间内偿付一定数额的金钱,交付种类物或特定物,为或者不为一定的行为。与之有密切联系但内涵不同的是执行标的。[②] 执行标的指的是执行力作用的对象,主要包括财产和行为(也有观点主张是人身)。执行标的是一个抽象的概念,有别于具体的执行标的物本身。同样地,执行力的客观范围也会在例外情况下发生变更或扩张。典型的,如作为执行标的物之特定物毁损灭失,经当事人协商一致,物的交付执行变更为损害赔偿执行。

望城支行提交的执行申请书须写明请求事项、事实和理由,以此向法院主张执行请求权。其也须提供生效法律文书、法院有执行管辖权的证据(尤其是向被执行的财产所在地法院提出申请)、双方当事人的身份信息、被执行人的财产线索等作为证明材料。执行请求权是请求法院实施强制执行的公法上的权利,是民事主体得以利用国家提供之强制执行制度的资格。执行请求权有别于权利人针对债务人所享有的私法上的权利(实体请求权)及作为执行客体的“可执行的请求权”。义务人拒不履行或拒不完全履行生效法律文书所确定的给付义务,权利人即可行使执行请求权。但在具体的案件中,执行请求权的存否、内容是仅以生效法律文书的记载为判断根据,还是以实体权利的真实状况为判断根据(如实体权利已全部或部分消灭,则执行请求权随之全部或部分消灭),学理上存在分歧。大致有“抽象执行请求权说”(执行依据表征的实体权利 = 执行请求权)、“具体(实体)执行请求权说”(实体权利的真实状况 = 执行请求权)及“折中说”(原则上依赖执行依据的表征,但义务人可通过债务人异议之诉予以争执)三种不同主张。[③] 在望城支行申请执行之前,债务已经因张某的继续还贷而部分消灭,张某可参照《民事诉讼法》第 232 条提出执行(行为)异议。[④]《民事强制执行法(草案)》第 88 条第 1 款新增规定:“执行依据生效后,发生消灭或者妨碍申请执行人请求的抗辩事由的,被执行人可以在执行程序终结前,以申请执行人为被告,向执行法院提起诉讼,请求不予执行。”待该款正式上升为法律后,张某就可以

---

① 德国通说认为,可执行的请求权(der vollstreckbare Anspruch)是指在执行名义中被书面确认的、被认为具有执行能力的程序请求权(vollstreckungsfähig prozessualer Anspruch)。这类请求权应当在针对债务人的强制执行中实现,并且以一项或多项实体法上的请求权为基础。参见[德]弗里茨·鲍尔等:《德国强制执行法》(上册),王洪亮等译,法律出版社 2019 年版,第 79 页。因此,可执行的请求权相当于实体请求权在强制执行程序中的“投射”,既有别于生活世界的实体请求权,也不同于针对法院(国家)的执行请求权,而相当于二者的媒介。

② 多数观点将执行客体与执行标的两个概念等同,本书予以区分。

③ 参见吴光陆:《强制执行法》(修订 3 版),台北,三民书局股份有限公司 2015 年版,第 8 ~ 9 页。

④ 2020 年最高人民法院《关于人民法院办理执行异议和复议案件若干问题的规定》(以下简称《执行异议复议规定》)第 7 条第 2 款规定:“被执行人以债权消灭、丧失强制执行效力等执行依据生效之后的实体事由提出排除执行异议的,人民法院应当参照民事诉讼法第二百二十五条(2021 年《民事诉讼法》第 232 条)规定进行审查。”

提起债务人(被执行人)异议之诉。由此可见,我国基本可归入“折中说”的行列。

对于望城支行的申请执行,只有满足法定要件,法院才立案受理。法院在执行立案时,重点审查法律文书是否生效,主体是否确定,可否执行(是否有明确的给付内容、被执行人有无履行义务、执行依据所附期限是否届满或所附条件是否成就),本院是否具有执行管辖权,执行依据时效是否届满,①如届满有无中止、中断事由等内容。② 这有别于德国、日本关于“执行文付与”程序的立法例。在这些国家,执行机关被视为没有审查执行依据(又称执行名义)有无执行力的权限,权利人在申请强制执行前,应当先向有权付与执行正本的机关(如确定终局判决为第一审法院的书记官,公证债权文书为公证人),请求付与执行正本,以证明执行依据有执行力。③ 但在我国,并未设立这一前置程序,而是由法院根据申请执行人提交的申请材料,审查判断执行依据是否具有执行力及执行力的范围。④ 这种制度架构虽不能将审判与执行彻底隔离,但方便权利人行使执行请求权。

法院经审查予以受理的,发给申请执行人受理通知书;不予受理的,应作出不予受理裁定书并送达申请执行人,后者可自裁定送达之日起10日内向上一级法院申请

---

① 《民事诉讼法》第246条规定:“申请执行的期间为二年。申请执行时效的中止、中断,适用法律有关诉讼时效中止、中断的规定。”但《民事强制执行法(草案)》改变了思路,删除了申请执行期间,而适用民事诉讼时效,规定执行依据时效,其第15条规定:“执行依据确定的民事权利,向人民法院请求保护的时效适用《中华人民共和国民法典》等法律有关诉讼时效的规定。但是,法律规定诉讼时效期间不满三年的,执行依据作出后重新起算的时效期间为三年。”严格来说,公法权利并无消灭时效问题,过去对执行请求权施加期间限制并不妥当,但执行依据所载债权人的债权仍有消灭时效的适用。参见杨与龄:《强制执行法论》,中国政法大学出版社2002年版,第102页。对于执行依据时效届满后的申请执行,为了节省司法资源,执行法院可以裁定不予受理或驳回申请。在执行过程中,如果被执行人认为申请执行时执行依据时效已届满,可以提出执行异议,不服法院裁定的,可以提起债务人异议之诉,以排除执行依据的执行力。

② 2020年最高人民法院《关于人民法院执行工作若干问题的规定(试行)》(以下简称《执行若干规定》)第16条第1款规定:“人民法院受理执行案件应当符合下列条件:(1)申请或移送执行的法律文书已经生效;(2)申请执行人是生效法律文书确定的权利人或其继承人、权利承受人;(3)申请执行的法律文书有给付内容,且执行标的和被执行人明确;(4)义务人在生效法律文书确定的期限内未履行义务;(5)属于受申请执行的人民法院管辖。”《民事强制执行法(草案)》第39条规定:“申请执行应当符合下列条件:(一)有本法规定的执行依据;(二)申请人和被申请人属于执行依据确定的权利人、义务人或者依据本法第二十条或者第二十一条规定确定的主体;(三)申请执行内容明确;(四)执行依据确定的履行期限届满或者权利人有证据证明所附的条件已经成就;(五)属于受申请的人民法院管辖;(六)法律规定的其他条件。”

③ 以德国为例,执行文付与机关的审查内容包括执行依据的当事人名称正确、有给付内容、确定生效,以及继受执行、执行的条件成就、执行期限届至等。

④ 唯一可视作例外的是公证机关出具的执行证书,与执行文有相似之处。对此可参见本书第二章第四部分的讨论。

复议。① 对于仲裁裁决书、公证债权文书等非法院作出的生效法律文书，法院还可根据被执行人的申请进行一定程度的实质审查，如符合《民事诉讼法》第 244 条、第 245 条、第 281 条的规定，裁定不予执行。② 法院裁定不予执行，等于否定此类法律文书具有执行力。根据相关司法解释的规定，当事人无权提出执行异议或申请复议，而只能重新申请仲裁或向法院另行起诉。③

金钱债权执行旨在强制夺取被执行人名下可供执行的财产，若为金钱直接转付，则如上述案件中的银行存款；若为其他财产则通过换价变为金钱后转付，如上述案件中的房产、汽车、股权，由此满足申请执行人的金钱债权。在执行立案及发出执行通知书之后，金钱债权执行的完整流程包括：(1)财产的发现(法院网络查询及现场搜查，被执行人报告财产，申请执行人提供财产线索及悬赏执行)；(2)财产的控制(根据标的物的不同分为查封、扣押、冻结三种执行措施)；(3)财产的处置(拍卖、变卖、以物抵债、强制管理等)；(4)金钱的转付。物的交付执行包括标的物的发现及向申请执行人交付；行为执行只能采用间接执行、替代执行。这些执行行为或执行措施都以法院的执行权为基础，是强制执行权能的具体体现。执行权的行使方式、步骤、类型等由法律及司法解释强行规定，法院只能以法定方式为强制执行，被执行人也仅对法定方式的执行行为有容忍的义务。执行权既是法院不顾被执行人的意愿，强行剥夺其财产或限制其行为甚至人身自由的正当性基础，也是阻却或者豁免法院此种行为违法性的根据。这属于国家与国民之间的宪法性事项。因此，法院行使执行权应遵守合法性、必要性、妥当性、合比例性原则，甚至在必要的场合还需兼顾社会整体利益。

---

① 参见《执行异议复议规定》第 2 条第 3 款。关于该款规定的理由，可参见江必新、刘贵祥主编，最高人民法院执行局编著：《最高人民法院关于人民法院办理执行异议和复议案件若干问题规定理解与适用》，人民法院出版社 2015 年版，第 41 ~ 43 页。从中可以看出，最高人民法院执行局囿于体系解释方法，认为《民事诉讼法》第 126 条规定在第一审普通程序一章中，很难在执行程序中适用。但是，第一审普通程序是法院办案的基础性程序，不仅第一审简易程序及小额程序、第二审程序未作特别规定的，可以适用第一审普通程序的规定，在现行审判/执行合一的立法体例下，执行程序未作特别规定的，也没有禁止参照第一审普通程序规定的绝对理由；而且，法院是否受理执行申请，事关当事人的执行请求权，可以说是广义诉权的组成部分。可资参考的是，我国台湾地区"强制执行法"第 30 条之一的规定，"强制执行程序，除本法有规定之外，准用民事诉讼法之规定"。故本书主张应参照《民事诉讼法》第 126 条关于裁定不予受理起诉的规定，赋予申请执行人提起上诉的权利。遗憾的是，《民事强制执行法(草案)》第 40 条第 3 款沿用了申请复议模式。

② 《民事强制执行法(草案)》第 16 条、第 17 条分别规定对仲裁裁决、公证债权文书裁定不予执行制度。相对于现行《民事诉讼法》，该草案第 16 条仅保留"仲裁裁决违背公序良俗"一项裁定不予执行事由，从而减少与撤销仲裁裁决制度之间的重叠，第 17 条则参考了相关司法解释，将民诉法规定的"公证债权文书确有错误"细化为不同的事由。

③ 参见《关于人民法院办理仲裁裁决执行案件若干问题的规定》第 22 条、《关于公证债权文书执行若干问题的规定》第 20 条。

这些都可纳入善意执行理念的内涵。《民事强制执行法(草案)》第5条即规定:“民事强制执行应当公平、合理、适当,兼顾各方当事人和利害关系人的合法权益,不得超过实现执行目的所需的必要限度。”法院对于不作为请求权采用替代执行方法、未经执行通知或发出履行令就处以罚款、组织明显无助于清偿债权的财产拍卖、不给被执行人及其扶养人保留生活所需物品或住房等等,皆属违法执行或错误执行。

法院的执行权包括强制搜查及调查、查封、换价,解除被执行人或第三人对执行标的物的占有,限制被执行人在查封期间处分其财产,责令被执行人按照执行依据履行行为义务,对违反法院命令、干扰执行秩序的被执行人及第三人实施罚款拘留等惩戒,对有能力履行债务而拒不履行的被执行人采取信用惩戒、限制高消费等间接执行措施。其中,直接作用于被执行人财产、达到实现权利之效果的称为直接执行方法或措施,如强制查封、拍卖并以换价所得清偿申请执行人的债权,强制解除被执行人对标的物的占有并交付给申请执行人;对义务人施加压力,迫使其不得不履行义务的称为间接执行方法或措施,如罚款、拘留、信用惩戒、限制高消费;另外,义务人的义务可替代履行的,如其拒不履行,可采取替代执行方法或措施,一般是由他人代为履行并由被执行人承担履行费用。上述案件中法院主要采用了直接执行方法。当然,法院的执行权有其边界。如为实现权利所必需但逾越了法院的权限范围,此类事项可假借其他机关、人员之手完成,此即协助执行制度。上述案件中,法院冻结、划拨存款,变更不动产产权登记,均需相关金融机构、不动产登记部门协助完成。相关机关、人员履行协助执行义务,旨在辅助法院强制实现权利,被执行人无权追究其公法上或私法上的侵权或违约责任。换言之,协助执行人豁免协助行为的违法性、违约性。鉴于实践中存在“协助执行难”的现象,《民事强制执行法(草案)》第7条专门规定:“有关组织和个人应当对民事强制执行依法予以协助、配合。”由此将协助、配合执行上升为国民法定义务。另外,与协助执行相接近的是委托执行。简言之,执行法院经调查发现被执行人在本辖区内已无财产可供执行,但在其他省、自治区、直辖市内有财产可供执行的,如果不方便赴异地执行,可以将案件委托异地的同级法院执行。不过,案件委托执行须由受托法院立案,委托法院作销案处理,相当于转移了执行管辖权,这实际上已经脱离了“委托执行”的应有之义。① 目前严格意义上的委托执行只剩下执

① 2020年最高人民法院《关于委托执行若干问题的规定》(法释〔2020〕21号,以下简称《委托执行规定》)第2条第1款规定:“案件委托执行后,受托法院应当依法立案,委托法院应当在收到受托法院的立案通知书后作销案处理。”

行法院委托异地法院协助查询、冻结、查封、调查或者送达法律文书等部分程序事项。① 司法解释称为"协助"执行,为避免引起混淆,不宜再采用此种称谓。

与民事判决旨在对权利进行宣告或确认不同,民事执行是为了强制实现权利人已为生效法律文书所确定的权利。因此,为了迅速、经济、准确地实现权利,无须像对待被告那样为被执行人提供平等的程序保障。故学理上主张强制执行采用不平等主义,区别于诉讼审判所贯彻的平等主义。如在上述案件中,赵法官只传唤被执行人张某到庭接受询问,听取其关于债务履行及财产执行的意见,而非赋予其言辞辩论的机会,且张某的意思表示对赵法官并无拘束力。此外,尽管原则上仅被执行人所有的财产才是金钱债权执行的客体,但为了追求权利实现的迅速、经济,执行程序中不对财产的可执行性展开完全的攻击防御。相反,执行法院从权利外观上判断财产的可执行性,即根据某种易于观察,又与真实权利状况高度盖然性一致的事实判断财产的权属。如上述案件的不动产、特殊动产、股权均以相关部门的权利登记为准,银行账户以户主为准,动产以占有为准。这被称为形式化判断原则,又称为权利外观主义。当然,由于我国社会按照固有形式加以"格式化"的程度尚显不足,财产权利外观与财产在事实上的归属之间存在诸多分离,借名、代持、挂靠等"名实不符"现象相当普遍。因此,形式化判断尚不能贯彻始终,司法解释也设置了若干种例外。② 案外人依据《民事诉讼法》第 234 条对财产的可执行性提出执行(实体)异议,原则上执行法院也仅进行形式审查。上述案件中,执行局合议庭对案外人刘某的异议组织听证,体现了审查判断的慎重性,但不对证据的真实性、证明力等像庭审那样组织质证及辩论。不平等主义、形式化判断都可视为执行程序与审判程序的区别,或者说属于广义"审执分离"原则的内容。当事人或案外人对执行法院所作裁定不服的,可向执行法院提起执行异议之诉。案外人不服法院驳回其执行异议裁定,所提起的诉讼称为案外人异议之诉;申请执行人不服法院停止对某标的物的执行,所提起的诉讼称为许可执行之诉。

上述执行案件总体上进行得比较顺畅,用了八九个月时间就按照望城支行的请求内容执行完毕。执行法院原则上应当自立案之日起 6 个月内执行结案,但有特殊情况需要延长的,可报本院院长或主管副院长延长 3 个月,还需要延长的,层报高级人民法院备案。此即执行期限,与审理期限(审限)类似。但司法解释规定了若干种

---

① 2020 年《委托执行规定》第 2 条第 2 款规定:"委托异地法院协助查询、冻结、查封、调查或者送达法律文书等有关事项的,受托法院不作为委托执行案件立案办理,但应当积极予以协助。"为避免与协助执行相混淆,建议将其中的"协助"一词改为"协办"或"协理"。

② 有权威民法学者明确指出:"强制执行处于非基于法律行为而发生的物权变动的领域,不应适用公信原则,在确定被执行人的财产时,应依实事求是原则,确定被执行人的可被执行财产。"参见崔建远:《论外观主义的运用边界》,载《清华法学》2019 年第 5 期。

例外，可从执行期限中扣除。[①] 上述案件中，协商移转房产处置权、评估机构评估拍卖房产、网络司法拍卖、暂缓执行等所占有的时间均可从执行期限中扣除。

从执行立案起至执行完毕止，难免会因各种各样的原因导致法院暂缓执行、执行中止、终结本次执行程序甚至执行终结。这些程序进行的异常现象可统称为执行妨碍或执行阻碍。

其中，暂缓执行指的是基于某种原因，执行法院或其上级法院决定在一定期间内暂不执行。强制执行以迅速进行为原则，故暂缓执行须有正当事由。《民事诉讼法》第238条仅规定了被执行人提供担保并经申请执行人同意这一种情形。但是，由于该项机制机动灵活，且当事人不能提出异议或申请复议，[②]法院对之报以极高的热忱。[③] 由此与另一项具有相似功能的程序机制，即执行中止发生重合。根据《民事诉讼法》及最新司法解释的规定，法院在满足一定条件时应当或者可以裁定中止执行。[④] 二者的适用情形相互交错，难以厘清，有的司法解释条文甚至在同一条文中进行规定，如"人民法院可以决定暂缓或者裁定中止拍卖"。二者的区别大致在于：暂缓执行是在可以继续执行的前提下，根据当事人的意愿或法院的判断而暂停全部或部分执

---

① 常见的包括：(1)审查当事人提出的管辖权异议和处理法院之间的管辖争议的期间；(2)由有关专业机构进行审计、评估、资产清理的期间；(3)执行中拍卖、变卖被查封、扣押财产的期间；(4)公告送达执行法律文书的期间；(5)暂缓执行的期间；(6)中止执行的期间；(7)就法律适用问题向上级法院请示的期间；(8)与其他法院发生执行争议报请共同的上级法院协调处理的期间。

② 《关于正确适用暂缓执行措施若干问题的规定》(法发〔2002〕16号)第12条规定："上级人民法院发现执行法院对不符合暂缓执行条件的案件决定暂缓执行，或者对符合暂缓执行条件的案件未予暂缓执行的，应当作出决定予以纠正。执行法院收到该决定后，应当遵照执行。"该条语焉不详，并未赋予当事人程序救济权利。

③ 根据相关司法解释的规定，依申请暂缓执行的情形包括：(1)执行措施或者执行程序违反法律规定的；(2)执行标的物存在权属争议的；(3)被执行人对申请执行人享有抵销权的。依职权暂缓执行的情形包括：(1)上级法院发现下级法院在执行中作出的裁定、决定、通知或具体执行行为不当或有错误的，可以通知有关法院暂缓执行；(2)上级法院发现据以执行的生效法律文书确有错误，并正在按照审判监督程序进行审查的，应当书面通知下级法院暂缓执行；(3)当事人、利害关系人对网络司法拍卖行为提出异议的，异议、复议期间，法院可以决定暂缓拍卖。案外人对网络司法拍卖的标的提出异议的，法院应决定暂缓拍卖。参见最高人民法院执行局：《人民法院办理执行案件规范》，人民法院出版社2017年版，第42～43页。

④ 应当裁定中止执行的情形包括：(1)申请人表示可以延期执行的；(2)案外人对执行标的提出确有理由的异议的；(3)作为一方当事人的公民死亡，需要等待继承人继承权利或者承担义务的；(4)作为一方当事人的法人或者其他组织终止，尚未确定权利义务承受人的；(5)执行依据按照审判监督程序决定再审的，但追索赡养费、扶养费、抚育费、抚恤金、医疗费用、劳动报酬等案件，可以不中止执行的除外；(6)法院已经受理以被执行人为债务人的破产申请的，或者依据2022年《民诉法解释》第511条规定，将执行案件移送破产审查的；(7)民事案件执行中发现被执行人有非法集资犯罪嫌疑的；(8)法院认为应当中止执行的其他情形。可以裁定中止执行的情形包括：(1)受理第三人撤销之诉案件后，原告提供相应担保，请求中止执行的；(2)申请执行人与被执行人达成和解协议后请求中止执行的。参见最高人民法院执行局：《人民法院办理执行案件规范》，人民法院出版社2017年版，第46～47页。因2020年《执行若干规定》将原规定的第102条删除，有关内容不予列入。

行措施，待一定期间经过后继续执行，为确保暂缓不影响最终的执行效果，一般应要求被执行人提供担保；执行中止是因为发生某种法定事由（通常是客观原因）导致执行不能继续进行，原则上暂时解除法院的执行职责，待客观原因消失后再依申请或依职权恢复执行。[①] 由于司法解释众多，无法作整齐划一的分类，不妨交由执行法院根据具体情况和实际需要裁量决定。《民事强制执行法（草案）》第 79 条将暂缓执行限缩为“申请执行人申请或者同意延期执行”“因公序良俗等事由不宜立即执行”的法定暂缓执行，以及“上级人民法院在办理案件过程中，认为下级法院办理的执行案件存在不宜立即执行事由”的裁量暂缓执行。但是，这种规定能否得到贯彻执行，尚有待观察。一般情况下，暂缓执行可视作执行中止的简易版，作为前置程序使用。对此法院只须作出无固定格式的决定书，而无须出具写明理由和法律依据的裁定书。如在上述案件中，由于案外人刘某提出执行（实体）异议，根据《民事诉讼法》第 234 条规定法院应当自收到书面异议之日起 15 日内审查并作出裁定，另须给当事人或案外人预留 15 天提起执行异议之诉，故执行法院决定暂缓拍卖 30 天。

在执行完毕之前，因为申请执行人撤销申请或者发生客观原因，导致强制执行已无继续进行之必要或可能的，法院应当根据《民事诉讼法》第 264 条裁定执行终结。[②]

---

① 例外是，在执行中止期间，对执行标的物的查封（扣押、冻结）措施继续生效，查封期限届满需要办理续封手续的，执行法院可以根据申请执行人的申请或依职权办理；当事人、利害关系人提出执行（行为）异议或者案外人提出执行（实体）异议的，执行法院应当进行审查并作出裁定；当事人申请变更申请执行人的，法院应当审查并作出裁定；当事人申请变更或追加被执行人的，执行法院应当区分中止执行的具体情形作出处理。参见最高人民法院执行局：《人民法院办理执行案件规范》，人民法院出版社 2017 年版，第 49 页。

② 应当裁定终结执行的情形包括：（1）申请人撤销申请的；（2）据以执行的法律文书被撤销的；（3）作为被执行人的公民死亡，无遗产可供执行，又无义务承担人的；（4）追索赡养费、扶养费、抚育费案件的权利人死亡的；（5）作为被执行人的公民因生活困难无力偿还借款，无收入来源，又丧失劳动能力的；（6）被执行人被法院裁定宣告破产的；（7）被执行人在破产程序中与全体债权人达成破产和解协议经破产法院确认并已履行完毕的；（8）作为被执行人的企业法人或其他组织被撤销、注销、吊销营业执照或者歇业、终止后既无财产可供执行，又无义务承受人，也没有能够依法追加变更执行主体的；（9）案件被上级人民法院裁定提级执行或者指定由其他法院执行的；（10）按照最高人民法院《关于委托执行若干问题的规定》，办理了委托执行手续，且收到受托法院立案通知书的；（11）特定物的执行中，特定物毁损、灭失，双方当事人对折价赔偿又不能协商一致的；（12）依照《刑法》第 53 条规定免除缴纳罚金的；（13）行政执行标的灭失的；（14）当事人双方达成和解协议，申请执行人撤回执行申请的；（15）人民法院认为应当终结执行的其他情形。参见最高人民法院执行局：《人民法院办理执行案件规范》，人民法院出版社 2017 年版，第 56～58 页。在整理实务经验的基础上，《民事强制执行法（草案）》第 83 条规定：“有下列情形之一的，人民法院应当裁定终结执行：（一）执行债权全部实现；（二）执行和解协议履行完毕；（三）申请执行人撤回执行申请；（四）执行依据被裁定不予执行或者被撤销；（五）执行依据指定被执行人交付的特定物灭失；（六）作为被执行人的自然人死亡，无遗产可供执行，又无义务承担人；（七）作为被执行人的法人或者非法人组织终止，无财产可供执行，又无义务承担人；（八）自终结本次执行程序之日起满五年且未发现被执行人可供执行的财产；（九）被执行人的破产重整计划被人民法院裁定批准、破产和解协议被人民法院裁定认可或者被执行人被人民法院裁定宣告破产；（十）法律规定或者人民法院认为应当终结执行的其他情形。”

执行案件被裁定终结的，不再恢复执行，更不能继续执行。① 过去，各地法院利用执行中止将执行完毕无望，又不能执行终结的案件搁置起来，日积月累，结果形成了极为严重的“积案”现象。为此法院在《民事诉讼法》之外创设出一种名为终结本次执行程序（简称终本）的程序机制，以处理不能执行完毕又不能裁定执行终结的案件，并将其从待办案件列表中剔除，纳入终本案件信息库进行另册管理。② 终本可视作介于执行中止与执行终结之间的一种程序机制，主要用于“确无财产可供执行”案件的处理。执行法院既可将案件作结案处理，又须定期（5 年内每 6 个月一次）对被执行人进行网络查询，还有义务依申请或依职权恢复执行，且恢复执行没有期限限制。为了避免执行法院假借终本推卸执行职责，片面追求结案率，最高人民法院命令作出裁定之前须完成一系列“规定动作”，确保裁量权不被滥用。③《民事强制执行法（草案）》第 80 条规定，同时符合以下情形的，经申请执行人同意或者执行法院审查核实，可以裁定终结本次执行程序：（1）已向被执行人发出执行通知、依法责令被执行人报告财产；（2）已对被执行人依法采取限制消费措施，并将符合条件的被执行人纳入失信被执行人名单；（3）已穷尽必要合理的财产调查措施，未发现被执行人有可供执行的财产、发现的财产不能处置或者已经处分完毕但是债权尚未全部实现；（4）已依法采取法律规定应当采取的其他执行行为。第 81 条又对终本后的法律效力作出规定，包括不影响法院已经采取的执行行为的效力（如已对部分财产进行的查封冻结、拍卖变卖），不免除被执行人为执行依据所确定的义务（包括被执行人应当继续履行执行依据确定的义务，申请执行人有受领履行的法律地位；申请执行人或执行法院发现有可供执行财产的，可依申请或依职权恢复执行）。另外，第 83 条第 1 款第 8 项规定，自终结本次执行程序之日起满 5 年且未发现被执行人可供执行的财产，法院可以裁定终结执行。这项规定可能导致法院滥用终本制度，经过期间就作执行结案处理，逃避应履行的强制执行义务。本书对此持保留意见。

---

① 在申请执行人撤销申请后于执行名义时效内再次申请强制执行，当事人被宣告死亡后重新出现，或丧失劳动能力、没有收入来源的当事人获得捐赠等情形下，应作为新的执行案件处理，而非恢复对原案的执行。

② 关于终本的正当性基础的讨论，参见百晓锋：《程序变革视角下的终结本次执行程序制度——以〈民诉法解释〉第 519 条为中心》，载《华东政法大学学报》2015 年第 6 期。

③ 最高人民法院《关于严格规范终结本次执行程序的规定（试行）》（法〔2016〕373 号）第 1 条规定：执行法院终结本次执行程序，应当同时符合下列条件：（1）已向被执行人发出执行通知、责令被执行人报告财产；（2）已向被执行人发出限制消费令，并将符合条件的被执行人纳入失信被执行人名单；（3）已穷尽财产调查措施，未发现被执行人有可供执行的财产或者发现的财产不能处置；（4）自执行案件立案之日起已超过三个月；（5）被执行人下落不明的，已依法予以查找；被执行人或者其他人妨害执行的，已依法采取罚款、拘留等强制措施，构成犯罪的，已依法启动刑事责任追究程序。关于“责令被执行人报告财产”“穷尽财产调查措施”“发现的财产不能处置”的具体内涵，参见该文件第 2 ~ 4 条的细化规定。

上述案件没有涉及,但在实践中较为常见的,还有执行和解与执行担保两项制度。根据《民事诉讼法》第 237 条的规定,执行和解可视作对强制执行的替代。具体而言,在执行过程中,双方当事人可自愿就变更生效法律文书确定的履行义务主体、标的物及其数额、履行期限和履行方式等达成和解协议,执行员将协议内容记入笔录并交由双方当事人签名或者盖章,法院可裁定中止执行或者依申请执行人的申请终结执行。被执行人或第三人按照执行和解协议履行完毕的,法院作执行结案处理;未履行或者未完全履行的,申请执行人可申请恢复执行,或者就履行执行和解协议另行起诉。根据《民事诉讼法》第 238 条的规定,执行担保作为暂缓执行的要件之一而存在。执行担保是公法上的担保,须向执行法院为之,既可由被执行人提供财产担保,也可由第三人提供财产担保或者保证。如果被执行人逾期仍不履行债务,执行法院有权执行被执行人的担保财产或者担保人的财产。这两项制度在《民事强制执行法(草案)》中均得以保留和完善。

以上内容属于"一个"强制执行案件的范畴。但在执行实践中,经常会有多个强制执行指向相同的执行财产或标的物,从而发生执行竞合。在上述案件中,郝某申请的保全执行与望城支行申请的终局执行就在案涉抵押房屋上发生了竞合。当执行发生竞合时,被执行人的财产足以清偿全部债权的,按照"物权先于债权,有优先性债权先于普通债权,同类债权按照查封顺序"的原则处理。被执行人的财产不足以清偿全部债权,被执行人系自然人或非法人组织的,可以适用参与分配制度,由取得执行依据的权利人共享在先执行的成果;被执行人系企业法人的,可以适用执行转破产程序(简称执转破)或由债权人、债务人径行申请破产清算。在学理上,执行程序旨在实现单个债权,被称为"个别执行";破产程序则对债务人的全部财产、全部债务进行集中清理,故又被称为"概括执行"。[①] 如在上述案件中,在房产拍卖价款足以清偿全部债权的前提下,海丰区法院依据郝某的申请,率先对案涉房产进行查封,由此郝某的债权优先于其他普通债权受偿。目前执行查封并不产生查封抵押权或扣押质权,郝某的债权在性质上仍属于普通债权。望城支行的债权以案涉房屋作抵押,故又优先于郝某的债权受偿。需注意的是,《民事强制执行法(草案)》第 179 条第 2 款将普通债权执行从平等清偿主义改为优先清偿主义,无论被执行人的财产是否

---

① 英国、美国等以法院签发的执行令状(writ)、执行命令(order)作为执行名义,德国、日本等以有权机关付与执行文的法律文书(执行正本)作为执行名义。由此,一份生效法律文书记载的给付内容可能被拆解为若干个执行案件,由权利人依据义务人的不同类型财产分别申请。这与我国"一份生效法律文书=一个执行案件",且以义务人的全部责任财产作为客体的制度存在显著区别。就此而言,不妨将我国的强制执行称作"概括式执行",以区别前述意义上的个别执行。参见陈杭平:《比较法视野下的执行权配置模式研究——以解决"执行难"问题为中心》,载《法学家》2018 年第 2 期。

足以清偿全部债权,均按照财产查封顺序进行受偿。该规定将对我国强制执行法制度框架产生重大影响,有过于理想、不切实际的嫌疑。具体可参见本书第六章、第十章的相关讨论。

第二章

执行依据

执行依据,又称执行名义、执行根据,是权利人据以申请法院强制执行的法律文书。执行依据是法院在具体案件中行使执行权的正当性根据,执行依据的内容确定了执行力的主观范围和客观范围,也即"为谁,对谁,为何种强制执行"。因此,法律文书须发生法律效力,且满足合法、可能、明确等严格的要件,才能成为执行依据。在学理上,执行依据有具体和抽象之分。具体的执行依据即权利人可据以申请强制执行的各类生效法律文书,抽象的执行依据是国家(执行机关)据以启动并实施执行的正当性根据,也是执行力的效力根据。常见的执行依据包括法院作出的生效判决书、调解书、裁定书、支付令,仲裁机构作出的生效仲裁裁决书、仲裁调解书,公证机关制作的生效公证债权文书等。[①] 下面分别围绕常见的执行依据逐一展开分析。

一、判决书

在我国,只有发生法律效力且具有给付内容的判决书才能作为执行依据。这包括两个方面的要求:其一,未生效的判决书不得作为执行依据。例如,尚处于上诉期间的一审判决、当事人上诉后被二审改判或发回重审的一审判决,不能据以申请强制

① 另外还有刑事判决、裁定的财产部分,依法应由法院执行的行政处罚决定、行政处理决定,经法院裁定承认其效力的外国法院作出的生效判决书,经法院裁定承认其效力的国外仲裁机构作出的仲裁裁决等,也可作为法院民事强制执行的依据。《民事强制执行法(草案)》第 13 条将"人民法院作出的承认和执行外国法院判决、裁定、国外仲裁机构仲裁裁决的裁定"列为执行依据之一。第 206 条规定:"人民法院执行行政生效法律文书、刑事生效法律文书涉财产部分,行政诉讼法、行政强制法、刑法、刑事诉讼法等没有规定的,适用本法的有关规定。"

执行。[①] 其二，只有给付判决才能作为执行依据，确认判决、形成判决原则上不得作为执行依据。给付判决是判令被告（例外情况下也包括无独立请求权第三人）向原告为一定的给付，给付标的可以是金钱、动产、不动产、财产性权利、行为（作为、不作为、意思表示）等。如果被告不自动履行判决确定的给付义务，原告可向法院申请强制执行，通过强制措施予以实现。确认判决是对特定法律关系或权利义务的司法确认，不具有可执行的内容；形成判决在理论上一旦作出就发生法律关系形成或变更的效果，也没有据以申请强制执行的必要。当然，有原则就有例外。例如，分割共有财产判决在性质上属于形成判决，但如果不赋予其执行力，一旦被告拒不配合移交应由原告取得之部分，判决目的就有可能落空。分割共有财产之诉的诉讼标的，宜理解为请求法院准予分割、办理分割登记并取得分得部分的整体。[②] 因此，此类形成判决可以作为执行依据。

另外，在判决书中，仅有判决主文可作为执行依据，判决理由中的内容不得作为执行依据。对此最高人民法院原执行办（现执行局）在一则复函中明确指出：判决主文是人民法院就当事人的诉讼请求作出的结论，而判决书中"本院认为"部分，是人民法院就认定的案件事实和判决理由所作的叙述，其本身并不构成判项的内容。人民法院强制执行只能依据生效判决的主文，如果判决主文中没有相应的判项，则"本院认为"部分所作的论述不能作为执行依据。[③]

---

① 在其他大陆法系国家及地区，为防止债务人滥用上诉权拖延执行，使胜诉的债权人通过即时执行尽快实现权利，设有"假执行"制度。详言之，法院可依职权或依申请，对尚未确定（生效）的判决宣告假执行。假执行不同于"假扣押"（金钱债权的保全执行，类似财产保全执行）、"假处分"（非金钱债权的保全执行，类似行为保全执行）等保全执行，在性质上属于终局执行。因此，执行机关不仅可以查封财产，而且可以实施拍卖、交付等处置行为。假执行并非基于确定判决，具有执行名义的不安定性，会因本案判决被上级法院撤销或更改、假执行宣告被撤销或更改而全部或部分丧失效力。为了平衡债权人、债务人的利益，允许债务人通过提供担保的方式阻止假执行。参见张登科：《强制执行法》，台北，三民书局 2012 年版，第 40 ~ 44 页。我国（大陆）没有类似制度。唯一有几分相像的是先予执行。《民事诉讼法》第 109 条规定："人民法院对下列案件，根据当事人的申请，可以裁定先予执行：（一）追索赡养费、扶养费、抚养费、抚恤金、医疗费用的；（二）追索劳动报酬的；（三）因情况紧急需要先予执行的。"第 110 条规定："人民法院裁定先予执行的，应当符合下列条件：（一）当事人之间权利义务关系明确，不先予执行将严重影响申请人的生活或者生产经营的；（二）被申请人有履行能力。人民法院可以责令申请人提供担保，申请人不提供担保的，驳回申请。申请人败诉的，应当赔偿被申请人因先予执行遭受的财产损失。"不难看出，先予执行与假执行的目的、条件、情形迥异。但面向将来，若要设立类似假执行的制度，对先予执行加以改造，放宽施加其上的限制，也是一种较为可行的办法。

② 参见许士宦：《强制执行法》（第 2 版），台北，新学林出版股份有限公司 2017 年版，第 285 页。

③ 《关于营口市鲅鱼圈区海星建筑工程公司与营口东方外国语专修学校建筑工程欠款纠纷执行一案的疑请报告》的答复——《关于以判决主文或判决理由作为执行依据的请示的复函》（〔2004〕执他字第 19 号）。

【设例 2－1】

吴某甲、吴某乙、吴某丙系同胞兄弟关系，三人父母名下有一处宅基地，父母先后去世。吴某丙就该处宅基地与村委签订了《拆迁房屋实物补偿协议书》，拆迁补偿得到两套房屋，面积分别为 105 平方米、55 平方米。2017 年，吴某甲、吴某乙向法院提起诉讼，请求分割上述房产。法院判决吴某甲、吴某乙、吴某丙对上述两套房屋共同共有。2019 年，吴某甲、吴某乙向法院提起诉讼，请求判决吴某丙将面积为 105 平方米的房屋交付给两原告，两原告支付给被告吴某丙相应份额的折价款。法院经审理判决如下：面积为 105 平方米的房屋所有权归原告吴某甲、吴某乙所有；吴某甲、吴某乙于本判决生效后 10 日内向被告吴某丙支付房屋所有权份额折价款 10 万元。判决生效后，吴某甲、吴某乙向法院申请强制执行，法院经审查认为申请人申请执行的法律文书没有给付内容，请求的事项没有法律依据，裁定驳回申请执行人的执行申请。

在设例 2－1 中，从判决主文的表述来看，属于确认争议房屋归两原告所有的确认判决，而非具有可执行性的给付判决或例外情况下的形成判决。两原告虽负有支付折价款的给付义务，但显然不能主动申请对自己为强制执行。即使将履行该给付义务视作申请执行的条件，仍然面临确认判决能否执行的问题。执行法院经审查认为执行依据没有给付内容，不无道理。不过，回溯与该判决相对应的诉讼请求，实际上两原告提出的是形成之诉，即对与被告共同共有的房屋加以分割。对此，法院应当作出形成判决。从案件背景事实来看，该争议房屋由被告占有使用，拒不腾退并向原告交付，客观上存在强制执行之必要。故判决主文不妨表述为：面积为 105 平方米的房屋所有权归原告所有，被告于本判决生效后 10 日内腾退并交付。对于这种“形似确认实为形成”的判决，如果被告拒绝履行分割或交付的义务，原告可据以申请执行。执行法院应当对判项加以澄清，直接裁定驳回执行申请欠妥。设例 2－1 涉及对不明确之执行依据的解释，具体可见以下分析。

具有给付内容的判决书，应当满足如下条件，才能作为执行依据：

（一）合法、可能、明确

作为执行依据的判决书，其主文记载的给付内容须合法、可能及明确。“合法”指的是给付内容本身不违背公共秩序或善良风俗，不违反法律的强制性规定或禁止性规定。法院作出的判决书一般不会在合法性上存疑。“可能”指的是给付具有客观上的可能，至于被执行人主观上是否可能，在所不问。有给付的可能，就有强制执行的可能。例如，公司实际控制人滥用股东权利导致公司不分配利润，根据其他股东的起诉，法院可以判令公司向股东分配利润。但是，如果公司的利润主要体现在应收账款、固定资产增值等非现金利润，就难以强制公司分配，否则将影响公司的实际经营及存续。此类判决原则上属于执行的客观不能，或者说执行存在极大的客观障碍。再如，生效判决确定被告应当交付房屋、车辆等特定物，但相关财产在判决生效前已经毁损灭失，同样不具有给付可能。① 当然，种类物、可替代的行为（如未要求本人当面作出的赔礼道歉）等不能根据被告是否具有相应的标的物、是否有为相应行为之意愿来判断是否具有给付的可能。在执行方法上，这类执行标的可替代执行。“明确”是为了方便执行法院通过形式审查确定执行主体范围与执行客体范围。对此 2022 年最高人民法院《关于适用〈中华人民共和国民事诉讼法〉的解释》（以下简称《民诉法解释》）第 461 条第 1 款规定执行依据应当“权利义务主体明确”且“给付内容明确”，2020 年《执行若干规定》第 16 条第 1 款第 3 项规定“申请执行的法律文书有给付内容，且执行标的和被执行人明确”，也即关于“为谁，对谁，强制为何种给付”之记载是明确的。在过去，不时有主审法官因为缺乏“所作判决在将来可能付诸执行”的意识，在拟定判决主文时模棱两可、语焉不详，导致强制执行时被执行人、标的物、金额、所附条件、互负义务等难以确定。比如，法院判决被告继续履行合同的，经常不在主文中载明继续履行的具体内容。这一状况直至 2015 年《民诉法解释》（第 463 条第 2 款的规定）实施以后才有了大幅改观。② 最高人民法院在 2018 年《关于人民法院立案、审判与执行工作协调运行的意见》（以下简称《立审执协调意见》）中也对常见的法律文书（含调解书）主文的明确性提出了严格要求。③ 但在一些少见、新型的案件中，法院所作判决书仍可能出现主体、客体、标的物等不明确的瑕疵，给强制执行造成困扰。另外，相对于判决书而言，调解书、仲裁裁决书（仲裁调解书）、公证债权文书等其他执行依据在是否“明确”上更容易引发争议。可参见下面相关部分的阐述。

针对判决书记载之给付内容、权利义务主体不明确的争议，法院一般应遵循以下步骤处理：(1)“解释”。执行机关审查判决书载明的诉讼请求、事实认定及判决理由，

---

① 如生效判决的给付内容客观不能，执行法院应当裁定不予受理或驳回申请，告知申请执行人另诉请求损害赔偿。

② 该款规定：“法律文书确定继续履行合同的，应当明确继续履行的具体内容。”

③ 第 11 条指出：“法律文书主文应当明确具体：(1)给付金钱的，应当明确数额。需要计算利息、违约金数额的，应当有明确的计算基数、标准、起止时间等；(2)交付特定标的物的，应当明确特定物的名称、数量、具体特征等特定信息，以及交付时间、方式等；(3)确定继承的，应当明确遗产的名称、数量、数额等；(4)离婚案件分割财产的，应当明确财产名称、数量、数额等；(5)继续履行合同的，应当明确当事人继续履行合同的内容、方式等；(6)排除妨碍、恢复原状的，应当明确排除妨碍、恢复原状的标准、时间等；(7)停止侵害的，应当明确停止侵害行为的具体方式，以及被侵害权利的具体内容或者范围等；(8)确定子女探视权的，应当明确探视的方式、具体时间和地点，以及交接办法等；(9)当事人之间互负给付义务的，应当明确履行顺序。对前款规定中财产数量较多的，可以在法律文书后另附清单。”

看能否通过文义解释、体系解释等方法确定主文的给付内容。必要时,可以要求申请执行人提供其他书面证明材料、询问被执行人或组织双方当事人协商明确给付内容。为慎重起见,该执行"解释"权归属于执行局合议庭,原则上不能由案件承办人单独行使。为防止执行机关代行审判权,违反审执分离原则,执行机关在作出解释时须奉行"同一性"原则,不得变更或创设给付内容。① (2)"补正"。不能通过形式审查澄清的,参照《立审执协调意见》第 15 条,书面征询本院、上级法院或其他法院审判部门的意见,由后者对不明确的给付内容予以补正或者解释说明。② 判决书的"补正"权源自《民事诉讼法》第 157 条的规定,即判决书中的笔误由法院裁定补正。从相关法律及司法解释的规定来看,补正权不限于对误写、误算的形式勘误,还应扩张到对内容有遗漏、有错误等的补充纠正为宜。③ 当然,审判部门应注意避免未审而判。(3)"另诉"。如果相关审判部门不能作出有效答复,则无从确定判决主文的原意。因具体的执行依据未载明作为执行客体的给付内容,故欠缺强制执行的成立要件。法院应裁定驳回执行申请,告知申请执行人向有管辖权的法院申请再审或另行起诉。由此形成"执行机关解释—审判机关补正—当事人另诉"的三层解决机制框架。

申请执行人对驳回执行申请的裁定不服的,可以在裁定送达之日起 10 日内向上一级人民法院申请复议。复议结果维持驳回执行申请的裁定,符合《民事诉讼法》第 207 条规定的再审事由的,申请执行人可以申请再审,通过再审撤销原判决,重新作出有明确给付内容的判决;如判决不符合该条规定的再审事由,作为兜底性救济手段,

---

① 参见马家曦:《执行内容确定之程序展开——以"执行依据"不明的解释及应对为中心》,载《甘肃政法学院学报》2019 年第 3 期。

② 该条规定:"执行机构发现本院作出的生效法律文书执行内容不明确的,应书面征询审判部门的意见。审判部门应在 15 日内作出书面答复或者裁定予以补正。审判部门未及时答复或者不予答复的,执行机构可层报院长督促审判部门答复。执行内容不明确的生效法律文书是上级法院作出的,执行法院的执行机构应当层报上级法院执行机构,由上级法院执行机构向审判部门征询意见。审判部门应在 15 日内作出书面答复或者裁定予以补正。上级法院的审判部门未及时答复或者不予答复的,上级法院执行机构层报院长督促审判部门答复。执行内容不明确的生效法律文书是其他法院作出的,执行法院的执行机构可以向作出生效法律文书的法院执行机构发函,由该法院执行机构向审判部门征询意见。审判部门应在 15 日内作出书面答复或者裁定予以补正。审判部门未及时答复或者不予答复的,作出生效法律文书的法院执行机构层报院长督促审判部门答复。"

③ 对其他执行名义的补正由相关法律及司法解释规定。如 2020 年最高人民法院《关于人民法院民事调解工作若干问题的规定》第 13 条规定:"当事人以民事调解书与调解协议的原意不一致为由提出异议,人民法院审查后认为异议成立的,应当根据调解协议裁定补正民事调解书的相关内容。"《仲裁法》第 56 条规定:"对裁决书中的文字、计算错误或者仲裁庭已经裁决但在裁决书中遗漏的事项,仲裁庭应当补正。"如为公证债权文书,2020 年《公证程序规则》第 63 条规定,"(二)公证书的内容合法、正确,仅证词表述或者格式不当的,应当收回公证书,更正后重新发给当事人;不能收回的,另行出具补正公证书","(四)公证书的部分内容违法或者与事实不符的,可以出具补正公证书,撤销对违法或者与事实不符部分的证明内容;也可以收回公证书,对违法或者与事实不符的部分进行删除、更正后,重新发给当事人"。

允许申请执行人再次提起诉讼。原则上该诉讼仅在原诉讼请求范围内明确原判决未予明确的给付内容,相当于“诉讼上的确认之诉”。一方面,其诉讼请求、诉讼标的有别于原诉讼,不受原生效判决既判力的限制;另一方面,其并非独立的诉讼,原生效判决认定的事实及载明的判项仍拘束当事人及后诉法院,后诉法院仅能澄清原判决不明确、有疑义的主文内容。[①] 在学理上可称为“确认判决主文之诉”。作出判决后,相关给付内容以新判决为执行依据。当然,原告仍享有对私法上利益的处分权,可以放弃、变更或撤回原诉讼请求。如果申请执行人未经执行部门的审查判断、向审判部门书面征询而径行提起诉讼,则不具有诉的利益,受诉法院应裁定驳回起诉。此类诉讼在实务中不乏其例,但似乎各地法院还未形成统一的处理意见,值得理论上进行进一步探讨。在极例外情况下,难以通过此类确认之诉明确判决主文内容的,则允许当事人以原诉讼标的重新提起给付之诉。[②]

《民事强制执行法(草案)》第 14 条第 2 款、第 3 款规定:“执行依据未明确权利义务主体或者给付内容的,执行法院可以要求作出机关或者机构通过说明、补正裁定、补充判决等方式明确。无法通过上述方式明确的,当事人可以通过诉讼、仲裁等方式取得新的执行依据后申请执行。”这几个条款大致遵循了上述三层次的思路。有疑问的是,第 2 款规定的“补充判决”并非《民事诉讼法》规定的判决类型,似不应作此规定。统一交由“补充裁定”解决,可以避免二者的混淆。第 3 款只规定当事人另行取得新的执行依据,而未考虑判决主文确认之诉、再审之诉的适用余地,也不尽合理。当然,在解释论上,可以将这几类诉讼所作判决归入第 2 款规定的“补充判决”,从而既能避免独立之“补充判决”在民事诉讼法上缺乏根据的尴尬,又能形成更加周延的执行依据明确性疑问的解决机制。

(二)生效

如前所述,在我国只有生效的法律文书才被视为是“确定”的,才能作为执行依据。由此产生的关键问题是:判决书在何时生效?从强制执行的角度来看,这关系到判决书产生执行力的时点,申请执行期间的起算,以及判决确定的违约金、占有使用费等的计算。总的来说,一审判决因当事人在上诉期间届满时未提起上诉而生效,二审判决则要分情况而定:(1)经公开宣判的,不论是当庭宣判还是择日定期宣判,不论

---

① 参见[德]弗里茨·鲍尔等:《德国强制执行法》(上册),王洪亮等译,法律出版社 2019 年版,第 236~237 页。

② 德国赋予当事人两种程序的选择权。参见马家曦:《执行内容确定之程序展开——以“执行依据”不明的解释及应对为中心》,载《甘肃政法学院学报》2019 年第 3 期。

当事人有无到场,宣判之日即判决生效之日;(2)未经公开宣判的,以最后一个当事人或其代理人接收法院送达的判决书之日为准。[①] 再审判决根据按照一审程序还是二审程序审理的不同,分别适用前述规定。这么看并无讨论的必要。

但是,如果转换观察视角,就会发现情况并没那么简单。二审法院经过审理,对原审判决予以撤销并改判,二审判决作为唯一生效判决,以其作为执行依据,自无疑义。二审法院对原审判决予以维持,或者部分维持、部分改判,仍以二审判决作为单一执行依据,似乎就有些疑问。再审法院经过审理,对原生效判决予以维持,或者部分维持、部分改判,究竟以再审所作判决为执行依据,还是原生效判决仍全部或部分保留执行力,就更加富有争议了。首先需要明确的是,针对同一诉讼请求只能有唯一本案生效判决,因此针对同一给付内容也只能有唯一执行依据。法院根据《民事诉讼法》第156条的规定,可以作出先行判决或部分判决。[②] 如先行判决针对的是部分诉讼请求,则终局判决将不再涉及该部分请求。另外,法院根据《民事诉讼法》第109条、第110条作出先予执行裁定的,已履行或已执行的给付内容将从终局判决主文中剔除,或者作出不将其纳入执行力客观范围的特别说明。因此,在先行判决、先予执行的情形下,针对同一给付内容仍只有一份生效法律文书,只存在唯一的执行依据。以此为前提,来看二审判决、再审判决涉及的上述问题。

1. 二审判决

二审法院经审理维持原一审判决或对之作出部分改判,通常将判决主文表述为"驳回上诉,维持原判"或者"1. 维持××号民事判决第1项;2. 变更××号民事判决第2项为……"显然单凭二审判决无法识别给付内容的全貌。有观点认为应将一审判决、二审判决共同作为执行依据,其实不然。一审判决因当事人上诉而阻却生效,不能作为执行依据。在此情形下,仅二审判决作为执行依据,一审判决属于用以明确给付内容的证据。具体来说,一审判决是推定真实的公文书,用以确定二审判决所维持之"原判"的具体内容。[③] 实践中执行法院除了要求申请执行人提供二审判决,往往还要求其一并提供一审判决,原因就在于此。

---

① 参见王亚新、陈杭平、刘君博:《中国民事诉讼法重点讲义》(第2版),高等教育出版社2021年版,第368页。

② 先行判决一般指的是对先决或基础事项(事实)作出判决。如侵权损害赔偿诉讼中,法院先对侵权事实作出确认判决,后续集中审理损害事实。当然,在实务中也不排除法院针对部分诉讼请求作出先行判决。

③ 例如,一审判决主文表述为:"自判决生效之日起十五日内腾退房屋,每延迟一日,按照×××元/日支付使用费",二审判决维持原判。根据二审判决,结合一审判决,明确给付内容为:被告在指定期间内腾退房屋,并以二审判决生效之日加15日起算执行名义时效、迟延腾退的使用费。

2. 再审判决①

《民事诉讼法》第 213 条规定,按照审判监督程序决定再审的案件,法院应当裁定中止原判决、裁定、调解书的执行。② 根据该条的逻辑,自法院决定或裁定立案再审后至作出本案再审判决前,原判决并未被撤销,仍具有既判力、形成力等判决效力,仅执行力被暂时“冻结”或裁定中止。③ 因此,原判决仍属于生效的法律文书。受此影响,当法院再审判决维持原判决,就出现两份生效判决并存的情况。在这一点上,我国与德国、日本等其他大陆法系国家迥异。在这些国家,法院经审查或审理认为再审之诉合法(具备再审之诉的诉讼要件)、有理由(符合法定的再审事由),即撤销被声明不服的判决或者解除被声明不服的判决之既判力。④ 即使再审判决与原判决结果相同,而驳回当事人的再审请求,判决既判力的时间范围也延长至驳回再审请求之时。由此,再审判决成为唯一生效判决。故一旦再审判决确定,应以其作为执行名义或依据。

再审在域外是罕见的诉讼特别事件,一旦启动本案再审程序就撤销原判决,不会对执行实务造成严重干扰。但在我国,无论再审收案还是撤销后予以改判、调解结案等改变原生效判决的案件数量都较多。即使是驳回再审请求、维持原判的案件,常年也维持在 1 万件左右。⑤ 如果法院在裁定立案再审的同时,一并撤销原生效判决,将导致正在进行的执行程序丧失合法性基础,必须立即终止执行,已执行的给付内容可能需要执行回转,从而引起执行秩序的混乱。因此,《民事诉讼法》第 213 条保留进入再审程序之判决的法律效力,这一规定符合中国的司法现状,值得肯定。

基于相同的理由,本书认为,再审法院经审理判决维持原判决的,仍以原判决作为执行依据,恢复被中止的执行力即可。这样可将再审对执行秩序的影响降至最低。

---

① 此处有必要就我国的审判监督程序与再审判决的特殊之处略微展开介绍。我国“再审之诉”大致分为再审申请的形式审查(如申请对象、主体、期限、次数、管辖)、再审事由的实质审查及本案再审审理三个阶段。大致上,第一个阶段审查再审之诉的诉讼要件是否具备,第二阶段审查再审之诉是否有理由。经过前两个阶段的审查,法院认为再审之诉合法且有理由的,才裁定立案再审,进入本案再审审理。

② 根据《民事诉讼法》的规定,依职权启动再审的,法院决定再审(第 205 条);检察院提出抗诉的,法院裁定再审(第 218 条)。故第 213 条规定的“按照审判监督程序决定再审的案件”应作扩大解释,包括按照审判监督程序“决定”或“裁定”再审的案件。

③ 例如,在再审期间,相同的当事人不得就同一诉讼标的向法院提起相同的诉讼请求或旨在否定前诉判决的诉讼请求。如为形成判决,再审期间作为诉讼标的的法律关系仍须维持被判决变更的状态。

④ 参见[德]穆泽拉克:《德国民事诉讼法基础教程》,周翠译,中国政法大学出版社 2005 年版,第 336 ~ 337 页;[日]伊藤真:《民事诉讼法》(第 4 版补订版),曹云吉译,北京大学出版社 2019 年版,第 511 页。

⑤ 2009 ~ 2018 年的统计数据,参见王亚新、陈杭平、刘君博:《中国民事诉讼法重点讲义》(第 2 版),高等教育出版社 2021 年版,第 402 页。

否则,以再审判决替代仍具有法律效力的原判决作为执行依据,不仅没有必要,还会引起是否重新起算申请执行期间、已完成的执行行为是否具有法律效力等一系列问题。再审判决在性质上属于诉讼上的形成判决,以原生效判决而非当事人之间的纠纷本身作为诉讼标的。在再审维持原判的情形下,不赋予再审判决以执行力,在学理上也讲得通。与之相对,再审法院经审理裁定撤销原判决的,则原判决丧失法律效力,不得再作为执行依据。再审法院作出具有给付内容的生效判决,可作为新的执行依据。再审判决确定的给付内容"大于"原生效判决的,执行法院可裁定恢复执行,以再审判决为根据继续执行;再审判决确定的给付内容"小于"原生效判决,裁定中止时已执行的给付内容"小于"再审判决的,作同样处理;棘手的是,已执行的给付内容"大于"再审判决的,则多执行的部分欠缺执行依据,申请执行人需向被执行人返还不当得利。

对此,《民事诉讼法》第240条规定:"执行完毕后,据以执行的判决、裁定和其他法律文书确有错误,被人民法院撤销的,对已被执行的财产,人民法院应当作出裁定,责令取得财产的人返还;拒不返还的,强制执行。"该条规定了法院依职权进行的执行回转制度。对于同一问题,德国、日本等国家规定由被执行人提起不当得利返还之诉,待其取得确定判决后再申请强制执行。我国则受苏联法的影响,将本应通过不同程序解决的案件合而为一,由执行法院依职权处理。① 执行回转制度固然继受了苏联国家干预主义的理念,但在我国再审改判量大的现实下,也有利于减轻被"超执"之被执行人的诉讼负担,符合司法为民的政策。

当然,《民事诉讼法》第240条的规定比较简单粗糙,容易让人误以为只要执行依据被撤销,执行法院就应当裁定执行回转。因此,司法解释对此作了补充完善:(1)2020年《执行若干规定》第65条规定:"在执行中或执行完毕后,据以执行的法律文书被人民法院或其他有关机关撤销或变更的,原执行机构应当依照民事诉讼法第二百三十三条(2021年《民事诉讼法》第240条)的规定,依当事人申请或依职权,按照新的生效法律文书,作出执行回转的裁定,责令原申请执行人返还已取得的财产及其孳息。拒不返还的,强制执行。执行回转应重新立案,适用执行程序的有关规定。"换言之,法院再审撤销原判决的,并不直接作出执行回转的裁定,而需等待作出新的生效法律文书,再依当事人申请或依职权进行执行回转。对此,在再审法院撤销原判决同时作出改判的情形下,撤销原判决与作出新的生效判决同步进行;但在撤销原判决并发回重审的情形下,撤销原判决与作出新的生效判决之间存在较大的时间差,执

① 参见陈刚:《民事执行回转制度的法系意识考察及立法启示》,载《国家检察官学院学报》2021年第3期。

行法院需等待新的生效判决作出后再裁定执行回转。(2)最高人民法院原执行办(现执行局)在《关于再审判决作出后如何处理原执行裁定的请示的答复函》(〔2005〕执他字第25号)中指出:“执行裁定发生法律效力后,并不因据以执行的法律文书的撤销而撤销。如果新的执行依据改变了原执行内容,需要执行回转的,则人民法院作出执行回转的裁定;如已执行的标的额没有超出新的执行依据所确定的标的额,则人民法院应继续执行。”换言之,将执行依据与执行裁定相分离,前者被撤销,不直接导致后者失效。通过暂时保留执行裁定的效力,衔接起新、旧两份执行依据,使二者具有连续性,而非彻底地断裂与更替。否则,只能先全部执行回转,再按照新的执行依据重新执行。这同样减轻了再审对强制执行正常秩序的干扰。

【设例2-2】

某工程实际施工人陈某与工程承包人大同公司之间就支付剩余施工款、归还施工机械设备等发生纠纷。陈某向法院提起诉讼。一审法院作出(2017)某民初99号民事判决:(1)大同公司于判决生效后15日内向陈某支付剩余施工款350万元;(2)大同公司于判决生效后15日内向陈某返还履约保证金250万元;(3)大同公司于判决生效后15日内向陈某返还××型号机械设备2台,不能返还原物的,支付折价款85万元。大同公司不服,提起上诉。二审法院作出(2018)某民终22号民事判决:驳回上诉,维持原判。因大同公司拒不履行生效判决,陈某向本案一审法院申请执行。法院冻结并划拨了大同公司银行账户上的存款510万元,并扣押了××型号的机械设备2台,款项及设备均已交付陈某。

大同公司不服终审判决,向上一级法院申请再审。上一级法院经审查裁定立案再审,同时裁定中止执行。经再审审理,上一级法院作出(2019)某民再16号民事判决:(1)撤销(2018)某民终22号民事判决;(2)变更(2017)某民初99号民事判决第1项为:大同公司于本判决生效后15日内向陈某支付剩余施工款160万元;(3)维持(2017)某民初99号民事判决第2项、第3项。

设例2-2中的再审法院撤销了生效的原二审判决,对原一审判决进行部分改判、部分维持,从而作出了一份新的二审判决。执行依据是再审生效判决,也即(2019)某民再16号民事判决,其中第3项内容以(2017)某民初99号民事判决作为证据予以确定。新执行依据的给付内容为410万元及2台机械设备,由于再审法院裁定中止执行时,已经执行了510万元及2台机械设备,故须执行回转。一审法院作为执行法院,应当裁定执行回转,责令申请执行人陈某返还100万元及同期银行利息。陈某拒不返还的,强制执行。因此,执行法院应对照裁定中止时的原判决执行状况,判断是否执行回转。

执行回转的实体法基础是不当得利。当然,《民法典》没有对执行回转作出直接规定。根据司法解释的规定，执行回转的内容包括原申请执行人“已取得的财产及其孳息”（2020 年《执行若干规定》第 65 条第 1 款）。孳息包括自然孳息与法定孳息。执行回转的标的物是特定物的，应当退还原物；不能退还原物的，经双方当事人同意，可以折价赔偿。但是，双方当事人对折价赔偿不能协商一致的，人民法院应当终结执行回转程序，申请执行人可以另行起诉（2020 年《执行若干规定》第 66 条）。由此可见，新司法解释关注到执行回转的实体争议面向，当出现无法通过执行程序之形式化判断解决的纠纷时，作为例外通过另诉解决。这部分回应了有学者批评的执行回转中“审执一体化”的弊病。[①]《民事强制执行法（草案）》第 91 条第 1 款更进一步规定：“执行依据被依法撤销、变更的，原被执行人可以向原执行法院提出执行回转申请，请求原申请执行人返还因强制执行所受的清偿，也可以向原执行法院提起诉讼。”从而将执行回转与另行起诉并列，由被执行人择一适用。

3. 附条件、期限或对待给付义务的判决

如果判决附有条件、期限或者判令原告履行对待给付义务，只有条件成就、期限届至、原告已向被告履行或提出给付，原告才能向法院申请强制执行。这在学理上被称为执行依据发生效力的限制。换言之，此类判决的执行力自相关限制解除后才产生，而非自判决生效之日产生。

判决附有条件，既包括判决所记载的请求权附有条件，也包括判决本身附有条件（如判决被告继续履行合同，若不继续履行，赔偿原告损失若干万元）；判决附有期限，既包括判决所记载的请求权附有期限，也包括判决本身附有期限（如判决分期付款）。对于条件是否成就、期限是否届至，在德国、日本等国家，由执行文付与机关进行审查并判断；在我国，由执行法院在执行立案时进行审查，申请执行人需主张并提供证据加以阐明。期限是否届至一般容易判断，条件是否成就则经常牵涉实体上的判断。有鉴于此，《民事强制执行法（草案）》第 40 条、第 41 条规定，如果法院认为条件未成就，裁定不予受理或者驳回申请，申请执行人既可以向上一级法院申请复议，也可以另行提起诉讼确认执行依据所附条件已经成就；如果法院认为条件已成就，裁定立案执行，被执行人可以执行依据所附条件尚未成就为由，提起债务人（被执行人）异议之诉。当然，本书主张，被执行人提起债务人异议之诉以前，须先向执行法院提出债务人异议。具体参见第十五章第三部分“债务人异议之诉”的讨论。

判决原告负对待给付义务，原告未履行或未提出给付的，不得申请强制执行。对待给付义务相当于判决所负的一种条件。当然，如果对同时履行对待给付义务作僵

---

① 参见陈刚：《民事执行回转制度的法系意识考察及立法启示》，载《国家检察官学院学报》2021 年第 3 期。

化理解,容易陷入“先有鸡(被告履行),还是先有蛋(原告履行)”的悖论。① 一般来说,原告先为履行或者提出履行的意愿、作出履行的准备(如向法院提存),即可申请强制执行。故《民事强制执行法(草案)》第42条规定:“执行依据确定当事人互负义务且没有先后履行顺序,申请执行人已经履行或者提出给付的,人民法院可以采取执行行为。”申请执行人应当提出证据阐明其已经履行或者有履行的意愿及准备,执行法院可立案执行。被执行人认为申请执行人未履行、未完全履行或瑕疵履行的,可以提出债务人异议,对于裁定结果不服的,可以提起债务人异议之诉,请求停止全部或部分执行。

二、其他司法文书

(一)调解书②

无论在立案前还是立案后,在一审、二审还是再审之中,法院均可通过制作调解书并向双方当事人送达的方式结案。对于调解书的执行,《民事诉讼法》第241条规定:“人民法院制作的调解书的执行,适用本编的规定”。也即调解书的执行与判决书的执行一致。但是,调解书原则上根据当事人自愿达成的调解协议制作而成,其内容主要体现为当事人对纠纷解决的合意。相对于判决书的主文须“以法律为准绳”,调解书就显得自由、“奔放”得多。这对调解书的执行提出了额外的挑战:一方面,调解书给付内容不明确的现象更加突出;另一方面,根据当事人达成的调解协议,调解书可能会包含担保人(保证人)、担保物、替代履行、分期履行、不履行的民事责任等内容。

【设例2-3】

城建公司与万馨房地产公司建设工程施工合同纠纷一案,双方达成和解协议,并申请法院制作调解书。调解书载明:“一、对于剩余工程款2200余万元,被告同意按照如下方式支付原告:从2019年7月至2020年5月,每月30日前支付原告200万元,2020年6月30日前付清全部工程款。二、如被告未按约定如期足额付款,逾期按银行同期利率的250%支付应付款利息,直至应付款付清之日止。”万馨公司在支付了3个月的款项后,连续2个月未支付,城建公司于2019年12月申请法院对万馨公司执行全部剩余款项1600余万元及调解书

---

① 也有民法学者称为“同时履行的幻象”。参见韩世远:《合同法》(第4版),法律出版社2018年版,第381页。

② 根据《民事诉讼法》第101条的规定,调解和好的离婚案件、调解维持收养关系的案件、能够即时履行的案件及其他不需要制作调解书的案件,法院记入笔录并交由双方当事人签字的,发生法律效力。该条规定的前三类并无强制执行的必要,但不排除作为兜底的第四类有需要强制执行的可能。于此情形,因为不存在调解书,权利人可依据法院提供的经双方签字的调解协议或笔录申请执行。

确定的逾期付款利息。法院立案执行后，向万馨公司发出《执行通知书》。万馨公司提出异议，主张：(1)申请执行人仅能就调解书载明已到期但异议人尚未支付的工程款部分，向法院申请强制执行。现申请执行人就全部工程款向法院申请强制执行，《执行通知书》明显有误。(2)逾期付款利息约定过高，应按照银行同期利率计算利息。

归纳起来，设例 2－3 中的主要问题在于：其一，调解书确定分期付款，如被执行人逾期支付部分款项，申请执行人可否申请执行全部未付款项；其二，调解书确定了违反调解协议的民事责任的，如何要求被执行人承担迟延履行的责任。

就第一个问题而言，实务中存在两种意见：一种意见认为，生效调解书载明的给付内容具有确定性，除非依照法定程序予以变更，否则只能按照载明内容进行强制执行，因此调解书确定分期付款的，申请执行人只能在每期付款义务到期后分别申请执行，或者待全部付款义务到期后一并申请执行；另一种意见认为，被申请人未按照调解书载明的期限付款的，构成根本性违反履行义务，申请执行人有权申请执行全部未履行债权。本书认为，后一种意见更为可取。理由如下：首先，强制要求原告分别申请执行，针对同一份调解书立多个执行案件、开启多个执行程序，会增加申请执行人的负担和执行司法资源的耗费。其次，调解书的内容并非源自法院对当事人之间权利义务的权威判断，而是当事人围绕债权债务达成的合意。如果一方当事人未按期履行分期付款的义务，属于在整体上违反“一揽子”的调解协议，相当于根本违约，相对方有权要求其承担调解协议约定的全部义务。

就第二个问题而言，根据 2020 年最高人民法院《关于人民法院民事调解工作若干问题的规定》(法释〔2004〕12 号，根据法释〔2020〕20 号修改)第 15 条的规定，调解书确定的担保条款条件或者承担民事责任的条件成就时，当事人有权申请执行；不履行调解协议的当事人承担了调解书确定的民事责任后，对方当事人又要求其承担《民事诉讼法》第 260 条规定的迟延履行责任的，人民法院不予支持。① 也即调解书确定的民事责任与迟延履行调解书确定之义务的法定责任不可并存。申请执行人申请对被执行人按照调解书确定的民事责任进行强制执行后，不得再申请执行迟延期间的双倍债务利息或迟延履行金；反之，如果调解书未确定民事责任，被执行人迟延履行调解书的内容的，申请执行人可依据《民事诉讼法》第 260 条申请执行迟延履行金。设例 2－3 中双方约定被告逾期付款的，按银行同期利率的 250% 支付应付款利息，属于自愿达成的合意，且未

① 《民事诉讼法》第 260 条规定：“被执行人未按判决、裁定和其他法律文书指定的期间履行给付金钱义务的，应当加倍支付迟延履行期间的债务利息。被执行人未按判决、裁定和其他法律文书指定的期间履行其他义务的，应当支付迟延履行金。”

超过银行同期利率的四倍，应属有效。被执行人既不得主张按照银行同期利率支付逾期付款的利息，也不得主张适用《民事诉讼法》第 260 条的规定（双倍银行同期利率）。

（二）裁定书、支付令

裁定书非由法院基于对诉讼标的进行本案审理后作出，但具有给付内容的，可以作为执行依据。可作为执行依据的裁定书主要有三类：（1）诉讼保障型，如为了保障将来所作判决可得执行的财产保全裁定，在满足一定条件下提前实现判决给付内容的先予执行裁定，以及兼具两种性质的行为保全裁定 ①；（2）权益保护型，如《反家庭暴力法》规定的人身安全保护令、《民法典》规定的人格权侵害禁令，虽与行为保全裁定较为相似，但可由法院根据独立的申请程序作出，而非像行为保全裁定依附于诉讼程序；②（3）非讼程序型，如实现担保物权裁定、确认调解协议效力裁定。③ 支付令属于法院通过非讼程序发出的司法命令，与第三类裁定书比较接近。支付令附带提及，法院对妨碍民事诉讼行为作出的处罚决定书，也可作为民事强制执行依据。

【设例 2－4】

邹某（男）与李某（女）原系夫妻关系，两人婚后育有一女。2018 年，两人因感情不和协议离婚，约定女儿由李某抚养，夫妻共有房产归李某所有。离婚后，双方因抚养费、离婚后财产分割等问题矛盾逐渐加深。邹某便经常到李某住处进行威胁、骚扰，在李某住处的外墙涂写侮辱性话语。李某无奈之下向法院提出人身安全保护令的申请。法院经审查，认为李某已经与邹某离婚，不符合《反家庭暴力法》关于人身安全保护令的申请条件，但根据《民法典》第 997 条的规定，可以申请人格权侵害禁令。经过释明，李某变更了申请。法院遂作出裁定：禁止邹某威胁、骚扰李某；禁止邹某在任何公开场所以任何方式散布针对李某的侮辱性言论。该裁定自作出之日起 6 个月内有效。若被申请人邹某违反上述禁令，人民法院将视情节轻重，处以罚款、拘留；构成犯罪的，依法追究刑事责任。法官在送达裁定书时，对邹某进行了批评教育，邹某表示今后不会再犯。然而，1 个月后邹某在李某住处附近打横幅、发传单，公开散布侮辱性言论。李某报警处理后，向法院申请强制执行。法院依据人格权侵害禁令，决定对邹某处以拘留 7 日，罚款人民币 1000 元。

---

① 行为保全裁定一方面旨在预防或制止被申请人的行为给申请人持续造成损害，另一方面可以提前实现诉讼请求的部分内容。如停止侵害专利权、商标权、著作权等行为本身就是知识产权诉讼请求的一部分。参见王亚新、陈杭平、刘君博：《中国民事诉讼法重点讲义》（第 2 版），高等教育出版社 2021 年版，第 252 页。

② 人身安全保护令的申请程序可参见最高人民法院《关于人身安全保护令案件相关程序问题的批复》（法释〔2016〕15 号）。人格权侵害禁令的申请程序暂无司法解释作出规定，但受害人无疑既可以在诉讼前或诉讼中提出申请，类似诉前行为保全或诉讼行为保全，也可以独立提出申请，与诉讼程序脱钩。

③ 确认调解协议司法效力裁定书的主文一般仅表述为“××调解协议有效”，需要与调解协议的内容相结合，才能确定债务人的具体给付义务。

针对设例2－4中被申请人的行为，在不同情形下法院可根据申请，作出不同类型但都具有执行力的裁定书。首先，如果申请人与被申请人之间存在家庭成员关系或家庭成员以外的共同生活关系，申请人可以依据《反家庭暴力法》申请人身安全保护令。家庭成员是指配偶、父母、子女和其他共同生活的近亲属。家庭成员以外的共同生活关系，是指非家庭成员但具有监护、抚养、扶养、寄养、同居等关系且共同生活，以及婚姻关系终止、解除或者监护关系终止后仍共同生活的关系。其次，如果申请人准备向法院提起诉讼，或者正在诉讼过程当中，申请人可以申请诉前行为保全或诉讼行为保全。当然，申请诉前行为保全，须受《民事诉讼法》第104条第3款的约束，即"申请人在人民法院采取保全措施后三十日内不依法提起诉讼或者申请仲裁的，人民法院应当解除保全"；申请诉讼行为保全，根据《民事诉讼法》第105条的规定，也只限于诉讼请求的范围，不得超出诉讼请求的范围申请保全。最后，如设例2－4所示，申请人与被申请人不具有家庭成员或其他共同生活的关系，申请人也不准备单独提起诉讼或者正在诉讼过程当中，可以向法院申请人格权侵害禁令。无论哪种裁定书，给付内容均系被申请人在一定期间内或永久禁止为一定侵权行为。若被申请人违反裁定书确定的不作为义务，法院根据申请实施的是行为执行。由于不作为义务不可替代履行，法院主要采取罚款、拘留等间接执行方法。具体可参见本书第十三章第二部分的内容。

三、仲裁裁决书、仲裁调解书

仲裁机构作出的仲裁裁决书、仲裁调解书，具有给付内容的，可以作为执行依据。我国仲裁机构可分为作为社会组织的仲裁委员会与附设于劳动行政部门的劳动争议仲裁委员会两类。① 二者对民商事纠纷、劳动争议进行仲裁及调解时，分别适用《仲裁法》与《劳动争议调解仲裁法》。虽然两部法律都赋予了仲裁裁决书、调解书以执行力（《仲裁法》第51条、第62条，《劳动争议调解仲裁法》第51条），但这两种文书有别于法院作出的司法文书，针对仲裁裁决书分别设置了申请法院不予执行仲裁裁决书、撤销仲裁裁决书两种救济方式，加强对仲裁的司法审查监督。这构成此类执行依据的一个重要特征。其中，劳动争议仲裁裁决尤为特别。

劳动争议仲裁是劳动争议诉讼的前置程序，未经劳动争议仲裁，直接向法院起诉的，法院不予受理。凡劳动者对劳动仲裁裁决不服的，均可在15日内向法院提起诉

---

① 前者在法律上的定位不甚清晰。各地仲裁委因人员、财政、业务等因素的不同，呈现"民间化""行政化"的不同特征。参见陈福勇：《未竟的转型：中国仲裁机构现状与发展趋势实证研究》，法律出版社2010年版，第33～59页。

讼;期满不起诉的,裁决书才发生法律效力。但对于用人单位而言,劳动者追索劳动报酬、工伤医疗费、经济补偿或者赔偿金,不超过当地月最低工资标准12个月金额的争议,以及因执行国家的劳动标准在工作时间、休息休假、社会保险等发生的争议,裁决书一经作出即发生法律效力(《劳动争议调解仲裁法》第47条)。用人单位不服这两类劳动仲裁裁决的,只能自收到裁决书之日起30日内向有管辖权的法院(劳动争议仲裁委员会所在地的中级人民法院)申请撤销裁决(《劳动争议调解仲裁法》第49条)。这体现了我国优先保护劳动者权益的立法理念。

根据《仲裁法》第63条及《民事诉讼法》第244条第2款的规定,一方当事人依据仲裁裁决书申请执行,被执行人提出证据证明有下列情形之一,法院组成合议庭审查核实的,裁定不予执行:(1)当事人在合同中未订有仲裁条款或者事后没有达成书面仲裁协议的;(2)裁决的事项不属于仲裁协议的范围或者仲裁机构无权仲裁的;(3)仲裁庭的组成或者仲裁的程序违反法定程序的;(4)裁决所根据的证据是伪造的;(5)对方当事人向仲裁机构隐瞒了足以影响公正裁决的证据的;(6)仲裁员在仲裁该案时有贪污受贿,徇私舞弊,枉法裁决行为的。另外,法院认定执行仲裁裁决违背社会公共利益的,裁定不予执行;案外人有证据证明仲裁案件当事人恶意申请仲裁或者虚假仲裁,损害其合法权益的,可以在执行中向法院申请不予执行仲裁裁决书、仲裁调解书。① 当然,实践中存在不予执行申请权被滥用的现象。②

当事人申请不予执行仲裁裁决,原则上由法院执行局而非民事审判庭审查。法院作出不予执行的裁定,严格来说其效力仅否定了仲裁裁决的执行力,而未触及仲裁裁决的其他法律效力(如形成力、禁止就同一纠纷再行诉讼或仲裁的"已决"效力)。不过,我国《民事诉讼法》规定的不予执行仲裁裁决的事由与《仲裁法》规定的撤销仲裁裁决的事由没有实质区别,且《仲裁裁决执行规定》第20条第1款③规定二者相互

---

① 最高人民法院《关于人民法院办理仲裁裁决执行案件若干问题的规定》(法释〔2018〕5号,以下简称《仲裁裁决执行规定》)第9条规定:"案外人向人民法院申请不予执行仲裁裁决或者仲裁调解书的,应当提交申请书以及证明其请求成立的证据材料,并符合下列条件:(一)有证据证明仲裁案件当事人恶意申请仲裁或者虚假仲裁,损害其合法权益;(二)案外人主张的合法权益所涉及的执行标的尚未执行终结;(三)自知道或者应当知道人民法院对该标的采取执行措施之日起三十日内提出。"第18条规定:"案外人根据本规定第九条申请不予执行仲裁裁决或者仲裁调解书,符合下列条件的,人民法院应当支持:(一)案外人系权利或者利益的主体;(二)案外人主张的权利或者利益合法、真实;(三)仲裁案件当事人之间存在虚构法律关系,捏造案件事实的情形;(四)仲裁裁决主文或者仲裁调解书处理当事人民事权利义务的结果部分或者全部错误,损害案外人合法权益。"

② 参见陈恒、李飞:《仲裁案件执行难问题实证研究》,载《法律适用》2018年第15期。

③ 该条规定:"当事人向人民法院申请撤销仲裁裁决被驳回后,又在执行程序中以相同事由提出不予执行申请的,人民法院不予支持;当事人向人民法院申请不予执行被驳回后,又以相同事由申请撤销仲裁裁决的,人民法院不予支持。"

排斥，实际上是将它们做了趋同对待。故根据相关法律及司法解释的规定，法院裁定不予执行仲裁裁决的，当事人只能依据达成的书面仲裁协议重新申请仲裁，或者直接向法院提起诉讼，而不能向执行法院提出执行异议或复议；当事人未达成书面仲裁协议或者仲裁机构无权仲裁的，只能向法院提起诉讼。这样就在学理上留下矛盾之处，即仲裁裁决被执行法院裁定不予执行之后，其禁止重复起诉或仲裁的效力并未随之丧失，但为了救济债权人，又不得不赋予其再行起诉或仲裁的机会。鉴于此，司法部2021年7月公布的《仲裁法（修订）（征求意见稿）》第82条将不予执行仲裁裁决予以删除。据称，此举是“依据审执分离原则，为解决撤销程序和不予执行程序对仲裁裁决重复审查和易造成结果冲突的问题，将撤销程序作为司法监督仲裁裁决的一般原则，删除了当事人在执行程序阶段提出不予执行审查的规定，同时赋予执行法院对裁决是否符合社会公共利益的主动审查权”。①《民事强制执行法（草案）》第16条第1款规定：“执行程序终结前，执行法院认定执行仲裁裁决违背公序良俗的，裁定不予执行。”该条事实上废除了当事人申请不予执行仲裁裁决制度，而仅增加了没有被撤销仲裁裁决制度所涵盖的“违背公序良俗”，执行法院依职权审查并裁定不予执行，从而与《仲裁法（修订）（征求意见稿）》的精神保持一致。

当然，立足解释论，仍需注意以下两点：其一，无论《民事诉讼法》还是《仲裁法》均只规定当事人可以申请不予执行“仲裁裁决”，但未明确申请的客体是否包括仲裁调解书、依据和解协议或调解协议制作的裁决书。在学理上，仲裁调解书、依据和解协议或调解协议制作的裁决书的合法性都建立在当事人的合意之上。上列《民事诉讼法》第244条第2款规定的法定事由中，对于第1项欠缺仲裁协议、第2项不具有可仲裁性，可因当事人在仲裁中达成调解协议而弥补瑕疵；其余4项同样不影响仲裁调解书的合法性。《仲裁裁决执行规定》第17条规定：“被执行人申请不予执行仲裁调解书或者根据当事人之间的和解协议、调解协议作出的仲裁裁决，人民法院不予支持，但该仲裁调解书或者仲裁裁决违背社会公共利益的除外”。换言之，被执行人原则上不得以仲裁调解书或根据当事人之间的和解协议、调解协议作出的仲裁裁决违反《民事诉讼法》第244条第2款为由，申请不予执行，但可依据第244条第3款，以违

---

① 《关于〈中华人民共和国仲裁法（修订）（征求意见稿）〉的说明》，载司法部官网，http://www.moj.gov.cn/pub/sfbgw/zlk/202107/t20210730_432965.html。

背社会公共利益为由申请不予执行。[①] 其二,不予执行仲裁裁决是法院基于仲裁裁决本身存在的瑕疵、错误作出的裁定,而非法院在执行程序中作出的执行行为,故当事人不得根据《民事诉讼法》第232条对其提出执行异议、申请复议。法院裁定不予受理或者驳回不予执行仲裁裁决申请的,同样如此。例外是案外人申请不予执行仲裁裁决时,当事人或案外人对于法院作出的相关裁定不服的,可以向上一级法院申请复议(《仲裁裁决执行规定》第22条)。

近年来,有学者参考域外立法例,主张仲裁裁决书不是执行依据。其主要理由是,仲裁具有民间性,仲裁机构和仲裁庭不属于"国家机关或者其他依法具有社会管理职能的组织",故由仲裁庭作出的仲裁裁决不属于公文书,不具有执行力。而要使仲裁裁决产生执行力,必须由法院作前置性审查,将私文书转化为公文书。[②] 这种观点符合比较法下的常规做法,也能使国内仲裁裁决与涉外仲裁裁决的执行保持一致。[③] 不过,相对于"先审查,后执行"的模式,本书赞同保留现行直接执行模式,主要理由如下:首先,以"仲裁机关民间性—仲裁裁决私文书性"这一逻辑论证仲裁裁决不能作为执行依据,既忽略了我国仲裁机构定位的多样性(民间化、行政化并存交织),又未对我国仲裁程序的法定性特征给予足够重视。其次,自1994年《仲裁法》实施以来,通过将近30年的仲裁裁决执行实践,已经形成了债权人直接申请强制执行的稳定预期。若要"另起炉灶",既要抵御路径依赖形成的惯性,又要考虑制度变迁的成本/收益。再次,经过司法审查,法院才出具裁定书赋予仲裁裁决执行力,相当于将仲裁裁决与调解协议等价。这样是否会不当增加执行法院的负担,引发仲裁裁决质量的下降,违背发展多元化纠纷解决机制的趋势,仍有待研判和观察。最后,《民法典》第229条将仲裁裁决与法院裁判相提并论,作为可引起物权变动的法律文书,《民事诉讼法》《仲裁法》也均将仲裁裁决作为执行依据,赋予其执行力。由此可见,无论实体法还是程序法都将仲裁裁决视作公文书。若认为相关立法均错误,仲裁裁决只能定性为私文书,似乎失之偏颇。《民事强制执行法(草案)》第13条第2款第2项将仲

① 如果仲裁裁决并非根据当事人的调解协议、和解协议作出,当然属于不予执行仲裁裁决的客体。例如,《北京市法院执行局局长座谈会(第八次会议)纪要——关于仲裁裁决执行与不予执行申请审查若干问题的意见》(北京市高级人民法院2017年12月发布)第20条规定:"当事人请求不予执行仲裁调解书,或者根据当事人之间的调解协议、和解协议作出的仲裁裁决的,人民法院不予支持,但仲裁程序中未达成调解协议、和解协议的除外。"

② 参见肖建国:《强制执行形式化原则的制度效应》,载《华东政法大学学报》2021年第2期。

③ 《民诉法解释》第544条规定:"对外国法院作出的发生法律效力的判决、裁定或者外国仲裁裁决,需要中华人民共和国法院执行的,当事人应当先向人民法院申请承认。人民法院经审查,裁定承认后,再根据民事诉讼法第三编的规定予以执行。当事人仅申请承认而未同时申请执行的,人民法院仅对应否承认进行审查并作出裁定。"换言之,采用"先承认,后执行"的模式。

裁裁决、调解书列为执行依据,在某种意义上已给出结论。

四、公证债权文书

公证债权文书,指的是经过公证机关公证,以给付为内容并载明债务人愿意接受强制执行承诺的债权文书。相对于法院或仲裁机构作出的判决书、裁决书或调解书,公证债权文书省略了实现债权的纠纷解决过程。其确定的给付内容虽不具有既判力,但具有执行力,并因此使债权人丧失另行取得执行名义的必要性,其所提起的给付之诉通常欠缺诉的利益。[①]

根据公证债权文书申请执行,需要满足严格的实体、形式及程序要件:(1)在实体要件上,公证债权文书的给付内容范围受限,仅包括给付货币、物品、有价证券三种,不包括交付不动产、作为或不作为等其他给付内容;给付内容须明确,包括债权债务关系明确,债权人和债务人对债权文书有关给付内容无疑义,债权债务的标的、数额(包括违约金、利息、滞纳金)及计算方法、履行期限、地点和方式约定明确等。(2)在形式要件上,公证债权文书必须载明债务人不履行义务或不完全履行义务时,债务人愿意接受依法强制执行的承诺。(3)在程序要件上,债权人须向公证机关申请"执行证书",根据债务人不履行或不完全履行及其违约金、利息、滞纳金,债权人已履行合同义务,债务人部分履行(应扣除)等事实,确定执行标的及金额。公证机关对债权出具公证书时,债务人是否如约履行债务、债权人有无申请执行的必要、执行的标的物或标的金额等事实均尚未确定,故仅凭公证债权文书尚不足以申请强制执行。出于"审执分离"的需要,此类事实须由公证机关出具执行证书予以确定,债权人凭公证债权文书及执行证书申请执行。在此意义上,不妨将二者之整体视作执行依据。

根据《民事诉讼法》第 245 条第 2 款及《公证法》第 37 条第 2 款的规定,公证债权文书确有错误的,法院裁定不予执行。2022 年《民诉法解释》第 478 条第 1 款规定,"公证债权文书确有错误"包括:(1)公证债权文书属于不得赋予强制执行效力的债权文书的;(2)被执行人一方未亲自或者未委托代理人到场公证等严重违反法律规定的公证程序的;(3)公证债权文书的内容与事实不符或者违反法律强制性规定的;(4)公证债权文书未载明被执行人不履行义务或者不完全履行义务时同意接受强制执行的。然而,该款规定将程序事由与实体事由混为一谈,与"审执分离"原则不相符,也使被执行人(债务人、担保人)动辄提出不予执行申请,严重影响该类案件的正常执行。鉴于此,最高人民法院在《关于公证债权文书执行若干问题的规定》(法释

---

① 参见黄忠顺:《论执行力对诉的利益的阻却——以公证债权文书为中心的分析》,载《法学论坛》2016 年第 4 期。

〔2018〕18 号，以下简称《公证文书执行规定》）第 12 条采取“二分法”，区分程序事由与实体事由。具体来说，被执行人对于严重违反法定程序的，可以申请不予执行公证债权文书，但对于公证债权文书的内容与事实不符、违反法律强制性规定等实体事由，只能以诉讼的方式请求不予执行公证债权文书。[①] 也即，被执行人针对程序事由可以向执行部门申请不予执行，针对实体事由只能提起诉讼，通过审判部门的形成判决（撤销公证债权文书的执行力）达到不予执行的目的。

这一规定被《民事强制执行法（草案）》吸收。该草案第 17 条第 1 款规定：“执行程序终结前，被执行人提供证据证明公证债权文书有下列情形之一的，经执行法院审查核实，裁定不予执行：（一）被执行人未到场且未委托代理人到场办理公证；（二）被执行人为无民事行为能力人或者限制民事行为能力人没有监护人代为办理公证；（三）公证员为本人、近亲属办理公证，或者办理与本人、近亲属有利害关系的公证；（四）公证员办理该项公证有贪污受贿、徇私舞弊行为，已经由生效刑事法律文书等确认；（五）其他严重违反法定公证程序的情形。”换言之，被执行人只能以严重违反公证程序为由，申请不予执行公证债权文书。对于公证债权文书载明的民事权利义务关系与事实不符，经公证的债权文书具有法律规定的无效、可撤销等情形，公证债权文书载明的债权因清偿、提存、抵销、免除等原因全部或者部分消灭，被执行人可以提出执行异议，若未得到执行法院支持的，另行起诉，请求不予执行公证债权文书。另外，该草案第 17 条第 2 款规定，执行法院认定执行公证债权文书违背公序良俗的，裁定不予执行。该款同样增加了法院依职权裁定不予执行，事由也仅限于“违背公序良俗”。

在公证债权文书被裁定或判决不予执行之后，执行力全部或部分消灭，债权人重新具有诉的利益，可以就该公证债权文书的全部或部分债权债务向法院提起诉讼。《民事强制执行法（草案）》第 17 条第 3 款对此予以确认。当事人对不予执行公证债权文书裁定提出执行异议或者申请复议的，法院不予受理（《公证文书执行规定》第

---

① 第 12 条规定：“有下列情形之一的，被执行人可以依照民事诉讼法第二百三十八条（2021 年《民事诉讼法》第 245 条）第二款规定申请不予执行公证债权文书：（一）被执行人未到场且未委托代理人到场办理公证的；（二）无民事行为能力人或者限制民事行为能力人没有监护人代为办理公证的；（三）公证员为本人、近亲属办理公证，或者办理与本人、近亲属有利害关系的公证的；（四）公证员办理该项公证有贪污受贿、徇私舞弊行为，已经由生效刑事法律文书等确认的；（五）其他严重违反法定公证程序的情形。被执行人以公证债权文书的内容与事实不符或者违反法律强制性规定等实体事由申请不予执行的，人民法院应当告知其依照本规定第二十二条第一款规定提起诉讼。”第 22 条规定：“有下列情形之一的，债务人可以在执行程序终结前，以债权人为被告，向执行法院提起诉讼，请求不予执行公证债权文书：（一）公证债权文书载明的民事权利义务关系与事实不符；（二）经公证的债权文书具有法律规定的无效、可撤销等情形；（三）公证债权文书载明的债权因清偿、提存、抵销、免除等原因全部或者部分消灭。债务人提起诉讼，不影响人民法院对公证债权文书的执行。债务人提供充分、有效的担保，请求停止相应处分措施的，人民法院可以准许；债权人提供充分、有效的担保，请求继续执行的，应当继续执行。”

20 条)。但是,当事人不服驳回不予执行申请裁定的,可以向上一级法院申请复议(《公证文书执行规定》第 21 条、《执行异议复议规定》第 10 条)。

在过去,我国司法实务界奉行“公证债权文书不可诉”原则,即当事人、利害关系人对公证债权文书的实体内容有争议的,不得直接向法院提起诉讼。最高人民法院早在《关于当事人对具有强制执行效力的公证债权文书的内容有争议提起诉讼人民法院是否受理问题的批复》(法释〔2008〕17 号,已失效)中就明确指出:“债权人或者债务人对该债权文书的内容有争议直接向人民法院提起民事诉讼的,人民法院不予受理。”《关于审理涉及公证活动相关民事案件的若干规定》(法释〔2014〕6 号)第 3 条第 2 款对此予以确认,并将不可诉的主体范围扩张至“公证事项的利害关系人”。但随着诉权理论研究的深入以及实务中对公证债权文书可诉性需求的增大,实务界的立场逐渐发生转变。作为对现实的回应,《公证文书执行规定》既在第 12 条第 2 款、第 22 条赋予被执行人(债务人、担保人)直接起诉请求不予执行公证债权文书的权利,出于平衡各方当事人的利益,又在第 24 条赋予了债权人、利害关系人在特定情形下向法院直接起诉的权利。可以直接起诉的仅限实体事由,包括公证债权文书载明的民事权利义务关系与事实不符,以及经公证的债权文书具有法律规定的无效、可撤销等情形。前者属于“诉讼上的形成之诉”,旨在判断是否撤销公证债权文书的执行力;后者则在例外情形下,为防止执行程序不能开始、继续或执行完毕后还须执行回转,直接使债权人、利害关系人获得诉的利益。这两种诉讼在性质上不同,但统一由审判部门通过诉讼解决实体争议,符合“审执分离”原则。尤其后者的引入有利于减轻执行部门执行异议、复议的压力以及一次性解决民事纠纷,值得肯定。但其实践运行效果如何,仍有待观察。①《民事强制执行法(草案)》对这几种诉讼未作规定,但不妨碍相关司法解释的适用。简言之,对于公证债权文书载明的民事权利义务关系与事实不符,以及公证债权文书具有法定无效、可撤销等事由,债权人、债务人或利害关系人可以起诉请求不予执行。

---

① 关于该项改革的评述,参见陈凯:《〈最高人民法院关于公证债权文书执行若干问题的规定〉的救济程序选择评析》,载《中国公证》2019 年第 1 期;叶科展:《关于公证债权文书的债权人诉权的思考——以〈最高人民法院关于公证债权文书执行若干问题的规定〉第 24 条为视角》,载《中国公证》2020 年第 6 期。

第三章

超越执行依据:执行力的扩张

执行依据是确定强制执行合法边界的根据。只有在此边界范围内,才能阻却查封被执行人财产、限制其对财产处分、剥夺其对财产的占有、强制拍卖被执行人财产、代为履行、间接执行等执行行为的违法性。如果法院逾越这一边界范围,对非受执行力所及的主体、客体实施执行,属于实施不法侵害,应追究责任并由国家赔偿受害人的损失。然而,执行依据是静态的、固定的,生活之流却变动不居。一方面,在诉讼过程中,实体权利义务可能已经发生转移,而在"当事人恒定"原则下,有时不能在判决书、调解书中得以体现。当依据此类法律文书申请执行时,就会出现所表征的形式当事人与实质当事人(真正的权利义务人)相背离的问题。[①] 在诉讼结束后,也经常发生标的物或作为基础的权利义务转移、遗产继承、企业分立合并或注销等变动。另一方面,在我国这样一个尚未实现高度"格式化"的社会里,借名买房买车、代持财产、挂靠有资质的企业、倒签合同等"名实不符"的现象比比皆是。如果强制执行只能恪守执行依据记载的内容,则执行法院难免陷入举步维艰的境地,甚至会被义务人恶意摆布,听任其通过事先或事后的不诚信行为,从强制执行中脱逃。因此,有必要在特定情形下允许执行依据的效力范围发生扩张,免于权利人再行诉讼或仲裁,提高通过一个执行程序实现权利的概率。为实现这一目的,本书依托"执行力"概念,围绕其展开规则与理论的体系化阐释与建构。

如本书第一章所言,执行力附着于执行依据,并与既判力一样,效力范围受执行依据所记载内容的限制。简言之,"为谁,对谁,强制为何种给付",原则上由执行依据确定。在私法关系上,权利人对义务人享有请求权(含债权及物权请求权)。经诉讼、仲裁、公证、调解或非讼程序形成生效法律文书后,私法上的请求权凝结为公法上的

① 2022 年《民诉法解释》第 249 条规定:"在诉讼中,争议的民事权利义务转移的,不影响当事人的诉讼主体资格和诉讼地位。人民法院作出的发生法律效力的判决、裁定对受让人具有拘束力。受让人申请以无独立请求权的第三人身份参加诉讼的,人民法院可予准许。受让人申请替代当事人承担诉讼的,人民法院可以根据案件的具体情况决定是否准许;不予准许的,可以追加其为无独立请求权的第三人。"

执行请求权，权利人除了可继续向义务人请求任意履行外，还可以向法院申请对义务人为强制执行。执行请求权符合法定要件的，法院不得拒绝执行。此为现代法治国家垄断暴力（强制力）后必须承担的责任或应履行的对价。[①] 在我国这样一个有着悠久"大一统"传统的国家里，将强制执行作为国家对国民负担之责任，更容易被理解和接受。通过债权人向法院提出执行请求权，具体的执行依据转化为抽象的执行依据。执行依据的执行力既体现为法院采取法定执行方法，尽可能充分、高效地实现给付内容，又为法院不顾债务人的意愿而查封、处置其财产或限制其行为自由提供合法性根据。

为防止国家公权力肆意侵犯私人权益，执行力具有主观（体）范围与客观（体）范围的限制。执行力的主观范围指的是执行依据"为谁"或"对谁"发生效力，事关执行当事人适格的问题；执行力的客观范围指的是执行名义表征、记载的给付内容。执行力与既判力存在显著区别，不宜过分依据后者的理论来定位前者，而应围绕执行力形成自成一体的理论体系。主要理由如下：(1)生效法律文书的执行力与既判力并非一一对应关系。除了法院作出的生效给付判决书兼具执行力、既判力外，生效确认判决、形成判决原则上只有既判力而无执行力；而具有给付内容的生效调解书、仲裁裁决书、仲裁调解书、经司法确认的调解协议、支付令等法律文书具有执行力，但仅有针对同一债权债务关系遮断后诉的消极既判力，不具有拘束后诉当事人主张及法院判断的积极既判力，公证债权文书（辅之以执行证书）、保全裁定书等甚至连消极既判力也不具备。[②] 因此，借助既判力理论来界定执行力主观、客观范围，除了给付判决，容易在其他执行依据上遭遇解释上的障碍。(2)既判力是指在前诉与后诉之间的关系上，后诉当事人、法院受前诉判决之判断的遮断或拘束；执行力是指在执行依据与强制执行的关系上，法院有义务强制实现执行依据记载的给付内容。因此，既判力是司法性质的效力，具有司法机关相互间的"内向性"，而执行力是行政性质的效力，具有指向司法机关以外之人、物的"外向性"。(3)虽然执行力与既判力都有主观范围、客观范围两种面向（既判力还有时间范围第三种面向），但主观范围和客观范围发生扩张的机理并不相同。既判力旨在后诉中维持前诉确定判决的权威判断，发生主观或客观范围扩张是为了确保法的安定性。而执行力旨在强制实现判决所命令的给付内

---

① 当然，如本书第四章所言，国家既可以设立公权力机关（行政机关、内设或附设于法院的执行机关）提供强制执行，也可以将这一公共服务授权社会化主体代行，但应严格进行服务质量、效率等方面的监督管理。另外，现代法治国家一般为自助行为、正当防卫、占有自力防御等留下有限的私人救济途径。参见吴香香：《请求权基础：方法、体系与实例》，北京大学出版社 2021 年版，第 146 ~ 148 页。

② 关于积极既判力、消极既判力，参见王亚新、陈杭平、刘君博：《中国民事诉讼法重点讲义》（第 2 版），高等教育出版社 2021 年版，第 336 ~ 339 页。

容,发生主观或客观范围扩张是为了强制实现权利人的私权,受到合目的性理念的指导。① 虽然在既判力扩张的情形下,执行力一般也会扩张,但这是基于不同机理发生的同步现象,而非既判力牵动执行力扩张。换言之,二者的扩张具有相关性,而非因果性。反之,即使既判力不扩张,执行力也有可能基于独立目的而扩张。

以下分别围绕执行力的主观范围扩张、客观范围扩张展开分析。

一、执行力主观范围扩张

执行力的主观范围扩张,具体表现为执行法院对执行依据记载以外的民事主体,"为之"或者"对之"强制执行,或者说将非执行依据记载的民事主体纳入适格执行主体范围。执行力主观范围扩张主要考虑以下因素:(1)权利实现的迅速性、经济性。当发生执行标的物、作为基础的权利义务转让,一方当事人死亡(自然人)或者合并、分立、解散(法人或非法人组织)等法律事实,要求执行当事人必须通过另行诉讼或仲裁的方式取得新的执行依据,将严重影响其权利实现的迅速、经济,还会给义务人通过转让执行标的物、作为基础的权利义务、解散企业等故意逃避强制执行留下可乘之机。执行力扩张则省略了权利人取得新执行名义的烦劳,节省了为此付出的社会成本,抑制了义务人的道德风险。(2)权利义务的依存性、同一性。如果一方当事人死亡或合并、分立、解散,或者作为基础的权利义务转让,则权利义务前后具有依存性,主体的变更不会导致权利义务关系(客体)的断裂。如果一方当事人只是作出姓名或名称的变更,其权利义务具有同一性。在这些情形下,执行力没有理由不向新的权利义务人扩张。(3)对第三人的程序保障。执行力扩张意味着第三人可能未经审判或仲裁即面临被强制执行的不利益。因此,第三人应否受到程序保障以及程序保障的程度,是一个重要考量因素。执行中变更、追加当事人的程序仅为略式程序,即使法院组织听证,被申请人(第三人)也无从展开充分的攻击防御。如果第三人受到的程序保障不够充分,执行力向其扩张就不具有正当性。例如,否定法人"人格"并追加其股东为被执行人,追加债务人的配偶为被执行人,皆需要保障被申请人的程序权利,避免损害其实体利益,原则上应通过诉讼解决。②

学理上,非由执行依据记载但属于执行当事人适格,也即执行力主观范围扩张的情形主要包括:③(1)诉讼系属后作为诉讼标的之法律关系的继受人,既包括概括继

---

① 另可参见许士宦:《执行力扩张与不动产执行》,台北,新学林出版股份有限公司2014年版,第23页;肖建国:《中国民事强制执行法专题研究》,中国法制出版社2020年版,第107~108页。

② 参见肖建国、刘文勇:《论执行力主观范围的扩张及其正当性基础》,载《法学论坛》2016年第4期。

③ 以下分类及论述,主要参见吴光陆:《强制执行法》(修订3版),台北,三民书局股份有限公司2015年版,第115~126页。

受人，如继承人、公司合并后设立的公司，也包括特定继受人，如权利受让人、债务承担人。如果在诉讼中变更当事人，继受人成为执行依据载明的主体，无须扩张执行力主观范围；如果在诉讼中未变更当事人，以及诉讼结束（事实审最后一次辩论终结）后才发生法律关系的继受，判决书的执行力扩张及于继受人。（2）诉讼标的物的受让人。诉讼标的物并非诉讼标的的构成要素，不是所有诉讼标的都包含诉讼标的物（如解除婚姻关系诉讼、确认合同无效诉讼）。诉讼标的物的受让人没有继受诉讼标的（法律关系）的权利或义务，因此不受判决效力所及。作为例外，基于物权申请物的交付执行的，因物权具有对世性，可对一切人主张，标的物的受让人可作为物权关系的继受人，受执行力所及。当然，如果受让人善意，可依据《民法典》第 311 条，在变更、追加被执行人程序中提出抗辩，阻却执行力向其扩张。[①] 因该争议涉及实体权利义务的判断，似以审判程序解决为宜。基于债权申请物的交付执行的，因债权仅有对人的效力，不及于受让人。债权人欲取回标的物，须对受让人另行诉讼或仲裁。[②]（3）诉讼系属后为当事人或其继受人占有请求之标的物者，如财产的无偿保管人。法人的法定代表人、无民事行为能力人或限制民事行为能力人的法定代理人占有，与法人、行为能力有瑕疵之当事人的占有同一。当事人的同居家属、受雇人占有，属于辅助当事人的占有，而非第三人占有，无须发生执行力主观范围的扩张。但是，如果第三人为了自己的利益占有当事人的财产，如承租人、质权人，执行力不得向其扩张。（4）为他人而成为当事人的“他人”，主要指诉讼担当时的被担当人。例如，遗产管理人、破产管理人作为当事人参加诉讼，判决的执行力及于遗产继承人、破产中的企业。

针对上述第 4 项，还值得讨论的有：其一，代位权诉讼。根据我国《民法典》第 537 条的规定，债权人提起代位权诉讼的效果是，由债务人的相对人向债权人履行义务，债权人接受履行后，债权人与债务人、债务人与相对人之间相应的权利义务终止。由于我国不实行“入库原则”，代位权诉讼不能被视为债权人为债务人而提起，判决的执行力不及于债务人。其二，连带诉讼。债权人对连带债务人之一提起诉讼，因债务人有义务给付全部债务，故其不是为其他债务人而成为被告，判决执行力不及于其他未被诉的债务人。债权人经强制执行未获充分清偿的，只能向其他债务人另行诉讼。反之，连带债权人之一对债务人提起诉讼，判决执行力是否及于其他未起诉的债权

---

① 《民法典》第 311 条规定：“无处分权人将不动产或者动产转让给受让人的，所有权人有权追回；除法律另有规定外，符合下列情形的，受让人取得该不动产或者动产的所有权：（一）受让人受让该不动产或者动产时是善意；（二）以合理的价格转让；（三）转让的不动产或者动产依照法律规定应当登记的已经登记，不需要登记的已经交付给受让人。”

② 金钱债权执行中，被执行人在法院查封后将财产转让给第三人，原则上该转让行为因查封效力而不生效。具体参见本书第六章第二部分“查封对人的效力”之内容。

人，理论上存在分歧。有观点认为，债权人提起诉讼，仅为自己的利益，并没有为其他债权人利益的意思，因此判决效力不及于其他债权人。[①] 另有观点认为，如果债权人取得胜诉判决，则判决效力及于其他债权人。[②] 本书认为，无论债权人胜诉抑或败诉，判决效力均及于未起诉的债权人。理由在于：一方面，债权人胜诉却怠于申请执行时，不使判决既判力及执行力扩张及于其他债权人，而强令后者另诉取得执行依据才能申请强制执行，对任何一方来说都属无益之举。另一方面，债权人败诉时，判决效力（仅有既判力而无执行力）及于其他债权人，虽然剥夺了其他债权人起诉的资格，但使债务人避免了因同一债权债务关系而被迫重复应诉。我国民事诉讼法学通说主张，连带之债诉讼为类似的必要共同诉讼，而非普通共同诉讼。[③] 连带债权人之间并无独立的诉权，诉讼标的也同一。因此，债权人败诉时，判决既判力也及于其他债权人。其三，返还共有物诉讼。原则上共同共有人应当作为不可分割的整体参加诉讼，当事人才适格。但在返还共有物的诉讼中，学理上作为例外允许部分共有人提起诉讼，如胜诉则向全体共有人返还。部分共有人提起诉讼，并不单独享有胜诉的成果，除了行使自己的共有权外，兼具为其他共有人利益的意思，故判决效力及于其他共有人。被告不履行判决确定的返还义务，作为原告的共有人又怠于申请强制执行的，其他共有人有资格提出申请。

执行力主观范围扩张，在程序上表现为执行当事人的变更、追加，既包括申请执行人的变更或追加，也包括被执行人的变更或追加。前者可称为执行力主观范围的积极扩张，后者可称为执行力主观范围的消极扩张。执行力主观范围积极扩张的情形相对简单。有争议的是执行力主观范围的消极扩张。以下结合相关法律、司法解释的规定展开讨论。

（一）申请执行人的变更、追加

对于申请执行人的变更、追加，《民事诉讼法》未作出明文规定，司法解释中有规定，2020 年《执行若干规定》第 16 条第 1 款第 2 项规定："申请执行人是生效法律文书确定的权利人或其继承人、权利承受人"。2020 年最高人民法院《关于民事执行中变更、追加当事人若干问题的规定》（以下简称《执行变更当事人规定》）第 1 条延续了申请执行人的"继承人、权利承受人"的表述，即在申请执行人一侧，执行力主观范围扩张仅限于执行依据记载之债权人的继承人、权利承受人。根据 2020 年《执行变更

---

① 参见吴光陆：《强制执行法》（修订 3 版），台北，三民书局股份有限公司 2015 年版，第 125 页。

② 参见陈荣宗：《强制执行法》，台北，三民书局股份有限公司 2000 年版，第 66 页。

③ 参见陈杭平：《前诉与后诉视角下的连带保证人追偿之诉》，载《法学》2019 年第 3 期。

当事人规定》第2～9条的规定，具体如表3－1所示：

表3－1　申请执行人的变更、追加及事由

序号	事由	申请执行人的变更、追加
1	自然人死亡或被宣告死亡	遗产管理人、继承人、受遗赠人或其他因该自然人死亡或被宣告死亡依法承受生效法律文书确定权利的主体
2	自然人被宣告失踪	财产代管人
3	自然人离婚时，生效法律文书确定的权利全部或部分分割给其配偶	其配偶
4	法人或非法人组织终止	因该法人或非法人组织终止依法承受生效法律文书确定权利的主体
5	法人或非法人组织因合并而终止	合并后存续或新设的法人、非法人组织
6	法人或非法人组织分立	依分立协议约定承受生效法律文书确定权利的新设法人或非法人组织
7	法人或非法人组织清算或破产时，生效法律文书确定的权利依法分配给第三人	该第三人
8	机关法人被撤销	继续履行其职能的主体，但生效法律文书确定的权利依法应由其他主体承受的除外；没有继续履行其职能的主体，且生效法律文书确定权利的承受主体不明确，作出撤销决定的主体
9	将生效法律文书确定的债权依法转让给第三人，且书面认可第三人取得该债权	该第三人

在上述情形中，最常见也最容易引发争议的是第9种，即债权转让引起的申请执行人变更。[①] 债权转让引起申请执行人的变更须满足三项要件：(1)债权是生效法律

① 债权转让在不良资产处置领域十分普遍。在21世纪初的一段时期里，由于大量国有银行的“不良资产”具有较大利润空间，出现四大资产管理公司以外的社会投资者（投机者?）利用行贿等手段非法获取金融不良债权，套取利润，导致国有资产流失。为此最高人民法院一度暂停社会主体根据再受让的金融不良债权申请变更申请执行人。随着这一波不良资产处置大致告一段落，最高人民法院明确批准了此类申请。最高人民法院在《关于判断确定的金融不良债权多次转让人民法院能否裁定变更执行主体请示的答复》（〔2009〕执他字第1号）中指出：“依法从金融资产管理公司受让债权的受让人将债权再行转让给其他普通受让人的，执行法院可以依据上述规定，依债权转让协议以及受让人或者转让人的申请，裁定变更申请执行主体。”

文书确定的债权;(2)债权依法转让;(3)债权人书面认可受让人取得该债权。首先,"生效法律文书确定的债权"指的是债权已被执行依据所确定。如果债权尚未被执行依据确定,自然不会引起执行及申请执行人的变更。其次,"债权依法转让"主要是指不得违反《民法典》第545条的规定,即根据债权性质、当事人约定或法律规定不得转让的债权,转让无效。这是实务中为了防止债权人通过转让债权减少自己的责任财产,规避他人对其的执行。[①] 例外是当事人约定不得转让的债权是金钱债权的,受让人取得债权;非金钱债权的,善意受让人也取得债权。[②] 另外,债权转让是否通知债务人,并不影响转让行为在出让人与受让人之间发生法律效力。根据《民法典》第546条第1款的规定,仅出于保护债务人的目的而不对其发生效力(其在未收到通知的情况下对出让人的履行仍然有效)。因此,债权转让有无通知债务人不是判断转让"依法"与否的标准。在执行实践中,法院不得以债权转让未通知债务人(被执行人)为由,驳回受让人变更申请执行人的申请。但是,被执行人可以基于已对出让人(原申请执行人)为全部或部分履行,提出执行异议(实际上是债务人异议)。最后,"书面认可受让人取得该债权"看似与债权转让协议重合,显得累赘,但由于实践中执行依据所确定的债权与转让的债权之间可能存在出入,尤其在债权连续转让的情况下,执行法院不易判断受让人据以申请变更的债权与待执行的债权是否同一。该种书面认可有助于简化判断过程,提高申请执行人变更的效率。

当然,2020年《执行变更当事人规定》第9条只规定"将生效法律文书确定的债权"转让的法律后果,但未区分转让发生的程序时点。自诉讼系属以后,债权人可以在诉讼中、判决生效后申请执行前、执行中三个阶段转让债权。在第三个阶段发生债权转让,适用第9条的规定自无疑问。但在前两个阶段发生债权转让,是否同样适用该条规定,则有待辨析。首先,根据2022年《民诉法解释》第249条的规定,如果诉讼过程中发生债权转让,而受让人未申请替代出让人参加诉讼的,判决仍以出让人为原告作出。为了维护判决的安定性,在当事人恒定的前提下,判决的效力向受让人扩张。判决生效后,受让人可依据2020年《执行若干规定》第16条、第18条,通过提交承受权利的证明文件,以权利承受人的身份申请执行。但在出让人申请的执行程序

---

① 在实务中,执行法院一般审查申请执行人与被执行人之间是否存在互负义务、债权转让的方式(协议转让、公开市场挂牌转让等)、受让人是否支付合理对价、原申请执行人是否处于破产清算程序、原申请执行人是否存在其他未决诉讼或正在被执行等。

② 《民法典》第545条规定:"债权人可以将债权的全部或者部分转让给第三人,但是有下列情形之一的除外:(一)根据债权性质不得转让;(二)按照当事人约定不得转让;(三)依照法律规定不得转让。当事人约定非金钱债权不得转让的,不得对抗善意第三人。当事人约定金钱债权不得转让的,不得对抗第三人。"

中,受让人可否依据《执行变更当事人规定》第 9 条,申请变更为申请执行人呢? 实务中有部分法院认为,在此情形下债权转让发生在判决书生效前,因此转让的并非"生效法律文书确定的债权",不符合第 9 条规定的要件,不予变更申请执行人。[①] 但是,这么操作无法与当事人恒定制度相协调,导致在执行程序中判决效力向受让人的扩张得不到保障。[②] 本书认为,由于第 9 条并未限定债权转让的时间节点,只要受让人能够提供文件证明其合法承受债权且该债权现已被生效法律文书所确定,出让人也书面予以认可,就符合该条规定的变更申请执行人的要件。其次,权利人在判决生效后、申请执行前将权利转让于他人,受让人可以权利承受人的身份申请执行;在出让人申请的执行程序中,受让人也可以提供证明文件,申请变更执行申请人。在明确了 2020 年《执行变更当事人规定》第 9 条的解释立场后,这一结论并不难得出。

《民事强制执行法(草案)》第 18 条第 2 款规定:"执行依据确定的权利的继承人、承受人等主体可以变更、追加为申请执行人。执行依据确定的权利人是遗产管理人、破产管理人等主体的,继承人或者破产债务人等主体可以变更、追加为申请执行人。"该款是执行力主观范围积极扩张的原则性规定,不仅旨在将上述情形统合其中,而且第 2 句增设了诉讼担当下执行力对被担当人的扩张。

富有争议的是,《民事强制执行法(草案)》第 37 条第 2 款规定:"申请人或者被申请人不属于执行依据确定的权利人或者义务人的,应当提交依据本法第二十条或者第二十一条规定作出的生效法律文书。"[③]第 39 条进一步强调:"申请执行应当符合下列条件……(二)申请人和被申请人属于执行依据确定的权利人、义务人或者依据本法第二十条或者第二十一条规定确定的主体。"这两个条款意味着,债权受让人只能按照该草案第 20 条、第 21 条取得生效裁定或判决,并在申请执行时予以提交,才满足执行立案的条件。这一规定尽管符合执行立案形式审查的基本原则,通过执行前的独立裁定或判决确定执行力主观范围的扩张,与域外执行文付与制度也有几分相似,但不当增加了债权受让人的立案困难,与金融市场上不良债权频繁转手的实际情况相悖。例如,在判决生效后申请执行前,金融不良资产管理公司(AMC)从前手受让一笔金融不良债权。根据 2020 年《执行变更当事人规定》第 9 条,该公司只需满足债权依法转让且取得出让人的书面认可,即可申请强制执行;而根据《民事强制执行法

---

① 参见上海市第二中级人民法院民事裁定书,(2018)沪 02 执复 17 号、25 号;北京市高级人民法院民事裁定书,(2017)京执复 56 号。

② 参见廖浩:《民事特定继受执行程序研究——以执行主体变更、追加的二阶段架构为中心》,载《华东政法大学学报》2020 年第 4 期。

③ 第 20 条和第 21 条规定的是申请变更、追加当事人的审查程序,以及对执行法院所作裁定不服的救济程序。

(草案)》第 37 条第 2 款,须先向有执行管辖权的法院申请变更为申请执行人,由法院在立案之日起 60 日内审查完毕并作出裁定,如果被申请人对准予变更裁定不服的,还可以在裁定送达之日起 15 日内向作出裁定的法院提起诉讼,或者在裁定送达之日起 10 日内向上一级法院申请复议。对于复议申请,上一级法院应当在立案之日起 60 日内审查完毕并作出裁定;对于起诉,按照执行异议之诉应当适用普通程序的原则,加上当事人上诉及二审期间,待法院作出生效判决,已是数年之后也并非不可能。众所周知,有序的金融不良资产市场对于金融系统的稳定和资源配置的优化至关重要。而金融不良资产的估值、定价具有"冰棍效应",拖得越久价值贬损越严重。因此,这一规定可能降低受让人的受让意愿和估值报价,影响金融不良债权的处置和流通。

本书主张,除非实践已充分表明,2020 年《执行变更当事人规定》第 9 条存在严重缺陷,导致虚假、恶意申请变更、追加执行当事人现象泛滥,严重干扰执行正常秩序,否则不能轻易改弦易辙。这看似符合执行法原理,可以减轻执行法院立案审查负担,减少立案执行后当事人变更、追加的争议,但背离中国经济结构、金融活动的基本特征。为了降低《民事强制执行法(草案)》第 37 条第 2 款的负面影响,不妨将该款规定的"应当提交……的生效法律文书"更改为"可以提交……的生效法律文书"。这样既能降低债权受让人的执行立案难度,又能与《民事强制执行法(草案)》第 20 条、第 21 条形成有效对接。

(二)被执行人的变更、追加

对于被执行人的变更、追加,目前同样主要由司法解释规定。[①]《民事诉讼法》只在第 239 条中规定:"作为被执行人的公民死亡的,以其遗产偿还债务。作为被执行人的法人或者其他组织终止的,由其权利义务承受人履行义务。"然而,执行中需要变更、追加被执行人的情形相对复杂,除了执行依据记载之债务人的继承人、权利义务概括承受人之外,还涉及对债务人的债务承担法定连带责任、无限责任等的其他民事主体。前一类可以称为"承继型"执行力主观范围扩张,后一类可以称为"责任型"执行力主观范围扩张。其中,对于"责任型"第三人而言,执行力向其扩张意味着不经裁判就令其承担民事责任并忍受强制执行,有剥夺对其的程序保障之嫌,故必须严格限定范围,原则上奉行"法定主义"。当然,目前我国法律上既未确立变更、追加被执行人的法定原则,也未对法定情形作出穷尽列举。该原则仅能从 2020 年《执行变更当

---

① 被执行人的变更追加最初由 1998 年最高人民法院《关于人民法院执行工作若干问题的规定(试行)》(以下简称《执行若干规定(试行)》)第 76 ~ 82 条作出规定。其后被 2015 年《民诉法解释》及 2016 年《执行变更当事人规定》吸收及补充。因此,2020 年《执行若干规定(试行)》修正时,相关条文被全部删除。

事人规定》第 1 条的含糊表述中寻找依据，[①]且最高人民法院可以通过司法解释不断调整变更、追加被执行人的“法定”情形。即使《民事强制执行法（草案）》第 19 条列举了 6 种可以被变更、追加为被执行人的主体，也很难阻止最高人民法院通过司法解释予以增加。因此，我国尚不能执迷或拘泥于“法定主义”。

【设例 3－1】

在某买卖合同纠纷案判决执行中，债权人金山公司申请查封债务人广厦公司持有的蓝天公司 20% 的股权、白云公司 44% 的股权。因金山公司未在限定期限内答复是否同意评估拍卖上述股权，也没有缴纳评估费用，执行法院解除了对相关股权的查封。其后，广厦公司将持有的两笔股权分别转让给王某、张某，并办理了股权变更登记。金山公司申请追加王某、张某为被执行人，理由是：（1）通过工商档案查询、法院网络查控等合法调查手段，未发现两人实际支付股权转让款；（2）本案符合《关于依法制裁规避执行行为的若干意见》第 20 条对恶意转移财产规避执行的，可以变更追加被执行人的规定。执行法院经审查，裁定驳回申请。金山公司经异议、复议失败后，提出执行申诉。最高人民法院认为，被执行人为了逃避债务而转让股权，被申请人未支付股权转让款，该情形不符合可以变更、追加被执行人的法定情形，裁定维持原裁定。

设例 3－1 改编自真实案例。《关于依法制裁规避执行行为的若干意见》（以下简称《制裁规避执行意见》）第 20 条规定：“有充分证据证明被执行人通过离婚析产、不依法清算、改制重组、关联交易、财产混同等方式恶意转移财产规避执行的，执行法院可以通过依法变更追加被执行人或者告知申请执行人通过诉讼程序追回被转移的财产。”该文件以法〔2011〕195 号的名义下发，不构成司法解释，而是执行工作指导意见。[②] 换言之，该规范性文件可供最高人民法院及地方各级法院参考，但不得作为裁判依据援引。因此，设例 3－1 中执行法院未将该文件当作司法解释，纳入可据以变更、追加被执行人的“法定”情形，无疑是正确的。即使有初步证据表明被执行人广厦公司恶意转让股份规避执行，因第 20 条不具有法律效力，且规定的是“可以通过依法变更追加……”并未指示执行法院应当变更、追加王某、张某为被执行人。

不过，最高人民法院以缺乏司法解释规定为由驳回申请，裁定说理不够充分。司法解释通常针对具体情形作出规定，难免挂一漏万、百密有疏，故不能机械地以有无

① 该条规定：“执行过程中，申请执行人或其继承人、权利承受人可以向人民法院申请变更、追加当事人。申请符合法定条件的，人民法院应予支持。”

② 根据最高人民法院《关于司法解释工作的规定》（法发〔2007〕12 号）第 6 条的规定，司法解释的形式分为“解释”、“规定”、“批复”和“决定”四种；根据该规定第 27 条的规定，司法解释可以作为裁判依据在司法文书中援引。

司法解释规定为标准识别能否变更、追加被执行人。除非将来“强制执行法”明确变更追加的准据或穷尽列举变更追加的情形，否则应从实质合理性的立场出发加以判断。判断的关键在于，被申请人是否对执行债权负有法律责任，以及该责任的范围（金额、数量、种类等）能否不经审判就可确定。如果被申请人是否负有法律责任以及责任的范围均须通过诉讼审判才能确定，就不应直接变更、追加。由此出发，设例3－1中王某、张某是否无偿从广厦公司处受让股权，若无偿受让是否负有清偿广厦公司债务的责任，有无实体抗辩权，此类事项均须经过审理才能作出判断。假设两人有偿受让但未向广厦公司支付股权转让款，其为广厦公司的债务人。金山公司若想执行广厦公司的该笔股权转让款，也应按照债权执行的程序，申请法院向王某、张某发出《履行到期债务通知书》，而非直接申请追加两人为被执行人。① 如果广厦公司无偿或以明显不合理的低价转让股权，根据《民法典》第538条、第539条的规定，债权人可以请求法院撤销债务人的行为。② 据此，金山公司可以提起债权人撤销权诉讼，请求撤销广厦公司的股权转让行为。另外，金山公司也可以起诉，请求确认广厦公司与王某、张某之间的股权转让协议无效。③

根据2020年《执行变更当事人规定》第10～12条、第22条、第25条及2022年《民诉法解释》第470条、第473条的规定，属于“承继型”第三人的有：(1)作为被执行人的自然人死亡或被宣告死亡，该自然人的遗产管理人、继承人、受遗赠人或其他因该自然人死亡或被宣告死亡取得遗产的主体（如因在自然人死亡前给予照顾而分得遗产的人）。受革命传统的影响，中华人民共和国成立后就致力于废除宗祧制度（人格、祭祀、财产三位一体）、“父债子偿”等旧传统，实行限定继承主义。所谓“限定继承”，即继承人虽继承被继承人的“全部”债务，但仅以遗产为限承担物的“有限”责任。对于被继承人的债权人主张偿还全部债务，继承人具有拒绝以自己的固有财产偿还债务的抗辩权。④ 故2020年《执行变更当事人规定》第10条及2022年《民诉法解释》第473条规定，这些“继承型”第三人仅在遗产范围内承担责任，无须以个人财产承担清偿被继承人债务的责任。若继承人放弃遗产继承，《民诉法解释》第473条第2句规定，法院可以直接执行被执行人的遗产。但自《民法典》实施以后，因第1145

---

① 关于债权执行，可参见本书第九章第一部分的内容。

② 事实上，《制裁规避执行意见》第14条第2款也规定，被执行人放弃债权、无偿转让财产或者以明显不合理的低价转让财产，对申请执行人造成损害的，执行法院可以告知申请执行人依照原《合同法》第74条（《民法典》第538条、第539条）的规定向有管辖权的法院提起撤销权诉讼。

③ 出于恢复原股权登记的需要，应当列蓝天公司、白云公司为无独立请求权第三人，请求其配合办理工商变更登记。

④ 参见林秀雄：《限定继承》，载《月旦法学教室》1996年第16期；陈杭平：《论债务人的继承人放弃继承之程序进行》，载《现代法学》2020年第2期。

条设立遗产管理人制度,即使继承人放弃遗产继承,仍应有遗产管理人负责处理被继承人的债权债务等事务,法院可待遗产管理人确定后变更其为被执行人,而无须再在被执行人"缺位"的情况下"对物"执行。(2)作为被执行人的自然人被宣告失踪,该自然人的财产代管人。同样地,代管人仅在代管的财产范围内承担责任。(3)作为被执行人的法人或非法人组织因合并而终止,合并后存续或新设的法人、非法人组织;作为被执行人的法人或非法人组织分立,分立后新设且对生效法律文书确定的债务承担连带责任的法人或非法人组织,但被执行人在分立前与申请执行人就债务清偿达成的书面协议另有约定的除外。(4)作为被执行人的法人或非法人组织,被注销或出现被吊销营业执照、被撤销、被责令关闭、歇业等解散事由后,财产的无偿接受人。与之相似,被执行人的财产依行政命令被无偿调拨、划转给第三人,接受无偿调拨、划转的第三人。

第三人继承、接受被执行人的财产,是为自己的利益而占有、管理财产。因此,第三人消费、处分所继承或接受的财产的,除非第三人明知遗产或所接受的财产将被用于偿债而为之,即有损害申请执行人之债权的故意,否则只以所继承或接受的财产现状履行债务及承受执行。① 即使财产价值发生减损,申请执行人也不得请求第三人进行损害赔偿。与之相对,遗产管理人、财产代管人是为遗产继承人、被宣告失踪人等的利益而占有、管理财产。一方面,根据《民法典》第 1148 条的规定,遗产管理人应当依法履行职责,因故意或者重大过失造成继承人、受遗赠人、债权人损害的,应当承担民事责任。故申请执行人(债权人)可作为受害人直接请求遗产管理人进行损害赔偿。另一方面,根据《民法典》第 43 条第 3 款的规定,财产代管人因故意或重大过失造成保管财产损失的,应当承担赔偿责任。该损害赔偿请求权归属于被宣告失踪人,但债权人可代位主张。在此情形下,申请执行人可否申请法院直接执行代管人的固有财产,还是只能另行诉讼或仲裁?代管人对失踪人的财产负有妥善管理的法定义务,且已被变更为被执行人,与一般侵害被执行人财产的第三人不同。作为折中,本书主张根据执行类型分别处理。若为金钱债权执行、种类物的交付执行,优先保护申请执行人的利益,可直接执行代管人的固有财产。这是代管人的实体法义务、已被变更为被执行人的程序法地位使然,优先保障债权人的利益具有正当理由。若为特定物的交付执行,可参考 2022 年《民诉法解释》第 492 条及 2020 年《执行若干规定》第

---

① 《民法典》第 1161 条第 1 款规定,继承人以所得遗产实际价值为限清偿被继承人的债务。在通常情况下,继承人的清偿责任以清偿时的遗产"实际价值"为限。但出于优先保护被继承人之债权人的利益,若债权人举证证明继承人在取得遗产后,明知全部或大部分遗产将用于清偿被继承人的债务,却故意处分、消费遗产,造成遗产价值减损的,可以请求继承人以继承时的遗产"实际价值"为准承担清偿责任。

41 条的规定。标的物确已毁损或者灭失的，经当事人同意，可以折价赔偿。当事人对折价赔偿不能协商一致的，执行法院应当终结执行程序。申请执行人可以另行起诉。

根据 2020 年《执行变更当事人规定》及 2022 年《民诉法解释》的规定，属于“责任型”第三人的有：

1. 对“非法人组织”的债务承担无限责任的人

（1）个人独资企业的出资人。作为被执行人的个人独资企业，不能清偿生效法律文书确定的债务，执行力向其出资人扩张。我国的个人独资企业是在个体工商户的基础上发展起来的，无论人格、资产还是责任都只具有相对独立性，仅由出资人缴纳个人所得税，属于“自然人企业”的一种。《民法典》第 102 条将其归入非法人组织。一方面，根据《民事诉讼法》第 51 条的规定，个人独资企业具有当事人能力，可以作为诉讼及执行程序的当事人；另一方面，《个人独资企业法》第 2 条规定“投资人以其个人财产对企业债务承担无限责任”，确切地说是补充性而非连带性的无限责任。

（2）合伙企业的合伙人。合伙企业同样属于《民法典》第 102 条规定的非法人组织。一方面，根据 2006 年《合伙企业法》第 2 条的规定，普通合伙企业中的合伙人、有限合伙企业中的普通合伙人对合伙企业的债务承担无限连带责任。如前所述，执行力主观范围可向其扩张。另一方面，2006 年《合伙企业法》第 65 条规定，有限合伙人未按照合伙协议的约定按期足额缴纳出资的，应当承担补缴义务。该补缴义务虽非无限责任的范畴，但根据形式审查即可确定补缴数额，无须对当事人的权利义务进行裁量判断，故也可以直接追加有限合伙人为被执行人，令其在未足额缴纳出资的范围内承担责任。

（3）设立法人分支机构的法人。根据 2022 年《民诉法解释》第 52 条第 5 项的规定，依法设立并领取营业执照的法人的分支机构属于《民事诉讼法》第 51 条规定的“其他组织”，具有当事人能力，可独立参加诉讼程序，也可作为申请执行人或被执行人。《民法典》第 74 条第 2 款规定：“分支机构以自己的名义从事民事活动，产生的民事责任由法人承担；也可以先以该分支机构管理的财产承担，不足以承担的，由法人承担。”该种责任为无限责任。故法人分支机构不能清偿生效法律文书确定的债务，申请执行人申请变更、追加该法人为被执行人的，人民法院应予支持（2020 年《执行变更当事人规定》第 15 条第 1 款第 1 句）。当然，法人分支机构相对于设立它的法人而言，不具有人格、财产的独立性。因此，法人直接管理的责任财产不能清偿债务的，法院可以直接执行该法人其他分支机构的财产（2020 年《执行变更当事人规定》第 15 条第 1 款第 2 句）。若法人作为被执行人，其直接管理的责任财产不能清偿债务的，法院可以直接执行该法人分支机构的财产（2020 年《执行变更当事人规定》第 15 条第 2 款）。严格来说，后者更接近于执行力客观范围的扩张，而非主观范围的扩张。

除了个人独资企业、合伙企业、法人分支机构外,《民法典》第 102 条还规定了不具有法人资格的专业服务机构等其他非法人组织。作为原则性条款,《民法典》第 104 条规定:“非法人组织的财产不足以清偿债务的,其出资人或者设立人承担无限责任。法律另有规定的,依照其规定。”因此,其他类型非法人组织作为被执行人不能清偿生效法律文书确定的债务的,执行力向其出资人或设立人,即对其债务承担无限责任的主体扩张。申请执行人申请变更、追加相关主体为被执行人的,法院应予支持(2020 年《执行变更当事人规定》第 16 条)。

在现行强制执行制度下,可通过三种方法发现被执行人可供执行的财产,以此为基础判断被执行人的财产是否足以清偿执行名义确定的债务。第一种是法院通过线上网络查控系统及线下“登门临柜”查找财产,第二种是被执行人开示或报告可供执行的财产,第三种是申请执行人提供可供执行财产的线索。

其一,执行法院除了不时派执行人员“登门临柜”,必要时与公安机关等其他部门联动执法外,通过最高人民法院的“总对总”、各省市高级人民法院的“点对点”执行网络查控系统进行搜查,已成为发现可供执行财产的主流工作模式和必经办案环节。以“总对总”查控系统为例,最高人民法院通过与人民银行、各相关部委签订备忘录并开通联网系统,可以查询被执行人全国范围内的不动产、存款、金融理财产品、船舶、车辆、证券、网络资金、个人对外投资等 16 类 25 项信息,基本实现对被执行人主要财产形式和相关信息的有效覆盖。其二,根据 2020 年最高人民法院《关于民事执行中财产调查若干问题的规定》(以下简称《财产调查规定》),被执行人的开示义务包括财产现状及回溯特定期间内财产变动情况两个方面。被执行人拒绝报告、虚假报告或者无正当理由逾期报告财产情况的,执行法院可以根据情节轻重对被执行人或其法定代理人予以罚款、拘留;构成犯罪的,依法追究刑事责任。其三,《财产调查规定》同样规定,申请执行人应当提供被执行人的财产线索。如果申请执行人不能提供,除了不能满足自己的执行债权外,不必承担其他不利的后果。但作为一种义务/权利,申请执行人申请对被执行人进行审计、发布悬赏公告的,审计费用、悬赏金原则上由申请执行人承担。穷尽这几种方法仍未发现被执行人名下可供执行的足额财产,就具有变更、追加“责任型”第三人为被执行人的必要性。具体来说,包括未发现财产、发现的财产不足额、财产虽足额但难以处置、申请执行人因参与分配的顺位或比例不能全部受偿等情形。

2. 对法人未依法履行出资义务或清算义务的人

首先,当营利法人作为被执行人,财产不足以清偿生效法律文书确定的债务的,执行力的主观范围向以下主体扩张:(1)未缴纳或未足额缴纳出资的股东、出资人,或依《公司法》规定对该出资承担连带责任的发起人;(2)抽逃出资的股东、出资人;

(3)未依法履行出资义务即转让出资的股东，或依《公司法》规定对该出资承担连带责任的发起人。法院依申请变更、追加相关主体为被执行人后，由其在未依法缴纳出资、抽逃出资的范围内承担责任。2020年《执行变更当事人规定》第17～19条之所以作此规定，主要是因为《公司法》规定股东、出资人的出资方式、出资额、出资时间等均由公司章程载明。原则上，执行法院依据当事人提交的书面材料，通过形式审查即可对相关主体是否如实出资、有无抽逃出资及其数额作出判断，无须对相关主体的权利义务作出实体裁判。因此，没有必要赋予相关主体通过诉讼解决实体争议的程序保障。不过，在执行实践中，对于营利法人的股东、出资人是否如实出资、有无抽逃出资，有时争议较大，不易判断。

【设例3-2】

长江集团公司投资设立全资子公司长江商贸公司，注册资金为1000万元。因长江商贸公司未履行判决确定的债务780万元，债权人山河纸业公司申请强制执行。在执行中，执行法院发现长江商贸公司名下财产不足以清偿债务。山河纸业公司申请追加长江集团公司为被执行人，理由是其对长江商贸公司的实际出资仅200万元，应在800万元的差额范围内对长江商贸公司的债务承担连带清偿责任。执行法院组织听证。长江集团公司提供证据，证明其已代长江商贸公司清偿债务802万元，并以借款的形式投入360万元，已经以其他形式补足出资。山河纸业公司未能提出证据加以反驳。执行法院裁定驳回山河纸业公司的申请。

设例3-2中，长江集团公司主张以代为履行债务的方式出资，以债权抵销出资义务。在域外，德国、日本等国家区分以债权出资(视作现物出资)和以债权抵销出资义务，原则上允许前者，但禁止后者。若以债权出资，需要经过法定作价评估程序，通过载入公司章程向行政部门申请设立或变更登记，同时在企业信用信息系统进行公示，一般不违反公司资本充实原则。股东以货币债权作为财产出资，其债权与出资义务得因混同而消灭。我国《公司法》第27条第1款规定，除货币外，股东也可以用实物、知识产权、土地使用权等可以用货币估价并可以依法转让的非货币财产作价出资；但是，法律、行政法规规定不得作为出资的财产除外。债权可视作一种非货币财产，现行法律、行政法规并未作出禁止性规定，因此可以作为股东的出资。如果以债权抵销出资义务，该债权必须满足届期、明确(无争议)、价值完整(公司未陷入经营困难，债权大概率可以全部实现)等条件，才例外允许。[①] 这是因为，以对公司的债权抵销出资义务，无须履行相应的公司法上程序，并非出资种类，难以事前规制，较容易伪

① 参见张其鉴：《论公司出资债权不得抵销——以出资债权的法律构造为中心》，载《中国政法大学学报》2022年第2期。

造;并且依债的抵销规则进行,容易导致出资亏空。① 在此理论视角下,长江集团公司主张以代为履行债务的方式出资及以债权抵销出资义务,未载入公司章程,也未经过公示,不利于保护公司债权人的利益,执行法院应谨慎审查处理。长江集团公司只有举证证明其对被执行人长江商贸公司的债权已届期、该债权的存在及金额没有争议、长江商贸公司未陷入经营困难(从而该债权可以得到全部实现),执行法院才能认定其已履行出资义务。设例3-2中,执行法院审查不够全面,所作裁定值得商榷。

自2014年《公司法》将公司注册资本制度由实缴制改为认缴制后,判断公司股东是否如实履行出资义务更添变量。实务中存在争议的是,当公司财产不足以清偿债务,公司股东认缴的出资期限未届至时,应否加速到期以满足申请执行人的债权。有的高级人民法院认为,在此情形下应当加速到期。② 有的则认为,2020年《执行变更当事人规定》第17条指向的是“未按章程规定的期限足额缴纳出资的股东”。如果股东认缴出资期限未届至,就不存在未按章程履行出资义务的情况,没有适用该条款的余地。③《全国法院民商事审判工作会议纪要》(法〔2019〕254号,以下简称《九民纪要》)第6条规定,“在注册资本认缴制下,股东依法享有期限利益。债权人以公司不能清偿到期债务为由,请求未届出资期限的股东在未出资范围内对公司不能清偿的债务承担补充赔偿责任的,人民法院不予支持。但是,下列情形除外:(1)公司作为被执行人的案件,人民法院穷尽执行措施无财产可供执行,已具备破产原因,但不申请破产的;(2)在公司债务产生后,公司股东(大)会决议或以其他方式延长股东出资期限的。”换言之,股东认缴出资期限未届至的,原则上不加速到期,仅在具备破产原因而不申请破产及股东故意延长出资期限逃避出资义务时,才加速到期。

本书赞同加速到期的观点。理由如下:(1)认缴制的法律本质是股东在初始章程或增资合同中作出的认缴意思表示,属于民法上为自己设定负担的行为。通过认缴,股东成为出资关系中的债务人,公司则成为出资关系中的债权人。既然出资债权属于公司的资产,就具有对债权人的责任担保功能。因此,股东的期限利益要让位于对债权人的保护。对于强制执行出资债权,可类推适用公司破产和解散中加速到期的规定,禁止股东进行出资未到期的抗辩。④ (2)最高人民法院《关于适用〈中华人民共和国公司法〉若干问题的规定(三)》(法释〔2011〕3号,2020年修正)第13条第2款规定:“公司债权人请求未履行或者未全面履行出资义务的股东在未出资本息范围内

---

① 参见张其鉴:《论公司出资债权不得抵销——以出资债权的法律构造为中心》,载《中国政法大学学报》2022年第2期。

② 参见湖南省高级人民法院民事裁定书,(2018)湘执复94号。

③ 参见上海市高级人民法院民事判决书,(2019)沪民终112号。

④ 参见丁勇:《认缴制后公司法资本规则的革新》,载《法学研究》2018年第2期。

对公司债务不能清偿的部分承担补充赔偿责任的，人民法院应予支持。"有学者基于利益衡量并优先保护债权人，以破产加速到期的思想，对该款中的"未出资"作扩张解释，包括未到期的出资，①即通过解释论，达到加速到期的目的。

其次，公司作为被执行人，未经清算即办理注销登记，导致无法进行清算的，执行力主观范围向依《公司法》负有清算义务的有限责任公司的股东、股份有限公司的董事和控股股东扩张（2020 年《执行变更当事人规定》第 21 条）。《公司法》第 183 条规定除公司合并、分立外的解散，均需由相关主体成立清算组进行清算。只有经过对公司业务、财产及债权债务等的合法有效的清算，公司法人资格才能注销。2020 年最高人民法院《关于适用〈中华人民共和国公司法〉若干问题的规定（二）》第 20 条规定，公司未经清算即办理注销登记，导致公司无法进行清算，债权人主张有限责任公司的股东、股份有限公司的董事和控股股东，以及公司的实际控制人对公司债务承担清偿责任的，人民法院应依法予以支持。该种清偿责任为连带责任。另外，如果法人或非法人组织未经依法清算即办理注销登记，但第三人在办理注销登记时承诺对其债务承担清偿责任，执行力同样因其书面承诺而向其扩张，由其在承诺的范围内承担清偿责任（2020 年《执行变更当事人规定》第 23 条）。

实践中，当企业办理注销登记时，有时第三人会书面承诺，表示愿意在法律规定的范围内承担民事责任。作出承诺的第三人被称为"保结人"。当然，保结人在保结书中承诺承担的民事责任不完全一致，若承诺对原企业未了债权债务负责处理，原则上应理解为对被注销企业债权债务的"清理责任"，而非债务清偿承诺或对债务担保。只有在保结人通过书面承诺对企业债务承担清偿责任，执行力主观范围才向其扩张。与被执行人的股东、出资人一样，清算义务人、保结人提出实质性事实争议，执行法院难以在执行程序中审查清楚的，应当裁定驳回申请执行人的追加申请，告知其另行起诉。

3. 向法院书面承诺代履行的人

2020 年《执行变更当事人规定》第 24 条规定，第三人向执行法院书面承诺自愿代被执行人履行执行名义确定的债务，法院可依申请追加该第三人为被执行人，令其在承诺范围内承担责任。该条规定的是作为公法行为或诉讼行为的债务代履行。出于保障债权实现的目的，此种代履行应为并存而非免责的债务代履行，即被执行人不能被免除对执行名义确定之债务的履行义务。其构成要件为：(1) 承诺的对象是执行法院而非债权人（申请执行人）；(2) 承诺履行的客体是执行名义确定的债务；(3) 承诺须以书面为之。基于该种诉讼法上的代履行承诺，执行力向承诺人扩张。当然，这一

① 参见梁上上：《未出资股东对公司债权人的补充赔偿责任》，载《中外法学》2015 年第 3 期。

类型的扩张不以必要性为前提,即使被执行人的财产足以清偿执行名义确定的债务,若第三人承诺自愿代履行,执行力主观范围仍可向其扩张。

容易引起混淆的是,如果第三人向申请执行人表示愿意代被执行人履行债务,并经申请执行人同意或不拒绝的,是否具备执行力主观范围扩张的正当性?《民法典》第 551 条和第 552 条分别规定了免责的债务承担和并存的债务承担。二者的区别在于成立要件上是债权人必须明示同意还是未在合理期间内明确拒绝即可,以及效力上债务人是否免于承担债务。有学者主张并存的债务承担构成执行力主观范围扩张,而将免责的债务承担归入执行和解的范畴。① 本书认为,并存的债务承担虽有利于执行债权的实现,但其性质属于私法行为而非诉讼行为,难以基于私法行为直接产生执行力及主观范围的扩张,不符合 2020 年《执行变更当事人规定》第 24 条的规定。相反,将其统一纳入执行和解协议的范畴,更为妥当。并存的债务承担,相当于扩张型的执行和解。被执行人或第三人自愿履行和解协议的,执行终结;若被执行人或第三人不履行或不完全履行和解协议,根据 2020 年最高人民法院《关于执行和解若干问题的规定》(以下简称《执行和解规定》)第 9 条的规定,申请执行人既可申请恢复对原执行名义的继续执行,也可对被执行人、第三人向执行法院提起诉讼。

4. 一人有限公司人格混同时的股东

一人有限责任公司,是指只有一个自然人股东或者一个法人股东的有限责任公司。该类公司虽然具有法人主体资格,但不具备完整的公司法人治理结构,一人股东对公司拥有绝对控制权,极易使股东与公司之间发生财产混同。鉴于此,《公司法》第 63 条特别规定,一人有限责任公司的股东不能证明公司财产独立于股东自己的财产的,应当对公司债务承担连带责任。通过将证明责任倒置给股东,由其反向证明不存在财产混同,夯实了股东对一人有限责任公司债务的连带责任。2020 年《执行变更当事人规定》第 20 条将该规定予以吸收,规定作为被执行人的一人有限责任公司,财产不足以清偿生效法律文书确定的债务,股东不能证明公司财产独立于自己的财产的,执行力向其扩张。当然,对于有限责任公司及股份有限公司,股东是否滥用公司法人人格,应否揭开公司"面纱",是典型的实体法问题,应通过审判程序作出判断。因此,现行司法解释并未将其纳入执行力扩张的范围。

5. 夫妻共同债务下被执行人的配偶

关于夫妻共同债务,司法解释多次修改,目前形成了如下判断规则:(1)夫妻双方共同签字或者夫妻一方事后追认等具有共同意思表示所负的债务,为夫妻共同债务,即"共债共签"规则;(2)夫妻一方在婚姻关系存续期间以个人名义为家庭日常生活

① 参见肖建国:《中国民事强制执行法专题研究》,中国法制出版社 2020 年版,第 114 页。

需要所负的债务，为夫妻共同债务，即“日常家事代理”规则；(3)夫妻一方在婚姻关系存续期间以个人名义超出家庭日常生活需要所负的债务，除非债权人能够证明该债务用于夫妻共同生活、共同生产经营或者基于夫妻双方共同意思表示，否则为债务人个人债务，即“共同受益”规则。[①] 在第二种及第三种情形下，如果债权人仅起诉出具借条、签订合同等的债务人个人，而未将其配偶列为共同被告，在判决生效后，执行程序中可能出现应否追加债务人的配偶为被执行人的问题。对此，各地高级人民法院的政策不相统一。例如，2013 年《北京市法院执行工作规范》第 539 条规定，不得裁定追加被执行人的配偶为被执行人，持“否定说”；浙江省高级人民法院《关于执行生效法律文书确定夫妻一方为债务人案件的相关法律问题解答》第 3 条规定，债务性质经判断为夫妻共同债务的，执行机构可直接作出裁定查封、扣押、冻结、变价夫妻共同财产或者被执行人配偶名下的财产，而无须裁定追加被执行人的配偶为被执行人，即无需发生执行力主观范围的扩张，持“不要说”；上海市高级人民法院《关于执行夫妻个人债务及共同债务案件法律适用若干问题的解答》第 2 条规定，执行机构应当进行听证审查，除应当认定为个人债务和执行中不直接判断债务性质的情形外，可以认定为夫妻共同债务，裁定追加被执行人配偶为被执行人，持“肯定说”。

本书认为，对于执行程序中能否变更、追加被执行人的配偶为被执行人，关键在于能否通过执行中的略式程序作出夫妻共同债务的判断。有观点认为，当执行依据载明的债务人为夫妻一方，债权人若想法院执行债务人配偶名下财产或夫妻共同财产中属于其配偶的部分，应当通过另诉取得执行依据。主要理由有两点：第一，最高人民法院《关于依法妥善审理涉及夫妻债务案件有关问题的通知》(法〔2017〕48 号，以下简称《审理夫妻债务通知》)第 2 条明确指出：“未经审判程序，不得要求未举债的夫妻一方承担民事责任。”也即债权人要求未具名举债的夫妻一方承担清偿责任，必须经过审判程序，不得通过执行程序作出判断。第二，2020 年《执行变更当事人规定》第 1 条规定，对于申请变更、追加执行当事人，“申请符合法定条件的，人民法院应予支持”。因此，司法解释确立了变更、追加执行当事人的法定主义原则。既然《执行变更当事人规定》及其他司法解释均未规定夫妻共同债务执行中，被执行人的个人财产不足以清偿债务的，可依申请裁定追加其配偶为被执行人，法院在执行中不得追加。

然而，这两点理由都有其局限性。首先，《审理夫妻债务通知》属于规范性文件而非司法解释，可供法院在办案中参考，但不具有作为裁判根据的法律效力。而且，该规范性文件的出台，有其特殊的历史背景。在此之前，最高人民法院《关于适用〈中华

---

① 参见《关于审理涉及夫妻债务纠纷案件适用法律有关问题的解释》(法释〔2018〕2 号，以下简称《审理夫妻债务解释》)(已失效)。

人民共和国婚姻法〉若干问题的解释(二)》(法释〔2003〕19 号,以下简称《婚姻法解释(二)》,已失效)第 24 条将婚姻关系存续期间夫妻一方以个人名义所负债务,原则上视作夫妻共同债务,导致实践中夫妻一方虚构债务,在离婚时侵害另一方(主要是女性)财产权益的现象频发,引发社会各界对妇女权益保护的广泛关注。作为对此弊病的矫正,《审理夫妻债务通知》侧重保护未具名举债的夫妻一方的权益,但对债权人而言无疑极大增加了其诉讼负担和风险,有"矫枉过正"之嫌,缺乏足够的妥当性。其次,如上所述,鉴于司法解释的效力层级、易变特征,不宜将《执行变更当事人规定》作为能否变更、追加被执行人的唯一标准。我国尚不能过分沉迷于所谓的"法定主义"。

有鉴于此,本书认为,结合《审理夫妻债务解释》的规定,申请执行人发现被执行人的个人财产不足以清偿生效法律文书确定的债务,申请追加被执行人的配偶为被执行人的,应当按照如下规则处理:(1)根据债务数额、用途、发生时间、约定利息、举债一方的基本情况及与配偶的关系等事实,初步判断属于被执行人为"家庭日常生活需要"所负的债务,法院裁定追加其配偶为被执行人。① 被追加人不服的,可以参照 2020 年《执行变更当事人规定》第 32 条或《民事强制执行法(草案)》第 21 条的规定,在 15 日内向执行法院提起执行异议之诉。(2)根据相关事实,初步判断超出"家庭日常生活需要"所负的债务,法院裁定驳回申请,告知申请执行人另诉解决。申请执行人在针对被执行人的配偶提起的诉讼中,负责证明该债务用于夫妻共同生活、共同生产经营或者基于夫妻双方共同意思表示,属于夫妻共同债务。

值得关注的是,《民事强制执行法(草案)》第 19 条仅列举了六种可被变更、追加为被执行人的主体:(1)执行依据确定的义务的承受人等主体;(2)执行依据确定的义务人是遗产管理人等主体时的继承人等主体;(3)为执行依据确定的义务人或者前述两项规定主体的利益而占有执行依据确定交付的特定物的占有人;(4)非法人组织不能清偿债务时对该债务承担连带清偿责任的普通合伙人、个人独资企业投资人等主体;(5)法人财产不足以清偿债务时依法对该债务承担清偿责任的出资人;(6)有限合伙企业财产不足以清偿债务时未缴纳或者未足额缴纳出资的有限合伙人。其中,前三种相当于既判力主观范围扩张的情形,后三种属于独有的执行力主观范围扩张的情形。

问题在于,该条是否意味着立法将限缩执行力主观范围消极扩张的情形,除了六种主体之外,不允许执行法院变更、追加被执行人?例如,对于书面向执行法院承诺

---

① 从实务经验来看,主要关注以下事实:(1)债务金额是否远超日常生活所需,如单笔借款或对同一债权人借款金额在 20 万元以上;(2)债务是否用于家庭共同生活、共同生产;(3)债务是否发生在夫妻分居、离婚诉讼等夫妻关系不安宁期间;(4)借款人是否负债累累、信用不佳;(5)借贷双方约定高额利息,是否与正常生活所需明显不符;(6)借款人有无赌博、吸毒等前科。

代履行的人、一人有限公司人格混同时的公司股东等主体,是否不得再被变更、追加为被执行人?能否通过解释论,被涵摄进上述六种主体?这些问题悬而未决。《民事强制执行法(草案)》采用穷尽式列举的立法例,不设兜底条款,固然符合"法定主义"的精神,但在未作通盘、全面考虑的前提下擅作取舍,反倒容易挂一漏万。其结果,很可能被层出不穷的司法解释所替代或架空。因此,本书主张该条增设兜底条款,或者更加充分地吸收司法解释及执行实践的经验,增加列举的情形。

(三)执行当事人变更、追加的程序

执行力主观范围扩张事关对相关民事主体的程序保障,也涉及法院强制执行权的边界划定。除了奉行前面介绍的法定主义原则,严格限制法院在法律或司法解释明文规定的情形外变更、追加执行当事人,还应为利害关系人提供事先争议、事后救济的程序保障。

在德国、日本、韩国等其他大陆法系国家,由于执行文付与制度的存在,对执行当事人的确定及适格与否的判断由执行文付与机关而非执行机关负责。执行当事人变更的,由有关机关付与改写执行文,即把执行依据载明的当事人以外的主体签署为适格债权人或债务人。只有付与了执行文的执行依据(执行正本),才能作为开始强制执行的一般要件。这样就有效阻断了执行当事人适格问题流入执行程序。[①] 但在我国,因相关过滤机制的缺乏,法院须在执行程序中对执行当事人变更、追加的纠纷加以解决。而这涉及执行当事人变更、追加的"内嵌式"程序建构问题。有学者提出了"执行机关+形式审查(书面审查+单方审查)"及"执行机关+实质审查(言词辩论+双方参与)"两种可选方案。[②]

具体来说,形式审查由执行机关根据申请人的书面申请及书面证据方法,对申请理由成立与否作出即刻判断,省略言词辩论程序。这大致相当于大陆法系国家的略式程序(省略开庭辩论等争讼程序的简易审查方式)。实质审查由执行机关根据申请人的申请及提交的证据方法,在通知被申请人参与的前提下,组织进行类似庭审的言词辩论,依职权对申请理由成立与否进行调查和判断,作出相应裁定。从现行司法解释的规定来看,我国原则上采用第二种方案。此即 2020 年《执行变更当事人规定》第 28 条第 2 款的规定,"除事实清楚、权利义务关系明确、争议不大的案件外,执行法院应当组成合议庭审查并公开听证。经审查,理由成立的,裁定变更、追加;理由不成立的,裁定驳回"。

---

① 参见肖建国:《中国民事强制执行法专题研究》,中国法制出版社 2020 年版,第 117~121 页。

② 参见肖建国:《中国民事强制执行法专题研究》,中国法制出版社 2020 年版,第 125~126 页。

对于变更、追加被执行人的事由,应当由申请人承担证明(疏明)责任。原则上,需由申请人提供初步证明,表明存在变更、追加被执行人之事由的较大可能。但在公司股东未如实出资、抽逃出资、一人有限公司人格混同等情形中,被申请人往往持有相关证据,而申请人存在举证的客观困难。对此,可以通过以下两种办法解决:其一,如果申请人不能满足初步证明的要求,可以根据2019年最高人民法院《关于民事诉讼证据的若干规定》(法释〔2019〕19号,以下简称《证据若干规定》)第45~47条的规定向法院申请文书提出命令,控制书证(含视听资料、电子数据)的被申请人无正当理由拒不提交的,法院可以认定申请人所主张的书证内容为真实(《证据若干规定》第48条第1款);控制其他类型证据(如物证)的被申请人无正当理由拒不提交,申请人主张该证据的内容不利于被申请人的,法院可以认定该主张成立(《证据若干规定》第95条)。其二,如果申请人已经满足初步证明的要求,则主观证明责任转移至被申请人,由其负责反证,证明(疏明)变更、追加事由不可能存在或者真伪不明。《民事强制执行法(草案)》第20条规定,申请人向有执行管辖权的人民法院或者执行法院申请变更、追加当事人并提交相关证据材料的,人民法院应予受理。人民法院受理申请后,应当在立案之日起60日内审查完毕并作出裁定。证据确实、充分,理由成立的,裁定变更、追加执行当事人;理由不成立的,裁定驳回。

现行司法解释除了设置事先争议程序外,还提供了事后救济机制,即被申请人、申请人或其他执行当事人对执行法院作出的变更、追加裁定或驳回申请裁定不服的,可以自裁定书送达之日起10日内向上一级人民法院申请复议(2020年《执行变更当事人规定》第30条),或者在特定情形下,被申请人、申请人自裁定书送达之日起15日内,向执行法院提起执行异议之诉(2020年《执行变更当事人规定》第32条)。这是一种申请复议与提起执行异议之诉并存的“双轨制”救济制度架构。[①] 其中,上一级法院应当组成合议庭审查复议申请,并自收到申请之日起60日内作出复议裁定。有特殊情况需要延长的,由本院院长批准。被裁定变更、追加的被申请人申请复议的,复议期间执行法院不得对其争议范围内的财产进行处分。申请人请求继续执行并提供相应担保的,执行法院可以准许(2020年《执行变更当事人规定》第31条)。

---

① 根据2020年《执行变更当事人规定》第30条、第31条的规定,被申请人、申请人或其他执行当事人对执行法院作出的变更、追加裁定或驳回申请裁定不服的,原则上应当向上一级法院申请复议,并由上一级法院组成合议庭进行审查并作出裁定。例外是,根据第32条的规定,被申请人或申请人对执行法院依据第14条第2款、第17条至第21条规定作出的变更、追加裁定或驳回申请裁定不服的,只能向执行法院提起执行异议之诉。这几条分别针对的是有限合伙企业的有限合伙人(第14条第2款);未缴纳或未足额缴纳出资的股东等(第17条);抽逃出资的股东等(第18条);股东未依法履行出资义务即转让股权时,对该出资承担连带责任的发起人(第19条);一人公司“人格”混同时的股东(第20条);公司未经清算即办理注销登记,导致公司无法进行清算的公司股东等(第21条)。

被申请人或申请人提起的执行异议之诉为诉讼上的形成之诉,旨在撤销执行法院作出的变更、追加裁定,或者撤销执行法院作出的驳回申请裁定并判决变更、追加被执行人或变更责任范围。该种执行异议之诉可被称为“变更追加异议之诉”,与《民事诉讼法》第234条规定的案外人旨在排除对执行标的物执行的异议之诉不同。前者主要是判断执行力主观范围扩张是否具有实体法上的根据,应否变更、追加执行当事人的诉讼程序,后者主要是在金钱债权执行中,判断特定标的物是否属于被执行人责任财产、应否排除对该标的物执行的诉讼程序。详见本书第十五章的相关讨论。

《民事强制执行法(草案)》第21条延续了“双轨制”救济制度架构。该条将第19条规定的六种主体一分为二并规定:对于前四种主体,申请人或被申请人对执行法院作出的裁定不服的,可以在裁定送达之日起15日内,向作出裁定的人民法院提起诉讼,也可以在裁定送达之日起10日内,向上一级人民法院申请复议(第1款);对于后两种主体(出资人、有限合伙人),申请人或被申请人只能在裁定送达之日起15日内,向作出裁定的人民法院提起诉讼(第3款)。

二、执行力客观范围扩张

相对于执行力的主观范围扩张,执行力的客观范围扩张并不普遍,仅存在于特定类型执行案件当中。相应地,理论研究也比较欠缺。学理上一般将执行力客观范围与既判力客观范围作同样理解(二者等同),仅在例外的情形下,执行力才可独立于既判力发生客观范围的扩张。例如,分割共有财产判决的执行中,虽然判决主文及理由未规定被告有移交特定部分的给付义务,围绕该特定部分应否移交也未经双方的攻击防御,不属于判决既判力的客观范围,但判决生效后被告拒不移交的,原告可向法院申请强制执行。因此,关于应由原告取得的特定部分,属于执行力的客观范围。[①]再如,返还土地判决的执行中,如土地上有债务人或第三人建造的建筑物,法院应当一并强制拆除。这也属于执行力客观范围的扩张。[②]

本书不从既判力的客观范围出发来定义执行力的客观范围,因此对执行力客观范围扩张持更加宽松的态度。立足我国现行法律及司法解释,执行力客观范围扩张还存在于以下几种情形当中:(1)就金钱债权执行而言,由于执行依据确定了债务人特定数额的金钱给付义务,凡超标的额执行的均为违法执行,在此意义上不存在执行力客观范围的扩张。而如果不以裁定变更、追加第三人作被执行人为前提,就直接执行第三人的财产,相当于扩大了可执行的责任财产范围,可视作一种执行力客观范围

① 参见许士宦:《强制执行法》(第2版),台北,新学林出版股份有限公司2017年版,第286~287页。
② 参见许士宦:《强制执行法》(第2版),台北,新学林出版股份有限公司2017年版,第296~306页。

的扩张。(2)就行为(作为、不作为)执行而言,法院对于可替代履行的行为,原则上采用替代执行的方法;对于不可替代履行的行为,只能采用间接执行的方法。[①] 尽管替代执行、间接执行均超出了执行名义载明的行为义务的范围,与执行力的客观范围扩张存在相似之处,但学理上一般将其归入执行方法的范畴,而不从执行力客观范围的角度加以阐释。(3)就特定物的交付执行而言,无论是动产交付还是不动产腾退,当执行依据确定后、执行过程中,特定物非因债权人的原因导致执行客观不能的,就有必要转而执行替代物、补偿款等标的物,发生执行标的物的置换。[②] 这是特定物交付执行的执行力客观范围扩张。至于种类物的交付执行,物的毁损或灭失不能免除债务人的交付义务,其仍应交付同类物,故一般不存在执行力客观范围的扩张。以下仅讨论金钱债权执行、特定物的交付执行中执行力客观范围的扩张。

(一)金钱债权执行中执行力客观范围扩张

金钱债权执行中,以债务人的财产作为执行客体。该财产体现了债务人应负的责任,故称为责任财产。债务人以其全部财产为债务提供担保,故责任财产原则上为债务人的总财产。以执行依据载明的金钱债权数额为限,执行力的客观范围及于债务人的全部财产。执行开始时,债务人名下具有金钱价值、可直接或通过变价清偿债务的均属责任财产,如不动产、动产、现金、存款、有价证券、债权、知识产权等。财产是单独所有,还是与他人共有,是按份共有,还是共同共有,均不受影响。对于被执行人与他人共有的财产,共有人之间不能协议分割并经债权人同意的,一般需要由共有人提起析产诉讼或由债权人提起代位析产诉讼解决,执行力仅及于债务人所有的部分。当然,共有财产的执行涉及他人的权益,《民事强制执行法(草案)》特设一章作出较为全面的规定。一方面,被执行人与他人按份共有财产的,被执行人所占份额应予执行(第168条)。执行方法包括实物分割后变价,被执行人承受共有物而其他共有人从变价款中优先取得折价款,其他共有人承受共有物并按期支付折价款等。为维护其他共有人的权益,分割共有物的方式以当事人协商一致优先;如果被执行人与

---

① 2020年《执行若干规定》第44条规定,对于可以替代履行的行为,可以委托有关单位或他人完成,因完成上述行为发生的费用由被执行人承担。对于只能由被执行人完成的行为,经教育,被执行人仍拒不履行的,人民法院应当按照妨害执行行为的有关规定处理。

② 种类物因在性质上具有可替代性,即使执行名义指向特定批次的种类物,仍不存在执行力客观范围的扩张。最高人民法院执行办公室《关于判决交付的特定物灭失后如何折价问题的复函》(〔2000〕执他字第31号)中指出:"如被执行人有该种类物,执行法院直接执行即可;如被执行人无该种类物,应发出履行通知书要求被执行人依判决购买该种类物偿还债务;被执行人拒不购买交付的,执行法院可以该种类物的现时市场价格及运费确定其债务数额,命被执行人预行交付;拒不交付的,可裁定强制执行被执行人的其他财产。"

其他共有人不能协商一致，且怠于申请分割，影响执行债权实现，申请执行人可代位申请分割（第171条）。另一方面，被执行人与他人共同共有财产的，只有当被执行人个人财产不足以清偿执行依据确定的个人债务，才可予以执行（第172条）。查封被执行人与他人的共同共有财产，应当及时通知被执行人和共有人，由其协商确定分割方案，并须征得申请执行人的认可。未在规定期限内协商一致的，执行法院可以处置共同共有财产。所得执行款按照被执行人和共有人出资额占比进行分配；不能确定出资额的，等额均分（第173条）。若仅属于权能但没有独立财产价值的，不能作为责任财产，如债务人的解除权、抵销权。原则上，当债务人所有的可供执行的责任财产（依法豁免执行的财产除外）不足以清偿债务时，执行力客观范围不向其他财产扩张。但根据现行司法解释的规定，存在以下几种例外：

（1）以自然人为被执行人，其设立的个人独资企业的财产。根据2020年《执行变更当事人规定》第13条第1款后段的规定，个人独资企业出资人作为被执行人的，法院可以直接执行该个人独资企业的财产。个人独资企业属于《民法典》第102条规定的非法人组织，原则上具有独立的财产，应与投资人的财产相区隔。但是，《个人独资企业法》第2条规定，本法所称个人独资企业，是由一个自然人投资，财产为投资人个人所有，投资人以其个人财产对企业债务承担无限责任的经营实体；第17条规定，个人独资企业投资人对本企业的财产依法享有所有权，其有关权利可以依法进行转让或继承。这一规定与《民法典》赋予个人独资企业以民事主体资格之间，是存在矛盾的。一份财产之上，不可能并存两个所有权。既然出资人已经实施了“出资”的行为，就不能还对该财产享有“所有权”。[①] 究其原因，可能是《个人独资企业》的立法者试图以个人独资企业替代个体工商户，从而对个人独资企业的定位更接近自然人（出资人）而非法人（人格化组织）。《执行变更当事人规定》与《个人独资企业法》的规定一致，但不符合《民法典》的规定及法理。个人独资企业的民事主体地位应获得执行法院的尊重，不应不将其变更、追加为被执行人就对其财产予以强制执行。面向将来，如果《个人独资企业法》作出与《民法典》相一致的修改，应将个人独资企业纳入执行力主观范围扩张的范围，避免直接对其财产进行执行。

（2）以法人为被执行人，其分支机构的财产。《执行变更当事人规定》第15条规定，作为被执行人的法人分支机构，不能清偿生效法律文书确定的债务，申请执行人申请变更、追加该法人为被执行人的，法院应予支持。法人直接管理的责任财产仍不能清偿债务的，法院可以直接执行该法人其他分支机构的财产。作为被执行人的法

---

① 参见张新宝、汪榆淼：《〈民法总则〉规定的“非法人组织”基本问题研讨》，载《比较法研究》2018年第3期。

人，直接管理的责任财产不能清偿生效法律文书确定债务的，法院可以直接执行该法人分支机构的财产。之所以作此规定，是因为法人分支机构虽然属于2022年《民诉法解释》第52条列举的《民事诉讼法》第51条规定的"其他组织"，具有当事人能力或诉讼权利能力，但不属于《民法典》第102条规定的非法人组织，不具有民事主体所应有的财产独立性，与法人之间的财产难以区隔。① 鉴于此，《执行变更当事人规定》将法人分支机构的财产当作法人的财产，受执行依据的执行力客观范围所及。当然，在执行的先后顺序上，仍应先执行法人直接管理的责任财产，不足以清偿债务的，再执行法人分支机构管理的财产。这是法人分支机构仍拥有一定民事主体性的体现。

（3）以个体工商户的字号为被执行人，其经营者的财产。2020年《执行变更当事人规定》第13条第2款规定，个体工商户的字号为被执行人的，法院可以直接执行该字号经营者的财产。个体工商户是20世纪80年代初为解决知青返城就业困难的政策产物，是自然人或其家庭从事工商业经营活动的法律资格，既没有基于出资而形成的独立财产，也没有独立于经营者的表意决策组织，且缴纳个人所得税。可以说，个体工商户不具备民事主体资格。然而，2022年《民诉法解释》第59条规定，在诉讼中，个体工商户以营业执照上登记的经营者为当事人，有字号的，以营业执照上登记的字号为当事人。而在执行中，当个体工商户的字号作为被执行人时，因个体工商户与经营者的财产并不区隔，可以直接执行经营者的财产。② 这也符合2022年《民诉法解释》第471条的规定，即其他组织在执行中不能履行法律文书确定的义务的，法院可以裁定执行对该其他组织依法承担义务的法人或者公民个人的财产。不过，个体工商户属于《民事诉讼法》及司法解释规定的"其他组织"，却不属于《民法典》规定的"非法人组织"。如被执行人属于"非法人组织"，应裁定变更、追加对该组织承担义务的法人或自然人为被执行人，而不能直接裁定执行后者的财产，即构成执行力的主观范围扩张而非客观范围扩张。

（二）物的交付执行中执行力客观范围扩张

原则上，执行法院不得任意变更执行依据载明的执行标的。例如，除非法律或司法解释有明文规定，否则执行法院不得将特定物的交付执行变更为金钱债权执行，不得将对甲物的执行变更为对乙物的执行。但是，当执行依据载明的执行标的物不复

---

① 参见张新宝、汪榆淼：《〈民法总则〉规定的"非法人组织"基本问题研讨》，载《比较法研究》2018年第3期。相反观点认为法人分支机构属于非法人组织。参见崔建远：《我国〈民法总则〉的制度创新及历史意义》，载《比较法研究》2017年第3期。

② 本书认为，以"字号"作为诉讼当事人，这一规定值得商榷。个体工商户即使有字号，也不具有财产、意思的相对独立性，在诉讼中仍应以经营者作为当事人为宜。

存在或者客观上执行不能，且债权人对此不存在可归责性的，是要求其再行起诉或申请仲裁，重新取得执行依据，还是通过执行力客观范围的扩张予以解决？就此而言，相关司法解释经历了规定范围由宽到窄的演变过程。

首先，1998年《执行若干规定（试行）》第57条规定："生效法律文书确定被执行人交付特定标的物的，应当执行原物。原物被隐匿或非法转移的，人民法院有权责令其交出。原物确已变质、损坏或灭失的，应当裁定折价赔偿或按标的物的价值强制执行被执行人的其他财产。"对于特定物交付执行中的原物毁损灭失，该条确立了执行法院裁定折价赔偿或执行同等价值责任财产的原则，可称为"职权型"折价执行模式。这一规定的优点在于更简便、周全地保护了申请执行人的利益，免除其另行诉讼或仲裁的负担，但缺点也显而易见：(1)原物的价值未经审判而由执行机关直接确定，容易引发当事人的争议。执行法院裁定按原物的价值强制执行被执行人的其他财产，有以执代审、审执不分的嫌疑。(2)原物毁损或灭失既可能由被执行人造成，也可能由第三人或申请执行人造成。若由第三人造成，原物的损失应由第三人负责损害赔偿，转化为对第三人的损害赔偿请求权，但没有理由转而执行被执行人的其他财产；如由申请执行人造成，更没有理由执行被执行人的其他财产。(3)原物毁损或灭失既可能发生在执行依据形成之前，也可能发生在执行依据形成之后。在程序法上，这一法律事实发生的时点至关重要。

其次，2015年《民诉法解释》第494条规定："执行标的物为特定物的，应当执行原物。原物确已毁损或者灭失的，经双方当事人同意，可以折价赔偿。双方当事人对折价赔偿不能协商一致的，人民法院应当终结执行程序。申请执行人可以另行起诉。"该条放弃了"职权型"折价执行模式，转而采用"协商型"折价执行模式，部分修正了1998年《执行若干规定（试行）》第57条的缺点。2020年《执行若干规定》修正时第41条对该模式予以采纳。具体来说，除非当事人对折价赔偿协商一致，否则执行法院只能终结执行程序，告知申请执行人另行起诉，由此极大限缩了执行力客观范围扩张的空间。这一规定既尊重当事人的意思自治，将折价赔偿及其履行视作一种执行和解，又减轻了执行法院的责任和负担，有利于实现法院与当事人间的权责平衡。有疑问的是，双方当事人就折价赔偿协商一致后，若被执行人不按协议履行，执行法院能否按照协商达成的赔偿金额进行强制执行？也即将物的交付执行转化为金钱债权执行？从2022年《民诉法解释》第492条及2020年《执行若干规定》第41条的文义来看，只规定当事人不能协商一致的法院终结执行，似乎可以得出肯定的回答。但是，相关规定仍然没有区分原物毁损、灭失的原因及时点。

最后，2018年《立审执协调意见》注意到原物毁损或灭失的时点问题，进一步区分为："双方对折价赔偿不能协商一致的，按照下列方法处理：(1)原物毁损或者灭失发生在最后一次法庭辩论结束前的，执行机构应当告知当事人可通过审判监督程序救济；(2)原物毁损或者灭失发生在最后一次法庭辩论结束后的，执行机构应当终结执行程序并告知申请执行人可另行起诉。”显然，原物在判决效力标准时之前已经毁损或灭失的，关于被告应给付原物之判断的既判力、执行力都无从产生。判决本身不具有法律效力，需要通过审判监督程序予以撤销并改判。反之，特定物在判决效力标准时之后才毁损或灭失的，判决本身有效。① 虽然《立审执协调意见》不具有司法解释的效力，但相对于现行司法解释而言，其规定符合程序法理，值得赞同。遗憾的是，该规范性文件同样只关注到因被执行人的原因造成原物毁损或灭失，而对因申请执行人、第三人的原因造成原物毁损灭失应如何处理，仍不明确。

【设例3－3】

付某与赛德公司借款纠纷一案，双方达成调解协议，法院出具调解书确认：如赛德公司未在约定期间内还款2800万元，以其投资所建位于××经济开发区的所属地上附着物抵偿借款(不得与法律规定优先受偿的情形相抵触)。因赛德公司未按期履行还款义务，付某申请强制执行。法院依法查封了调解书确定的所属地上附着物。此后，开发区管委会以赛德公司非法占用土地违章建筑为由，将其投资建设的部分所属地上附着物拆除。执行法院经多次函询、协调无果，裁定开发区管委会赔偿付某200万元，剩余地上附着物由开发区管委会处分。付某不服，提出执行异议，被裁定驳回。付某向上一级法院申请复议。上一级法院认为，根据2022年《民诉法解释》第492条的规定，当事人对折价赔偿不能协商一致，本案应通过另行诉讼解决，遂裁定撤销执行法院的裁定。

设例3－3中，执行法院依据1998年《执行若干规定》第57条作出第三人折价赔偿的裁定。上一级法院依据2022年《民诉法解释》第492条裁定撤销原裁定。这样可以避免执行法院陷入原物损毁部分价值认定的争议当中，符合“审执分离”原则。实际上，由于第三人开发区管委会拆除地上附着物这一具体行政行为，而产生了新的权利义务关系。开发区管委会应否承担赔偿责任、承担多大的赔偿责任，均需通过行政诉讼予以确定，不应由执行机关直接认定。此外，从2022年《民诉法解释》第494条的字面来看，“双方当事人”仅指申请执行人与被执行人，而不包括第三人。一般情

① 我国《民事诉讼法》及司法解释均未规定判决效力的标准时。域外一般规定为事实审的口头辩论终结时。如诉讼进入第二审(事实审)，以第二审口头辩论终结时作为判决效力的标准时；诉讼进入第三审(法律审)，仍以第二审口头辩论终结时作为判决效力的标准时。参见[日]高桥宏志：《民事诉讼法制度与理论的深层分析》，林剑锋译，法律出版社2003年版，第489页。我国实行两审终审制，两审均为事实审，且我国判决中不会刻意注明制度性的“口头辩论终结”时点，第二审通常也不经开庭审理作出裁判，故比较切实可行的是以判决生效之日作为判决效力的标准时。

况下,被执行人无权代表第三人与申请执行人协商折价赔偿,相反,对第三人享有原物损害赔偿请求权。故上一级法院的法律依据值得商榷。

当然,这并不意味着第三人造成执行标的物毁损或灭失,执行力客观范围就绝对不能扩张。本书认为,关键要看第三人提供的替代物、补偿款、赔偿款等是否数额确定、评估科学、价值相当。若符合上述要求,则可作为例外直接改为对替代物、补偿款、赔偿款等进行强制执行,免除申请执行人另行诉讼的负担。典型的如,对建筑物被拆迁后形成的补偿款,执行法院改为执行补偿款即可。否则,申请执行人以被执行人为被告再次提起诉讼,法院依申请或依职权通知第三人作为无独立请求权第三人参加诉讼,在必要时判决其直接向申请执行人承担赔偿或补偿责任,所得结果仍是获得替代物或补偿款、赔偿款而已。另外,申请执行人因自己的过错造成执行标的物毁损或灭失的,如果原物毁损,法院应当继续执行原物,被执行人不必承担原物毁损的赔偿责任,相关不利益由申请执行人自行承担;如果原物灭失,应当视为被执行人履行了交付标的物的义务,执行依据的给付内容已经实现。

《民事强制执行法(草案)》并没有对原物毁损灭失时法院应如何处理作出规定。这种“沉默”似乎意味着,起草者认为原物毁损灭失的,执行法院应当终结执行,申请执行人可通过另诉解决。不过,本书主张,2022 年《民诉法解释》第 492 条、2020 年《执行若干规定》第 41 条等条款在将来仍有适用的余地。这样可以适当减轻债权人的诉讼负担,借助当事人的协商约定,通过新债清偿理论,尽量在同一执行程序中解决债权实现问题。

第四章

执行法院

在我国，民事执行由法院统一负责。在比较法的视野下，由法院独揽民事执行权并不多见。例如，法国、英国等国家由社会组织、职业人员分享部分执行权，德国由附设于法院的公务员性质的执达吏承担部分执行权，瑞典则统一交由行政部门负责。[①]事实上，作为解决执行难、执行乱诸问题的改革对策之一，将执行实施权全部或部分从法院剥离的呼声一直不绝于耳。作为对此的回应，2014 年党中央在《中共中央关于全面推进依法治国若干重大问题的决定》中提出："完善司法体制，推动实行审判权和执行权相分离的体制改革试点。"由此掀起了新一轮关于执行权配置的热议。但时至今日，无论全部"外分"还是部分"外分"，均未成为撬动民事执行体制改革的基点。《民事强制执行法(草案)》第 9 条规定："民事强制执行工作由人民法院负责。人民法院根据需要可以设立执行机构。"该规定为这一争议暂时画上了句号。相信在今后相当长时间里，法院内部的审判权与执行权相分离、相区隔的所谓"内分"模式会是一种相对稳定的制度安排。这种"内分"模式具有独特的历史演变脉络，以及组织、权能的特定内涵。

一、执行权配置模式的历史变革

(一)"审执合一"阶段

1954 年《人民法院组织法》第 38 条规定："地方各级人民法院设执行员，办理民事案件判决和裁定的执行事项，办理刑事案件判决和裁定中关于财产部分的执行事项。"但是，该法并未对"执行员"作出明确定义。执行员究竟是隶属于司法行政机关、

---

① 参见陈杭平：《比较法视野下的执行权配置模式研究——以解决"执行难"问题为中心》，载《法学家》2018 年第 2 期。

相对于所在法院具有独立性的公务员，[1]还是类似书记员、法警，属于法院的司法辅助人员并不明确。受种种历史因素的影响，执行员制度从未普及。从20世纪50年代中后期开始直至70年代末，我国法院内部一直主要由审判人员兼理执行事务，施行“谁审判，谁执行”或者说审执合一的体制。

1979年《人民法院组织法》第41条重述了1954年《人民法院组织法》第38条的规定。1982年《民事诉讼法(试行)》第163条第1款规定：“执行工作由执行员、书记员进行；重大执行措施，应当有司法警察参加。”全国法院遂逐渐恢复执行员队伍及相关组织机构的建设。1991年《民事诉讼法》第209条第1款简化为“执行工作由执行员进行”，并在第3款规定“基层人民法院、中级人民法院根据需要，可以设立执行机构。执行机构的职责由最高人民法院规定”。受此影响，20世纪90年代各地基层法院、中级法院纷纷设立执行庭，但较多成为无法胜任审判岗位的“老弱”人员的去处。贯穿于整个20世纪90年代民事执行领域的，除了“执行难”问题逐渐浮出水面并成为社会热点议题外，还有对审执合一还是审执分离、由审判庭继续兼办执行还是由执行庭统一负责执行等问题的争论不休。这种组织机构、司法职能调整的背后，是民事执行与民事审判“你中有我，我中有你”的结构性交融。一方面，审判人员仍以促进调解作为重要结案手段，而调解通常包含了债务人的自愿履行，也即将执行内化于纠纷解决；另一方面，在执行工作中，仍然贯彻说服教育与强制执行相结合的原则，将执行当作彻底化解纠纷的有机一环。[2] 因此，于此阶段，在法院内部区隔、分离审判与执行的基础条件尚不具备。

(二)“审执分离”阶段

1999年党中央下发《中共中央关于转发〈中共最高人民法院党组关于解决人民法院“执行难”问题的报告〉的通知》(中发〔1999〕11号)，要求“加强执行队伍建设，改进管理体制”。从高级法院以下开始探索组建副院级的执行局，执行局两级领导干部高配，增加执行干部编制数额(执行人员比例不少于全体干警现有编制总数的15%)。最高人民法院《关于改革人民法院执行机构有关问题的通知》(法明传〔2000〕437号)提出，一方面要在纵向上建立“高级人民法院统一管理协调”的执行工

---

① 例如，《苏联盟员及自治共和国法院组织法》第79条规定：“法院执行员设置于人民法院，州、边区、省法院，自治省法院，自治及盟员共和国最高法院，由盟员共和国司法人民委员会任命，于自治共和国——由自治共和国司法人民委员会任命。”法院和审判员仅在业务上对执行员有指导和监督权。参见[苏]C. H. 阿布拉莫夫：《苏维埃民事诉讼》(下)，中国人民大学审判法教研室译，法律出版社1957年版，第178～179页。

② 参见王亚新：《强制执行与说服教育辨析》，载《中国社会科学》2000年第2期。

作机制；另一方面要保留执行庭，由其“履行一定裁判职能”，“只能加强不能削弱这一职能”，并在横向上“探索裁判权和执行实施权相分离，裁判人员和执行人员分工负责、互相配合、互相制约的新机制”。由此，司法文件将立法上宽泛的“执行工作”区分为“（涉执行）裁判事项”与“执行实施事项”，统一交由新设立的执行局负责。自此以后，全国法院纷纷在原执行庭的基础上组建更高规格的执行局，兼办执行实施与执行裁判案件。2007 年修改的《民事诉讼法》第 205 条第 3 款（2021 年新法第 235 条第 3 款）将 1991 年《民事诉讼法》规定的“基层人民法院、中级人民法院根据需要，可以设立执行机构”修改为“人民法院根据需要可以设立执行机构”，为最高人民法院及各省高级人民法院设立执行局提供法律依据。2008 年，最高人民法院执行工作办公室更名为执行局，负责监督、指导、协调地方各级法院的执行工作。

此后，最高人民法院下发《关于进一步加强和规范执行工作的若干意见》（法发〔2009〕43 号），要求地方各级法院建立执行指挥中心，“指挥中心负责人由院长或其授权的副院长担任，执行局长具体负责组织实施”，“符合条件的执行局长可任命为党组成员”，“科学界定执行审查权和执行实施权，并分别由不同的内设机构或者人员行使”，“高级人民法院设立复议监督、协调指导、申诉审查以及综合管理机构，中级人民法院和基层人民法院设执行实施、执行审查、申诉审查和综合管理机构”。随后又下发最高人民法院《关于执行权合理配置和科学运行的若干意见》（法发〔2011〕15 号，以下简称《执行权配置意见》），将“执行权”明确定义为“人民法院依法采取各类执行措施以及对执行异议、复议、申诉等事项进行审查的权力，包括执行实施权和执行审查权”（第 1 条）；要求“地方人民法院执行局应当按照分权运行机制设立和其他业务庭平行的执行实施和执行审查部门，分别行使执行实施权和执行审查权”（第 2 条），也即执行局下设与审判业务庭平级的执行实施、执行审查两类内设机构；规定执行权只能由法院执行局行使，例外是人民法庭可根据执行局授权执行自审案件，但应接受执行局的管理和业务指导（第 10 条）。另外，该文件将案外人执行异议之诉、申请执行人执行异议之诉、执行分配方案异议之诉、代位析产之诉等涉执行的诉讼从执行局剥离，交由审判机构按照民事诉讼程序审理（第 12 条）。

由此形成了典型的审执“内分”模式，即由执行局负责执行实施与执行审查事项，涉执行的诉讼由审判庭负责。当然，各地法院根据实际情况及改革试点的需要，在法院内部不同庭室之间、上下级法院之间进行局部调整，产生了多种多样的变种。例如，有的基层法院把执行局定位成单纯的执行事务实施机构，将执行审查权划归审判部门；有的基层法院建设“大执行局”，将涉执行的诉讼也一并交由执行审查/裁判部门负责；有的中级法院将辖区内基层法院的执行裁决、监督权统一上收，基层法院只负责执行实施及相关的审查、命令；有的中级法院将执行实施权也统一上收，实行跨行政区域的统一执行工作格局，基层法院仅保留用于协作联络的“执行大队”。由于各地法院执行案件、执行力量、执行资源、执行难度等情况不尽相同，多样化的局部尝试都有其合理性，也为统一的制度安排提供试行经验。但在宣传推广时，不能脱离具体的情境，忽略隐而不现的背景因素和基础条件。

（三）“审执分立”探索阶段

为了贯彻落实中央《关于全面推进依法治国若干重大问题的决定》，最高人民法院重新制定“四五改革纲要”，以最高人民法院《关于全面深化人民法院改革的意见——人民法院第四个五年改革纲要（2014—2018）》（法发〔2015〕3 号）为名发布。其中，该意见第 24 条提到“深化执行体制改革。推动实行审判权和执行权相分离的体制改革试点”。根据通常的解读，这蕴含着将执行实施权外分的可能性。随后，在 2016 年年初的十二届全国人大四次会议上，周强院长在工作报告时明确提出：“用两到三年时间，基本解决执行难问题。”紧接着，最高人民法院下发《关于落实“用两到三年时间基本解决执行难问题”的工作纲要》（法发〔2016〕10 号），除了提出“执行信息化”“基本改变‘登门临柜’查人找物的传统模式”为内容的执行实施模式改革等方案外，对“审判权和执行权相分离”的执行体制改革进行了微妙的内涵界定。具体包括：“进一步优化执行权的科学配置，设立执行裁判庭，审理执行程序中涉及实体权利的重大事实和法律争议，形成审判权对执行权的有效制约和监督”（第 4 条）；“依托执行指挥系统，强化全国四级法院统一管理、统一指挥、统一协调的执行工作管理体制，规范指定执行、提级执行、异地交叉执行的提起和审批程序，提高执行实施效率”（第 5 条）；“采取两种模式进行试点：一是中级人民法院打破行政区划设立执行分局、负责执行实施原基层人民法院的执行案件；二是强化中级人民法院执行局对基层人民法院执行人员、实施案件、执行装备的统一管理、调度和指挥职能，在破除地方保护主义、提高执行工作效率方面进行探索”（第 6 条）。这一方案被解读为“深化内分模式”，以此消解执行实施权外分或“审执分立”的可能。

此后，最高人民法院高举执行信息化、执行规范化两面大旗，带领全国法院进行了一场轰轰烈烈的“基本解决执行难”的活动。该抽象治理目标被最高人民法院具体化为“四个 90%，一个 80%”的核心衡量指标体系，即可供执行案件在法定期限内实际执结率达到 90%、无财产可供执行案件终结本次执行程序合格率达到 90%、执行信访案件化解或办结率达到 90%、全国达标的法院达到 90%，以及近三年执行案件整体执结率超过 80%。2019 年年初，基于执行收案量、结案量及执行到位金额三个指标及其三年来的增幅，这场治理活动的阶段性目标被宣告如期实现。[①] 在此过程中，最高人民法院及各地方高级人民法院充分利用大数据、人工智能、5G 等新兴科技以及基础设施的发展，建立起了覆盖范围日趋广泛的执行查控系统。随着法院在执行工作格局中越来越具有中枢地位和不可替代性，执行实施权部分或全部外分的呼声逐渐减弱。在可预见的将来，“审执分立”不大可能变成现实。

在此背景下，最高人民法院《关于深化执行改革健全解决执行难长效机制的意见——人民法院执行工作纲要（2019—2023）》（法发〔2019〕16 号，以下简称《执行长效机制意见》）第 12 条指出：“支持各地法院在地方党委领导下，经最高人民法院批准，结合编制和人事管理改革，开展执行管理体制改革试点。试点模式包括：一是市（地）中级人民法院对区（县）人民法院执行机构垂直领导；二是区（县）人民法院执行机构接受本级人民法院和中级人民法院级执行机构双重领导，在执行业务上以上级执行机构领导为主。”这是在将“深化内分模式”由法院内向上下级法院之间推进。《执行长效机制意见》第 13 条还提出：“加快推进审执分离体制改革。将执行权区分为执行实施权和执行裁判权，案件量大及具备一定条件的人民法院在执行局内或单独设立执行裁判庭，由执行裁判庭负责办理执行异议、复议以及执行异议之诉案件。不具备条件的法院的执行实施工作与执行异议、复议等裁判事项由执行机构不同法官团队负责，执行异议之诉案件由相关审判庭负责办理。”由于《民事强制执行法（草案）》将增设债务人异议之诉、变更追加异议之诉等规定，执行异议之诉案件量必将大幅增加。对于民事、执行案件量大的基层法院而言，由执行局内设或者单独设立的执行裁判庭负责审理及判决，可以有效缓解民事审判庭的案件负荷，避免民事案件“人少案多”问题的进一步加剧。《民事强制执行法（草案）》第 9 条第 3 款规定：“执行中，当事人、利害关系人就实体权利义务产生争议的，可以向人民法院提起诉讼，由人民法院审判机构按照民事审判程序审理，但是法律明确规定通过其他方式解决的除外。”该款所规定的由审判机构审理的诉讼，应理解为不属于执行救济范畴的实体权利义务的争议。而在设立了执行裁判庭的法院里，执行异议之诉由执行裁判庭审理。当然，另一种解释路径是将执行裁判庭视为审判机构的一种，从而与《执行长效机制意见》第 13 条的改革设想保持一致。

二、执行实施工作模式

2018 年《人民法院组织法》修订时，删除了自 1954 年法院组织法就一直保留的“地方各级人民法院设执行员，办理民事案件判决和裁定的执行事项，办理刑事案件

① 参见陈杭平：《“善意执行”辨》，载《华东政法大学学报》2021 年第 2 期。

判决和裁定中关于财产部分的执行事项”之规定。“执行员”可能受苏联立法例的影响,是“为了在实际上保证法律的严肃性和极大权威”,使“人民法院已经发生法律效力的判决、裁定或调解书确定的民事责任”得到强制履行的“一种诉讼职能的组织制度保证”。[①] 在过去,执行员可能由审判人员(含助理审判员)、书记员、司法警察等充任,而非独立的职位,其权责、选任、考核、晋升等始终未得到明确。《执行权配置意见》第 3 条将财产调查、控制、处分、交付和分配以及罚款、拘留措施等执行实施权交由执行员负责,但不排斥法官介入,即“执行员”仅限于没有审判资格或非员额法官的司法辅助人员。新《人民法院组织法》将执行员的条款删除,结束了一直以来名实不副的现象,也从立法上为执行实施权的外分预留了可能性。[②]

《民事强制执行法(草案)》第 10 条又恢复了执行员设置,规定:“人民法院执行机构由法官、执行员、司法警察等人员组成。法官负责办理各类执行案件。执行员负责办理执行实施案件,但是作出拘留决定、罚款决定等依法应当由法官办理的重大事项除外。司法警察在法官、执行员的指挥下参与执行实施工作。办理执行实施案件的人员不得参与相关执行异议、复议、案外人异议等案件的审查。执行员的任免、管理等按照国家有关规定进行。”如果结合 2018 年《人民法院组织法》的修订,似乎可以得出这样一个结论:执行员既不是法官也不是审判辅助人员、司法行政人员,而是法院内负责执行实施的公务人员。《民事强制执行法(草案)》有关“执行员”的规定,能否顺利通过立法机关的审议尚待观察。若顺利通过,如何与《人民法院组织法》相衔接,如何确定执行员的编制、权责、管理等,还有不少工作需要完成。

从审判人员“审执合一”过渡到“审执分离”之后,一度实行分案到人、“包案到底”的执行工作模式。由一名执行人员从头至尾负责财产的查控、处置、划款等,尽管具有权责明晰、便于考核等优点,但因为权力集中而容易滋生执行腐败、渎职现象。各级法院执行局(庭)成为司法腐败的“重灾区”,也因消极执行、拖延执行、选择执行等执行乱现象泛滥而备受诟病。鉴于此,2009 年起,时任最高人民法院院长王胜俊提出:“按照分权制衡原则对执行权进行科学配置,将执行审查权和执行实施权交由执行机构不同部门和人员行使,对违法执行行为形成有效的监督制约;将执行程序划分为不同阶段,由不同执行人员分工负责,打破一人负责到底的传统执行模式。”[③]2010

---

① 参见冯采金、孙膺杰编著:《中华人民共和国人民法院组织法讲话》,群众出版社 1980 年版,第 43 页。转引自雷彤:《执行体制改革背景下“执行员”的再解读》,载《当代法学》2019 年第 1 期。

② 参见雷彤:《执行体制改革背景下“执行员”的再解读》,载《当代法学》2019 年第 1 期。

③ 王胜俊:《最高人民法院关于加强民事执行工作维护法制权威和司法公正情况的报告——2009 年 10 月 28 日在第十一届全国人民代表大会常务委员会第十一次会议上》,载中国人大网 2009 年 12 月 15 日,http://www.npc.gov.cn/zgrdw/npc/xinwen/content_1543888.htm。

年年初，最高人民法院正式提出要推广“分段集约执行”模式。这一执行工作模式经过各地法院的检验、调整，虽然受到衔接不畅、协作不力、权责不清、影响效率等非议，但仍被视作符合中国执行实际情况、有效提升执行规范化的方案。故最高人民法院2019年发布的《人民法院第五个五年改革纲要(2019—2023)》提出：“推进执行案件和执行事务的繁简分流、分权实施，打破‘一人包案到底’的办案模式，切实提升执行工作的集约化、精细化、规范化水平。”这可以称为“分权集约执行”模式。

其中，所谓“分权”具有两层含义。第一层含义是行政性质的执行实施权与裁断性质的执行审查权、裁判权、监督权的内部分离，分由执行局的不同内设机构负责。原则上前者由司法辅助人员行使，后者由员额法官行使。第二层含义是按照工作特征将个案执行实施分成若干片段，由执行实施机构的不同人员、组织负责。实践中，执行实施一般可以划分为执行启动、财产查控、财产处置、款物发放等若干节点，根据案件执行难易程度可以实行“繁简分流”(对简易案件快速办理，对普通案件规范办理)，根据财产属性又可以分为网络查控与外勤查控。所谓“集约”，即通过设立执行指挥中心等中枢机构，集中实施制作发送格式化文书、网络查控、收发委托执行请求、录入失信被执行人信息、网络拍卖辅助工作、接待来访、接处举报电话等辅助性事务，居中协调指挥联动，服务及监管执行实施团队。这种工作模式需以执行实施的“一中心，多团队”为组织保障，会带来执行部门组织结构的复杂化和组织规模的扩大化。

《执行长效机制意见》延续了分权与集约并重的工作模式。一方面，该意见第15条规定：“全面推行执行团队办案模式。实行以法官为主导的‘法官+法官助理(执行员)+法警+书记员’团队办案模式，优化团队之间、团队内部的任务分工和职权划分，完善‘人员分类、事务集约、权责清晰、配合顺畅’的执行权运行模式。”这是将执行办案团队作为基本单元而实行的内部与外部的分权。另一方面，该意见第18条规定：“健全繁简分流、事务集约的执行权运行机制。执行指挥中心对执行案件进行类型化处理，实现‘简案快执，难案精执’。加强事务性工作集约化处理，将执行程序中的财产查控、文书制作和送达、终本案件管理、涉执信访等事务性较强的工作，统一交由专门团队进行集约化处理，提高执行工作效率。”在今后较长时间里，“分权集约执行”模式将成为各地法院执行实施工作的一种范本。当然，对于条件不具备(如员额法官不足、司法辅助人员人手紧张)或者执行案件量小的法院而言，也可以因地制宜地采用分案到人、“包案到底”的执行工作模式。当然，应当同时加强执行的监督管理。

三、执行案件管辖

（一）终局执行案件管辖

《民事诉讼法》第 231 条第 1 款规定：发生法律效力的民事判决、裁定，以及刑事判决、裁定中的财产部分，由第一审法院或者与第一审法院同级的被执行的财产所在地法院执行；第 2 款规定：法律规定由法院执行的其他法律文书，由被执行人住所地或者被执行的财产所在地法院执行。该条规定将执行依据一分为二，区分为由法院作出的与非由法院作出的两大类。从立法沿革来看，1982 年《民事诉讼法（试行）》第 161 条规定："发生法律效力的民事判决、裁定和调解协议，以及刑事判决、裁定中的财产部分，由原第一审人民法院执行。法律规定由人民法院执行的其他法律文书，由有管辖权的人民法院执行。"1991 年《民事诉讼法》第 207 条第 1 款删掉了"调解协议"，第 2 款将"有管辖权的人民法院"明确为"被执行人住所地或者被执行的财产所在地人民法院执行"。2007 年《民事诉讼法》第 201 条第 1 款增加了"与第一审人民法院同级的被执行的财产所在地人民法院"。此后未再有修改。

首先，"民事判决、裁定"除法院通过诉讼程序作出的民事判决、裁定外，还包括通过非讼程序作出的裁定、命令。根据 2022 年《民诉法解释》第 460 条的规定，发生法律效力的实现担保物权裁定、确认调解协议裁定、支付令，由作出裁定、支付令的法院或者与其同级的被执行财产所在地的法院执行；认定财产无主的判决，由作出判决的法院将无主财产收归国家或者集体所有。这是非讼程序不适用审级制度，从而不存在第一审、第二审法院所致。《民事强制执行法（草案）》略作调整，不区分诉讼程序和非讼程序，第 36 条第 2 款规定："发生法律效力的裁定、决定、支付令，由作出裁定、决定、支付令的人民法院或者与其同级的被执行的财产所在地人民法院执行。"

存有疑问的是民事调解书。如前所述，1991 年《民事诉讼法》第 207 条第 1 款将"调解协议"删除，改为适用第 215 条，"人民法院制作的调解书的执行，适用本编的规定"。这便是沿用至今的"民事判决、裁定"与"调解书"分立的立法体例的由来。但现行《民事诉讼法》第 241 条规定的"适用本编的规定"，究竟是适用第 231 条第 1 款的"民事判决、裁定"，还是适用第 2 款的"其他法律文书"，在实务上存在一些分歧。比较两款的内容，区别主要在于是由作出法律文书的法院执行还是由被执行人住所地的法院执行。很显然，第 2 款之所以如此规定，是因为相关法律文书并非由法院作出，即不存在作出法院。而调解书并非如此。对此可参考 2022 年《民诉法解释》第 460 条有关确认调解协议效力裁定的规定。至于《民事诉讼法》将对调解书的执行，从对法院判决、裁定的执行中单立出来另行规定，只是出于立法上的考虑，并不意味着调解书应当适用《民事诉讼法》第231条第2款的规定。这一点在最高人民法院法官撰写的释义书中有明确体现。[①] 本书赞同调解书的执行适用《民事诉讼法》第231条第1款的规定。具体来说，第一审法院作出调解书的，由本院或同级的被执行的财产所在地法院对调解书执行进行管辖；第二审法院作出调解书的，仍由第一审法院或同级的被执行的财产所在地法院进行管辖。《民事强制执行法（草案）》第36条第1款也规定："发生法律效力的民事判决、调解书，由第一审人民法院或者与其同级的被执行的财产所在地人民法院执行。"

其次，"其他法律文书"即法院以外的机构制作的执行依据，包括仲裁裁决书、仲裁调解书、公证债权文书等。对此《仲裁法》《劳动争议调解仲裁法》《农村土地承包经营纠纷调解仲裁法》《公证法》等法律均规定依照《民事诉讼法》的有关规定向法院申请执行。《民事强制执行法（草案）》第36条第3款第1句予以统合，规定其他法律文书"由被执行人住所地或者被执行的财产所在地人民法院执行"。

这类法律文书不存在制作法院，除地域管辖外，涉及应由哪一级法院负责执行的级别管辖问题。为此，相关司法解释作了具体规定。例如，《仲裁裁决执行规定》第2条规定："当事人对仲裁机构作出的仲裁裁决或者仲裁调解书申请执行的，由被执行人住所地或者被执行的财产所在地的中级人民法院管辖。符合下列条件的，经上级人民法院批准，中级人民法院可以参照民事诉讼法第三十八条（2021年《民事诉讼法》第39条）的规定指定基层人民法院管辖：（一）执行标的额符合基层人民法院一审民商事案件级别管辖受理范围；（二）被执行人住所地或者被执行的财产所在地在被指定的基层人民法院辖区内；被执行人、案外人对仲裁裁决执行案件申请不予执行的，负责执行的中级人民法院应当另行立案审查处理；执行案件已指定基层人民法院管辖的，应当于收到不予执行申请后三日内移送原执行法院另行立案审查处理。"该条是对2006年最高人民法院《关于适用〈中华人民共和国仲裁法〉若干问题的解释》第29条的补充和完善，一方面以中级法院执行为原则；另一方面对于执行标的额较小的案件允许中级法院指定与案件有联系的基层法院执行，例外是申请不予执行仲裁裁决案件必须由中级法院立案审查。《民事强制执行法（草案）》第36条第3款第2句规定：对于其他法律文书，"级别管辖参照适用民事诉讼法关于人民法院第一审民事案件级别管辖的规定"。该条规定固然简洁明了，但对于申请不予执行仲裁裁决、公证债权文书等案件，似乎不宜按照民事案件级别管辖的标准（主要是诉讼标的金额）确定，而有必要做区别对待。

---

① 参见李国光主编：《民事诉讼法及配套规定新释新解》（下），人民法院出版社2006年版，第1594页。

(二)执行管辖的确定及调整

《民事诉讼法》第 231 条规定了执行案件的共同管辖,赋予了申请执行人选择权。根据 2020 年《执行若干规定》第 13 条、第 14 条的规定,两个以上法院都有管辖权的,当事人可以向其中一个法院申请执行;当事人向两个以上法院申请执行的,由最先立案的法院管辖。人民法院之间因执行管辖权发生争议的,由双方协商解决;协商不成的,报请双方共同的上级法院指定管辖。这是沿用了民事诉讼地域管辖冲突与争议解决的办法。当然,《民事诉讼法》第 231 条规定的两个管辖连接点具有强制性,在性质上类似专属管辖。因此,既不允许当事人通过书面协议的方式另设管辖连接点,也不成立应"诉"(被执行人接受执行)管辖。对此,最高人民法院公报发布的"(2015)执申字第 42 号"裁定书指出:虽然《民事诉讼法》没有明文禁止当事人协商执行管辖法院,但对当事人就执行案件管辖权的选择限定于上述两个连接点之间,当事人只能依法选择向其中一个有管辖权的法院提出执行申请。《民事诉讼法》有关应诉管辖的规定适用于诉讼程序,不适用于执行程序。因此,当事人通过协议方式选择,或通过不提管辖异议、放弃管辖异议等默认方式自行确定向无管辖权的法院申请执行的,不予支持。① 在执行过程中,执行法院发现本院确无管辖权的,应当撤销案件,将案件移送给有管辖权的法院或者告知申请执行人向有管辖权的法院申请执行。② 由此可见,执行案件似乎不适用管辖恒定原则。

在《民事诉讼法》第 231 条规定的管辖连接点中,无论是民事判决、裁定的第一审法院,还是其他法律文书的被执行人住所地法院,均相对确定,一般不会引发管辖争议。有疑问的是,如果其他法律文书确定的债务人有多个,可否由债权人任选其中之一的住所地法院申请执行?一般来说,多个债务人的共同债务可分为连带、按份、补充等类型。若为连带债务,各债务人均负有向债权人履行全部债务的责任,故债权人可向任一债务人的住所地法院申请强制执行。若为按份债务,各债务人所承担的是比例确定、相互独立的债务,理论上债权人可分别向各债务人的住所地法院申请强制执行。尽管法律和司法解释未作明文规定,但《执行立结案意见》第 7 条要求:"除下列情形外,人民法院不得人为拆分执行实施案件……(二)生效法律文书确定有多个

---

① 大庆筑安建工集团有限公司、大庆筑安建工集团有限公司曲阜分公司与中煤第六十八工程有限公司施工合同纠纷案,载《最高人民法院公报》2016 年第 9 期(总第 239 期)。

② 参见最高人民法院执行局:《人民法院办理执行案件规范》,人民法院出版社 2017 年版,第 6 页。可资参考的是《关于执行案件立案、结案若干问题的意见》(法发〔2014〕26 号,以下简称《执行立结案意见》)第 18 条的规定,"执行实施案件立案后,有下列情形之一的,可以以'销案'方式结案:(一)被执行人提出管辖异议,经审查异议成立,将案件移送有管辖权的法院或申请执行人撤回申请的……"

债务人各自单独承担明确的债务的，申请执行人可以对每个债务人分别申请执行，也可以对几个或全部债务人一并申请执行……”第2项内容实际上突破了实践中“一份生效法律文书 = 一个执行案件”的操作原则，在按份债务的情形下，准许申请执行人针对每个债务人分别申请执行，也即每个债务人住所地法院或其财产所在地法院均有管辖权。若为补充责任，因为只有当主责任人财产不足时，补充责任人才承担补充清偿责任，故申请执行人不能直接向补充责任人的住所地法院申请强制执行。在此情形下，只有主责任人的住所地法院才有执行管辖权。

《民事诉讼法》第231条第1款与第2款都有规定的“被执行的财产所在地”，因被执行的财产种类繁多、分布广泛，在实践中容易引起争议。通常按照以下标准判断：(1)被执行的财产为不动产的，该不动产的所在地（登记地或未登记时的实际所在地）为被执行的财产所在地；(2)被执行的财产为一般动产的，以实际存放地为财产所在地，为车辆、船舶、航空器等特定动产的，以登记簿记载的所在地为财产所在地，由实际存放地、停泊地法院执行更为方便的，也可以以实际存放地、停泊地为财产所在地；(3)被执行的财产为金融机构存款及其利息的，以开户行的所在地为财产所在地；(4)被执行的财产为股权或者股份的，该股权或者股份的发行公司住所地为被执行的财产所在地；[①](5)被执行的财产为商标权、专利权、著作权等知识产权的，该知识产权权利人的住所地为被执行的财产所在地；(6)被执行的财产为到期债权的，被执行人的住所地（而非被执行人的债务人的住所地）为被执行的财产所在地。[②] 当然，执行实务中的问题并非如此简单。

【设例4-1】

中铁信托公司（住所地四川成都）向华奥公司（住所地福建连江）提供4亿元借款，双方签订《流动资金借款合同》及《最高额抵押合同》，并办理了赋予强制执行效力的公证。其后，中铁信托公司员工杨某作为该笔借款的保荐人，按照公司业务管理规定，与公司签订保证合同，为该笔借款提供连带责任担保。该保证合同在四川省成都市蜀都公证处办理“赋强”公证。因华奥公司未按时还款，中铁信托公司向蜀都公证处申请出具执行证书，以华奥公司、杨某为被执行人，向四川省高级人民法院申请执行。华奥公司提出执行异议，主张中铁公司在

① 参见《最高人民法院执行局关于法院能否以公司证券登记结算地为财产所在地获得管辖权问题的复函》（〔2010〕执监字第16号函）。这一规定是为了避免以股权为执行标的物的案件向证券登记结算机构（上交所、深交所等）所在地法院聚集。例如，在“(2017)最高法民再121号”中，最高人民法院明确指出，申请执行人选择向被执行的财产所在地法院申请执行，被执行人对第三人享有股权的，第三人住所地系被执行的财产所在地。

② 参见最高人民法院执行局：《人民法院办理执行案件规范》，人民法院出版社2017年版，第4页。

> 债务人不知情的情况下，与其员工签订保证合同，属于故意制造管辖连接点，请求裁定将案件移送有管辖权的法院执行。四川省高级人民法院裁定驳回管辖异议。华奥公司不服，向最高人民法院申请复议。最高人民法院经审查认为：（1）杨某系中铁信托公司的员工，且保证合同在事后签订，不足以否定担保关系的存在，不能排除据此对杨某进行执行的可能；（2）华奥公司在某银行成都分行营业部所开立的账户中有少量（2000 余元）存款可供执行，故四川是被执行财产所在地之一。根据目前的通行理解，部分财产所在地或者部分被执行人住所地法院，具有执行案件全案的管辖权。且目前的司法解释并未对《民事诉讼法》第 231 条作出限缩性解释，既未限制以保证人的住所地为被执行人住所地，也未将被执行的财产所在地限定为主要财产所在地。据此，裁定驳回华奥公司的复议。

设例 4－1 改编自一则真实的案例，仅对案情作了必要的精简。[①] 该案执行依据为公证债权文书，不适用最高人民法院《关于适用〈中华人民共和国民法典〉有关担保制度的解释》关于诉讼管辖的规定。[②] 从学理上讲，有多个连带债务人的执行案件，原则上不再区分债务人之间的内部关系，任一债务人住所地法院均有管辖权。反之，如果执行依据明确部分债务人承担一般保证责任、补充责任的，应根据主债务人住所地确定管辖。当事人的争议在于，在债务人未知情同意的情况下，债权人与保证人签订的保证合同是否有效。保证属于债的担保的范畴，一般来说对债务人有利而不会产生不利益。[③] 故《民法典》第 681 条规定，保证合同只需由保证人与债权人约定，不以债务人知情同意作为成立及生效要件。如果未经债务人知情同意，保证人可以代为履行债务为由，请求债务人承担无因管理之债。这对二者间的法律关系（内部关系）有影响，但不妨碍债权人向债务人、保证人主张债务履行（外部关系）。然而，执行案件管辖是程序问题，不能仅仅以实体法规范及法理为准。或者说，不能以私法的逻辑替代公法的逻辑。债权人选择以被执行人住所地为管辖连接点，如果债务人有证据

---

① 参见最高人民法院民事裁定书，（2017）最高法执复 12 号。该案案情不清楚之处在于：两份公证债权文书的内容并不相同，前一份为主债务，后一份为担保债务。根据 2018 年《公证文书执行规定》第 6 条的规定，公证债权文书赋予强制执行效力的范围同时包含主债务和担保债务的，人民法院应当依法予以执行；仅包含主债务的，对担保债务部分的执行申请不予受理；仅包含担保债务的，对主债务部分的执行申请不予受理。债权人依据主债务的公证债权文书申请执行，并不包括保证人杨某，自然不能由四川高院管辖；依据担保债务的公证债权文书申请执行，不能对主债务进行执行，也不能将债务人作为被执行人。不知何故法院将两份公证债权文书合并执行了。推测原因是当时《公证文书执行规定》尚未出台，实务中对于主债务、担保债务的公证债权文书的执行没有形成统一认识。但法院的操作仍然令人费解。

② 最高人民法院《关于适用〈中华人民共和国民法典〉有关担保制度的解释》（法释〔2020〕28 号）第 21 条第 2 款规定：债权人一并起诉债务人和担保人的，应当根据主合同确定管辖法院。

③ 即使主债务已过诉讼时效，债权人与第三人合谋签订连带责任的保证合同，也不会损害债务人的利益。原因在于第三人履行“保证责任”后向债务人追偿，债务人可以对之行使诉讼时效抗辩。

证明作为管辖原因的“被执行人”是债权人故意制造出来的，则违反《民事诉讼法》第13条规定的诚实信用原则，执行法院有权否定该管辖连接点的存在，裁定撤销执行案件。

至于“被执行的财产所在地”，的确如最高人民法院所言，《民事诉讼法》第231条及相关司法解释并未限缩为主要财产所在地。这符合执行实务的一般规律。在金钱债权执行中，债权人在申请执行时很难查明债务人主要责任财产的所在地，对执行法院而言，在立案阶段也难以发现本院是否属于债务人主要责任财产的所在地法院。当然，根据2020年最高人民法院《关于适用〈中华人民共和国民事诉讼法〉执行程序若干问题的解释》（法释〔2020〕21号，以下简称《执行程序解释》）第1条的规定，申请执行人向被执行的财产所在地人民法院申请执行的，应当提供该人民法院辖区有可供执行财产的证明材料。设例4－1中债权人并未以被执行的财产所在地作为管辖连接点，执行法院不应以执行中发现了本辖区有可供执行的财产，倒推适用该管辖连接点。事实上，如果债权人提供证明材料，以债务人在某地开设的银行账户上有数千元为由，申请该地法院执行标的额高达数亿元的案件，很可能不会被立案执行。设例原案的“续集”也颇为有趣。最高人民法院以主债务人、被执行的主要财产所在地均在福建，由福建法院处置更加便利为由，指定由福建省高级人民法院执行。[①]

“被执行的财产所在地”引发的争议还有很多种类。例如，债务人为公司，其分公司（分支机构）名下财产所在地法院是否有执行管辖权？有法院认为，分支机构不具有法人资格，其财产归公司所有，故其名下财产所在地法院就是公司财产所在地法院。[②] 然而，法人分支机构尽管不具有法人资格，但诉讼上具有当事人能力，执行中也可作为独立的适格当事人。根据2020年《执行变更当事人规定》第15条第2款的规定，作为被执行人的法人，直接管理的责任财产不能清偿生效法律文书确定债务的，法院可以直接执行该法人分支机构的财产。尽管这相当于执行力客观范围扩张的情形，无须将法人的分支机构变更、追加为被执行人，但司法解释仍然确定了执行力扩张的前提，即只有法人直接管理的责任财产不足的，才可以执行其分支机构的财产。因此，直接以法人分支机构名下财产所在地确定对法人执行案件的管辖，有欠妥当。

执行管辖同样应当贯彻“两便原则”，既方便债权人申请执行、债务人履行债务，也方便法院实施执行。为了防止债权人滥用“被执行的财产所在地”的管辖连接点，故意选择向一些债务人非主要财产所在地法院申请执行，实践中有的中级法院实行

---

① 参见最高人民法院民事裁定书，（2017）最高法执复12－1号。

② 参见江苏省高级人民法院民事裁定书，（2015）苏执复字第00016号。该案财产为分公司开设账户中的存款。

“统一立案,集约管理,分散实施”的工作模式,立案时对被执行人的财产进行网络调查核实,将基层法院负责实施的执行案件统一交由被执行人主要财产所在地或者住所地法院执行。在方便债权申请执行的同时,如何抵销选择权过大带来的负面影响,主要依靠科技手段及整体执行的工作格局。《民事强制执行法(草案)》第36条第4款第2句规定:“多个人民法院管辖的相同被执行人的执行案件,共同上级人民法院可以指定其中一个人民法院集中管辖。”为防止上级法院滥用指定集中管辖的权力,原则上应指定被执行人主要财产所在地或者住所地法院集中管辖。

需要补充说明的是,2020年《执行程序解释》第3条规定,法院受理执行申请后,当事人对管辖权有异议的,应当自收到执行通知书之日起10日内提出。人民法院对当事人提出的异议,应当审查。异议成立的,应当撤销执行案件,并告知当事人向有管辖权的人民法院申请执行;异议不成立的,裁定驳回。当事人对裁定不服的,可以向上一级人民法院申请复议。管辖权异议审查和复议期间,不停止执行。而根据《执行立结案意见》第9条第3项的规定,法院受理执行申请后,当事人对管辖权提出异议的,按照执行异议案件予以立案。因此,执行管辖异议与诉讼管辖异议不同,不适用《民事诉讼法》第157条的规定。当事人对法院所作裁定不服的,只能向上一级法院申请复议,而不能提起上诉。不过,这一规定似乎并未得到充分贯彻,在实践中通过上诉而非申请复议解决的情况仍不乏其例。

另外,上级法院也可以依职权调整下级法院的执行管辖,包括指定管辖和提级管辖两种。所谓指定管辖,是指上级法院对本院及下级法院的执行案件,认为需要指定执行的,可在本辖区内以裁定的方式指定其他法院执行。所谓提级管辖,是指上级法院对于下级法院的执行案件,认为需要提级执行的,可以裁定的方式将案件提至本院执行。[①] 指定管辖、提级管辖由上级法院依职权作出,但当事人在满足法定事由时可提出申请,下级法院因特殊情况也可报请上级法院裁定。对于前者,《民事诉讼法》第233条规定:“人民法院自收到申请执行书之日起超过六个月未执行的,申请执行人可以向上一级人民法院申请执行。上一级人民法院经审查,可以责令原人民法院在一定期限内执行,也可以决定由本院执行或者指令其他人民法院执行。”对于后者,2020年《执行若干规定》第15条规定:“基层人民法院和中级人民法院管辖的执行案件,因特殊情况需要由上级人民法院执行的,可以报请上级人民法院执行。”按照《民事诉讼法》第233条的逻辑,上级法院收到下级法院的报请后,既可以决定由本院执行,也可以指令辖区内其他法院执行。《民事强制执行法(草案)》第36条第4款第1句仅规定了指定管辖,而忽略了提级管辖,不够全面,有待补充。通常将这些内容归入执行

---

① 《关于高级人民法院统一管理执行工作若干问题的规定》(法发〔2000〕3号)第8条、第9条。

监督的范畴,具体可参见本书第十五章第二部分的内容。

(三)保全执行案件管辖

无论是诉讼保全、诉前保全还是仲裁保全,法院作出保全裁定后,应当立即开始执行。因此,原则上由作出保全裁定的法院管辖保全执行案件,通常是作出保全裁定的审判部门将案件移送执行部门。《民事强制执行法(草案)》第200条第2款规定:"经作出保全裁定的人民法院准许,申请保全人也可以向被保全财产所在地或者被保全行为地人民法院申请执行。"然而,对申请人来说,首先面临的问题是:应向哪一个及哪一级法院申请作出保全裁定?因为申请人向哪一个或哪一级法院申请保全,往往决定了由哪一个或哪一级法院管辖保全执行案件。

首先,根据《民事诉讼法》第104条第1款的规定,利害关系人因情况紧急,不立即申请保全将会使其合法权益受到难以弥补的损害的,可以在提起诉讼或者申请仲裁前向被保全财产所在地、被申请人住所地或者对案件有管辖权的法院申请采取保全措施。该款适用于诉前财产保全,自无疑义。诉前行为保全主要适用于知识产权领域。《关于审查知识产权纠纷行为保全案件适用法律若干问题的规定》(法释〔2018〕21号)第3条规定:"申请诉前行为保全,应当向被申请人住所地具有相应知识产权纠纷管辖权的人民法院或者对案件具有管辖权的人民法院提出。"当然,诉前行为保全申请不像诉前财产保全申请那样具有标的额,在级别管辖上存在不确定性,实务操作中尚未形成统一意见,值得做进一步探讨。本书倾向于知识产权领域的诉前行为保全原则上由中级人民法院管辖。理由主要有两点:(1)行为保全以向被申请人发出限制行为裁定或禁令的方式作出,送达即执行,而无须法院采取查控财产等实际执行措施。就此而言,中级法院在执行效率上并不会比基层法院有明显劣势。(2)诉前行为保全对知识产权保护的影响极大,需要慎重审查及判断申请人与被申请人的双方利益,由中级人民法院管辖较为妥当。至于其他侵权领域的诉前行为保全、婚姻领域的诉前人身保护令等,出于方便当事人申请的考虑,原则上可由基层法院管辖。一旦被申请人违反行为保全裁定或禁令,危及申请人人身安全或人格权益,基层法院能够更及时地采取强制措施。其次,根据2020年《执行若干规定》第9条的规定,在国内仲裁过程中,当事人申请财产保全,经仲裁机构提交人民法院的,由被申请人住所地或被申请保全的财产所在地的基层法院裁定并执行;申请证据保全的,由证据所在地的基层法院裁定并执行。该规定第10条规定,对涉外仲裁中的财产保全和证据保全由中级人民法院裁定并执行。

《民事强制执行法(草案)》第38条新增执行前保全制度,该条规定:"执行依据生效后,进入执行程序前,因义务人转移财产等紧急情况,不申请保全将可能导致执行依据难以执行的，权利人可以向有执行管辖权的人民法院申请采取保全措施。”执行前保全是为了弥合执行依据生效后与进入执行程序之前的“间隙”，防止义务人在未被采取诉讼保全或诉前保全的情形下，通过转移、处分、消费、损毁财产等行为降低权利实现的可能性。由于作出执行依据的法院已履行完审判职责，或者执行依据非由法院作出，因此只能由有执行管辖权的法院受理申请，作出保全裁定并立即采取保全措施。

第五章

可供执行财产的发现

财产指的是具有金钱价值、至少间接适合偿付债务的权利和物，包括动产和不动产、债权及其他权利。即使是正在形成中的权利，例如，买受人在所有权保留下的权利、经预告登记的权利，也可作为强制执行的标的物。没有金钱价值的客体不是财产的组成部分，也不是强制执行的标的物，如人格权、形成权（如撤销权、解除权）。①

对于金钱债权执行而言，没有比可供执行财产的发现更加重要的了。对于物的交付执行、行为执行而言，经常也会转化为对一定金额的赔偿款、罚款的执行，因此债务人可供执行财产的发现非常重要。只要发现了被执行人可供执行的财产，即可采取查封、扣押、冻结等控制性措施，一般也能通过拍卖、变卖、以物抵债等方式进行处置，从而全部或部分执行到位。所谓"执行难"，除了部分执行标的物因权属模糊不清、关系错综复杂等原因难以处置外，主要指的是难以发现足额可供执行的财产。当然，如果建立起完善的财产登记制度、社会信用体系等"基础设施"，不能发现足额可供执行的财产，在社会观念上就可以被视为没有足额财产可供执行。作为市场风险，权利人需自行承受和消化。未能清偿的债权作为"不良"资产，可以通过金融市场进行流通，发挥融资工具的功能。但在当下中国，社会公众普遍关注和抱怨的，恰恰是挂靠、借名、代持、合谋转移、恶意处分等现象，这些现象导致"未发现可供执行的财产≠没有可供执行的财产（执行客观不能）"。无数个经由媒体报道而广为人知的"老赖"事件，以及由此产生的债务人通常都藏匿、转移责任财产（潜在的"老赖"）的一般想象，构成了执行难的社会舆论氛围，导致压力向法院如何才能有效发现可供执行财产这一点上聚集。自 2015 年起，全国法院牢牢把握信息科技发展的契机，大力推行执行信息化建设，构建起查询财产覆盖范围越来越广泛、功能内容越来越拓展（除了查，还可控、划和管）的执行网络查控系统，以此作为主要应对策略。

---

① 参见[德]弗里茨·鲍尔等：《德国强制执行法》（上册），王洪亮等译，法律出版社 2019 年版，第 442 页。

目前，法院执行局除了不时派执行人员“登门临柜”，必要时与公安机关等其他部门联动执法外，通过最高人民法院的“总对总”、各省市高院的“点对点”执行网络查控系统进行搜查，已成为发现可供执行财产的主流工作模式和必经办案环节。以“总对总”查控系统为例，最高人民法院通过与人民银行、各相关部委签订备忘录并开通联网系统，可以查询被执行人全国范围内的不动产、存款、金融理财产品、船舶、车辆、证券、网络资金、个人对外投资等16类25项信息，基本实现对被执行人主要财产形式和相关信息的有效覆盖。最新下发的规范性文件显示，自2021年起，被执行人的身份信息验证通过后，系统将自动发起集约式查询，范围包括21家全国性银行、3家互联网金融机构（财付通、网银在线、支付宝）、证券、被执行人住所地的地方性银行、执行法院所在地的地方性银行。集约查询之外的财产信息，由执行人员在“总对总”网络查控系统上手动发起查询。[①] 可以说，网络查控系统的建成与扩展是“基本解决执行难”的重大成就之一，也是我国强制执行制度的重大特色和优势之一。

执行信息化的飞跃式发展，极大提高了执行效率和执行到位率，突破了执行的地域限制，降低了执行的社会成本。长远来看，随着人、财、物、事、行等信息全方位转为大数据以及数据挖掘深度和数据融合广度的大幅提高，有可能对被执行人及其履行能力进行“数据画像”。届时，可通过人工智能技术，从海量的碎片化数据中，有效实现查人找物的目标。党的十九大对建设网络强国、数字中国、智慧社会作出战略部署，对于破解发现可供执行财产难题，同样具有深远的历史意义。

不过，完全将希望寄托于技术进步，至少存在两个方面的隐忧：首先，个人信息数据归根结底属于个人，尽管国家为了实现公共利益可以进行一定程度的合理使用，但理论上仍有其坚不可撼的边界。通过技术手段将个人变成一个个的“透明人”，渗透进个人生活的方方面面，在宪法及信息安全上都有必要保持必要的警醒。因此，切不可过分沉迷于技术的力量，要警惕技术的局限与隐患。其次，自中华人民共和国成立以来，国家对社会承担“无限连带责任”的总体格局未发生根本改变。法院执行作为这一总体格局下的组成部分，体现为“法院权力大/责任重”“当事人权利弱/责任轻”的结构性特征。法院利用技术手段极大地提高财产调查发现能力，既回应了人民群众关切，落实了司法为民理念，又因作为信息数据枢纽而获得资源与权力，进一步加重了法院财产调查所负责任（从“基本解决”到“切实解决”，再到将来可能的“彻底解决”），甚至无限蔓延开去，陷入“为了解决问题而制造问题”的悖论。

因此，与科学技术进步、基础设施完善同样重要的，是在法院与当事人之间就可供执行财产发现责任的分配。1998年《执行若干规定（试行）》第28条规定：“申请执

---

① 参见《关于网络集约查询、终本统查控制等系统功能上线的通知》（法明传〔2020〕849号）第1条。

行人应当向人民法院提供其所了解的被执行人的财产状况或线索。被执行人必须如实向人民法院报告其财产状况。”这可以视作司法解释层面首次对执行当事人的发现财产责任作出规定。但无论是申请执行人提供财产状况或线索，还是被执行人如实报告财产状况，都缺乏明确的构成要件与法律后果。在此意义上，该规定只能算是一种倡导性条款，不具有确实的制度内涵。这一状况随着2007年《民事诉讼法》的修改有所改善。2007年《民事诉讼法》新增的第217条（2021年《民事诉讼法》为第248条）规定：“被执行人未按执行通知履行法律文书确定的义务，应当报告当前以及收到执行通知之日前一年的财产情况。被执行人拒绝报告或者虚假报告的，人民法院可以根据情节轻重对被执行人或者其法定代理人、有关单位的主要负责人或者直接责任人员予以罚款、拘留。”由此跨出了一大步，正式确立了被执行人的财产报告义务。不过，《民事诉讼法》仍未规定申请执行人就财产发现应负的义务。这一方面的空白主要通过司法解释填补。其中尤为重要的是2020年《财产调查规定》，该司法解释大致勾勒出申请执行人、被执行人、案外人就财产发现所负义务的制度结构。当然，从执行实践来看，效果不够理想，有待改进完善。

一、被执行人财产开示义务

被执行人财产开示义务，是指被执行人或其法定代理人在收到执行法院向其发出的报告财产令后，在规定期间就规定范围内的财产进行当面或书面报告的义务。被执行人拒绝报告、虚假报告或者无正当理由逾期报告财产情况的，执行法院可以根据情节轻重对被执行人或其法定代理人予以罚款、拘留；构成犯罪的，依法追究刑事责任。被执行人为单位的，可以对其主要负责人或者直接责任人员予以罚款、拘留；构成犯罪的，依法追究刑事责任。

根据2020年《财产调查规定》第3条、第4条的规定，法院依申请执行人的申请或依职权责令被执行人报告财产情况的，应当向其发出报告财产令。金钱债权执行中，报告财产令应当与执行通知同时发出。法院根据案件需要再次责令被执行人报告财产情况的，应当重新向其发出报告财产令。报告财产令应当载明下列事项：(1)提交财产报告的期限；(2)报告财产的范围、期间；(3)补充报告财产的条件及期间；(4)违反报告财产义务应承担的法律责任；(5)人民法院认为有必要载明的其他事项。报告财产令应附财产调查表，被执行人必须按照要求逐项填写。

被执行人的开示义务包括财产现状及回溯特定期间内财产变动情况两个方面。首先，根据2020年《财产调查规定》第5条的规定，在收到报告财产令后，被执行人有义务在命令的期限内书面报告下列财产情况：(1)收入、银行存款、现金、理财产品、有价证券；(2)土地使用权、房屋等不动产；(3)交通运输工具、机器设备、产品、原材料等动产;(4)债权、股权、投资权益、基金份额、信托受益权、知识产权等财产性权利;(5)其他应当报告的财产。被执行人的财产已出租、已设立担保物权等权利负担,或者存在共有、权属争议等情形的,应当一并报告;被执行人的动产由第三人占有,被执行人的不动产、特定动产、其他财产权等登记在第三人名下的,也应当一并报告。该条基本涵盖了所有可供执行的财产种类。学理上,债权包括将来的债权,如订立劳动合同、劳务合同中产生的将来的收入请求权,将来的养老金请求权,可预期的酬金请求权等。收入包括打零工的收入,应分类整理过去一段时间(如12个月)的雇主及日平均工资。

其次,根据2020年《财产调查规定》第6条的规定,被执行人自收到执行通知之日前1年至提交书面财产报告之日,其财产情况发生下列变动的,应当将变动情况一并报告:(1)转让、出租财产的;(2)在财产上设立担保物权等权利负担的;(3)放弃债权或延长债权清偿期的;(4)支出大额资金的;(5)其他影响生效法律文书确定债权实现的财产变动。该条通过要求被执行人开示过去1年的主要财产变动情况,发现可能存在的被执行人故意转移、处分财产,规避执行的行为。一旦发现,申请执行人可以行使撤销权。此外,该规定第7条规定,被执行人报告财产后,其财产情况发生变动,影响申请执行人债权实现的,应当自财产变动之日起10日内向法院补充报告。

为了加强被执行人的财产开示义务,2020年《财产调查规定》第9条规定,被执行人拒绝报告、虚假报告或者无正当理由逾期报告财产情况的,执行法院可以根据情节轻重对被执行人或其法定代理人予以罚款、拘留;构成犯罪的,依法追究刑事责任。司法解释已将拒绝报告、虚假报告财产情况纳入《刑法》第313条规定的拒不执行判决、裁定罪的范围。具体来说,2002年8月29日第九届全国人民代表大会常务委员会第二十九次会议通过的《关于〈中华人民共和国刑法〉第三百一十三条的解释》规定,“有能力执行而拒不执行,情节严重”的情形包括:“……(五)其他有能力执行而拒不执行,情节严重的情形。”其后,2020年最高人民法院《关于审理拒不执行判决、裁定刑事案件适用法律若干问题的解释》(以下简称《拒执问题解释》)第2条规定,负有执行义务的人有能力执行而实施下列行为之一的,应当认定为“其他有能力执行而拒不执行,情节严重的情形”:“(一)具有拒绝报告或者虚假报告财产情况、违反人民法院限制高消费及有关消费令等拒不执行行为,经采取罚款或者拘留等强制措施后仍拒不执行的……”因此,被执行人拒绝报告或者虚假报告财产情况,经执行法院作出罚款、拘留决定并送达被执行人后,其仍不如实履行财产开示义务的,视情节可以按照《刑法》第 313 条追究刑事责任。[①] 情节严重的,处 3 年以下有期徒刑、拘役或者罚金;情节特别严重的,处 3 年以上 7 年以下有期徒刑,并处罚金。对于被执行人无正当理由逾期报告财产情况的,只能进行罚款、拘留。与此同时,2020 年《财产调查规定》第 10 条规定,被执行人拒绝报告、虚假报告或者无正当理由逾期报告财产情况的,法院应当依照相关规定将其纳入失信被执行人名单。2017 年最高人民法院《关于公布失信被执行人名单信息的若干规定》第 1 条也规定:"被执行人未履行生效法律文书确定的义务,并具有下列情形之一的,人民法院应当将其纳入失信被执行人名单,依法对其进行信用惩戒……(四)违反财产报告制度的……"

然而,被执行人财产报告制度的运行效果很不理想,财产开示义务在许多地方几乎形同虚设。例如,有法官以江西省高级人民法院 2020 年督导巡查工作中随机抽取的 8600 件执行案件为考察对象,通过统计分析发现,95% 以上的案件被执行人未按照财产报告令要求如实向执行法院申报财产,直接根据被执行人财产申报结果执行完毕的案件不足 1%,对未主动申报财产的被执行人采取制裁措施的不足 50%,有些被执行人采取形式多样的方式恶意转移名下财产,规避执行法院的财产调查,导致财产查明工作难度增大。[②] 实践中,执行法院向被执行人发出报告财产令,异化为执行法院将被执行人纳入失信被执行人名单、对其进行罚款甚至拘留的前置程序。

一般认为,财产报告制度"失灵"的主要原因在于被执行人法律意识淡薄、社会普遍不诚信、因"法不责众"致使违反开示义务的代价小、相关规定缺乏实操性等。这些因素都产生了大小不等的作用力。本书认为,根本原因在于财产报告制度的逻辑与我国语境尚不契合,造成其能发挥的作用有限。从《民事诉讼法》第 248 条规定的两种违反开示义务的行为来看,对于是否构成"拒绝报告",被执行人可以找到多种多样的理由为自己辩解、开脱,例如利用送达机制的不健全,辩称未收到报告财产令,因而不属于故意地拒绝报告;对于是否构成"虚假报告",则有待执行法院通过网络查询、现场调查等予以核实,如果执行法院未发现大量可供执行的财产,很难认定被执行人构成虚假报告,如果执行法院发现可供执行的财产,一般径行执行,不愿因为罚款、拘

---

① 2018 年 11 月,最高人民法院"院长信箱"在对黄志佳《关于修改拒执罪司法解释的建议》的答复中称:《关于审理拒不执行判决、裁定刑事案件适用法律若干问题的解释》第 2 条规定的"经采取罚款或者拘留等强制措施"不宜理解为罚款、拘留等强制措施已经实际执行完结,宜理解为法院决定采取罚款、拘留等强制措施并依法将相关决定送达执行义务人的情形。当然实践中执行义务人可能因下落不明,相关决定无法送达而并不知悉自己被罚款、拘留,此时执行义务人仍不履行义务,是否应当认定为情节严重,需要斟酌。对此,应当在个案中具体判断加以解决。

② 参见卢日久、李成晓:《财产报告制度的运行问题及应对路径》,载《人民法院报》2021 年 2 月 3 日,第 7 版。

留而增加工作负担及风险。[①] 相对来说，2020 年《财产调查规定》第 10 条增加的“无正当理由逾期报告”较容易判断。但是，在不确定被执行人是否有财产可供执行的情况下，贸然作出罚款的决定，同样可能变成一纸空文。因此，对被执行人而言，只要能忍受被纳入失信被执行人名单带来的诸多不便和限制，被追究其他法律责任的概率并不大。在这种情况下，不如实、完整地开示自己的财产，反倒成了一种符合成本/收益衡量的理性选择。

要想真正发挥财产报告制度的作用，就应改变被执行人对不如实、完整开示财产所得收益与所付成本的预期。一方面，降低被执行人的收益预期，要从完善财产登记制度、规范交易资金流动及会计账簿记录等方面入手，压缩被执行人隐匿、转移财产的空间，尽可能达到“无处可遁”的效果。另一方面，提高被执行人的成本预期，关键不在于通过抓几个典型起到威慑作用，实践反复证明这种方法的效果有限，不可持续。相反，要明确违反开示义务的构成要件与法律后果，并不折不扣地予以执行，形成“莫违反，违反必被罚”的局面。在这一方面，域外的经验值得参考借鉴。例如，在德国，执行员根据债权人的申请传唤债务人在其工作场所或住宅作出财产信息答询，债务人不出现，或者出现后无理由拒绝进行答询或作出代宣誓保证的，法院可依债权人申请签发拘留令。德国将代宣誓保证作为证明债务人给付能力的方法。债务人系因为拒绝作证而非不能履行被拘留，否则就变成了债务监狱。当然，由于拘留剥夺人身自由，且德国最长可拘留 6 个月，因此必须符合比例原则。微小债权执行一般不适用拘留，债务人的健康状况、有需要抚养的未成年子女等也在合比例的考量范围之内。如果法官或司法辅助人员发布拘留令，债务人因为疾病不适合被拘留、存在无人抚养未成年子女等艰难情况，只产生延迟执行的效果，而不会导致终局性宽恕。债务人、债权人对拘留令的发布或拒绝发布可以提起即时上告。拘留完毕与作出代宣誓保证具有同样的法律效力。在拘留期间，债务人可通过作出代宣誓保证来结束拘留。[②]

《民事强制执行法（草案）》全面强化了被执行人的财产开示义务，值得关注。首先，鉴于被执行人在收到财产报告令后，经常不填、乱填、漏填书面报告，影响财产发

---

① 如果发现的财产不足以清偿债务，作出罚款的决定很难执行。对被执行人决定拘留的，还得保障其在看守所期间的人身安全，严防超期羁押，有时还会遇到看守所拒不收拘的尴尬情况。为此，《民事强制执行法（草案）》第 64 条第 2～4 款特别强调：“被拘留人由人民法院交公安机关看管。公安机关应当依法及时收拘。人民法院决定拘留的，可以通知公安机关协助查找、控制被拘留人。人民法院拘留被拘留人后，应当在二十四小时内通知其家属；无法通知或者通知不到的，应当记录在案。”

② 参见［德］弗里茨·鲍尔等：《德国强制执行法》（下册），王洪亮等译，法律出版社 2020 年版，第 294～307 页。

现的效果,该草案第 46 条第 2 款确立了被执行人的当面报告义务,该款规定:“被执行人收到报告财产令后,应当于指定的日期亲自到场报告。当日报告确有困难的,可以向人民法院申请变更日期。”不过,强调被执行人到场当面报告,虽然有利于及时辨别其有无瞒报、漏报行为,也因现场参与提高履行义务的仪式感,增强惩处违反义务行为的正当性,但完全不以书面报告为据,指望执行人员通过当场询问、责令口头报告等方式发现可供执行的财产,有时无异于大海捞针,效果未必最佳。本书认为,执行法院命令被执行人在指定期限内提交书面财产报告,申请执行人认为被执行人未如实履行开示义务的,可以申请法院传唤被执行人到场当面报告;执行法院认为有必要的,可以依职权传唤。经执行法院合法传唤,被执行人有义务到场报告。如果被执行人为无民事行为能力人或限制民事行为能力人,由其法定代理人代为履行财产开示义务。

其次,该草案第 47 条第 2 款调整了应报告的财产变动范围,并延长了应报告的财产变动期限,该款规定:“被执行人在收到报告财产令之日前五年内,有下列行为之一的,应当一并报告:(一)以放弃其债权、放弃债权担保、无偿转让财产等方式无偿处分财产权益;(二)延长其到期债权的履行期限;(三)可能以明显不合理的低价转让财产、以明显不合理的高价受让他人财产;(四)为他人的债务提供担保。”其中,被执行人应报告的财产变动范围以减少责任财产可能损害申请执行人之权利的实现为原则。而将应报告的财产变动期限从 1 年延长为 5 年,用意不言自明,但效果如何不无疑问。如果被执行人以不记得、材料丢失等理由不报告四五年前的财产变动情况,除非申请执行人提供相关证明材料,或者法院通过办案系统、档案查明,否则很难认定其故意虚假报告、拒绝报告。若违反义务的法律后果难以实现,则规定行为义务便无实际意义。

最后,该草案摆脱了执行制裁措施的束缚,将违反财产开示义务的拘留归入间接执行的范畴。该草案一方面在第 63 条第 2 款保留了执行制裁性拘留的 15 日上限,与现行《民事诉讼法》保持一致;另一方面在第 50 条规定,被执行人或其法定代理人、主要负责人存在未于指定日期到场,到场后拒绝报告、虚假报告、无正当理由逾期报告及其他未履行报告财产义务行为的,可予以 15 日以内的拘留,拘留期限届满后被执行人仍未履行报告财产义务的,可再次予以拘留,但是累计拘留期限不得超过 6 个月。第 50 条规定的拘留并非制裁性措施,而是间接执行方法,该条实际上将被执行人的财产开示当作不可替代的行为义务,通过拘留对被执行人施加心理威慑、压制,迫使其及时、如实履行财产开示义务。一旦被执行人履行了财产开示义务,实现了强制执行的目的,执行法院应当立即解除对其的拘留。关于间接执行方法,可参见本书第十三章第一部分的内容。

二、申请执行人财产线索提供义务

关于申请执行人应否就可供执行财产的发现承担义务,理论上有争议。反对的观点认为,强化申请执行人的财产开示义务或举证责任是行不通的。这是将强制执行这一公力救济“私力化”,法院推卸财产调查责任,弱化强制执行的威慑效果,导致私家侦探、讨债公司等的泛滥,影响社会正常秩序。① 这种观点没有准确把握申请执行人所负财产开示义务的本质,而是将过去法院存在的一些不规范操作当作靶子,加以批判。目前,司法解释已经就申请执行人的财产开示义务作了相对完善的规定。2020 年《财产调查规定》第 1 条前段规定,执行过程中,申请执行人应当提供被执行人的财产线索。第 2 条第 1 款规定,申请执行人提供被执行人财产线索,应当填写财产调查表。财产线索明确、具体的,法院应当在 7 日内调查核实;情况紧急的,应当在 3 日内调查核实。财产线索确实的,法院应当及时采取相应的执行措施。这可以称作申请执行人的财产线索提供义务。《民事强制执行法(草案)》第 44 条第 1 款第 1 句前半段规定:“执行中,申请执行人应当提供执行所需要的财产、身份等信息……”第 45 条规定:“申请执行人提供被执行人财产线索,应当填写财产调查表。财产线索明确、具体的,人民法院应当在七日内调查核实;情况紧急的,应当在三日内调查核实。”对上述规定加以确认。

当然,申请执行人不履行财产线索提供义务,除了承担权利可能难以实现的不利后果之外,无须承担其他法律责任。2020 年《财产调查规定》第 2 条第 2 款规定,申请执行人确因客观原因无法自行查明财产的,可以申请人民法院调查。《民事强制执行法(草案)》第 44 条第 1 款进一步规定:“……确因客观原因无法提供的,可以申请人民法院调查。人民法院认为有必要的,也可以依职权调查。”该草案以及司法解释之所以规定申请执行人的财产线索提供义务,目的不在于追究其违反义务后的责任,也不在于将法院的财产调查责任转嫁给申请执行人,而是可以合乎逻辑地要求申请执行人作为制度主体参与执行程序,发挥应有的作用。这主要体现为两个方面:(1)申请执行人可以申请法院对被执行人进行审计,须预交审计费,并在未发现被执行人存在规避执行行为的情况下,承担审计费;(2)申请执行人可以申请法院发布悬赏广告,承担悬赏金。审计费(附条件)、悬赏金不像执行费用那样由被执行人承担,根据正是申请执行人具有的财产线索提供义务。

首先,根据 2020 年《财产调查规定》第 17 条的规定,作为被执行人的法人或非组织不履行生效法律文书确定的义务,申请执行人认为其有拒绝报告、虚假报告财产情

① 参见叶蓁:《论民事强制执行中的财产调查权》,载《环球法律评论》2011 年第 1 期。

况,隐匿、转移财产等逃避债务情形或者其股东、出资人有出资不实、抽逃出资等情形的,可以书面申请人民法院委托审计机构对该被执行人进行审计。执行法院应当自收到书面申请之日起 10 日内决定是否准许。尽管该条规定申请执行人可以申请对被执行人进行审计,没有排斥法院依职权委托审计,但由于申请执行人负有财产线索提供义务,原则上应由其提出书面申请,执行法院作出有无必要委托审计的判断。实践当中执行法院一般不会依职权委托审计,而是将委托审计视作申请执行人的一项权利/义务,由其自行决定是否提出申请。如提出申请,审计费用由申请执行人预交。被执行人存在拒绝报告或虚假报告财产情况,隐匿、转移财产或者其他逃避债务情形的,审计费用由被执行人承担;未发现被执行人存在上述情形的,审计费用由申请执行人承担(2020 年《财产调查规定》第 20 条)。《民事强制执行法(草案)》第 54 条规定:"申请执行人申请对被执行人进行审计的,是否准许,由人民法院决定。审计决定由执行机构负责人签发。对被执行人进行审计,应当委托具备资格的审计机构,并责令被执行人及有关人员提交会计凭证、会计账簿、财务会计报告等与审计事项有关的资料。被执行人隐匿审计资料的,人民法院可以依法采取搜查措施。审计费用由提出审计申请的申请执行人预交。被执行人存在拒绝报告或者虚假报告财产情况,隐匿、转移财产或者其他逃避债务情形的,审计费用由被执行人负担;未发现被执行人存在上述情形的,审计费用由提出审计申请的申请执行人负担。"该条基本上吸收了现行司法解释的规定。

其次,根据 2020 年《财产调查规定》第 21 条的规定,被执行人不履行生效法律文书确定的义务,申请执行人可以向人民法院书面申请发布悬赏公告查找可供执行的财产。申请书应当载明下列事项:(1)悬赏金的数额或计算方法;(2)有关人员提供人民法院尚未掌握的财产线索,使该申请执行人的债权得以全部或部分实现时,自愿支付悬赏金的承诺;(3)悬赏公告的发布方式;(4)其他需要载明的事项。人民法院应当自收到书面申请之日起 10 日内决定是否准许。发布悬赏广告不再是法院应当采取的执行辅助措施之一,而被纳入申请执行人财产线索提供义务的范畴,作为扩展申请执行人提供财产线索能力的手段。2020 年《财产调查规定》第 24 条第 2 款规定:悬赏金从申请执行人因有关人员提供线索而应得的执行款中予以扣减;特定物交付执行或者存在其他无法扣减情形的,悬赏金由该申请执行人另行支付。换言之,悬赏金由申请执行人自行负担,既不由执行法院承担,也不由被执行人承担。《民事强制执行法(草案)》第 55 条规定:"申请执行人申请悬赏查找财产的,是否准许,由人民法院决定。悬赏查找财产,应当制作悬赏公告。悬赏公告应当载明悬赏金的数额或者计算方法、领取条件等内容。悬赏公告可以通过网络发布,也可以在人民法院公告栏或者被执行人住所、经常居所等处张贴。申请执行人申请通过其他途径发布,并自愿承担相关费用的，人民法院审查后，可以准许。”由此可以看出悬赏金的负担仍应适用现行司法解释的规定。

此外，为了提高申请执行人的财产线索提供能力，各地方高级人民法院、中级人民法院先后出台了专门适用于执行程序或者一并适用于诉讼程序、执行程序的“律师调查令”规范性文件。例如，江苏省高级人民法院《关于执行案件使用调查令的实施意见（试行）》（苏高法〔2017〕200 号）规定，申请执行人的代理律师可持调查令调查被执行人的财产情况，包括：房地产登记、机动车登记、机器设备登记、船舶登记、航空器登记、知识产权登记、股权登记，以及股票、债券、基金等有价证券登记情况、拆迁补偿安置情况；调查被执行人对外债权情况；被执行人的银行存款、理财、支付宝、微信、京东、糯米等账户情况，被执行人的手机号码、电话号码以及被执行人作为债权人的其他案件审理、执行情况等。律师持调查令进行调查时，视同法院执行人员的调查，有关单位和个人不得拒绝。据不完全统计，全国多达二十多个高级人民法院已出台类似文件。当然，在实践中此项制度仍遭遇较大阻力。例如，2019 年 9 月江苏省银行业协会向江苏省高级人民法院出具《对关于律师持调查令查询银行账户信息的意见》，指责律师持调查令查询银行账户信息，与商业秘密、个人隐私保护相关法律相抵触，与最高人民法院、中国人民银行《关于依法规范人民法院执行和协助执行的通知》要求“法院的人和法院的证”才协助查询相抵触，有“公权私授”的嫌疑。财产登记机关、电信部门等也提出类似的质疑。

《民事强制执行法（草案）》第 52 条勾勒了律师调查令的制度轮廓，就调查令的申请及签发、调查令的内容、有关组织和个人的协助调查义务、滥用调查令的处罚等作出规定，该条指出：“人民法院通过网络信息平台无法查询的某项财产信息，申请执行人通过委托律师客观上无法自行调取的，可以委托律师向人民法院申请调查令。人民法院经审查，认为确有必要的，可以向其授予调查令。调查令由执行机构负责人签发。调查令应当载明律师姓名、执业证号、执业机构、当事人的姓名或者名称、案号、具体调查事项以及有效期等内容。律师持调查令进行调查的，有关组织和个人应当协助。拒不协助的，依据本法第七十五条规定承担相应责任。律师存在超出调查令范围进行调查、以违背公序良俗的方式使用调查令或者调取的证据等滥用调查令情形的，人民法院应当责令其交回，并可以参照本法第六十二条规定予以处罚。”不过，律师调查令制度的适用前景仍有待观察。上述江苏省银行业协会的书面意见，并不会在短时间内消失。

三、执行法院的财产调查权

讨论执行法院的财产调查权，旨在确定法院调查权（责）的边界，规范法院财产调查权的行使。在过去，法院肩负解决“执行难”的重担，并不注意财产调查的合法性、合比例性，经常采用过度、过分的措施。这虽然切实打击了少数“老赖”，但由于缺乏规范性，主要依靠执行人员额外的时间精力投入，反而容易引发“执行乱”现象，导致不同案件中的财产调查力度严重不均。少数案件在特殊时期的用力过猛与多数案件在平常时期的用力不逮交叠出现，但法院财产调查权（责）的边界在哪反倒变得模糊不清。

鉴于此，2020 年《财产调查规定》第 12 条规定，被执行人未按执行通知履行生效法律文书确定的义务，执行法院有权通过网络执行查控系统、现场调查等方式向被执行人、有关单位或个人调查被执行人的身份信息和财产信息，有关单位和个人应当依法协助办理。执行法院对调查所需资料可以复制、打印、抄录、拍照或以其他方式进行提取、留存。由于网络查控是近几年兴起的财产调查方法，法律地位尚不明确，2020 年《财产调查规定》第 13 条专门规定，执行法院通过网络执行查控系统进行调查，与现场调查具有同等法律效力。执行法院调查过程中作出的电子法律文书与纸质法律文书具有同等法律效力；协助执行单位反馈的电子查询结果与纸质反馈结果具有同等法律效力。由此初步确立了网络查控的法律效力，使之成为执行法院进行财产调查的主要手段与必经步骤。在此基础上，《民事强制执行法（草案）》第 51 条规定：“为获知执行所需要的财产、身份等信息，人民法院有权通过传输数据电文、发送函件、口头询问等方式向被执行人、持有相关信息的组织和个人进行查询，受查询者应当如实提供，不得拒绝。人民法院对查询结果可以复制、打印、抄录、拍照或者以其他方式进行提取、存储。人民法院应当与持有主要财产、身份信息的组织建立信息网络平台，通过在线方式进行财产调查。有关组织反馈的电子查询结果与纸质反馈结果具有同等法律效力。”

对于现场进行财产及执行所需信息资料的搜查，必须赋予执行人员搜查权；遇到被执行人或者相关组织、人员阻挠执行人员进入场所或实施搜查的，还须赋予其强制进入权、开启权。否则，一旦遭遇被执行人拒不开门、开箱柜等就得求助于公安机关，影响执行效率及效果，也会不当加重公安机关的工作负担。对此，《民事诉讼法》第 255 条规定，被执行人不履行法律文书确定的义务，并隐匿财产的，法院有权发出搜查令，对被执行人及其住所或者财产隐匿地进行搜查。为慎重起见，搜查令须由院长签发。当然，《民事诉讼法》只规定了搜查权的制度轮廓，并未明确搜查权行使的要件。这一不足由 2022 年《民诉法解释》第 494 ~ 498 条、2020 年《财产调查规定》第 14 条、第 18 条等予以弥补。

具体来说，执行人员行使搜查权的要件为：（1）搜查的客体为责任财产、执行标的物或者用于审计被执行人出资状况、经营状况的会计账簿等资料。（2）搜查的主体为法院执行人员,包括执行法官、法官助理、书记员、司法警察等。相关人员应当按规定着装并出示搜查令和工作证件。(3)搜查的前提是执行人员合法进入相关场所、打开有关箱柜。此处的合法既包括被执行人主动或经说服教育后配合开启,也包括被执行人经教育、责令后拒不配合,执行人员强制开启。其中强制开启事关被执行人住宅、其他处所、财物等受宪法及法律保护的权益,因此,强制开启须满足合法性要求。例如,《宪法》第 39 条明确规定:“中华人民共和国公民的住宅不受侵犯。禁止非法搜查或者非法侵入公民的住宅。”具体来说,根据《财产调查规定》第 14 条的规定,一方面,执行人员须有合理理由认为相关处所、箱柜等“可能”隐匿财产或资料,不得随意扩大强制开启的范围;另一方面,经执行人员出示搜查令,明确告知拒不配合的后果,被执行人仍不开启或通知有关人员开启的,执行人员方可强制开启。(4)搜查的方法是禁止无关人员进入搜查现场。搜查对象是公民的,应当通知被执行人或者他的成年家属以及基层组织派员到场;搜查对象是法人或者其他组织的,应当通知法定代表人或者主要负责人到场。拒不到场的,不影响搜查。搜查妇女身体,应当由女执行人员进行。搜查的方法应具有合比例性,以尽可能减少对有关处所、箱柜等财物的破坏为原则。(5)搜查的结果是发现可供执行的财产、审计资料的,按照《民事诉讼法》的规定进行查封、扣押。对被查封、扣押的财产,执行员必须造具清单,由在场人员签名或者盖章后,交被执行人一份。被执行人是公民的,也可以交他的成年家属一份。《民事强制执行法(草案)》只在第 53 条简略规定:“为查找被执行人及其财产、执行所需要的信息资料,人民法院必要时可以对被执行人隐匿地、被执行人身体,以及可能存放财产、信息资料的场所、物品进行搜查。有关场所、物品有密码、门锁或者其他安全措施的,可以责令被执行人或者相关组织、人员开启;拒不配合或者无法通知的,可以强制开启。搜查时,应当出示搜查令,并制作搜查笔录。搜查令由院长签发。”因此,仍需通过司法解释具体规定执行搜查的要件。

执行法院除了采取网络查控、现场搜查等直接调查措施外,还可以采取对被执行人或相关人员进行质询的间接调查措施,进而发现可供执行的财产。目前《民事诉讼法》未对法院质询权作出明确规定,这一不足同样需由司法解释弥补。2020 年《财产调查规定》第 15 条规定,为查明被执行人的财产情况和履行义务的能力,可以传唤被执行人或被执行人的法定代表人、负责人、实际控制人、直接责任人员到执行法院接受调查询问。对必须接受调查询问的被执行人、被执行人的法定代表人、负责人或者实际控制人,经依法传唤无正当理由拒不到场的,执行法院可以拘传其到场;上述人员下落不明的,人民法院可以依照相关规定通知有关单位协助查找。目前质询权由传唤、拘传被执行人或相关人员到场接受调查询问所构成。《民事强制执行法(草案)》第 61 条规定:“对于必须到场接受调查的被执行人或者被执行人的法定代理人、主要负责人员、直接责任人员等,人民法院可以传唤其到场;无正当理由拒不到场的,可以拘传。拘传时,应当向被拘传人出示拘传票。人民法院决定拘传的,可以通知公安机关协助查找、控制被拘传人。”该条虽然规定的是作为执行措施的拘传,但正当性基础是法院的质询权。

作为财产调查权的延伸,执行法院在必要时有权要求有关组织、个人协助调查。例如,2020 年《财产调查规定》第 16 条规定,法院对已经办理查封登记手续的被执行人机动车、船舶、航空器等特定动产未能实际扣押的,可以依照相关规定通知有关单位协助查找。《民事强制执行法(草案)》第 138 条规定:“人民法院可以通知有关组织协助查找或者控制机动车。有关组织在实施道路交通安全管理等行为时发现机动车的,应当及时通知人民法院,并以适当方式协助人民法院控制。”

第六章

可供执行财产的查封

对于执行中发现的被执行人的财产,法院在换价、交付之前,须先确保财产不被处分、隐匿或损毁,因此应当取走财产或限制被执行人对财产的处分、消费。对此,《民事诉讼法》及相关司法解释按照不同的财产类型,规定了查封、扣押、冻结三种保全性、控制性执行方法。所谓“查封”,指的是对于不动产及难以移动的动产,在不转移占有的情况下,以一定方式公示财产已被控制,常见的方式有在财产上加贴封条、张贴公告、在登记簿上作查封登记等;所谓“扣押”,指的是对于可以移动的财产,将其从发现地转移,交由执行法院或其指定的人员、机构保管;所谓“冻结”,指的是对于银行存款、股权、到期债权等无形财产,通过向银行、工商登记管理部门、证券登记结算部门、证券公司、次债务人等第三人发送冻结裁定及协助执行通知书,后者在指定期间内不得向被执行人履行或不允许被执行人处分。三者的区别主要在于具体执行方法的不同,但执行法上的效果一致。《民事强制执行法(草案)》统一表述为查封,不再使用扣押、冻结概念。为简化表述,除分类别讨论时确有必要外,以下统称为查封。

查封财产须以被执行人的财产为限,原则上采用权利外观主义进行判断。《民事强制执行法(草案)》第 100 条规定:“金钱债权执行中,可以执行下列财产:(一)被执行人名下的不动产、机动车、船舶、航空器;(二)被执行人占有的动产;(三)被执行人名下的存款等资金;(四)被执行人对第三人享有的一般债权;(五)被执行人名下的股权、基金份额、资产管理产品份额、信托受益权、知识产权、网络虚拟财产以及其他财产权利和利益;(六)生效法律文书或者其他书面证据充分证明属于被执行人的财产。”除第 6 项外,执行法院对其他财产都以登记、占有等公示方法判断财产的所有关系,进而决定是否予以查封。当然,第 6 项意味着我国并不坚持绝对的形式化判断原则或权利外观主义。

对可供执行财产的查封,有“质”和“量”的限制。若为对特定物的交付执行,须以执行依据记载或特定的原物为限,此为“质”的限制;若为金钱债权执行、对种类物的交付执行,须以执行依据确定的金额、种类物的数量为限,此为“量”的限制。超限制执行,属于违法执行。

在金钱债权执行中,执行法院应当遵循价值相当原则。《民事诉讼法》第 249 条第 1 款规定:“人民法院查询、扣押、冻结、划拨、变价的财产不得超出被执行人应当履行义务的范围。”2020 年最高人民法院《关于人民法院民事执行中查封、扣押、冻结财产的规定》(以下简称《查扣冻规定》)第 19 条规定:“查封、扣押、冻结被执行人的财产,以其价额足以清偿法律文书确定的债权额及执行费用为限,不得明显超标的额查封、扣押、冻结。发现超标的额查封、扣押、冻结的,人民法院应当根据被执行人的申请或者依职权,及时解除对超标的额部分财产的查封、扣押、冻结,但该财产为不可分物且被执行人无其他可供执行的财产或者其他财产不足以清偿债务的除外。”由此可见,执行法院应以执行名义确定的债权额(包括债权本金、利息、逾期履行应当支付的双倍利息等)、执行费用为准,只要没有明显超过该标的金额,就符合价值相当原则。当然,待查封的为不可分物且是被执行人唯一足以清偿债务的财产或者其他财产不便执行的,允许超标的额查封。由于超标的额查封主要发生在不动产上,《民事强制执行法(草案)》第 105 条规定:“查封不动产的价额,应当以足以清偿执行债务和执行费用为限。但是,查封的不动产不便于实物分割或者实物分割可能严重减损其价额,且被执行人其他财产不足以清偿债务或者不便执行的除外。前款规定的价额是指通过执行程序处置不动产可能获得的价款金额。不动产整体的价额明显超出执行债务和执行费用的金额,可以办理分割登记的,应当通知不动产登记机构依法办理分割登记。分割后,解除对超标的部分的查封。”该条同样适用于对动产的查封。另外,如果财产价值难以评估、波动较大(如上市公司的流通股),被执行人一般也不得以财产价格在某个时点明显超过标的额为由,反对查封或主张解除对部分财产的查封。

与之相对,查封如对金钱债权的实现欠缺实益,也不应实施。例如,财产换价所得收益显著不足,不够偿付执行费用的,不应查封。因为强制执行的目的是清偿债权人的债权,而非刁难债务人。因此,《民事强制执行法(草案)》第 139 条规定:“动产的价额明显低于该财产执行费用的,不得查封。但是,申请执行人承诺变价不成时该执行费用由其负担的除外。”另外,司法政策上出于保障被执行人及其所扶养人基本生活、完成义务教育等考虑,对查封财产的性质、数量也作了限定。对此本书将在第七章“财产可执行性的判断”再予展开。

根据不同标准,查封可以作不同分类:

(1)“死封”和“活封”。根据被执行人能否继续占有、使用查封财产,在实务上可分为“活封”和“死封”。所谓“活封”,是指允许被执行人继续管理、使用财产的查封;所谓“死封”,是指禁止被执行人继续管理、使用财产的查封。根据《关于在执行工作中进一步强化善意文明执行理念的意见》（法发〔2019〕35 号）第 5 条、第 6 条的规定，法院对能“活封”的财产，尽量不进行“死封”，从而使查封财产能够物尽其用，避免社会资源浪费，并尽可能发挥查封财产的融资功能。[①]《民事强制执行法（草案）》确立了“活封”优先原则，第 106 条规定：“查封的不动产，一般由被执行人保管。保管期间，被执行人可以继续使用，但是继续使用可能严重减损不动产价值或者妨碍后续执行的除外。查封的不动产不宜由被执行人保管的，可以委托他人或者申请执行人保管。保管期间，保管人不得使用；因保管不善造成不动产毁损或者灭失的，保管人应当依法承担赔偿责任。”

（2）正式查封与预查封。根据查封标的物（限不动产）已依法办理物权登记或正处于“债权物权化”过程当中，可以分为正式查封与预查封。正式查封无须赘言。预查封是我国语境下的一项独特的查封制度，指的是执行法院对被执行人尚未办理不动产物权登记，但又履行了一定批准或备案手续的不动产进行的预先查封。预查封的效力等同于正式查封。[②] 不动产预查封期间不得办理抵押、转让等权属变更、移转登记手续。预查封的期限适用查封的期限。根据 2022 年《民诉法解释》第 485 条的规定，对不动产预查封的期限不得超过 3 年；期满需要延长的，续行期限不得超过 3 年。预查封期限届满，预查封效力消灭；在预查封期间内预查封的不动产办理登记的，预查封登记自动转为查封登记，查封期限从预查封之日起算。根据相关规范性文

---

① 《关于在执行工作中进一步强化善意文明执行理念的意见》规定：“5. 灵活采取查封措施。对能‘活封’的财产，尽量不进行‘死封’，使查封财产够物尽其用，避免社会资源浪费。查封被执行企业厂房、机器设备等生产资料的，被执行人继续使用对该财产价值无重大影响的，可以允许其使用。对资金周转困难、暂时无力偿还债务的房地产开发企业，人民法院应按照下列情形分别处理：（1）查封在建工程后，原则上应当允许被执行人继续建设。（2）查封在建工程后，对其采取强制变价措施虽能实现执行债权人债权，但会明显贬损财产价值、对被执行人显失公平的，应积极促成双方当事人达成暂缓执行的和解协议，待工程完工后再行变价；无法达成和解协议，但被执行人提供相应担保并承诺在合理期限内完成建设的，可以暂缓采取强制变价措施。（3）查封在建商品房或现房后，在确保能够控制相应价款的前提下，可以监督被执行人在一定期限内按照合理价格自行销售房屋。人民法院在确定期限时，应当明确具体的时间节点，避免期限过长影响执行效率、损害执行债权人合法权益。6. 充分发挥查封财产融资功能。人民法院查封财产后，被保全人或被执行人申请用查封财产融资的，按照下列情形分别处理：（1）保全查封财产后，被保全人申请用查封财产融资替换查封财产的，在确保能够控制相应融资款的前提下，可以监督被保全人按照合理价格进行融资。（2）执行过程中，被执行人申请用查封财产融资清偿债务，经执行债权人同意或者融资款足以清偿所有执行债务的，可以准许。被保全人或被执行人利用查封财产融资，出借人要求先办理财产抵押或质押登记再放款的，人民法院应积极协调有关部门做好财产解封、抵押或质押登记等事宜，并严格控制融资款。”

② 参见肖建国主编：《民事执行法》，中国人民大学出版社 2014 年版，第 251 页；江必新主编：《强制执行法理论与实务》，中国法制出版社 2014 年版，第 589 页。

件的规定,可办理预查封的客体仅限特定情形下的土地使用权、房屋。[①] 当然,由于预查封的不动产尚未办理物权登记,按照《民法典》第 209 条的规定,物权尚未生效,严格来说执行法院尚不能处置预查封的不动产。但在执行实践中,如果预查封的不动产迟迟不能办理物权登记,而被执行人又无其他财产可供执行,就预查封的不动产具有交换价值而言,似乎应该作为例外予以允许。对此各地法院作出了有益的尝试。[②] 另外,有的被执行人在不动产预查封期间放弃"债权物权化",如停止向银行支付按揭,导致开发商起诉解除商品房预售合同,有的法院规定不得对抗执行。[③]

(3)查封与轮候查封。现行司法解释不允许重复查封。在此前提下,轮候查封并非有效查封,而是为了防止财产权利人利用生效查封解除与再行查封之间的时间差处分、隐匿、损毁财产,所规定的一种自动递补生效的独特制度。这样可以避免他案执行法院、申请执行人须时时关注被查封财产的状态,"一旦错过就不在",造成执行司法资源和社会资源的不必要耗费。通过对轮候查封进行登记、制作笔录并经实施查封法院执行人员及被执行人签字,或者书面通知实施查封的法院等方式,轮候的执行法院、申请执行人处于有序列队的状态,从而减少无谓的抢位、争执。轮候查封登记的顺序按照法院送达协助执行通知书的时间先后进行排列。查封法院依法解除查封的,排列在先的轮候查封自动转为查封;查封法院对查封的土地使用权、房屋全部处理的,排列在后的轮候查封自动失效,也即丧失转为正式查封的资格;查封法院对查封的土地使用权、房屋部分处理的,对剩余部分,排列在后的轮候查封自动转为查封。[④] 不过,《民事强制执行法(草案)》将普通债权从平等清偿主义改为优先清偿主义,第 179 条规定普通债权的分配按照查封财产的先后顺序受偿。相应地,第 110 条第 1 款规定"已经查封的不动产,可以再次查封",允许重复查封。就此而言,轮候查封制度也将失去存在的价值,退出历史舞台。

---

① 根据《关于依法规范人民法院执行和国土资源房地产管理部门协助执行若干问题的通知》(法发〔2004〕5 号)的规定,主要包括:(1)被执行人全部缴纳土地使用权出让金但尚未办理土地使用权登记的土地使用权;(2)被执行人部分缴纳土地使用权出让金但尚未办理土地使用权登记的,对可以分割的土地使用权,按已缴付的土地使用权出让金,由国土资源管理部门确认被执行人的土地使用权,以及不可以分割的土地使用权;(3)作为被执行人的房地产开发企业,已办理了商品房预售许可证且尚未出售的房屋;(4)被执行人购买的已由房地产开发企业办理了房屋权属初始登记的房屋;(5)被执行人购买的办理了商品房预售合同登记备案手续或者商品房预告登记的房屋。

② 例如,《北京市法院执行局局长座谈会(第十次会议)纪要——关于强制执行中财产处置若干问题的意见》指出:对预查封的财产,其权利转移至被执行人名下之前,不得处置。但权利人对执行法院处置该财产不持异议的,应当及时、高效、依法推进处置工作。

③ 参见《江苏省高级人民法院关于执行疑难问题的解答》第 3 条。

④ 参见《人民法院办理执行案件规范》第 564 条。

关于查封的实施,《民事诉讼法》第 252 条规定:“人民法院查封、扣押财产时,被执行人是公民的,应当通知被执行人或者他的成年家属到场;被执行人是法人或者其他组织的,应当通知其法定代表人或者主要负责人到场。拒不到场的,不影响执行。被执行人是公民的,其工作单位或者财产所在地的基层组织应当派人参加。对被查封、扣押的财产,执行员必须造具清单,由在场人签名或者盖章后,交被执行人一份。被执行人是公民的,也可以交他的成年家属一份。”不过,该条规定并未区分查封财产的类型,过于粗略、宽泛。

《民事强制执行法(草案)》区分了不同财产类型,规定了不同的查封措施或方法。其一,查封不动产。第 104 条规定:“应当通知不动产登记机构办理查封登记;不动产未登记的,应当采用在不动产的显著位置喷涂标识或者张贴公告、封条等适当方式。人民法院应当通过网络等方式将查封情况对外公示。”其二,查封动产。第 136 条规定:“应当实施占有;查封有登记的动产,也可以通知登记机关办理查封登记。间接占有动产的,应当在该动产上张贴公告、封条或者采取其他足以公示查封的适当措施,但是已办理查封登记的除外。”①其三,查封有价证券。第 146 条规定:“人民法院查封汇票、支票、本票、仓单、提单,没有权利凭证的,应当通知相关部门办理查封登记。查封的有价证券有权利行使期间的,人民法院应当在该期间内代替被执行人行使权利。汇票、支票、本票、仓单、提单转让时需要背书的,人民法院可以背书。该背书与被执行人的背书具有相同的法律效力。”其四,查封存款。第 148 条第 1 款规定:“查封存款的,人民法院应当通知金融机构在查封的额度内停止支付。”其五,查封债权。第 151 条规定:“查封被执行人对第三人享有的金钱债权的,应当向第三人送达查封令,禁止其在查封额度内清偿该金钱债权。查封被执行人对第三人享有的交付物或者转移权属的债权的,应当向第三人送达查封令,禁止其交付或者转移权属。”其六,查封股权。第 161 条规定:“查封有限公司股权、非上市未挂牌股份公司股份的,人民法院应当通知公司登记机关办理查封登记。查封后,人民法院应当书面通知公司。”第 162 条规定:“查封上市公司股票、在全国股份转让系统挂牌公司股票的,人民

---

① 《民事强制执行法(草案)》第 137 条规定执行法院对动产实施占有,可以责令被执行人或者已知的实际占有人限期交出,也可以通知有关组织协助查找或者控制。被执行人是自然人的,应当通知被执行人或者其成年家庭成员;被执行人是法人或者非法人组织的,应当通知其法定代表人或者主要负责人到场。拒不到场的,不影响执行。被执行人是自然人的,可以通知财产所在地的基层组织派人参加。对实施占有的动产,执行人员应当造具清单,详细记载动产的名称、数量等事项。查封清单由在场人签名或者盖章后,交被执行人一份。被执行人是自然人的,也可以交其成年家庭成员一份。

法院应当通知托管该股票的证券公司或者证券登记结算机构办理查封登记。”[①]其七，查封知识产权。第165条规定：“查封有登记的知识产权，人民法院应当通知知识产权登记机关办理查封登记。查封没有登记的知识产权，应当以适当方式公示。”第166条规定：“人民法院查封、变价注册商标专用权的，应当对被执行人在同一种商品上注册的近似的商标，或者在类似商品上注册的相同或者近似的商标一并查封、变价。”

在域外，出于保障被执行人的生活安宁，一般规定星期天、节假日以及日出前、日落后，不得进入有人居住的住宅实施查封。除非有紧迫情事，例如被执行人有转移财产的风险，或在夜晚才从事特种经营，经执行法官许可，执行人员才不受此限。强制执行的时间和地点限制是执行程序合法的重要体现。[②] 不过，我国《民事诉讼法》及相关司法解释未作明确限制，《民事强制执行法（草案）》也未进行规定。实践中，执行人员经常采用“5+2”“白加黑”的模式外出搜查、查封财产。在“执行难”的压力下，法院不得不以较宽泛、有时甚至不规范的执行操作予以回应。因此，严格限制执行实施行为，不赋予执行人员相应的灵活性、机动性，可能为时尚早。

查封的财产原则上应由执行法院保管；不宜由法院保管的，执行法院可以指定被执行人负责保管；不宜由被执行人保管的，可以委托第三人或者申请执行人保管。除《民事强制执行法（草案）》第106条规定的查封不动产原则上由被执行人保管外，其第140条规定：“查封的动产，由人民法院保管。不宜由人民法院保管的，可以委托他人或者申请执行人保管。查封机器设备等生产经营性财产或者存在其他必要情形的，人民法院可以指定被执行人保管；被执行人继续使用对该动产的价值无重大影响的，可以准许继续使用。查封质物或者留置物的，一般应当指定质权人或者留置权人为保管人；人民法院自行保管或者委托他人、申请执行人保管的，质权、留置权不因转移占有而消灭。”查封存款、有价证券及财产性权利的，不需要对标的物进行保管。

保管是将财产置于自己支配之下，保持其现状，使其不致毁损灭失。保管与管理、使用不同。管理是将财产置于自己支配之下，为必要的利用及改良行为，如出租；使用是不毁损变更财产，依其物理性质加以利用，如居住、耕种。[③] 对于保管人能否管

---

① 《民事强制执行法（草案）》第163条规定，在特定情形下可以限制被查封股权的表决权，该条规定：“人民法院因股权权属纠纷查封争议股权时，可以根据申请执行人的申请，裁定禁止被执行人在股权所在公司股东会或者股东大会就增资、减资等引起股权变动的事项进行表决时，在被查封股权范围内表示同意。申请执行人应当提供担保，不提供担保的，驳回申请。”

② 参见[德]奥拉夫·穆托斯特：《德国强制执行法》（第2版），马强伟译，中国法制出版社2019年版，第111页。

③ 参见吴光陆：《强制执行法》（修订3版），台北，三民书局股份有限公司2015年版，第343页。

理、使用查封财产,2020年《查扣冻规定》第10条第2款规定,由执行法院指定被执行人保管的财产,如果继续使用对该财产的价值无重大影响,可以允许被执行人继续使用。这是因为,在查封财产依法被处置而发生所有权移转之前,该财产仍属被执行人所有,查封虽然限制其处分,但并无理由不准其管理、使用。因此,财产在查封前已出租的,租赁合同仍然有效,承租人可继续使用,但租期届满不可续租或另租他人。《民事诉讼法》第253条规定,因被执行人的过错造成财产损失的,由被执行人承担责任。但由执行法院保管或者委托第三人、申请执行人保管的,原则上保管人不得管理、使用,以维持财产现状为宗旨,尽量避免节外生枝。另外,查封是公法行为,因为查封而导致财产转移占有的,财产上的质权、留置权不因此种转移占有而消灭。

在过去,因查封系对财产在物理上或权利上的夺取或限制,对被执行人影响较大,司法解释施加了严格的期限限制。例如,2022年《民诉法解释》第485条规定:“人民法院冻结被执行人的银行存款的期限不得超过一年,查封、扣押动产的期限不得超过两年,查封不动产、冻结其他财产权的期限不得超过三年。申请执行人申请延长期限的,人民法院应当在查封、扣押、冻结期限届满前办理续行查封、扣押、冻结手续,续行期限不得超过前款规定的期限。人民法院也可以依职权办理续行查封、扣押、冻结手续。”不过,查封旨在保全财产、保障财产处置的顺利进行,应优先考虑申请执行人的利益;且续行查封增加了申请执行人、执行法院的负担,若不及时申请及办理,可能因期限届满而解除查封,影响执行的效果。另外,在比较法上,查封一般也没有期限限制。因此,《民事强制执行法(草案)》未对查封的期限作出规定,上述司法解释在今后亦不再适用。

查封的重点、难点在于查封的法律效力。查封的效力可以分为对法院的效力、对人的效力、对查封标的物的效力三个面向。其中,对法院的效力包括对查封法院、其他法院的效力,对人的效力包括对申请执行人、被执行人、第三人的效力,对物的效力包括对原物、从物、孳息、代位物等的效力。本章将围绕这三种查封效力展开讨论。

一、查封对法院的效力

执行查封属于公法行为。执行法院因对财产的查封,取得对标的财产进行换价后偿付申请执行人、交付申请执行人的强制处置权。如未经合法程序对财产进行查封,法院不得进行处置。查封系处置的先决条件,二者构成执行实施权的有机组成部分。一方面,在多个金钱债权执行并行的情况下,被执行人的财产足以清偿全部债务的,查封为执行债权的受偿取得程序上而非实体上的优先性。对此2020年《执行若干规定》第55条第1款规定:“多份生效法律文书确定金钱给付内容的多个债权人分别对同一被执行人申请执行，各债权人对执行标的物均无担保物权的，按照执行法院采取执行措施的先后顺序受偿。”另一方面，为了避免不同法院间处置权的冲突，我国法律奉行禁止重复查封原则，不承认重复查封的法律效力。对此《民事诉讼法》第106条第2款规定：“财产已被查封、冻结的，不得重复查封、冻结。”该条虽然处于“保全与先予执行”一章下，但不仅适用于保全执行，终局执行同样可参照适用。对于同一财产在后查封的，我国司法解释创设了“轮候查封”制度。2020年《查扣冻规定》第26条第1款规定：“对已被人民法院查封、扣押、冻结的财产，其他人民法院可以进行轮候查封、扣押、冻结。查封、扣押、冻结解除的，登记在先的轮候查封、扣押、冻结即自动生效。”

在执行实务中，围绕轮候查封引起的争议主要集中在期限限制、起算时点两个方面。首先，通常来讲，轮候查封既然并非有效的查封，自然不应有期限的限制。例如，2017年《北京市法院执行案件办理规范》第450条就明确规定，轮候查封不适用查封期限的规定。在对该条的解释中，北京市高级人民法院还特意提示下级法院：执行实践中，可说服有关协助执行部门无须就轮候查封进行续封；协助执行部门坚持要求办理续封手续的，应当按照其意见办理。然而，不动产登记机关在协助办理轮候查封时，通常都要求执行法院明确查封期限，并按照该查封期限实施。换言之，大多数情况下轮候查封在事实上有期限限制。这一问题有待立法机关和最高人民法院解决。其次，查封解除或者被查封财产经查封法院执行仍有剩余的，紧列其后的轮候查封自动转为正式查封。关于此时查封期限的起算，实务上有自轮候查封登记之时和自“转正”之时两种观点。不同的起算时点，“往前”可能影响被执行人处分查封财产的效力（详见关于“个别相对无效说”的说明），“往后”会影响查封期限的届满。因本书采“程序相对无效说”，且自“转正”时起算有利于保护“转正”查封债权人的利益，故赞同自“转正”之时起算的观点。当然，从实操的角度看，“转正”时点具有不确定性，不如在登记簿上进行轮候查封登记的时点直观明确。这也是登记机关及部分法院支持以轮候查封登记之时为起算点的理由。

由于查封与强制处置直接挂钩，执行实践中不时出现首位查封（以下简称首封）法院客观上不能或主观上不积极对财产进行处置，轮候查封法院欲处置而不得的困境。这在首封系保全执行查封而轮候查封为终局执行查封，首封基于普通债权而轮候查封基于优先债权等情形中尤为突出。若首封法院对财产久拖不处置，则影响他案申请执行人执行债权的实现，容易引发当事人的不满。为了解决这一困境，有必要协调首封法院与轮候查封法院的冲突，将查封权与处置权适度分离。

【设例 6 - 1】

2018 年 8 月，张某向甲法院起诉德利公司返款付息。在诉讼中，甲法院依据保全申请，查封德利公司名下的商务综合楼（国有土地使用权及其范围内在建工程）。其后，甲法院根据双方达成的调解协议制作调解书。调解书生效后，德利公司未按约定履行债务。2020 年 5 月，张某向甲法院申请执行，甲法院将对商务综合楼的保全查封转为执行查封，但迟迟未发布拍卖公告。2021 年 3 月，乙法院发函商请甲法院将案涉商务综合楼移送该院执行，理由是商务综合楼系该院正在办理的执行案件的抵押物，已经依法开始评估、拍卖程序。甲法院向乙法院出具移送执行函，确定对商务综合楼的续封、解封和变价、分配等后续工作交由乙法院办理，该院不再负责。张某不服，以甲法院系案涉财产首封法院，拥有处置权为由，向乙法院提出执行异议。

原则上，对查封财产的处置权归属于首封法院。2020 年《执行若干规定》第 56 条规定："对参与被执行人财产的具体分配，应当由首先查封、扣押或冻结的法院主持进行。首先查封、扣押、冻结的法院所采取的执行措施如系为执行财产保全裁定，具体分配应当在该院案件审理终结后进行。"2016 年最高人民法院《关于首先查封法院与优先债权执行法院处分查封财产有关问题的批复》（以下简称《处分查封财产批复》）第 1 条前段也规定："执行过程中，应当由首先查封、扣押、冻结（以下简称查封）法院负责处分查封财产。"当然，司法解释规定了例外。《处分查封财产批复》第 1 条后段指出，轮候查封或未查封法院执行的债权是对查封财产有顺位在先的担保物权、优先权，自首先查封之日起已超过 60 日，首封法院未实施必要的执行行为（就查封财产发布拍卖公告或者进入变卖程序）的，优先债权执行法院可以要求将该查封财产移送执行。从该条规定来看，移送处置的要件有两个：（1）后位执行债权优先于首封执行债权，如后位执行债权在顺位上没有优先性，后位执行法院不得要求移送执行；（2）首封法院未及时推进查封财产的处置。由此可以适当平衡执行程序上的先后次序与实体权利上的先后顺位之间的冲突。设例 6 - 1 中，案涉商务综合楼系乙法院所办理执行案件的抵押物，该执行债权相对于张某的执行债权而言具有优先性，且甲法院未及时发布拍卖公告推进财产处置，故乙法院可以要求甲法院移送执行。

不同法院之间以商请移送执行函、移送执行函等公函进行沟通，附上依据并载明情况。首封法院与优先债权执行法院就移送查封财产发生争议的，可以逐级报请双方共同的上级法院指定该财产的执行法院。共同的上级法院根据首先查封债权所处的诉讼阶段、查封财产的种类及所在地、各债权数额与查封财产价值之间的关系等案件具体情况，认为由首先查封法院执行更为妥当的，也可以决定由首先查封法院继续执行，但应当督促其在指定期限内处置查封财产。

根据《处分查封财产批复》第 3 条的规定，优先债权执行法院对移送的财产变价后，应当按照法律规定的清偿顺序分配；首先查封债权尚未经生效法律文书确认的，应当按照首先查封债权的清偿顺位，预留相应份额。该司法解释仅规定了将首封债权列入对标的物换价款的清偿范围，按照法定的清偿顺序参与分配，但未对首封债权人是否享有分配上的优待作出明确规定。如果查封财产的换价收益足以清偿全部债权，按法定清偿顺位清偿自无疑义；但如果查封财产的换价收益不足以清偿全部债权，且被执行人无其他足额财产可供执行，查封的效果、意义就值得讨论。在执行实践中，查封有利于实现对全体债权的担保，首封债权人往往需付出额外的金钱、时间、精力等成本。如不给予适当的优待，可能滋生"搭便车"现象，若债权人均不积极申请查封，容易造成整体利益的受损。因此，多个地方高院通过规范性文件的形式对此予以肯定。例如，浙江省高级人民法院《关于在立案和审判中兼顾案件执行问题座谈会纪要》（浙高法〔2009〕116 号）第 3 条第 4 项规定，首先申请财产保全并成功保全债务人财产的债权人在参与该财产变价所得价款的分配时，可适当多分，但最高不得超过20%（1∶1.2 的系数）。重庆市高级人民法院《关于执行工作适用法律若干问题的解答（一）》（渝高法〔2016〕63 号）第 5 条第 7 项规定，"有以下情形之一的普通债权，人民法院应根据案件具体情况，在保证参与分配债权都有受偿的前提下，可适当予以多分，多分部分的金额不得超过待分配财产的 20% 且不高于该债权总额，未受偿部分的债权按普通债权比例受偿。（1）依债权人提供的财产线索，首先申请查封、扣押、冻结并有效采取措施的债权，但人民法院依职权查封的除外……"在我国法律不承认查封质权（扣押担保权）的前提下，这类规定值得重视。

对于首封债权与轮候查封债权均为普通债权的情况，司法解释未作规定。多个地方高院参照《处分查封财产批复》的规定，同样赋予轮候查封法院在满足一定条件下商请移送处置的权力。例如，江苏省高级人民法院《关于首查封与轮候查封均为普通债权的法院之间协调转移处置权相关事项的通知》（苏高法电〔2017〕737 号）规定，省内首查封法院自执行立案之日起 90 日内未发布拍卖公告或进入变价程序的，轮候查封法院可以商请移送处置权；首先查封法院应当自收到商请移送处置函之日起 5 日内回函，否则视为同意移送处置权。福建省高级人民法院《关于首先查封与轮候查封均为普通债权的法院之间协调移送处置权处理意见》（闽高法〔2018〕167 号）规定，首先查封法院自查封之日起超过 60 日未发布拍卖公告的，轮候查封法院可以商请移送处置权；首封法院应当在 10 日内回函，否则视为同意移送处置权。

《民事强制执行法（草案）》允许对财产重复查封，在事实上废除了轮候查封制度。但是，对于同一财产重复查封，仍然涉及应由哪个执行法院负责处置的问题。由于该草案改采普通债权优先清偿主义，接近域外的扣押担保物权或查封质权（详见下一部分），由首封法院处置更为妥当。当然，如果首封法院拖延处置，也不妨碍重复查封法院取得处置权,但价款应按照查封顺序分配。《民事强制执行法(草案)》第110条第2款、第3款规定:"首先查封的人民法院,可以依法对查封的不动产采取变价、强制管理等处置措施。在后查封的人民法院应当在查封后及时告知申请执行人可以向首先查封或者其他有处置权的人民法院申请分配。首先查封的人民法院在查封后三个月内未对不动产启动确定参考价程序的,在后查封的人民法院可以商请首先查封的人民法院移送处置权。"在解释论上,不论执行债权是否有优先受偿性,查封财产的处置权原则上归属于首封法院。

二、查封对人的效力

按照执行法律关系的主体构成,查封对人的效力可以分为对申请执行人、被执行人与第三人的效力。

(一)对申请执行人的效力

如前所述,查封使申请执行人取得债权受偿在程序法上的优先性。不过,现行司法解释中的"先到先得"有两个条件的制约:(1)程序优先性仅发生在普通债权之间,对优先债权无效;[①](2)被执行人的责任财产需足以清偿全部债权,如果不能,其他债权人可参与对查封财产的分配,查封债权人的程序优先性也将丧失,改为按比例受偿。实践中,部分地方高院赋予首封债权人不超过20%的多分比例,但这类做法欠缺法律或司法解释的规范基础。与之相对,域外多个国家及地区立法规定查封债权人享有实体法上的优先性,奉行优先清偿主义(质权主义)。例如,德国《民事诉讼法》第804条第1款规定,债权人通过扣押(查封)在被扣押的客体上取得担保物权,即所谓的扣押担保物权或查封质权(Pfaendungsprfandrecht)。扣押担保物权"在与其他债权人的关系上,赋予债权人如同合同取得的实物担保物权(Faustpfandrecht)一样的权利"(第804条第2款)。当然,关于该种担保物权的法律性质存在公法说、私法说、混合说的争议。争议的关键在于以下几个问题:(1)扣押担保物权的成立只需有效的扣押行为,还是必须附加民法上的担保物权的成立要件?(2)扣押之后的执行行为(尤其是换价)以有效的民法上的担保物权为前提,还是建立在单纯的"扣押状态"(Verstrickung)之上?(3)扣押程序无效或有重大瑕疵,是否影响扣押担保物权的产生?[②]

---

① 2020年《执行若干规定》第55条第2款规定:"多个债权人的债权种类不同的,基于所有权和担保物权而享有的债权,优先于金钱债权受偿。有多个担保物权的,按照各担保物权成立的先后顺序清偿。"换言之,不再适用第1款规定的"按照执行法院采取执行措施的先后顺序受偿"。

② 参见[德]弗里茨·鲍尔等:《德国强制执行法》(上册),王洪亮等译,法律出版社2019年版,第616~625页。

美国联邦和各州法律都规定了判决留置权(judgment lien),又称为司法留置权(judicial lien)、执行留置权(execution lien)。判决留置权人优先于在后的财产购买人,但劣后于登记在先的抵押权人。[①] 在普通法传统上,判决一旦作出,债权人即取得对债务人财产的留置权。很显然,这一规则不利于保障交易安全和私法秩序。改革的方向是将判决留置权的生效时间往后延。目前,有的州规定判决留置权的生效时间为在州或县的相关行政办公室登记之时,有的州规定在向执行官(sheriff)送交执行令状之时,还有的州规定在执行官对财产进行查封(levy)之时。[②]

我国应否参照域外立法例,规定通过执行程序产生实体性质的优先权,值得讨论。该种立法例的优缺点都很显著。其优点在于,普通债权人受到激励,将竭尽所能发现债务人的财产,及时申请查封。这对于调整法院与当事人之间就财产发现的责任配比,具有积极意义。同时,免于其他债权人在执行终结前参与分配,对于执行法院而言,执行程序较为简单明快,减少以虚假债权参与分配的现象,保障执行效率。其缺点在于,与债权平等原则不相符,违反"债务人的总财产为债权人的共同担保"之原则,且普通债权人之间容易上演"竞速赛",诱发法院的不规范操作,加剧"执行乱"现象。《民事强制执行法(草案)》第179条第2款规定,对于普通债权,按照查封财产的先后顺序受偿。该条突破债权平等原则,不以被执行人的责任财产足以清偿全部债权为限,一律赋予先封债权人优先受偿权。该条虽没有对这种优先权作出定性,但大致上属于基于查封状态而产生的公法优先权,不以满足担保物权的要件为必要。当然,如果查封程序违法,就不产生查封优先权,先封债权人也不能取得优先受偿权。这一立法转向对执行实务影响甚巨,值得进一步关注和探讨。

本书认为,适用优先主义、鼓励"先到先得",是建立在两项制度基础之上的。一项是执行程序与破产程序截然二分,执行程序恪守个别执行的"本分",一个执行程序仅用于强制实现一个权利人的民事权利,而债权平等受偿通过破产程序予以保障;另一项是可供执行财产的发现和查封均主要由申请执行人自负其责,或者说申请执行人对财产查封之先后享有决定权并自行承担不利后果。然而,这两项制度基础在我国均难言齐备。首先,我国企业破产法长期遇冷,个人破产法迟迟未出台,破产程序的运作严重不畅。在此背景下,执行中的参与分配制度承载了"小破产"的功能,执行程序也非域外的执行/破产二分模式下的纯粹个别执行。换言之,执行程序在一定程

---

① See James J. Brown, *Judgment Enforcement Practice and Litigation*, Wiley Law Publications, 1994, p. 15 – 18.

② See David G. Carlson & Paul M. Shupack, *Judicial Lien Priorities under Article* 9 *of the Uniform Commercial Code*: *Part I*, 5 Cardozo Law Review, p. 290 – 299 (1984).

度上肩负着保障债权人平等受偿的任务。其次,当前主流的财产查封方式是由执行法院通过网络查控系统进行操作的,而非基于申请执行人的申请采取。财产查封顺序与申请执行人的自主行动之间没有直接、必然的联系。在执行实践中,债权人在先申请执行,甚至在先提供财产线索,但执行法院因为种种原因在后查封的情形并不罕见。让此类债权人承担在后受偿的不利后果,于情于理似乎都不合适。

(二)对被执行人的效力

查封不改变财产的私法关系,故被查封的财产仍归被执行人所有。在查封期间,财产毁损灭失的,风险由被执行人承担。因第三人过错造成查封财产毁损灭失的,第三人应承担损害赔偿责任。2020 年《查扣冻规定》第 22 条规定:"查封、扣押、冻结的财产灭失或者毁损的,查封、扣押、冻结的效力及于该财产的替代物、赔偿款。人民法院应当及时作出查封、扣押、冻结该替代物、赔偿款的裁定。"《民事强制执行法(草案)》第 107 条第 3 款规定:"查封期间,不动产毁损、灭失或者被征收的,查封的效力及于被执行人获得的替代物、保险金、赔偿金或者补偿金。"根据该草案第 147 条,这一规定同样适用于动产。

但是,查封的效力是否及于替代物、赔偿款的请求权,还有讨论的余地。若采用肯定说,当第三人不知损毁的财产已被查封,而向被执行人为赔偿时,其清偿行为的效力则有疑问。有鉴于此,有学者主张查封的效力仅及于被执行人已取得的替代物、赔偿款,但不及于其可向第三人主张的损害赔偿请求权。从而,第三人尚未赔偿时,被执行人的其他债权人可以申请对替代物、赔偿款的请求权进行查封,不适用禁止重复查封原则。[①] 本书认为,作此理解可能增加查封的不确定性以及执行争议,对原物的查封债权人也较为不利,故以采用肯定说为宜。为了避免第三人在不知情的情况下向被执行人赔偿且赔偿款、替代物被私自处分,可以改进查封公示方法,并加强被执行人就财产状况变更的报告义务。执行法院应及时通知第三人向法院提存赔偿款、替代物。如第三人确不知情,其向被执行人所为的清偿行为有效,免除损害赔偿责任。另外,鉴于 2020 年《查扣冻规定》第 22 条规定,查封原物的执行法院应当及时作出查封替代物、赔偿款的裁定,有学者主张查封原物的法院未及时作出裁定,而其他法院在先查封替代物、赔偿款的,查封原物的效力不及于替代物、赔偿款。[②] 本书认为,这种观点混淆了查封的效力与查封的文书。最高人民法院之所以规定第 22 条后段,并非对前段规定的查封效力作出区别对待,而是为了减少执行实务上的争议,要

---

① 参见陈计男:《论查封之效力》,载《法令月刊》1992 年第 43 卷第 6 期。

② 参见江必新主编:《强制执行法理论与实务》,中国法制出版社 2014 年版,第 548 ~ 549 页。

求查封原物法院尽快作出查封代位物的裁定。即使他案法院抢先查封代位物,也不影响对原物查封的效力及于替代物,故他案法院的查封仅构成轮候查封或在后查封,不妨碍查封原物法院对代位物的执行。

在财产查封期间,原则上禁止被执行人对财产进行处分,这被称为处分禁止原则,属于查封的消极效力;如果被执行人违反处分禁止原则,擅自对查封财产进行转让、设立抵押或其他物上的负担,影响查封财产的收益及其交换价值或者执行程序的进行,如何限制或否定被执行人处分行为的效力,属于查封的积极效力。[①]

首先,处分禁止原则的宗旨并非剥夺被执行人的一切处分自由,而是为了保全查封财产的交换价值,保障金钱债权的偿付。因此,查封的消极效力并非绝对,被执行人的处分行为只有妨害执行时,才被禁止。例如,债权人持100万元的债权执行依据,申请对债务人名下唯一的价值超千万元的房屋进行查封,债务人可为担保另一笔300万元债务的履行,在该房屋上设立抵押。[②] 2020年《执行若干规定》第33条也规定:“被执行人申请对人民法院查封的财产自行变卖的,人民法院可以准许,但应当监督其按照合理价格在指定的期限内进行,并控制变卖的价款。”若对查封财产进行公开拍卖,应由执行法院组织实施。此外,查封前被执行人已与案外人订立买卖合同,甚至已经申请办理所有权变更登记(但尚未办完变更登记手续),在标的物被查封后,买受人愿意代为清偿的,只要出卖价大致符合合同订立时的市场价,不应妨碍买受人取得标的物的所有权。被执行人违反查封的消极效力,擅自处分被查封的财产,妨害执行的,根据2020年《执行若干规定》第32条的规定,法院有权责令责任人限期追回财产或承担相应的赔偿责任。

实践中不时发生股权所在公司故意通过增资、减资、合并、分立、转让重大资产、对外提供担保等行为导致被冻结股权价值严重贬损的情形。此类行为不属于被执行人直接处分被冻结的股权,而属于公司经营行为,法律不应加以禁止。但是,其故意通过经营行为“稀释”、贬损被冻结的股权价值,属于妨害执行的行为。根据《关于人民法院强制执行股权若干问题的规定》(法释〔2021〕20号,以下简称《股权执行规定》)第8条的规定,影响申请执行人债权实现的,申请执行人可另诉损害赔偿。

其次,对于查封的积极效力,《民事诉讼法》未加规定,司法解释采用的是“相对无效说”而非“绝对无效说”。2020年《查扣冻规定》第24条第1款规定,“被执行人就

---

① 参见许士宦:《强制执行法》,台北,新学林出版股份有限公司2014年版,第115页。

② 就此而言,《民法典》第399条“下列财产不得抵押……(五)依法被查封、扣押、监管的财产”之规定过于机械,在强制执行的语境下有待区分。

已经查封、扣押、冻结的财产所作的移转、设定权利负担或者其他有碍执行的行为，不得对抗申请执行人”。《民事强制执行法（草案）》第 108 条第 1 款也规定：“被执行人就已经查封的财产所作的移转、设定权利负担或者其他有碍执行的行为，不得对抗申请执行人。”换言之，被执行人处分查封财产的，并非对一切人、自始、当然、确定无效，而是对申请执行人无效，但对处分相对人有效。如果申请执行人撤回执行申请，则该种无效事由消失，被执行人的处分行为有效。被执行人不能向相对人交付标的物或者抵押无效的，相对人可以请求被执行人进行损害赔偿。

2020 年《查扣冻规定》第 24 条第 1 款、《民事强制执行法（草案）》第 108 条第 1 款规定的“申请执行人”，是仅限本案申请执行人，还是包括处分前已参与分配的债权人（可能是他案的申请执行人），抑或处分后参与分配的债权人，即被执行人处分查封财产对何种范围内的债权人不发生效力，学理上存在“个别相对无效说”与“程序相对无效说”的对立。前者认为，被执行人对查封财产的处分，应该就该处分行为与各个债权人之间的关系进行分别认定。其中，仅对处分前申请查封、申请参与分配的债权人不发生效力，对处分后参与分配的债权人仍然有效。后者认为，被执行人对查封财产的处分，应该就该处分行为与执行程序的关系进行整体认定。在财产被法院实施查封之后，被执行人所为处分行为，对同一执行程序中的所有债权人均无效，而不论参与本案执行程序与处分行为的先后顺序。①

【设例 6－2】

2018 年 11 月 19 日，振业银行与张某签订“个人授信额度借款合同”和“个人借款最高额抵押合同”。“个人授信额度借款合同”项下授信额度最高本金限额为人民币 100 万元，授信有效期至 2023 年 11 月 19 日；“个人借款最高额抵押合同”作为“个人授信额度借款合同”的担保合同，约定以张某名下的位于某市某区的一套房产作为抵押物，并办理抵押登记。之后，张某多次在授信限额内向振业银行贷款。2020 年 9 月 26 日，法院在执行李某与张某民间借贷纠纷案的过程中，依李某的申请查封了张某的该处房产，但未通知振业银行。2020 年 11 月 1 日，张某还清全部贷款本息后，于当日又与振业银行签订借款合同，再次以当时已被法院查封的同一房产作抵押。在办理该笔贷款时，张某没有向振业银行告知房产被查封的事实，振业银行在发放贷款时，也没有对抵押财产的现状进行审查。② 2021 年 4 月 5 日，张某的另案金钱债权人王某向执行法院申请参与对该房产拍卖款的分配。

---

① 参见杨与龄：《强制执行法论》，中国政法大学出版社 2002 年版，第 338 页。

② 此部分案情改编自（2013）漳民终字第 336 号判决书记载的内容。

设例6－2涉及的是最高额抵押，系对一定期间内将要连续发生的债权提供担保，与普通抵押的从属性有所区别。[①] 根据《民法典》第423条第4项的规定，抵押权人知道或应当知道抵押财产被查封、扣押的，抵押权人的债权确定。被担保债权确定后，最高额抵押权并非当然消灭，必须等到该抵押权已无担保债权存在，基于债权确定后抵押权之从属性，该抵押权才归于消灭。[②] 尽管设例6－2中张某再次贷款时未告知振业银行房产被查封事宜，且法院在查封时违反2020年《查扣冻规定》第25条关于通知抵押权人的规定，[③]导致振业银行不知系争房产被查封，但属于《民法典》规定的“应当知道”的情形。如果振业银行尽到审查注意义务，向房产登记部门做必要的查询，显然能够发现该房产已被法院查封。因此，法院查封之日，振业银行的被担保债权确定。其后，张某清偿全部债务，最高额抵押权随确定债权的消灭而消灭。因此，张某于2020年11月1日在同一房产上设立的抵押，属于查封后对财产的处分，而非原抵押的延续。

根据“个别相对无效说”，张某设立最高额抵押的处分对于申请查封的债权人无效，即不得对抗李某，但对处分之后才申请参与分配的王某有效。因此，该房产拍卖款的清偿顺序为：李某→振业银行→王某。根据“程序相对无效说”，张某的处分行为对于参与本案执行程序的全体债权人均无效，即使王某是在该处分行为之后才申请参与分配的。因此，该房产拍卖款的清偿顺序又变为：李某、王某（假设都是普通债权人）→振业银行。比较两种学说，“个别相对无效说”似乎更加合理。然而，根据2020年《民诉法解释》第508条的规定，参与分配执行中，对于普通债权，原则上按照其占全部申请参与分配债权数额的比例受偿。结合该司法解释第506条“被执行人的其他已经取得执行依据的债权人”才有资格参与分配，以及第507条第2款“参与分配申请应当在执行程序开始后，被执行人的财产执行终结前提出”，我国执行中的参与分配奉行有限平等受偿原则，即在已取得执行依据的债权人之间平等受偿。因此，设例6－2中，李某、王某的债权应当平等受偿，而无先后顺序。因此采纳“个别相对无效说”，恰恰不能与现行司法解释相兼容。鉴于此，本书采用“程序相对无效说”。

---

① 如为普通抵押，根据《民法典》第393条（原《物权法》第177条）的规定，主债权消灭的，担保物权也消灭。故张某在2018年11月1日还清全部贷款本息时，抵押权已消灭。

② 参见谢在全：《民法物权论》（中册），中国政法大学出版社2011年版，第913页。

③ 该条规定：“人民法院查封、扣押被执行人设定最高额抵押权的抵押物的，应当通知抵押权人。抵押权人受抵押担保的债权数额自收到人民法院通知时起不再增加。”

（三）对第三人的效力

查封虽不变更财产的权属，但旨在对财产加以控制，确保换价、交付等执行的顺利进行。如果第三人对查封财产实施妨碍后续执行的行为，除了被执行人作为所有权人可以请求排除妨害，法院也可根据申请执行人的申请或依职权排除其妨害。对此 2020 年《查扣冻规定》第 24 条第 2 款规定："第三人未经人民法院准许占有查封、扣押、冻结的财产或者实施其他有碍执行的行为的，人民法院可以依据申请执行人的申请或者依职权解除其占有或者排除其妨害。"《民事强制执行法（草案）》第 108 条第 2 款规定："他人未经人民法院许可占有查封的不动产或者实施其他妨碍执行行为的，人民法院可以依据申请执行人的申请或者依职权解除其占有或者排除其妨碍。"第三人对查封财产实施侵害行为，导致财产价值贬损甚至灭失的，如前所述，查封效力及于替代物、赔偿款及损害赔偿请求权。当然，这一效力扩张只是为了阻止他案执行法院先行查封损害赔偿请求权，维护查封的顺位秩序，减少不同法院之间的执行争议，但不意味着损害赔偿的数额易于确定。如果各方无法通过协商确定，申请执行人可对妨害第三人提起诉讼。例如，《股权执行规定》第 8 条第 3 款规定："股权所在公司或者公司董事、高级管理人员故意通过增资、减资、合并、分立、转让重大资产、对外提供担保等行为导致被冻结股权价值严重贬损，影响申请执行人债权实现的，申请执行人可以依法提起诉讼。"该条款针对股权价值及其贬损难以评估的现实，规定申请执行人可以提起诉讼。诉讼所得的赔偿金额，除非被执行人的其他债权人参与分配，否则仅用于清偿申请执行人的债权。

除了妨害第三人，常见的还有交易第三人。如前所述，原则上被执行人处分查封财产对申请执行人无效。如果财产尚未完成所有权移转，第三人自然不得主张取得所有权；如果财产已经完成所有权移转，例如，不动产已变更所有权登记，只要对执行有妨害（没有价款或价款明显低于当时的市场价），原则上法院可以不顾处分行为的存在，继续对标的物实施拍卖变卖。这是查封积极效力的应有之义。当然，鉴于这种操作对交易第三人的程序保障不足，其虽不能对抗申请执行人，但对被执行人、处分后申请参与分配的债权人仍可以所有权人自居，我国台湾地区实务上持另一种观点。申请执行人先起诉交易第三人，请求涂销交易第三人的所有权移转登记，待胜诉并将财产恢复登记至被执行人名下，法院再进行拍卖。不过，这会不当增加申请执行人的执行成本，增添执行程序的繁复程度。故有学者主张由执行法院根据申请执行人的申请或者依职权裁定撤销被执行人的处分行为，否定与执行效果相抵触之处分行为的效力。[①] 这一主张的问题在于,执行法院有无作出该种裁定的权限?该种裁定否定被执行人的处分行为,能否牵连否定交易第三人取得财产所有权?既然这些问题仍悬而未决,不如回归原点,化繁为简。原则上,即使查封财产已被转移登记在交易第三人名下,执行法院仍可以径行拍卖,并在向登记机关送达拍卖成交裁定的同时,一并通知登记机关涂销交易第三人的所有权登记。

当然,这并非意味着交易第三人只能自担风险。为了保障交易安全,2020 年《查扣冻规定》第 24 条第 3 款规定:"人民法院的查封、扣押、冻结没有公示的,其效力不得对抗善意第三人。"根据该款规定,查封未经加贴封条、登记等方式公示的财产,交易第三人不知道财产已被查封,也不应当知道的,如果财产已经移转登记,善意第三人取得了财产的所有权,法院不得进行拍卖。为了平衡三方当事人的利益,此处的善意第三人应为已支付或者承诺并有能力支付相应对价的第三人。第三人不支付或不能支付相应对价,有害执行的,不能仅凭主观"善意"而取得标的物的所有权。如果交易第三人非为善意,自然不能对抗申请执行人。随着查封公示方法的进一步完善,真正值得保护的"善意"第三人会越来越少。

三、查封对物的效力

查封依据财产的权利外观进行,所查封的财产归被执行人所有具有较高的盖然性,但查封不改变财产的权属。如果财产属于案外人所有,其可通过执行异议、执行异议之诉、第三人撤销之诉等途径寻求救济,财产不会因为查封而归被执行人所有。当然,在法院裁定撤销查封之前,查封效力仍及于所查封的标的物。

查封的效力不仅及于标的物本身,也及于相关联的财产,主要有:(1)标的物的孳息。2020 年《查扣冻规定》第 20 条规定,查封的效力及于查封物的天然孳息,但不包括法定孳息。原因在于,法定孳息典型的如不动产租金,一则不易查明,二则涉及被执行人与承租人的法律关系,如果效力自动及于租金,承租人在不知查封的情况下向被执行人偿付租金,效力存疑,容易引发争议。因此,如果法院查封标的物的法定孳息,须在裁定中将其作为查封对象予以列明。如果未予列明,他案法院可就物的法定孳息实施查封。(2)标的物的从物。从物虽然是独立的财产,但对主物而言具有辅助性、服务性,如果查封效力不及于从物,可能减损主物的交换价值。《民事强制执行法(草案)》第 107 条第 1 款规定:"查封不动产的效力及于不动产的从物和天然孳息。"当然,如果从物非为被执行人所有,不得查封。(3)标的物的代位物(替代物、赔偿款)。对此参见本章第二部分的相关阐述。(4)与标的物有紧密关联的其他财产。如

---

① 参见许士宦:《强制执行法》,台北,新学林出版股份有限公司 2014 年版,第 123 ~ 129 页。

2020年《查扣冻规定》第21条规定:“查封地上建筑物的效力及于该地上建筑物使用范围内的土地使用权,查封土地使用权的效力及于地上建筑物,但土地使用权与地上建筑物的所有权分属被执行人与他人的除外。地上建筑物和土地使用权的登记机关不是同一机关的,应当分别办理查封登记。”《民事强制执行法(草案)》第107条第2款也规定:“查封建筑物的效力及于该建筑物占用范围内的建设土地使用权。查封建设用地使用权的效力及于该土地上的建筑物,但是建设用地使用权与建筑物的所有权分别属于被执行人和他人的除外。”

第七章

财产可执行性的判断

执行法院通过各种方法发现的财产,有的依其性质不具有可执行性,构成金钱债权执行客体的例外。这类财产主要包括:(1)禁止流通物,如自然资源(森林、草原、水库)、枪支弹药、毒品、淫秽物品、部分公有物(公立学校校舍、医院住院大楼);(2)专属性权利,如赡养请求权、人格权;(3)不具有独立财产价值的权利,如解除权、撤销权;(4)须经第三人同意才能让与的权利,如租赁权、借用物使用权。① 执行法院不能对以上财产进行查封。

财产即使依其性质具有可执行性,法院可依法进行查封,但这不代表在个案中一定能被拍卖、交付等处置。在现代社会,包括财产权属关系在内的社会法律关系日趋复杂,除了此前述及的财产权利外观"名实不符"现象,还有财产上多种权利的重叠、共存问题。在法院对被执行人名下的财产予以查封后、执行完毕前,经常会有案外人向执行法院提出异议,主张其对执行标的物拥有足以排除执行的民事权益,如不停止执行,该权益将受到侵害。如果异议未得到执行法院的支持,金钱债权执行的案外人可以提起执行异议之诉;特定物交付执行的案外人为了撤销执行依据对争议财产(标的物)的执行力,还可以申请再审或提起第三人撤销之诉。如前所述,金钱债权执行的客观范围仅限于被执行人可用以换价的责任财产,物的交付执行则指向执行依据所特定的标的物。故案外人对争议财产是否享有足以排除执行的民事权益,该权益是否因为法院的执行而受到侵害,决定了执行异议的裁定及相应诉讼的判决结果,也决定了能否对争议财产实施换价、交付。

《民事诉讼法》第 234 条对执行异议及执行异议之诉程序作出了原则性规定。其中案外人"对执行标的提出书面异议",是指通过书面方式对执行标的物主张具有足以排除强制执行的民事权益。不过,现行《民事诉讼法》未列明哪些民事权利或权益足以排除执行。2008 年《执行程序解释》第 15 条(2020 年修正后改为第 14 条)首次

---

① 参见江必新主编:《强制执行法理论与实务》,中国法制出版社 2014 年版,第 188 ~ 191 页。

规定,案外人对执行标的物主张“所有权或者有其他足以阻止执行标的转让、交付的实体权利的”,可以依照《民事诉讼法》的规定向执行法院提出异议。2015 年《民诉法解释》第 465 条(2022 年修正后改为第 463 条)规定,“案外人对执行标的享有足以排除强制执行的权益的”,执行法院应当裁定中止执行。考虑到阻止执行的权利类型广泛,涵盖了物权、特殊债权(如房屋购买人的权利)甚至“占有”事实状态,不能都被“权利”涵盖,故改为“权益”。同时,将具有暂时停止色彩的“阻止”改为具有终局停止意味的“排除”。①

需要注意的是,司法解释将排除的执行行为限定为“转让、交付”等处置行为,不包括查封、扣押、冻结等控制行为。这是因为,法院查封财产,并未对财产进行处置,不会引起财产的私法关系变动。即使财产全部或部分归案外人所有,其民事权利也不会因为查封受到难以弥补的损害。如果在法院查封财产的现场,案外人主张其为财产的所有权人或者有足以阻止执行的民事权利,不妨碍法院采取查封措施。在此场合下,以保障执行债权的实现为优先。但在查封之后,案外人可提出执行异议。

财产可执行性的判断是执行程序背景下的实体权利判断,具有程序法与实体法交叉的特征,因此具有公法与私法的双重属性。

首先,就实体法的含义而言,案外人所主张的民事权益能否排除执行,基于对案外人权益与执行债权相互关系的衡量。具体来说,需要考量两个层面:其一,案外人权益与执行债权何者优先,只有案外人权益优先,才有作进一步判断的必要;其二,具有优先性的案外人权益是否因被执行财产的物权变动受到妨害。以所有权为例,在“一物一(所有)权”原则下,案外人的所有权优先于执行债权,且会因为法院的拍卖、变卖、交付等行为受到侵害,使所有权人丧失对标的物的支配力。对于用益物权,只有当物被交付或者强制管理时才受妨害。对于抵押权,即使案外人的抵押权设立在前,从而优先于执行债权,但由于抵押权侧重于抵押物的交换价值而非使用价值,抵押物因拍卖、变卖而所有权发生变动不影响抵押权的实现,故不能阻止对标的物的拍卖或变卖。对于留置权、质权等与物的占有紧密关联的担保物权,在理论上较具争议。因此,本章第一部分将梳理财产上的权利体系、比较各项权利/权益的相互关系,并就每项权利是否因处置性执行措施受到妨害进行逐一甄别。

其次,就程序法的含义而言,案外人据以排除执行的是一种权益受到侵害的主张,但该种权利主张是否为真,以何种方式证明,证明到何种程度,是一种执行法上的考量。在域外,有关执行中争议财产的权属判断,原则上采用形式审查的标准,即以

---

① 参见最高人民法院修改后民事诉讼法贯彻实施工作领导小组编著:《最高人民法院民事诉讼法司法解释理解与适用》(下),人民法院出版社 2015 年版,第 1243 页。

经过漫长的社会演进而趋于定型化、格式化的人类行为为基础，以登记、占有等形式外观判断财产的权属。一般认为，形式审查标准符合强制执行的单向性、形式性特征，也符合对执行效率性的要求。这一见解被我国理论界与实务界广泛采纳。不过，如果将形式审查绝对化，拘泥于域外对形式性（formality）的定义，容易沦为一种对现实复杂性的"鸵鸟式"躲避，①也不符合事理和一般社会观念，有违实事求是的原则。②在我国语境下，除了原则上依靠财产权属的外观或形式，还应当对财产的真实权属（在社会心理层面归谁所有才算公正的一般观念）保持敏锐，在确有必要时揭开形式性的"面纱"。在此意义上，我国的民事执行程序不止有实现执行债权的面向，而且有探究真相、解决纠纷的面向。③ 本章第二部分将就财产可执行性的事实证明展开讨论。

一、实体法层面的财产可执行性

（一）财产上的权利体系及其比较

财产上的权利体系因财产物理性状的不同而有所区别。有形财产包括动产与不动产，其上可能存在的权利，既包括作为"全权"的所有权，也包括权能区分而存在的限制物权，常见的有地役权、居住权、抵押权、质权、留置权等。无形财产可分为债权、股权、知识产权（智慧财产权）等。在现代社会，财产的价值被充分发掘，不再局限于由所有权人占有、使用、收益，而往往将部分权能供他人利用或与他人共享。④ 财产由"静"到"动"的趋势越发明显，与所有权相对应的限制物权甚至准物权、可期待物权（物权期待权），转变为事关经济发展、资源优化配置的利用权，因此需要特别的保护。此外，国民基本住房保障、农民工工资偿付等事关民生，为此党和国家制定了特殊政策。这在法律上体现为建设工程价款受偿权、被拆迁人安置优先权、满足一定条件下未登记购房人的（准）所有权等，使得财产上的权利体系错综复杂，给对财产的可执行性判断带来极大的挑战。

根据现行实体法及司法解释的规定，与财产有关的权利体系及其对强制执行的影响，主要类型如表 7－1 所示：

---

① 事实上，中国社会从来没有将"形式性"提高到西方近代以来的重要位置。

② 有学者指出，对不动产的强制执行不以登记为准，进行外观上的界分，而应进行实质上的界分，也就是依据事理、社会一般观念，注重某不动产在事实层面的归属。参见崔建远：《论外观主义的运用边界》，载《清华法学》2019 年第 5 期。

③ 参见陈杭平：《"善意执行"辨》，载《华东政法大学学报》2021 年第 2 期。

④ 参见谢在全：《民法物权论》（上册）（修订 5 版），中国政法大学出版社 2011 年版，第 40～41 页。

表 7－1　财产权利类型及其对强制执行的影响

财产权利类型		常见案外人争议类型	实体及审判规范	执行规范
所有权		所有权保留	《民法典》第 641 ~ 643 条[1]；最高人民法院《关于适用〈中华人民共和国民法典〉有关担保制度的解释》（以下简称《民法典担保解释》）第 64 条[2]	2020 年《查扣冻规定》第 14 条、第 16 条[3]
		共有	《民法典》第 306 ~ 307 条[4]、第 1066 条[5]	2020 年《查扣冻规定》第 12 条[6]
		借名买房	《民法典》第 209 条、第 214 条、第 220 条[7]	2020 年《执行异议复议规定》第 28 条[8]
		未登记的特殊动产	《民法典》第 224 条、第 225 条[9]	2020 年《执行异议复议规定》第 25 条第 2 项[10]
担保物权	一般规定	优先受偿	《民法典》第 386 条[11]	2022 年《民诉法解释》第 157 条[12]；2020 年《执行若干规定》第 31 条、第 55 条第 2 款[13]；2020 年《执行异议复议规定》第 27 条[14]；2020 年最高人民法院《关于人民法院民事执行中拍卖、变卖财产的规定》（以下简称《拍卖变卖规定》）第 28 条第 1 款[15]
	抵押权	未登记的动产抵押	《民法典》第 403 条[16]；《民法典担保解释》第 54 条[17]	
	质权	保证金账户	《民法典担保解释》第 70 条[18]	《关于审理独立保函纠纷案件若干问题的规定》第 24 条[19]
	留置权	留置权的存续	《民法典》第 457 条[20]	2020 年《查扣冻规定》第 11 条[21]

续表

财产权利类型	常见案外人争议类型	实体及审判规范	执行规范
土地承包经营权	土地承包经营权流转的限制	《民法典》第334条[22];《农村土地承包法》第34条、第38条[23];《农村土地承包经营权流转管理办法》(已失效)第9条[24]	
建设用地使用权	房地一体	《民法典》第356～357条、第397～398条、第417条[25];《民法典担保解释》第51条[26];《城市房地产管理法》第32条[27]	
宅基地使用权	宅基地使用权的流转限制	《民法典》第363条[28];《土地管理法》第62条[29];《国务院办公厅关于加强土地转让管理严禁炒卖土地的通知》第2条[30]	2022年《民诉法解释》第489条、第490条[31]
居住权	居住权对抗执行	《民法典》第368～369条[32]	2020年《执行异议复议规定》第24条、第25条第1项[33]
租赁权	对抗其他权利	《民法典》第405条、第725条[34];2020年最高人民法院《关于审理城镇房屋租赁合同纠纷案件具体应用法律若干问题的解释》(以下简称《城镇房屋租赁合同若干解释》)第14条[35]	2020年《拍卖变卖规定》第28条第2款[36];2020年《执行异议复议规定》第31条[37]
物权期待权	预登记	《民法典》第221条[38];2020年最高人民法院《关于适用〈中华人民共和国民法典〉物权编的解释(一)》(以下简称《物权编解释(一)》)第4条[39];《民法典担保解释》第52条[40](预告抵押)	2020年《执行异议复议规定》第30条[41]
	以物抵债	《物权编解释(一)》第7条[42]	2022年《民诉法解释》第491条[43];2020年《执行若干规定》第43条[44];

续表

财产权利类型	常见案外人争议类型	实体及审判规范	执行规范
物权期待权	以物抵债		2020年《执行异议复议规定》第7条第1款第1项、第26条第1款第3项[45];2020年《执行和解规定》第6条[46]
	不动产买受人		2020年《执行异议复议规定》第28条
生存权益[47]	消费者(商品房购买人)优先权		2020年《执行异议复议规定》第29条[48]
	豁免执行的财产		2020年《查扣冻规定》第3~5条[49]
建设工程价款优先受偿权	与消费者优先权纠纷	《民法典》第807条[50];《关于审理建设工程施工合同纠纷案件适用法律问题的解释(一)》(以下简称《建设工程施工合同纠纷解释(一)》)第36~41条[51];《关于建设工程价款优先受偿权问题的批复》第2条[52](已失效)	2020年《执行异议复议规定》第29条
占有	占有人	《民法典》第458条[53]	2020年《查扣冻规定》第13条[54]

1.《民法典》第641条规定:"当事人可以在买卖合同中约定买受人未履行支付价款或者其他义务的,标的物的所有权属于出卖人。出卖人对标的物保留的所有权,未经登记,不得对抗善意第三人。"第642条规定:"当事人约定出卖人保留合同标的物的所有权,在标的物所有权转移前,买受人有下列情形之一,造成出卖人损害的,除当事人另有约定外,出卖人有权取回标的物:(一)未按照约定支付价款,经催告后在合理期限内仍未支付;(二)未按照约定完成特定条件;(三)将标的物出卖、出质或者作出其他不当处分。出卖人可以与买受人协商取回标的物;协商不成的,可以参照适用担保物权的实现程序。"第643条规定:"出卖人依据前条第一款的规定取回标的物后,买受人在双方约定或者出卖人指定的合理回赎期限内,消除出卖人取回标的物的事由的,可以请求回赎标的物。买受人在回赎期限内没有回赎标的物,出卖人可以以合理价格将标的物出卖给第三人,出卖所得价款扣除买受人未支付的价款以及必要费用后仍有剩余的,应当返还买受人;不足部分由买受人清偿。"

2.《民法典担保解释》第64条规定:"在所有权保留买卖中,出卖人依法有权取回标的物,但是与买受人协商不成,当事人请求参照民事诉讼法'实现担保物权案件'的有关规定,拍卖、变卖标的物的,人民法院应予准许。出卖人请求取回标的物，符合民法典第六百四十二条规定的，人民法院应予支持；买受人以抗辩或者反诉的方式主张拍卖、变卖标的物，并在扣除买受人未支付的价款以及必要费用后返还剩余款项的，人民法院应当一并处理。”

3. 2020 年《查扣冻规定》第 14 条规定：“被执行人将其财产出卖给第三人，第三人已经支付部分价款并实际占有该财产，但根据合同约定被执行人保留所有权的，人民法院可以查封、扣押、冻结；第三人要求继续履行合同的，向人民法院交付全部余款后，裁定解除查封、扣押、冻结。”第 16 条规定：“被执行人购买第三人的财产，已经支付部分价款并实际占有该财产，第三人依合同约定保留所有权的，人民法院可以查封、扣押、冻结。保留所有权已办理登记的，第三人的剩余价款从该财产变价款中优先支付；第三人主张取回该财产的，可以依据民事诉讼法第二百二十七条（2021 年《民事诉讼法》第 234 条）规定提出异议。”

4.《民法典》第 306 条规定：“按份共有人转让其享有的共有的不动产或者动产份额的，应当将转让条件及时通知其他共有人。其他共有人应当在合理期限内行使优先购买权。两个以上其他共有人主张行使优先购买权的，协商确定各自的购买比例；协商不成的，按照转让时各自的共有份额比例行使优先购买权。”第 307 条规定：“因共有的不动产或者动产产生的债权债务，在对外关系上，共有人享有连带债权、承担连带债务，但是法律另有规定或者第三人知道共有人不具有连带债权债务关系的除外；在共有人内部关系上，除共有人另有约定外，按份共有人按照份额享有债权、承担债务，共同共有人共同享有债权、承担债务。偿还债务超过自己应当承担份额的按份共有人，有权向其他共有人追偿。”

5.《民法典》第 1066 条规定：“婚姻关系存续期间，有下列情形之一的，夫妻一方可以向人民法院请求分割共同财产：（一）一方有隐藏、转移、变卖、毁损、挥霍夫妻共同财产或者伪造夫妻共同债务等严重损害夫妻共同财产利益的行为；（二）一方负有法定扶养义务的人患重大疾病需要医治，另一方不同意支付相关医疗费用。”

6. 2020 年《查扣冻规定》第 12 条规定：“对被执行人与其他人共有的财产，人民法院可以查封、扣押、冻结，并及时通知共有人。共有人协议分割共有财产，并经债权人认可的，人民法院可以认定有效。查封、扣押、冻结的效力及于协议分割后被执行人享有份额内的财产；对其他共有人享有份额内的财产的查封、扣押、冻结，人民法院应当裁定予以解除。共有人提起析产诉讼或者申请执行人代位提起析产诉讼的，人民法院应当准许。诉讼期间中止对该财产的执行。”

7.《民法典》第 209 条规定：“不动产物权的设立、变更、转让和消灭，经依法登记，发生效力；未经登记，不发生效力，但是法律另有规定的除外。依法属于国家所有的自然资源，所有权可以不登记。”第 214 条规定：“不动产物权的设立、变更、转让和消灭，依照法律规定应当登记的，自记载于不动产登记簿时发生效力。”第 220 条规定：“权利人、利害关系人认为不动产登记簿记载的事项错误的，可以申请更正登记。不动产登记簿记载的权利人书面同意更正或者有证据证明登记确有错误的，登记机构应当予以更正。不动产登记簿记载的权利人不同意更正的，利害关系人可以申请异议登记。登记机构予以异议登记，申请人自异议登记之日起十五日内不提起诉讼的，异议登记失效。异议登记不当，造成权利人损害的，权利人可以向申请人请求损害赔偿。”

8. 2020 年《执行异议复议规定》第 28 条规定：“金钱债权执行中，买受人对登记在被执行人名下的不动产提出异议，符合下列情形且其权利能够排除执行的，人民法院应予支持：（一）在人民法院查封之前已签订合法有效的书面买卖合同；（二）在人民法院查封之前已合法占有该不动产；（三）已支付全部价款，或者已按照合同约定支付部分价款且将剩余价款按照人民法院的要求交付执行；（四）非因买受人自身原因未办理过户登记。”

9.《民法典》第 224 条规定:“动产物权的设立和转让,自交付时发生效力,但是法律另有规定的除外。”第 225 条规定:“船舶、航空器和机动车等的物权的设立、变更、转让和消灭,未经登记,不得对抗善意第三人。”

10. 2020 年《执行异议复议规定》第 25 条第 1 款第 2 项规定:“已登记的机动车、船舶、航空器等特定动产,按照相关管理部门的登记判断;未登记的特定动产和其他动产,按照实际占有情况判断。”

11.《民法典》第 386 条规定:“担保物权人在债务人不履行到期债务或者发生当事人约定的实现担保物权的情形,依法享有就担保财产优先受偿的权利,但是法律另有规定的除外。”

12. 2022 年《民诉法解释》第 157 条规定:“人民法院对抵押物、质押物、留置物可以采取财产保全措施,但不影响抵押权人、质权人、留置权人的优先受偿权。”

13. 2020 年《执行若干规定》第 31 条规定:“人民法院对被执行人所有的其他人享有抵押权、质押权或留置权的财产,可以采取查封、扣押措施。财产拍卖、变卖后所得价款,应当在抵押权人、质押权人或留置权人优先受偿后,其余额部分用于清偿申请执行人的债权。”第 55 条第 2 款规定:“多个债权人的债权种类不同的,基于所有权和担保物权而享有的债权,优先于金钱债权受偿。有多个担保物权的,按照各担保物权成立的先后顺序清偿。”

14. 2020 年《执行异议复议规定》第 27 条规定:“申请执行人对执行标的依法享有对抗案外人的担保物权等优先受偿权,人民法院对案外人提出的排除执行异议不予支持,但法律、司法解释另有规定的除外。”

15. 2020 年《拍卖变卖规定》第 28 条第 1 款规定:“拍卖财产上原有的担保物权及其他优先受偿权,因拍卖而消灭,拍卖所得价款,应当优先清偿担保物权人及其他优先受偿权人的债权,但当事人另有约定的除外。”

16.《民法典》第 403 条规定:“以动产抵押的,抵押权自抵押合同生效时设立;未经登记,不得对抗善意第三人。”

17.《民法典担保解释》第 54 条规定:“动产抵押合同订立后未办理抵押登记,动产抵押权的效力按照下列情形分别处理:(一)抵押人转让抵押财产,受让人占有抵押财产后,抵押权人向受让人请求行使抵押权的,人民法院不予支持,但是抵押权人能够举证证明受让人知道或者应当知道已经订立抵押合同的除外;(二)抵押人将抵押财产出租给他人并移转占有,抵押权人行使抵押权的,租赁关系不受影响,但是抵押权人能够举证证明承租人知道或者应当知道已经订立抵押合同的除外;(三)抵押人的其他债权人向人民法院申请保全或者执行抵押财产,人民法院已经作出财产保全裁定或者采取执行措施,抵押权人主张对抵押财产优先受偿的,人民法院不予支持;(四)抵押人破产,抵押权人主张对抵押财产优先受偿的,人民法院不予支持。”

18.《民法典担保解释》第 70 条规定:“债务人或者第三人为担保债务的履行,设立专门的保证金账户并由债权人实际控制,或者将其资金存入债权人设立的保证金账户,债权人主张就账户内的款项优先受偿的,人民法院应予支持。当事人以保证金账户内的款项浮动为由,主张实际控制该账户的债权人对账户内的款项不享有优先受偿权的,人民法院不予支持。在银行账户下设立的保证金分户,参照前款规定处理。当事人约定的保证金并非为担保债务的履行设立,或者不符合前两款规定的情形,债权人主张就保证金优先受偿的,人民法院不予支持,但是不影响当事人依照法律的规定或者按照当事人的约定主张权利。”

19.《关于审理独立保函纠纷案件若干问题的规定》第 24 条规定:“对于按照特户管理并移交开立人占

有的独立保函开立保证金，人民法院可以采取冻结措施，但不得扣划。保证金账户内的款项丧失开立保证金的功能时，人民法院可以依法采取扣划措施。开立人已履行对外支付义务的，根据该开立人的申请，人民法院应当解除对开立保证金相应部分的冻结措施。"

20.《民法典》第 457 条规定："留置权人对留置财产丧失占有或者留置权人接受债务人另行提供担保的，留置权消灭。"

21. 2020 年《查扣冻规定》第 11 条规定："查封、扣押、冻结担保物权人占有的担保财产，一般应当指定该担保物权人作为保管人；该财产由人民法院保管的，质权、留置权不因转移占有而消灭。"

22.《民法典》第 334 条规定："土地承包经营权人依照法律规定，有权将土地承包经营权互换、转让。未经依法批准，不得将承包地用于非农建设。"

23.《农村土地承包法》第 34 条规定："经发包方同意，承包方可以将全部或者部分的土地承包经营权转让给本集体经济组织的其他农户，由该农户同发包方确立新的承包关系，原承包方与发包方在该土地上的承包关系即行终止。"第 38 条规定："土地经营权流转应当遵循以下原则：（一）依法、自愿、有偿，任何组织和个人不得强迫或者阻碍土地经营权流转；（二）不得改变土地所有权的性质和土地的农业用途，不得破坏农业综合生产能力和农业生态环境；（三）流转期限不得超过承包期的剩余期限；（四）受让方须有农业经营能力或者资质；（五）在同等条件下，本集体经济组织成员享有优先权。"

24.《农村土地承包经营权流转管理办法》（已失效）第 9 条规定："农村土地承包经营权流转的受让方可以是承包农户，也可以是其他按有关法律及有关规定允许从事农业生产经营的组织和个人。在同等条件下，本集体经济组织成员享有优先权。受让方应当具有农业经营能力。"

25.《民法典》第 356 条规定："建设用地使用权转让、互换、出资或者赠与的，附着于该土地上的建筑物、构筑物及其附属设施一并处分。"第 357 条规定："建筑物、构筑物及其附属设施转让、互换、出资或者赠与的，该建筑物、构筑物及其附属设施占用范围内的建设用地使用权一并处分。"第 397 条规定："以建筑物抵押的，该建筑物占用范围内的建设用地使用权一并抵押。以建设用地使用权抵押的，该土地上的建筑物一并抵押。抵押人未依据前款规定一并抵押的，未抵押的财产视为一并抵押。"第 398 条规定："乡镇、村企业的建设用地使用权不得单独抵押。以乡镇、村企业的厂房等建筑物抵押的，其占用范围内的建设用地使用权一并抵押。"第 417 条规定："建设用地使用权抵押后，该土地上新增的建筑物不属于抵押财产。该建设用地使用权实现抵押权时，应当将该土地上新增的建筑物与建设用地使用权一并处分。但是，新增建筑物所得的价款，抵押权人无权优先受偿。"

26.《民法典担保解释》第 51 条规定："当事人仅以建设用地使用权抵押，债权人主张抵押权的效力及于土地上已有的建筑物以及正在建造的建筑物已完成部分的，人民法院应予支持。债权人主张抵押权的效力及于正在建造的建筑物的续建部分以及新增建筑物的，人民法院不予支持。当事人以正在建造的建筑物抵押，抵押权的效力范围限于已办理抵押登记的部分。当事人按照担保合同的约定，主张抵押权的效力及于续建部分、新增建筑物以及规划中尚未建造的建筑物的，人民法院不予支持。抵押人将建设用地使用权、土地上的建筑物或者正在建造的建筑物分别抵押给不同债权人的，人民法院应当根据抵押登记的时间先后确定清偿顺序。"

27.《城市房地产管理法》第 32 条规定："房地产转让、抵押时，房屋的所有权和该房屋占用范围内的土地使用权同时转让、抵押。"

28.《民法典》第 363 条规定："宅基地使用权的取得、行使和转让，适用土地管理的法律和国家有关规定。”

29.《土地管理法》第62条规定：“农村村民一户只能拥有一处宅基地，其宅基地的面积不得超过省、自治区、直辖市规定的标准……农村村民出卖、出租、赠与住宅后，再申请宅基地的，不予批准……”

30.《国务院办公厅关于加强土地转让管理严禁炒卖土地的通知》第2条规定：“加强对农民集体土地的转让管理，严禁非法占用农民集体土地进行房地产开发。农民集体土地使用权不得出让、转让或出租用于非农业建设；对符合规划并依法取得建设用地使用权的乡镇企业，因发生破产、兼并等致使土地使用权必须转移的，应当严格依法办理审批手续。农民的住宅不得向城市居民出售，也不得批准城市居民占用农民集体土地建住宅，有关部门不得为违法建造和购买的住宅发放土地使用证和房产证。要对未经审批擅自将农民集体土地变为建设用地的情况进行认真清理。凡不符合土地利用总体规划的，要限期恢复农业用途，退还原农民集体土地承包者；符合土地利用总体规划的，必须依法重新办理用地手续。”

31.2022年《民诉法解释》第489条规定：“经申请执行人和被执行人同意，且不损害其他债权人合法权益和社会公共利益的，人民法院可以不经拍卖、变卖，直接将被执行人的财产作价交申请执行人抵偿债务。对剩余债务，被执行人应当继续清偿。”第490条规定：“被执行人的财产无法拍卖或者变卖的，经申请执行人同意，且不损害其他债权人合法权益和社会公共利益的，人民法院可以将该项财产作价后交付申请执行人抵偿债务，或者交付申请执行人管理；申请执行人拒绝接收或者管理的，退回被执行人。”

32.《民法典》第368条规定：“居住权无偿设立，但是当事人另有约定的除外。设立居住权的，应当向登记机构申请居住权登记。居住权自登记时设立。”第369条规定：“居住权不得转让、继承。设立居住权的住宅不得出租，但是当事人另有约定的除外。”

33.2020年《执行异议复议规定》第24条规定：“对案外人提出的排除执行异议，人民法院应当审查下列内容：（一）案外人是否系权利人；（二）该权利的合法性与真实性；（三）该权利能否排除执行。”第25条规定：“对案外人的异议，人民法院应当按照下列标准判断其是否系权利人：（一）已登记的不动产，按照不动产登记簿判断；未登记的建筑物、构筑物及其附属设施，按照土地使用权登记簿、建设工程规划许可、施工许可等相关证据判断……”

34.《民法典》第405条规定：“抵押权设立前，抵押财产已经出租并转移占有的，原租赁关系不受该抵押权的影响。”第725条规定：“租赁物在承租人按照租赁合同占有期限内发生所有权变动的，不影响租赁合同的效力。”

35.2020年《城镇房屋租赁合同若干解释》第14条规定：“租赁房屋在承租人按照租赁合同占有期限内发生所有权变动，承租人请求房屋受让人继续履行原租赁合同的，人民法院应予支持。但租赁房屋具有下列情形或者当事人另有约定的除外：（一）房屋在出租前已设立抵押权，因抵押权人实现抵押权发生所有权变动的；（二）房屋在出租前已被人民法院依法查封的。”

36.2020年《拍卖变卖规定》第28条第2款规定：“拍卖财产上原有的租赁权及其他用益物权，不因拍卖而消灭，但该权利继续存在于拍卖财产上，对在先的担保物权或者其他优先受偿权的实现有影响的，人民法院应当依法将其除去后进行拍卖。”

37.2020年《执行异议复议规定》第31条规定：“承租人请求在租赁期内阻止向受让人移交占有被执行的不动产，在人民法院查封之前已签订合法有效的书面租赁合同并占有使用该不动产的，人民法院应予支持。承租人与被执行人恶意串通，以明显不合理的低价承租被执行的不动产或者伪造交付租金证据的，对其提出的阻止移交占有的请求，人民法院不予支持。”

38.《民法典》第221条规定:“当事人签订买卖房屋的协议或者签订其他不动产物权的协议,为保障将来实现物权,按照约定可以向登记机构申请预告登记。预告登记后,未经预告登记的权利人同意,处分该不动产的,不发生物权效力。预告登记后,债权消灭或者自能够进行不动产登记之日起九十日内未申请登记的,预告登记失效。”

39.2020年《物权编解释(一)》第4条规定:“未经预告登记的权利人同意,转让不动产所有权等物权,或者设立建设用地使用权、居住权、地役权、抵押权等其他物权的,应当依照民法典第二百二十一条第一款的规定,认定其不发生物权效力。”

40.《民法典担保解释》第52条规定:“当事人办理抵押预告登记后,预告登记权利人请求就抵押财产优先受偿,经审查存在尚未办理建筑物所有权首次登记、预告登记的财产与办理建筑物所有权首次登记时的财产不一致、抵押预告登记已经失效等情形,导致不具备办理抵押登记条件的,人民法院不予支持;经审查已经办理建筑物所有权首次登记,且不存在预告登记失效等情形的,人民法院应予支持,并应当认定抵押权自预告登记之日起设立。当事人办理了抵押预告登记,抵押人破产,经审查抵押财产属于破产财产,预告登记权利人主张就抵押财产优先受偿的,人民法院应当在受理破产申请时抵押财产的价值范围内予以支持,但是在人民法院受理破产申请前一年内,债务人对没有财产担保的债务设立抵押预告登记的除外。”

41.2020年《执行异议复议规定》第30条规定:“金钱债权执行中,对被查封的办理了受让物权预告登记的不动产,受让人提出停止处分异议的,人民法院应予支持;符合物权登记条件,受让人提出排除执行异议的,应予支持。”

42.2020年《物权编解释(一)》第7条规定:“人民法院、仲裁机构在分割共有不动产或者动产等案件中作出并依法生效的改变原有物权关系的判决书、裁决书、调解书,以及人民法院在执行程序中作出的拍卖成交裁定书、变卖成交裁定书、以物抵债裁定书,应当认定为民法典第二百二十九条所称导致物权设立、变更、转让或者消灭的人民法院、仲裁机构的法律文书。”

43.2022年《民诉法解释》第491条规定:“拍卖成交或者依法定程序裁定以物抵债的,标的物所有权自拍卖成交裁定或者抵债裁定送达买受人或者接受抵债物的债权人时转移。”

44.2020年《执行若干规定》第43条规定:“被执行人的财产经拍卖、变卖或裁定以物抵债后,需从现占有人处交付给买受人或申请执行人的,适用民事诉讼法第二百四十九条、第二百五十条(2021年《民事诉讼法》第256条、第257条)和本规定第41条、第42条的规定。”

45.2020年《执行异议复议规定》第26条规定:“金钱债权执行中,案外人依据执行标的被查封、扣押、冻结前作出的另案生效法律文书提出排除执行异议,人民法院应当按照下列情形,分别处理……(三)该法律文书系案外人受让执行标的的拍卖、变卖成交裁定或者以物抵债裁定且其权利能够排除执行的,应予支持……申请执行人或者案外人不服人民法院依照本条第一、二款规定作出的裁定,可以依照民事诉讼法第二百二十七条(2021年《民事诉讼法》第234条)规定提起执行异议之诉。”

46.2020年《执行和解规定》第6条规定:“当事人达成以物抵债执行和解协议的,人民法院不得依据该协议作出以物抵债裁定。”

47.2003年《关于审理商品房买卖合纠纷案件适用法律若干问题的解释》第7条曾规定:“拆迁人与被拆迁人按照所有权调换形式订立拆迁补偿安置协议,明确约定拆迁人以位置、用途特定的房屋对被拆迁人予以补偿安置,如果拆迁人将该补偿安置房屋另行出卖给第三人,被拆迁人请求优先取得补偿安置房屋的,应予支持。被拆迁人请求解除拆迁补偿安置协议的,按照本解释第八条的规定处理。”由此确立了被拆迁人安置房优先权。但在2020年修正中,该条被删除,被拆迁人安置房优先权已成为历史。

48. 2020年《执行异议复议规定》第29条规定:“金钱债权执行中,买受人对登记在被执行的房地产开发企业名下的商品房提出异议,符合下列情形且其权利能够排除执行的,人民法院应予支持:(一)在人民法院查封之前已签订合法有效的书面买卖合同;(二)所购商品房系用于居住且买受人名下无其他用于居住的房屋;(三)已支付的价款超过合同约定总价款的百分之五十。”

49. 2020年《查扣冻规定》第3条规定:“人民法院对被执行人的下列财产不得查封、扣押、冻结:(一)被执行人及其所扶养家属生活所必需的衣服、家具、炊具、餐具及其他家庭生活必需的物品;(二)被执行人及其所扶养家属所必需的生活费用。当地有最低生活保障标准的,必需的生活费用依照该标准确定;(三)被执行人及其所扶养家属完成义务教育所必需的物品;(四)未公开的发明或者未发表的著作;(五)被执行人及其所扶养家属用于身体缺陷所必需的辅助工具、医疗物品;(六)被执行人所得的勋章及其他荣誉表彰的物品;(七)根据《中华人民共和国缔结条约程序法》,以中华人民共和国、中华人民共和国政府或者中华人民共和国政府部门名义同外国、国际组织缔结的条约、协定和其他具有条约、协定性质的文件中规定免于查封、扣押、冻结的财产;(八)法律或者司法解释规定的其他不得查封、扣押、冻结的财产。”第4条规定:“对被执行人及其所扶养家属生活所必需的居住房屋,人民法院可以查封,但不得拍卖、变卖或者抵债。”第5条规定:“对于超过被执行人及其所扶养家属生活所必需的房屋和生活用品,人民法院根据申请执行人的申请,在保障被执行人及其所扶养家属最低生活标准所必需的居住房屋和普通生活必需品后,可予以执行。”

50.《民法典》第807条规定:“发包人未按照约定支付价款的,承包人可以催告发包人在合理期限内支付价款。发包人逾期不支付的,除根据建设工程的性质不宜折价、拍卖外,承包人可以与发包人协议将该工程折价,也可以请求人民法院将该工程依法拍卖。建设工程的价款就该工程折价或者拍卖的价款优先受偿。”

51.《建设工程施工合同纠纷解释(一)》第36条规定:“承包人根据民法典第八百零七条规定享有的建设工程价款优先受偿权优于抵押权和其他债权。”第38条规定:“建设工程质量合格,承包人请求其承建工程的价款就工程折价或者拍卖的价款优先受偿的,人民法院应予支持。”第39条规定:“未竣工的建设工程质量合格,承包人请求其承建工程的价款就其承建工程部分折价或者拍卖的价款优先受偿的,人民法院应予支持。”第40条规定:“承包人建设工程价款优先受偿的范围依照国务院有关行政主管部门关于建设工程价款范围的规定确定。承包人就逾期支付建设工程价款的利息、违约金、损害赔偿金等主张优先受偿的,人民法院不予支持。”第41条规定:“承包人应当在合理期限内行使建设工程价款优先受偿权,但最长不得超过十八个月,自发包人应当给付建设工程价款之日起算。”

52.《关于建设工程价款优先受偿权问题的批复》(已失效)第2条规定:“消费者交付购买商品房的全部或者大部分款项后,承包人就该商品房享有的工程价款优先受偿权不得对抗买受人。”

53.《民法典》第458条规定:“基于合同关系等产生的占有,有关不动产或者动产的使用、收益、违约责任等,按照合同约定;合同没有约定或者约定不明确的,依照有关法律规定。”

54. 2020年《查扣冻规定》第13条规定:“对第三人为被执行人的利益占有的被执行人的财产,人民法院可以查封、扣押、冻结;该财产被指定给第三人继续保管的,第三人不得将其交付给被执行人。对第三人为自己的利益依法占有的被执行人的财产,人民法院可以查封、扣押、冻结,第三人可以继续占有和使用该财产,但不得将其交付给被执行人。第三人无偿借用被执行人的财产的,不受前款规定的限制。”

原则上,物权及其请求权优先于债权请求权,特殊权益如消费者优先权、建设工程款优先受偿权、租赁权等优先于担保物权，此外，权利形成的时间先后顺序影响权利的优先性。在宽泛的意义上，生存权益 > 法定优先权 > 抵押权 > 普通债权。当然，在不同的个案当中，案外人所主张的民事权益不尽相同，应当分别加以比较，确定权益实现的先后顺序。理论界与实务界就“足以排除强制执行的民事权益”展开了类型化研究，尝试逐一确定可排除执行的民事权益。[①] 不过，研究的体系性仍显不足。

（二）财产权益是否因执行而受妨害

【设例 7－1】

永富公司以登记在其名下的翔宇大厦全部底商抵押借款。因永富公司未履行到期债务，法院根据债权人的申请，裁定对抵押物进行查封、拍卖。在执行过程中，有以下数位案外人提出异议：

（1）甲公司主张其是翔宇大厦的施工单位，永富公司拖欠其施工款 1500 万元未偿付，且永富公司资产不足以清偿全部债务，请求停止对翔宇大厦底商的执行。

（2）乙主张其是翔宇大厦第 1－2 号底商的购买人，已经支付了全部价款，因永富公司拖延，尚未办理产权登记，请求停止对第 1－2 号底商的执行。

（3）丙主张其是翔宇大厦第 3－4 号底商的购买人，同样支付了全部价款，且办理了产权预告登记，请求停止对第 3－4 号底商的执行。

（4）丁主张其是永富公司的供货商，因永富公司拖欠货款，其向法院提起诉讼，双方在法院的主持下达成调解协议，约定永富公司以翔宇大厦第 5－6 号底商折抵货款。法院制作的调解书已经生效。

首先，甲公司主张的是建设工程价款优先受偿权。《民法典》第 807 条规定：“发包人未按照约定支付价款的，承包人可以催告发包人在合理期限内支付价款。发包人逾期不支付的，除根据建设工程的性质不宜折价、拍卖外，承包人可以与发包人协议将该工程折价，也可以请求人民法院将该工程依法拍卖。建设工程的价款就该工程折价或者拍卖的价款优先受偿。”《建设工程施工合同纠纷解释（一）》第 36 条规定：“承包人根据民法典第八百零七条规定享有的建设工程价款优先受偿权优于抵押权和其他债权。”根据该司法解释的规定，建设工程价款优先受偿权优先于抵押权及普通债权，这种具有法定优先性的债权并不会因为法院的拍卖执行而受到妨害。甲公司可以永富公司资产不足以清偿全部债务为由，向执行法院申请参与分配。按照

① 参见汤维建、陈爱飞：《“足以排除强制执行民事权益”的类型化分析》，载《苏州大学学报（哲学社会科学版）》2018 年第 2 期；肖建国、庄诗岳：《论案外人异议之诉中足以排除强制执行的民事权益——以虚假登记财产的执行为中心》，载《法律适用》2018 年第 15 期；王毓莹、翟如意：《执行异议之诉中排除执行的民事权利类型化研究》，载《人民司法》2019 年第 28 期。

一般操作，执行法院应在拍卖翔宇大厦底商所得价款中，优先保障甲公司受偿权。对此，最高人民法院在一起案外人异议之诉再审判决中也认为："建设工程价款优先受偿权是承包人就建设工程折价或者拍卖的价款优先受偿的权利，属于法定优先权的范畴。优先受偿权是债权优先得到清偿的权利，这种权利不是所有权等实体权利，不能阻止执行标的的转让、交付。"①

其次，乙主张的是不动产买受人的权益。2020年《执行异议复议规定》第28条规定："金钱债权执行中，买受人对登记在被执行人名下的不动产提出异议，符合下列情形且其权利能够排除执行的，人民法院应予支持：（一）在人民法院查封之前已签订合法有效的书面买卖合同；（二）在人民法院查封之前已合法占有该不动产；（三）已支付全部价款，或者已按照合同约定支付部分价款且将剩余价款按照人民法院的要求交付执行；（四）非因买受人自身原因未办理过户登记。"②如果乙能举证证明其满足该条的四个要件所对应的主要事实，则可以阻止法院对翔宇大厦第1－2号底商的执行。实务上有观点认为，该条规定的是不动产买受人的物权期待权。不过，这种权益保护更具有社会政策的含义，即使将其归入物权期待权的范畴，从下面的讨论来看，也是一种比较"稀薄"的物权期待权。

再次，丙主张的是买受人的物权期待权。在理论上，物权期待权是一个与完整物权相对应的概念，其要旨在于，在权利成型阶段，当事人虽不能实际享有完整的权利，但权利取得人的地位如果已经产生财产价值，法律若不对之加以保护，将来完整权利的享有者可能遭受不当侵害。此时，权利成型阶段即应具有某种"先期效力"，以拘束当事人。③ 典型的物权期待权如《民法典》第221条的规定，即"当事人签订买卖房屋的协议或者签订其他不动产物权的协议，为保障将来实现物权，按照约定可以向登记机构申请预告登记。预告登记后，未经预告登记的权利人同意，处分该不动产的，不发生物权效力。"经过预告登记以后，房屋买受人或其他物权期待人的请求权脱离单纯债权的性质，开始向物权转化，或者说具有了"物权化的债权"的特征。具体表现为：未经预告登记权利人同意，现物权人的处分行为不发生导致物权变动的效力。显然，物权期待权优先于有抵押债权，且会因为法院处置性执行措施受到妨害。故2020

① 最高人民法院民事裁定书，(2017)最高法民申5098号。

② 与该条相仿的是2020年《查扣冻规定》第15条规定："被执行人将其所有的需要办理过户登记的财产出卖给第三人，第三人已经支付部分或者全部价款并实际占有该财产，但尚未办理产权过户登记手续的，人民法院可以查封、扣押、冻结；第三人已经支付全部价款并实际占有，但未办理过户登记手续的，如果第三人对此没有过错，人民法院不得查封、扣押、冻结。"该条最初源自2004年发布的《查扣冻规定》第17条。

③ 参见朱庆育：《民法总论》，北京大学出版社2013年版，第506～507页。

年《执行异议复议规定》第 30 条规定："金钱债权执行中，对被查封的办理了受让物权预告登记的不动产，受让人提出停止处分异议的，人民法院应予支持；符合物权登记条件，受让人提出排除执行异议的，应予支持。"换言之，不动产买受人只要办理了预告登记，就可以主张停止拍卖、变卖等处置性执行措施；如果出示证据证明双方存在合法的买卖合同、约定办理登记的期限已至或条件已满足、买受人具有购买资格等，还可以申请解除查封，排除全部执行措施。

最后，丁的主张涉及生效法律文书与物权变动的关系。根据《民法典》第 229 条的规定，因人民法院、仲裁机构的法律文书或者人民政府的征收决定等，导致物权设立、变更、转让或者消灭的，自法律文书或者征收决定等生效时发生效力。通说认为，只有具有形成内容的判决书、仲裁裁决书、调解书才能导致物权变动，仅具有给付内容、确认内容的生效法律文书不具有该种效力。① 最高人民法院在一起案外人执行异议之诉再审判决中主张："应当认为，导致物权变动的人民法院的法律文书，是指直接为当事人创设或者变动物权的判决书、裁定书、调解书，此类文书具有与登记等公示方法相同的效力，因而无须再进行一般的物权公示即可直接发生物权变动效力。因此，可以导致物权变动的生效法律文书必须具有直接导致物权变动的内容，并以此为限。"②2020 年《物权编解释（一）》第 7 条也规定："人民法院、仲裁机构在分割共有不动产或者动产等案件中作出并依法生效的改变原有物权关系的判决书、裁决书、调解书，以及人民法院在执行程序中作出的拍卖成交裁定书、变卖成交裁定书、以物抵债裁定书，应当认定为民法典第二百二十九条所称导致物权设立、变更、转让或者消灭的人民法院、仲裁机构的法律文书。"显然，丁主张的法院调解书是对双方当事人以物抵债协议的确认，而该种协议属于债的范畴，仅产生丁对永富公司交付标的物、办理登记手续等的请求权，并未改变翔宇大厦第 5－6 号底商的物权关系。故丁的执行异议并不成立。

针对金钱债权执行中，案外人依据另案生效的裁判提出执行异议的，2020 年《执行异议复议规定》第 26 条将其限定为"一要件、三类型"。"一要件"指的是另案生效裁判须在执行标的被查封、扣押、冻结前作出，在法院采取控制性措施之后作出的，不得作为执行异议的依据。其理由在于，根据《民法典》第 229 条的规定，物权自裁判生效时发生变动。如果法院查封时另案生效裁判尚未作出，则标的物的物权未发生变动，仍属于被执行人的财产，法院的执行合法有效。"三类型"包括：（1）该法律文书系

① 参见崔建远：《中国民法典释评・物权编》（上卷），中国人民大学出版社 2020 年版，第 168～178 页。

② 最高人民法院民事判决书，（2018）最高法民再 445 号。

就案外人与被执行人之间的权属纠纷以及租赁、借用、保管等不以转移财产权属为目的的合同纠纷,判决、裁决执行标的归属于案外人或者向其返还执行标的且其权利能够排除执行的,应予支持。(2)该法律文书系就案外人与被执行人之间除前项所列合同之外的债权纠纷,判决、裁决执行标的归属于案外人或者向其交付、返还执行标的的,不予支持。(3)该法律文书系案外人受让执行标的的拍卖、变卖成交裁定或者以物抵债裁定且其权利能够排除执行的,应予支持。

为了准确理解与适用2020年《执行异议复议规定》,最高人民法院在2019年《九民纪要》第124条再次作出规定:"作为执行依据的生效裁判并未涉及执行标的物,只是执行中为实现金钱债权对特定标的物采取了执行措施。对此种情形,《最高人民法院关于人民法院办理执行异议和复议案件若干问题的规定》第26条规定了解决案外人执行异议的规则,在审理执行异议之诉时可以参考适用。依据该条规定,作为案外人提起执行异议之诉依据的裁判将执行标的物确权给案外人,可以排除执行;作为案外人提起执行异议之诉依据的裁判,未将执行标的物确权给案外人,而是基于不以转移所有权为目的的有效合同(如租赁、借用、保管合同),判令向案外人返还执行标的物的,其性质属于物权请求权,亦可以排除执行;基于以转移所有权为目的有效合同(如买卖合同),判令向案外人交付标的物的,其性质属于债权请求权,不能排除执行。应予注意的是,在金钱债权执行中,如果案外人提出执行异议之诉依据的生效裁判认定以转移所有权为目的的合同(如买卖合同)无效或应当解除,进而判令向案外人返还执行标的物的,此时案外人享有的是物权性质的返还请求权,本可排除金钱债权的执行,但在双务合同无效的情况下,双方互负返还义务,在案外人未返还价款的情况下,如果允许其排除金钱债权的执行,将会使申请执行人既执行不到被执行人名下的财产,又执行不到本应返还给被执行人的价款,显然有失公允。为平衡各方当事人的利益,只有在案外人已经返还价款的情况下,才能排除普通债权人的执行。反之,案外人未返还价款的,不能排除执行。"由此可见,该指导性文件将另案生效裁判对案外人的权利划分为三类,即因执行会受到妨害的物权、基于所有权的物的返还请求权、基于债权的物的交付请求权。原则上只有前两种能够排除金钱债权的执行,第三种不能排除执行。例外是双务合同下案外人已支付对价并主张物的交付请求权的,可以排除金钱债权的执行。

二、程序法层面的财产可执行性

如前所述,案外人向执行法院主张其民事权益将因法院对执行标的物的处置而受到妨害,请求阻止或排除执行。该请求能否得到支持,除了取决于其主张的民事权益相对于执行债权是否具有优先性、是否因执行受到妨害,还取决于其事实主张能否成立。如案外人的事实主张受到执行法院的质疑或执行当事人(申请执行人、被执行人)的反对,就变成需要由当事人进行举证证明(疏明)的争点。因此,在执行实践中,案外人能否排除法院对执行标的物的执行,常常演变为事实证明(疏明)与调查的程序问题。

在金钱债权执行中,案外人对执行标的提出的异议如果得不到法院的支持,可以提起执行异议之诉;案外人的执行异议如果得到了法院的支持,申请执行人也可以提起执行异议之诉。学理上一般将前者称为"案外人异议之诉",将后者称为"许可执行之诉"。严格来说,执行标的异议和执行异议之诉分属于执行与审判两种程序,前者贯彻形式审查原则,适用略式程序,后者则可以深入实体争议,进行完整意义上的诉讼攻击防御。《民事强制执行法(草案)》第89条延续了"案外人异议+异议之诉"的两阶段程序构造。

在前一阶段,法院与当事人围绕案外人异议所从事的诉讼行为受到限制,不得违背执行程序旨在实现权利而非确认权利的本质属性。当事人只能对异议的事实理由进行具体化说明,提供可以即刻审查判断的证据方法(如标的物权属证明、形式完整的合同文书),但不得申请鉴定、勘验,原则上不能申请法院调取证据,也不能申请证人到庭作证;法院以当事人提交的证据为限,及时作出裁定。当事人在此阶段提供证据方法的行为可称为"疏明",是一种程序性的证明,在学理上其证明度也明显低于诉讼中对案件要件事实的证明。最高人民法院也认为:"在执行异议中,由于人民法院只有十五天的审查期限,而执行机构不属于审判机构,执行异议审查程序也不是审判程序,一般情况下执行机构只需对执行标的权利归属的外观进行审查,并作出案外人对执行标的是否享有权利和该权利是否足以排除强制执行的判断。"

在后一阶段,涉及执行异议之诉的法律性质。对此在理论上存在不同学说,常见的有"程序上的形成之诉说""新确认之诉说"等。不同学说的主要论点在于:如何理解执行异议之诉的承认请求判决所具有的排除执行效力;如何理解执行异议之诉的诉讼标的;执行异议之诉判决所具有的既判力内容为何;等等。本书赞同"新确认之诉说"。具体而言,案外人提起执行异议之诉,诉讼请求包含两个层次:一是针对执行债权人提出的,其对执行标的物享有的实体权利因法院对该标的物的执行而受到妨害的主张;二是针对法院提出的,以判决宣告"对特定财产不予执行"的权利保护请求。前者为主,后者为辅。就此而言,应承认案外人执行异议的判决对案外人实体权利的存在产生既判力。基于此,相关当事人应当围绕执行标的物的权属、是否会受到妨害等穷尽攻击防御方法,而不能待执行异议之诉判决生效后再提起权利确认之诉。因此,针对当事人所主张的事实,应该达到常规诉讼中的证明标准,并在真伪不明时根据客观证明责任分配诉讼的不利后果。

不过，最高人民法院在司法解释中采用的似乎是“程序上的形成之诉说”，并肯定了当事人对诉讼请求的处分权。如2022年《民诉法解释》第310条规定：“对案外人提起的执行异议之诉，人民法院经审理，按照下列情形分别处理：（一）案外人就执行标的享有足以排除强制执行的民事权益的，判决不得执行该执行标的；（二）案外人就执行标的不享有足以排除强制执行的民事权益的，判决驳回诉讼请求。案外人同时提出确认其权利的诉讼请求的，人民法院可以在判决中一并作出裁判。”该条第1款规定执行异议之诉的判决以是否排除对标的物的强制执行为内容，将执行异议之诉定性为排除执行的形成之诉，第2款规定案外人可以同时提出确认权利的诉讼请求。最高人民法院民事诉讼法司法解释起草者进一步阐明：执行之诉的直接目的在于解决执行问题，对于权属的判决受限于当事人的诉讼请求。[①] 但是，该条仅适用于案外人异议之诉，却不能涵盖许可执行之诉。如果执行法院经审查裁定对标的物不予执行，申请执行人根据2022年《民诉法解释》第302条、第304条、第306条的规定提起许可执行之诉，显然不能提出确认案外人权利不存在的诉讼请求。事实上，2022年《民诉法解释》第311条也没有赋予申请执行人处分权。如果贯彻“程序上的形成之诉说”，许可执行之诉的判决没有对案外人主张的权利是否存在作出判断，不发生禁止当事人就该权利存在与否提起后诉的既判力。这难免导致“既浪费司法资源，造成案外人诉累，难以避免判决的冲突，也不符合普通民众的法律观念”之不符合我国审判实际和国情的后果。[②] 出于同类制度均衡、一致的考虑，本书主张统一采用“新确认之诉说”。无论是案外人异议之诉还是许可执行之诉，均向当事人提供完善的程序保障，确保其围绕案外人的权利主张、是否会受到妨害等实体内容展开充分的攻击防御，并发生对权利存在与否作出最终判断的既判力。[③]

关于执行异议之诉的证明责任分配，2022年《民诉法解释》第309条规定：“案外人或者申请执行人提起执行异议之诉的，案外人应当就其对执行标的享有足以排除强制执行的民事权益承担举证证明责任。”对此，《最高人民法院民事诉讼法司法解释理解与适用》（下）提供的理由包括：第一，执行异议之诉的审理对象是案外人对标的物是否享有足以排除执行的权利，由案外人提出主张，应由其进行举证证明；第二，法院采取执行措施意味着，从权利外观来看标的物属于可执行财产，案外人主张排除执行，应由其承担举证证明责任；第三，相对于申请执行人而言，案外人距离标的物权属

① 参见最高人民法院修改后民事诉讼法贯彻实施工作领导小组编著：《最高人民法院民事诉讼法司法解释理解与适用》（下），人民法院出版社2015年版，第839页。

② 参见最高人民法院修改后民事诉讼法贯彻实施工作领导小组编著：《最高人民法院民事诉讼法司法解释理解与适用》（下），人民法院出版社2015年版，第839页。

③ 2022年《民诉法解释》第308条规定：“人民法院审理执行异议之诉案件，适用普通程序。”

关系的证据更近；第四，当事人原则上不应对消极事实承担举证证明责任。①

我国司法解释中的"举证证明责任"一词，严格来说包含主观证明责任（提出证据或"举证"）与客观证明责任（辩论终结时事实"真伪不明"下的不利益分配或"证明"）两种含义。在案外人异议之诉中，上述规定及理由无疑是合理的。一方面，执行法院依据财产的权利外观，实施查封且裁定驳回案外人的异议，案外人若想阻止执行，应当在异议之诉中提出充足的证据来推翻法院此前的判断；另一方面，根据规范说或法律要件分类说，案外人须对异议权之构成要件所对应的主要事实承担客观证明责任，如其不能证明拥有足以排除执行的权利，将承担败诉的不利后果。但是，在许可执行之诉中，这一规定有待商榷。首先，许可执行之诉源自法院经审查裁定对标的物不予执行，说明案外人提供的证据足以"刺破"执行所依据的权利外观。换言之，在许可执行之诉的起始阶段，基于执行异议阶段的举证证明活动，案件事实已经达到一定的解明度，双方当事人并非处于同一起跑线。因此，在主观证明责任的意义上，应当先由申请执行人提出证据，推翻执行法院在执行异议审查阶段作出的判断。其次，如果辩论终结时，关于案外人是否享有足以排除执行的权利这一事实仍真伪不明，则案外人的异议权主张不能成立，应由其承担不利后果。故案外人承担的只是客观证明责任。

以2020年《执行异议复议规定》第28条为例。金钱债权执行中，买受人对登记在被执行人名下的不动产提出异议，符合下列情形且其权利能够排除执行的，人民法院应予支持：(1)在人民法院查封之前已签订合法有效的书面买卖合同；(2)在人民法院查封之前已合法占有该不动产；(3)已支付全部价款，或者已按照合同约定支付部分价款且将剩余价款按照人民法院的要求交付执行；(4)非因买受人自身原因未办理过户登记。其中，所谓"权利能够排除执行"，指的是上面提到的民事权利相对于执行债权具有优越性、不排除执行将受到妨害。该条虽规定的是执行异议，但同样适用于执行异议之诉中的事实证明。从客观证明责任的层面来看，如果四个要件所对应的主要事实真伪不明，无论是案外人异议之诉还是许可执行之诉，均由案外人承担败诉的不利后果，不能阻止对标的物的执行。从主观证明责任的层面来看，则要区分案外人异议之诉与许可执行之诉：

首先，案外人提起执行异议之诉，意味着执行法院经审查，认为上述四个要件至少有一个不具备，执行异议不成立。因此，案外人需要承担提出证据的主观证明责任。常见的如：(1)须提出签订日期早于法院查封之日的书面买卖合同。书面买卖合同并不意味着单一的买卖合同文本，也包括通过邮件、传真等电子数据的方式证明双

① 参见最高人民法院修改后民事诉讼法贯彻实施工作领导小组编著：《最高人民法院民事诉讼法司法解释理解与适用》（下），人民法院出版社2015年版，第835页。

方存在买卖的要约与承诺。买卖双方之间的转账记录、银行流水、中介费支付凭证、税费缴纳凭据等有助于证明交易的真实性。(2)为了证明在查封之前合法占有,一般应提交收房通知书、物业水电交割单及缴费凭证、天然气入户手续及缴费凭证、房屋装修合同等证据。当然,合法占有不仅包括案外人直接占有,也包括通过出租等让他人占有。(3)已支付全部价款,或者已按照合同约定支付部分价款且将剩余价款按照法院的要求交付执行,主要通过付款凭证、合同约定等加以证明。(4)为了证明非因其原因未办理过户登记,应当提出证据证明是出卖人或第三人的原因导致不能办理过户登记,但受中央及地方政府相关政策限制不能办理的除外。

其次,申请执行人提起许可执行之诉,意味着执行法院经审查,认为上述四个要件均已具备,执行异议成立。对申请执行人而言,只要举证证明一个要件所对应的主要事实不存在,即可推翻案外人的执行异议。例如,申请执行人可以主张买卖合同是倒签的、合同上的签名是伪造的、合同名为买卖实为借贷担保,由其申请鉴定或提出证据加以证明,也即先由申请执行人承担主观证明责任。再如,申请执行人可以主张因为案外人自身的原因未办理过户登记,比如证明案外人不具有购买案涉房屋的资格。如果申请执行人进行的事实阐明及提出证据,使法官内心有关四个要件均成立的确信产生动摇,至少使一个要件对应的主要事实真伪存疑,主观证明责任就转移到案外人一方。

【设例7-2】

陈某与鑫瑞公司借款合同纠纷一案,法院作出民事调解书已生效,因陈某未自动履行,鑫瑞公司申请强制执行。执行法院依法查封陈某名下位于北京市海淀区的房屋一套并进行拍卖。孙某向执行法院提出执行异议,主张其为该房屋的实际所有权人。执行法院裁定驳回孙某的异议。孙某以陈某、鑫瑞公司为被告向执行法院提起执行异议之诉。

孙某主张,其与陈某签订《劳动谅解相关协议》,约定孙某借用陈某的名义购买案涉房屋。虽然《居间成交确认书》《北京市存量房屋买卖合同》《房屋所有权转移登记申请书》等由陈某签名,产权证登记在陈某名下,但孙某向卖家以转账的方式支付首付款,按月偿还银行贷款,向中介公司支付居间服务费,并以陈某名义缴纳印花税、二手房交易契税、房屋登记收费等。孙某向法院提供以下证据:《劳动谅解相关协议》、银行转账凭证、流水记录、与陈某之间的短信记录,该房屋中介公司对购买过程的书面情况说明,以及孙某保存的房权证原件、契税发票、房屋登记收费收据、印花税发票、居间服务费收据。

陈某、鑫瑞公司辩称,陈某与孙某之间并不存在借名买房的协议,《劳动谅解相关协议》并非一份正式的借名买房合同,孙某提交的证据不足以证明双方之间存在借名买房的事实;即使存在借款买房的情况,也只在二人之间发生债权法律关系,且违反相关法律及政策。陈某向法院提交以下证据:房屋买卖合同复印件、二手房交易发票复印件、房产证复印件。

设例 7－2 改编自一则真实的案例。[1] 尽管《民法典》第 209 条第 1 款规定不动产物权登记生效原则，第 216 条规定不动产登记的形式为不动产登记簿，登记簿是物权归属和内容的根据，但是，《民法典》并未明确赋予登记簿记载内容绝对的效力。相反，立法机关充分意识到"在实际生活中，由于当事人自己的过错或者由于登记机关的过错，可能出现登记的权利与事实上的权利不一致的情况"，因此认为不动产登记簿仅具有推定正确效力。[2] 相应地，《民法典》第 217 条规定："不动产权属证书是权利人享有该不动产物权的证明。不动产权属证书记载的事项，应当与不动产登记簿一致；记载不一致的，除有证据证明不动产登记簿确有错误外，以不动产登记簿为准。"第 234 条规定："因物权的归属、内容发生争议的，利害关系人可以请求确认权利。"该条规定的是物权确认请求权。2016 年最高人民法院《关于适用〈中华人民共和国物权法〉若干问题的解释（一）》（以下简称《物权法解释（一）》，已失效）第 2 条也曾规定："当事人有证据证明不动产登记簿的记载与真实权利状态不符、其为该不动产物权的真实权利人，请求确认其享有物权的，应予支持。"概言之，不动产登记簿及不动产产权证具有推定真实的效力，但不具有绝对真实的效力。利害关系人可以主张记载的内容与真实情况不符，并提出证据加以证明。

从设例 7－2 的案情来看，案外人孙某提供的书面协议、银行转账凭证、流水记录、短信记录、中介公司的书面情况说明（实为书面证人证言）以及保存的房权证原件、水费收据等证据，已经形成完整的证据链，足以证明孙某借陈某之名购房，由其支付首付款并负责按月偿还银行贷款，达到了对相关事实高度盖然性的证明。与之相对，陈某所能提供的仅为房屋买卖合同、二手房交易发票、房产证等的复印件，难以解释为何不保存相关文书票据的原件，为何相关原件由孙某保存，孙某为何按月向其银行账户转账，也不能提供支付购房首付款的凭证。显然，陈某的反证不能将孙某的本证推翻或使证据处于真伪不明的状态。

当然，虽然孙某已经证明其是案涉房屋的实际购买人，但借名购买的房屋因涉嫌规避国务院及北京市的限购政策，孙某能否据以排除对房屋的执行，在执行司法实务上存在较大分歧。否定论认为，基于以下理由不能排除执行：第一，借名买房属于规避国务院和北京市的限购政策，通过投机性购房获取额外不当利益，有违公序良俗。"司法对于此种行为如不加限制而任其泛滥，则无异于纵容不合理住房需求和投机性购房快速增长，鼓励不诚信的当事人通过规避国家政策红线获取不当利益，不但与司

---

① 参见河北省高级人民法院判决书，(2019)冀民终 12 号；最高人民法院民事裁定书，(2020)最高法民申 4 号。

② 参见黄薇主编：《中华人民共和国民法典释义》(上)，法律出版社 2020 年版，第 423 页。

法维护社会诚信和公平正义的职责不符，而且势必导致国家房地产宏观调控政策落空，阻碍国家宏观经济政策落实，影响经济社会协调发展，损害社会公共利益和社会秩序。”①第二，不动产登记错误仅适用于利用虚假资料骗取登记、登记机关人员错误登记、非基于法律行为导致物权变动后未及时更正登记等情况下，已经过法定程序取得权利的真实权利人与登记簿记载不一致导致的登记错误等情形。借名买房系借名人故意将产权登记在出名人名下，不属于法律及司法解释规定的不动产登记错误，不能否定登记簿记载的内容。第三，即使借名买房不违反公序良俗原则、不存在无效事由，借名人可以依据事实上的代持关系要求出名人将房屋过户至其名下，但此项权利系基于合同关系所产生的债权请求权，在经法定变更登记程序完成物权公示之前，借名人尚不能依据借名买房的合同未经公示程序即直接被确认为房屋的物权人，其所享有的债权请求权也不具有对世效力、排他效力和绝对效力。② 肯定论则强调财产登记的非绝对化效力，案外人有证据证明权属真实状况与财产登记不符的，登记物权人并非财产的实际物权人。财产不属于出名人（被执行人）所有，法院当然不能对之进行执行。③

本书认为，在学理上登记具有推定力，即不动产物权经登记后，推定登记的物权状态与真实物权相一致。因为登记是不动产物权公示方法，依登记所表彰的物权之存在，具有较高的盖然性；且登记程序有公权力的介入，登记机关对于不动产物权登记的申请，进行了严格的实质审查，从而保障了登记的物权状况的真实性。④ 不过，该种推定在性质上是权利推定还是事实推定，则存在一定的争议。如为基于非讼事件的权利推定，对登记的物权种类、内容、次序、物权人有争议者，除非依一定法律程序更正登记，否则不得仅以反证推翻登记的推定力；如为事实推定，则可以径行通过反证推翻之。⑤ 我国民法学说将“不动产登记簿是物权归属和内容的根据”之规定称为权利正确性推定原则，也即权利推定。⑥ 但是，登记所产生的公信力、推定力，归根结底是为了保护信赖登记的善意第三人，保障交易安全。在金钱债权执行中案外人执

① 参见最高人民法院民事判决书，(2020)最高法民再 328 号裁判要旨。

② 参见最高人民法院民事判决书，(2020)最高法民再 328 号再审判决理由。

③ 参见最高人民法院民事裁定书，(2020)最高法民申 4 号申诉裁定理由。

④ 参见谢在全：《民法物权论》(上册)(修订 5 版)，中国政法大学出版社 2011 年版，第 82 页。

⑤ 参见谢在全：《民法物权论》(上册)(修订 5 版)，中国政法大学出版社 2011 年版，第 84 页。也有观点认为，权利推定可以被推翻。在基于登记的权利推定下，异议人不仅要推翻登记簿所登记的权利产生之构成，而且要推翻与嗣后权利取得有关的法律上可能的取得原因，也即权利取得的所有可能性都须被推翻。参见王洪亮：《权利推定：实体与程序之间的构造》，载《法学研究》2011 年第 1 期。

⑥ 参见崔建远：《物权法》(第 3 版)，中国人民大学出版社 2014 年版；黄薇主编：《中华人民共和国民法典释义》(上)，法律出版社 2020 年版，第 423 页。

行异议之诉的程序场景下，是否坚持以系争标的物的登记推定物权，影响的并非登记物权人的交易相对方，而是其金钱债权人。金钱债权人对于标的物的物权没有期待或信赖利益，“刺破”登记的面纱也不会影响交易安全和市场秩序。从原《物权法解释（一）》第2条的规定及执行实践的一般操作来看，多数法院也未要求案外人只能按照民法的规定申请更正登记、提起更正登记之诉（《民法典》第220条）。在案外人异议之诉中，案外人可以提出证据证明登记不符合权利的真实状况。就此而言，我国登记的推定力也有事实推定的含义。2020年《执行异议复议规定》第28条保护的就是通过法律行为取得物权但非因其原因未办理过户登记的案外人。

回到设例7－2，孙某为了规避限购政策，借用陈某的名义购买案涉房屋，其行为本身具有可责性。如果放任不具有购房资格的人借用他人名义购房，不利于抑制房价，解决城镇居民的住房难问题。在宽泛的意义上，这种意义上的借名买房违反公序良俗，损害社会公共利益。借名人故意钻政策漏洞，就应承担房屋登记在出名人名下带来的法律风险，除了不能阻止善意第三人取得房屋的产权，也不能排除出名人作为被执行人时法院对房屋的执行。对此，多个地方高级人民法院规定，除案外人有充分证据证明其为实际权利人外，还应满足不损害国家利益、社会公共利益的要件，才可以排除执行。例如，广东省高级人民法院《关于审查处理执行裁决类纠纷案件若干重点问题的解答》（2019年8月7日）第11条指出：“案外人异议之诉中，案外人以借名买房为由，请求确认涉案房屋权属并排除执行，如何处理？意见：金钱债权执行中，人民法院针对登记在被执行人名下的房屋实施强制执行，案外人主张其与被执行人存在借名买房关系，且能够提供证据证明被执行人只是名义产权人、案外人才是实际产权人的，如无损害国家利益、社会公共利益的情形，可以排除执行。”海南省高级人民法院《关于审理执行异议之诉纠纷案件的裁判指引（试行）》（2021年12月24日）第7条指出：“针对案外人因借名买房提起的执行异议之诉，人民法院应当区分以下两种情况进行分别处理：(1)如果案外人基于限购、限贷、逃避债务、规避税收等违法原因借名买房的，对其提起的执行异议之诉应依法不予支持；(2)如果案外人借名买房的行为不存在损害国家利益和社会公共利益的情形，案外人能够举证证明其为真实权利人，被执行人只是名义产权人的，对其提起的执行异议之诉应依法予以支持。”

三、司法政策层面的财产可执行性

民事强制执行虽然旨在实现权利人的民事权利，但在现代社会，不能因强制执行而令债务人及其扶养人流离失所、生无所依。即便财产在实体法上和程序法上均具有可执行性，司法政策仍然为强制执行划定了一条不可逾越的“底线”，即出于对被执行人及其扶养人生存权益的保护而豁免执行。这类不可执行的财产包括：

1. 被执行人及其所扶养家属的生活必需费用。《民事诉讼法》第250条第1款规定:“被执行人未按执行通知履行法律文书确定的义务,人民法院有权扣留、提取被执行人应当履行义务部分的收入。但应当保留被执行人及其所扶养家属的生活必需费用。”2020年《查扣冻规定》第3条第2项规定,对于被执行人及其所扶养家属所必需的生活费用,不得查封、扣押、冻结。当地有最低生活保障标准的,必需的生活费用依照该标准确定。当然,最低生活保障缺乏明确、统一的计算标准,造成执行实践的困难。

2. 被执行人及其所扶养家属的生活必需品。《民事诉讼法》第251条第1款规定:“被执行人未按执行通知履行法律文书确定的义务,人民法院有权查封、扣押、冻结、拍卖、变卖被执行人应当履行义务部分的财产。但应当保留被执行人及其所扶养家属的生活必需品。”2020年《查扣冻规定》第3条第1项规定,对于被执行人及其所扶养家属生活所必需的衣服、家具、炊具、餐具及其他家庭生活必需的物品,不得查封、扣押、冻结。当然,“生活必需品”是一个因时、因地、因人而异的概念。例如,在美国许多州,由于分散居住且公共交通不发达,私家车被列入生活必需品。在当下中国,对于绝大多数年轻人来说,具有社交、支付、查询等功能的智能手机属于生活必需品,否则可能寸步难行。对于宠物主人而言,有的宠物不仅价格昂贵,而且是重要的精神寄托,也可归入生活必需品的范畴。因此,在判断上应以客观主义为原则,例外参考被执行人的主观因素。

另外,《义务教育法》第2条第2款规定“义务教育是国家统一实施的所有适龄儿童、少年必须接受的教育,是国家必须予以保障的公益性事业”。因此,对于被执行人及其所扶养家属完成义务教育所必需的物品,2020年《查扣冻规定》第3条第3项规定不得查封、扣押、冻结。但究竟哪些属于完成义务教育所必需的物品,如何与生活必需品相区分,实务上似乎不太关注。原因大概是图书教材、笔墨纸张等与义务教育有关的物品都价值较低,欠缺足够的交换价值。

3. 被执行人及其所扶养家属生活必需的居住房屋。2020年《查扣冻规定》第4条规定:“对被执行人及其所扶养家属生活所必需的居住房屋,人民法院可以查封,但不得拍卖、变卖或者抵债。”此处的“居住房屋”是指根据权利外观判断属于被执行人,并用于被执行人及其所扶养家属生活居住的房屋。如为经营性、商业性房屋,不属于该条规范的对象范围。生活必需的住房通常是登记在被执行人名下的唯一住房。当然,“唯一住房”不代表都是被执行人及其所扶养家属生活必需的住房,在例外情形下,仍具有可执行性。2020年《执行异议复议规定》第20条规定:“金钱债权执行中,符合下列情形之一,被执行人以执行标的系本人及所扶养家属维持生活必需的居住房屋为由提出异议的,人民法院不予支持:(一)对被执行人有扶养义务的人名下有其他能够维持生活必需的居住房屋的；（二）执行依据生效后，被执行人为逃避债务转让其名下其他房屋的；（三）申请执行人按照当地廉租住房保障面积标准为被执行人及所扶养家属提供居住房屋，或者同意参照当地房屋租赁市场平均租金标准从该房屋的变价款中扣除五至八年租金的。”

各地高级人民法院根据实际情况又作了若干细化规定。例如，浙江省高级人民法院执行局在 2014 年 9 月 22 日下发的《关于执行程序中执行“一处住房”相关问题的解答》中指出，法院在执行程序中查明有下列情形之一的，不能认定被执行人仅有“一处住房”，应当予以执行：（1）一审诉讼、仲裁案件立案受理后，被执行人因转让其他住房而形成一处住房的；（2）被执行人在城镇虽只有一处住房，但在当地（县级的市、县、区）农村有宅基地并自建住房的；（3）被执行人的一处住房用于出租、出借的；（4）被执行人及其所扶养家属连续一年以上未居住的；（5）一处住房系执行案件债务所指向的标的物的；（6）其他不宜认定为“一处住房”的情形。江苏省高级人民法院执行局在 2015 年 11 月 24 日下发的《关于执行“唯一住房”相关问题的解答》中指出，有下列情形之一的，法院对登记在被执行人名下的“唯一住房”仍可执行：（1）对被执行人有赡养、扶养、抚养义务的人名下有其他能够维持生活必需的居住房屋的；（2）一审诉讼或仲裁立案后，被执行人为逃避债务转让其名下其他房屋的；（3）被执行人在其户籍所在地或拟执行的“唯一住房”所在地农村享有宅基地并自建住房或被执行人享有小产权房等权属上有瑕疵而无法自由流转的住房的；（4）被执行人将其“唯一住房”用于出租、出借或虽未出租、出借，但超过一年无人居住的；（5）被执行人的“唯一住房”系执行依据确定的被执行人应当交付的房屋的；（6）申请执行人按照当地廉租住房保障面积标准为被执行人及所扶养家属提供居住房屋，或者同意参照当地（县级市、县、区范围）房屋租赁市场平均租金标准从该房屋的变价款中扣除五至八年房屋租金的；（7）其他可以执行的情形。

即使不存在上述情况，唯一住房确实供被执行人及其所抚养的家属居住使用，但面积过大、市场价值过高的，也会被认定为超出“生活所必需”。例如，浙江省高级人民法院认为以下两种情况超出“生活所必需”：（1）住房面积超过 80 平方米，或住房面积虽然不到 80 平方米，但超过被执行人及其所扶养家属维持最低生活标准所必需（按当地廉租住房保障相关规定）的住房面积 50% 以上的；（2）被执行人及其所扶养的家属共同居住的住房面积超过 60 平方米，且房屋单价高于当地住房均价的 50% 以上的。江苏省高级人民法院的规定类似，认为以下两种情况超出“生活所必需”：（1）住房建筑面积达到当地住房和城乡建设部门公布的廉租住房保障面积的 150% 的；（2）住房建筑面积达到当地住房和城乡建设部门公布的廉租住房保障面积且房屋单价达到当地（县级市、县、区范围）住房均价的 150% 的。

上述规定中的“被执行人及其所扶养家属”，实际上是立法者及最高人民法院划定的“生活共同体”。其中，“亲属”应为《民法典》第1045条第2款规定的近亲属，包括配偶、父母、子女、兄弟姐妹、祖父母、外祖父母、孙子女、外孙子女，一般不包括姻亲。“扶养”是一个广义的概念，包括立法规定的亲属之间的赡养、抚养及扶养。根据《民法典》的相关规定，扶养具体可分为：(1)父母对未成年子女(包括婚生子女、非婚生子女、人工生育子女、养子女、发生扶养关系的继子女)的抚养(第1067条第1款)；(2)子女对父母(包括生父母含实施人工生育的父母、养父母、发生抚养关系的继父母)的赡养(第1067条第2款)；(3)夫妻之间的扶养(第1059条第1款)；(4)祖孙之间有条件的抚养和赡养(第1074条)；兄弟姐妹之间有条件的扶养(第1075条)。超出这一范围的，原则上不认定为被执行人所扶养的家属。

《民事强制执行法(草案)》第101条笼统规定：“下列财产不得执行：(一)被执行人及其所扶养的家庭成员必需的生活、医疗、学习物品和相关费用；(二)从事职业所必需的物品；(三)未公开的发明或者未发表的作品；(四)勋章或者其他表彰被执行人荣誉的物品；(五)不以营利为目的饲养，并与被执行人共同生活的宠物；(六)为履行行政管理职能或者公共服务职能所必需的财产；(七)依照法律、行政法规规定或者基于公序良俗不得执行的其他财产。”该条未罗列完全，如最为重要、最富争议的居住房屋问题被忽略了。将现行司法解释中的“家属”改为“家庭成员”，也有待解释。当然，该条所列举的财产中，只有第一种属于基于生存权益保护的豁免执行。此种权益受法律的强制保护，被执行人不能放弃。其他财产不属其中。故该草案第102条规定：“有下列情形之一的，可以执行前条第二项至第五项规定的财产：(一)被执行人同意执行；(二)不执行影响申请执行人基本生活；(三)申请执行人对该财产享有担保物权。”

第八章

可执行财产的换价

金钱债权执行中，无论是案外人提出执行异议、经执行异议之诉未排除对财产的执行，还是没有案外人对财产的可执行性提出异议，执行法院均应当尽快对已查封的财产进行换价（变价），再以可流通货币的形式交付申请执行人，从而满足申请执行人的债权。例如，《民事强制执行法（草案）》第 112 条规定："拍卖不动产，应当在查封之日起三十日内实施，并且同时启动确定参考价程序。"拍卖动产，也应在此期限内实施。例外是财产本身就是可流通货币，无须换价，由执行人员扣押后转交申请执行人即可。若为不可流通的货币，如纪念币、外币，依照动产进行换价。不过，随着电子化支付时代的到来，人们很少再保存大量现金，而是将货币存放在手机银行、支付宝钱包、微信钱包等账户里。对于这些账户里的无形货币，法院不能直接扣押，而需金融机构以查封账户、"许进不许出"的方式提供执行协助，并以划拨存款的方式予以执行。① 另外，近年来中共中央、国务院批准试行央行数字货币"DC/EP"（Digital Currency Electronic Payment），这也为以货币为标的物的强制执行带来挑战。

换价指的是实现财产的交换价值，将财产转换为可流通的货币。凡具有交换价值的独立财产均可用于换价。不仅动产、不动产等有形财产可用于换价，股权、知识产权、游戏装备、比特币等无形财产、虚拟财产也可用于换价。在执行实务中，还不乏对被执行人拥有的手机靓号进行拍卖变价的情况。执行标的是手机号的所有权、用益物权抑或其他尚有争议，但因其具有交换价值仍可强制执行。随着数据信息的财产属性越来越明显，国家开始逐步建立数据交易平台，不排除将来把数据纳入可换价的财产。② 另外，债权在理论上也可出售变现，这种情况在金融不良资产处置中很常见，但一般通过独立的债权执行程序实现，本书将在第九章专门讨论。

---

① 当然，账户持有人拥有对存款的所有权还是对相关金融机构的债权，学理上存在争议。如为前者，参照动产（种类物）的方法执行；如为后者，参照债权的方法执行。

② 2021 年 3 月 31 日，国内首家基于"数据可用不可见，用途可控可计量"的新型交易范式的数据交易所——北京国际大数据交易所在京成立。该交易所以培育数据交易市场、释放数据要素价值为核心。

有些财产可用以换价，但买受人受到法律、法规及政策的限制。如农村集体所有的宅基地，《民法典》第363条规定："宅基地使用权的取得、行使和转让，适用土地管理法的法律和国家有关规定。"《土地管理法》（经过修正后于2020年1月1日开始施行）第62条规定："农村村民一户只能拥有一处宅基地，其宅基地的面积不得超过省、自治区、直辖市规定的标准。农村村民出卖、出租、赠与住宅后，再申请宅基地的，不予批准。"因此，非集体组织成员，或者已经拥有一处面积超过相关标准的宅基地的集体组织成员，不具有参与拍卖、接受以物抵债的资格。可以称为换价受限类财产。

换价的方法有拍卖、变卖、依法收购、抵债等几种。《民事诉讼法》第254条规定："财产被查封、扣押后，执行员应当责令被执行人在指定期间履行法律文书确定的义务。被执行人逾期不履行的，人民法院应当拍卖被查封、扣押的财产；不适于拍卖或者当事人双方同意不进行拍卖的，人民法院可以委托有关单位变卖或者自行变卖。国家禁止自由买卖的物品，交有关单位按照国家规定的价格收购。"换言之，现行法律规定财产换价以拍卖为原则，以变卖为例外，特殊情况下才由有关单位或组织依法收购。[①] 2022年《民诉法解释》第490条规定："被执行人的财产无法拍卖或者变卖的，经申请执行人同意，且不损害其他债权人合法权益和社会公共利益的，人民法院可以将该项财产作价后交付申请执行人抵偿债务，或者交付申请执行人管理；申请执行人拒绝接收或者管理的，退回被执行人。"在宽泛的意义上，抵债也是换价的一种。

本章第一部分将回顾中国财产换价的演变历程，主要介绍拍卖、变卖、抵债三种换价方法；第二部分和第三部分围绕典型的有形财产、无形财产进行具体说明。

一、财产换价的历史沿革

中华人民共和国成立初期，拍卖一度是查封财产换价的唯一方法。随着社会主义三大改造的完成，自20世纪50年代末开始，拍卖行被认为带有资本主义色彩而退出历史舞台，相应地法院执行拍卖也不复存在。1979年最高人民法院《关于人民法院审判民事程序制度的规定（试行）》和1982年《民事诉讼法（试行）》也都未规定执行拍卖程序，只规定被查封财产由有关单位收购、变卖。从20世纪80年代初开始，随着对外开放的深化，实践中产生了恢复执行拍卖制度的迫切需求。在总结实务经验的基础上，1991年《民事诉讼法》首次确立了执行拍卖制度，该法第223条规定："被执行人未按执行通知履行法律文书确定的义务，人民法院有权查封、扣押、冻结、拍卖、变卖被执行人应当履行义务部分的财产。"第226条规定："财产被查封、扣押后，执行

---

① 《民事强制执行法（草案）》第144条规定："禁止自由买卖的动产，人民法院应当交有关组织按照合理价格收购；无收购组织的，应当解除查封。"

员应当责令被执行人在指定期间履行法律文书确定的义务。被执行人逾期不履行的，人民法院可以按照规定交有关单位拍卖或者变卖被查封、扣押的财产。”①

不过，由于立法语焉不详，对司法拍卖的程序、效力等问题均未涉及，缺乏可操作性，执行实务的热情未被迅速唤醒。在 1991 年《民事诉讼法》实施后的相当长一段时间内，执行实践中对查封财产的变价主要还是通过变卖方式进行，拍卖方式使用率不高。由于变卖程序随意性大，缺乏公开性、竞争性，给执行腐败创造了制度的温床。②即使对查封财产拍卖，也多以法院自行组织的方式进行。法院自行拍卖也是司法腐败的“重灾区”。③ 鉴于此，1998 年最高人民法院发布的《执行若干规定（试行）》第 46 条既明确了拍卖优先于变卖，即拍卖优先原则，又规定了委托拍卖模式。④ 有学者认为，委托拍卖具有减轻法院执行工作负担，在执行机关与拍卖活动之间建立“防火墙”，从而减少司法腐败，有利于最大化实现拍卖标的物的交换价值等优点。⑤ 不过，从此后的执行实践来看，拍卖开始成为财产换价的主流方法，但委托拍卖并未有效遏制司法腐败。法院在确定评估机构、拍卖机构名册中具有决定性作用，从而形成新的腐败链，只是腐败的方式变得更加隐蔽了。⑥ 另外，拍卖机构收取佣金也影响金钱债权的清偿效果。

出于克服委托拍卖弊端及完善委托拍卖制度的需要，最高人民法院在此后发布了一系列司法解释。其中，2004 年最高人民法院《关于人民法院民事执行中拍卖、变卖财产的规定》（以下简称《执行拍卖变卖规定》）确立了我国执行拍卖的基本制度框架；2007 年《对外委托鉴定、评估、拍卖等工作管理规定》、2009 年《关于人民法院委托评估、拍卖和变卖工作的若干规定》、2011 年《关于人民法院委托评估、拍卖工作的若干规定》等规范了委托拍卖机构的选取程序。这种在委托拍卖模式上“打补丁”的趋势在 2012 年发生扭转。2012 年《民事诉讼法》第 247 条规定：“被执行人逾期不履行的，人民法院应当拍卖被查封、扣押的财产；不适于拍卖或者当事人双方同意不进行拍卖的，人民法院可以委托有关单位变卖或者自行变卖。”该条较之 1991 年《民事诉讼法》第 226 条有以下几点重大变化：（1）吸收司法解释确立的拍卖优先原则，放弃

---

① 毋爱斌：《民事执行拍卖制度研究》，厦门大学出版社 2014 年版，第 26～28 页。

② 参见赵晋山：《强制执行程序中拍卖问题研究（一）》，载《强制执行指导与参考》2002 年第 1 辑，法律出版社 2002 年版，第 396 页。

③ 参见汤维建：《论司法拍卖市场化改革及其完善》，载《中国法学》2015 年第 1 期。

④ 该条规定：“人民法院对查封、扣押的被执行人财产进行变价时，应当委托拍卖机构进行拍卖。财产无法委托拍卖、不适于拍卖或当事人双方同意不需要拍卖的，人民法院可以交由有关单位变卖或自行组织变卖。”

⑤ 参见汤维建：《论司法拍卖市场化改革及其完善》，载《中国法学》2015 年第 1 期。

⑥ 有兴趣可阅读作家浮石所著小说《青瓷》。

“拍卖或变卖”的平行可选模式;(2)用“人民法院应当拍卖”取代“人民法院可以按照规定交有关单位拍卖”,隐晦地削弱了委托执行的地位,为之后的制度变革埋下伏笔。例如,2022 年《民诉法解释》第 486 条第 1 款明确规定:“依照民事诉讼法第二百五十四条规定,人民法院在执行中需要拍卖被执行人财产的,可以由人民法院自行组织拍卖,也可以交由具备相应资质的拍卖机构拍卖。”

与此同时,2010 年前后多个地方法院开始探索试行网络司法拍卖。其市场超地域化,拍卖过程虚拟化,拍卖成本低廉化,拍卖信息透明化等诸多特性,使得司法拍卖变得更公开、高效、便捷,引起了最高人民法院的浓厚兴趣。无论是法院委托拍卖,还是法院自主拍卖,都开始向网络司法拍卖演进。2015 年《关于全面深化人民法院改革的意见——人民法院第四个五年改革纲要(2014—2018)》提出:“加大司法拍卖方式改革力度,重点推行网络司法拍卖模式。”同年《关于加强和规范人民法院网络司法拍卖工作的意见》明确指出:“法院开展司法拍卖应全面推行网上拍卖方式,”并规定“人民法院开展网络司法拍卖原则上应将拍卖事务委托给符合要求的专业拍卖机构进行,选择拍卖机构一律采取公开随机方式。有条件的法院或不适宜委托拍卖的诉讼资产,可由法院在网络平台上自主拍卖。各高级人民法院应根据相关规定,降低司法拍卖佣金和拍卖成本。采取委托拍卖方式的,司法拍卖成本由买受人以拍卖佣金方式承担。人民法院自主拍卖诉讼资产的,成本由法院承担”。2016 年 8 月最高人民法院《关于人民法院网络司法拍卖若干问题的规定》(以下简称《网络拍卖规定》)对网络司法拍卖的平台准入规则、运行模式、各主体之间的权责划分、具体的竞拍规则进行了全面的梳理和规范。其中,第 2 条规定:“人民法院以拍卖方式处置财产的,应当采取网络司法拍卖方式,但法律、行政法规和司法解释规定必须通过其他途径处置,或者不宜采用网络拍卖方式处置的除外。”由此在司法解释层面确立了网络拍卖的原则地位。

2018 年 10 月 24 日,周强院长在最高人民法院《关于人民法院解决“执行难”工作情况的报告》中指出:“从 2017 年 1 月 1 日开始,在全国法院全面推行网络司法拍卖,并完善相关配套制度。截至目前,全面实行网拍的法院达到 3260 个,法院覆盖率为 92.5%,网络拍卖数量占整个司法拍卖的 80% 以上。实行网络司法拍卖以来,成交率、溢价率成倍增长,流拍率、降价率、拍卖成本明显下降,有效祛除权力寻租空间,斩断不法利益链条,实现了拍卖环节违纪违法‘零投诉’。”从 2017 年 3 月 1 日网拍系统上线至 2022 年 7 月 11 日,网络拍卖总量为 1,185,723 件,溢价率为 10,850.24%,成交总金额 20,229.27 亿元,为当事人节省佣金 622.41 亿元。① 截至目前,最高人民法

① 参见全国法院切实解决执行难网,http://jszx.court.gov.cn/main/ExecuteDynamic.jhtml,最后访问时间:2022 年 7 月 13 日。

院分两次确定了七家司法拍卖网络服务提供者，分别是淘宝网、京东网、人民法院诉讼资产网、公拍网、中国拍卖行业协会网（中拍网）、工商银行融e购、北京产权交易所。网络司法拍卖蔚然成风，成为我国民事强制执行的一道靓丽风景。《民事强制执行法（草案）》第111条也规定："变价不动产，应当通过网络司法拍卖、变卖平台进行，但是不宜采用此种方式的除外。"

二、财产拍卖

最高人民法院《关于人民法院解决"执行难"工作情况的报告》显示，网络拍卖已占据司法拍卖的绝对主流，是财产换价最重要的方法。鉴于此，下面以网络拍卖为主线，对拍卖这一换价方法进行介绍和分析。

（一）执行拍卖的法律性质

关于执行拍卖的法律性质，学理上存在不同学说。"私法说"认为，执行拍卖是私法买卖契约之一种。拍卖公告是要约邀请，竞买表示是要约，拍定表示是承诺，二者一致即契约达成，[①]买受人从出卖人处继受取得财产的所有权。不过，该说内部对于何人作为出卖人存在很大分歧。有的主张是被执行人，因为财产通常归其所有；有的主张是申请执行人，因为其可处分被执行人的查封财产；有的主张是执行机关，因为其不是作为执行当事人的代理人出卖财产，而是根据法律赋予的独立权限进行出卖。[②]

"公法说"认为，执行拍卖乃依公法实施，是公法上行为。拍定人取得拍卖财产的所有权，具有原始取得的性质。关于该种公法行为的性质，又存在不同见解。有的主张强制拍卖是执行机关基于职权征收被执行人的处分权而出卖财产，是类似公用征收的公法上处分，故可称为"类似公用征收之公法处分说"；有的主张强制执行拍卖是公法上买卖，买受人与执行机关之间成立类似买卖之公法契约，买受人不能于公法契约成立时或拍定时立即取得拍卖财产的所有权，而仅取得公法上移转拍卖财产所有权的请求权，且对于拍卖财产并无瑕疵担保请求权，故可称为"公法契约说"；有的主张强制拍卖是与法院调解等并列的一种裁判上的形成行为，具体来说，由于无法期待被执行人与买受人之间达成买卖契约，所以只能由执行法院以成交裁定来补充被执行人对所有权移转所欠缺的意思，拍卖自身属于纯粹的形式上的诉讼行为，对于拍卖

---

① 参见杨与龄：《强制执行法论》，中国政法大学出版社2002年版，第345页。

② 参见吴光陆：《强制执行法拍卖性质之研究》，台北，五南图书出版股份有限公司1987年版，第20页。转引自江必新：《强制执行法理论与实务》，中国法制出版社2014年版，第552页。

成交裁定应该承认所有权取得的形成效力及既判力，故可称为“裁判上形成程序说”。[①]

“折中说”认为，上述两种学说均有不足，执行拍卖在程序上属于公法上的强制处分，同时具有私法上买卖的性质和效果。当然，因对于公法、私法属性各有侧重，该说内部又衍生出具有微妙区别的不同理论主张。[②]

考察以上诸多学说主张，本书采纳“公法契约说”。首先，“私法说”对于出卖人为谁难以自圆其说。如为被执行人，通常其并无出卖财产、移转所有权的意愿及表示，而只能进行法律上的拟制，但依然无法解释《民诉法解释》《执行拍卖变卖规定》等司法解释规定的基于拍卖成交裁定送达而非登记、交付时所有权转移；如为申请执行人，事实上其对拍卖财产没有所有权，也没有处分权，出卖是否为有权处分存疑；如为执行法院，买卖双方并非平等的民事主体关系，与私法关系相矛盾，且执行法院将对拍卖财产承担瑕疵担保责任，会不当加重执行法院实施公务时承担的私法上风险。另外，如果所拍卖的财产归第三人所有，根据“私法说”，买受人不能取得拍卖财产的所有权及向申请执行人追回价款，难以维持拍卖的公信力（即使拍错财产，拍卖仍然产生所有权移转的效力）。[③] 域外采纳此说，大多是为立法所困，不得已而为之。[④] 其次，“折中说”在域外脱胎于学者对立法窠臼的突破努力，但仍未真正摆脱立法的束缚，实质上仍是“私法说”核心精神的传承，即便承认了拍卖程序的公法性质，但并未承认拍卖公法性所带来的法律后果。

本书采纳“公法契约说”的理由主要有三个：其一，在我国，强制执行统一由法院施行，并未像有些国家那样由社会化、职业化组织及人员施行。在强制拍卖程序中，不以申请执行人申请为必需，而由执行法院依职权启动和实施。因此，和域外相比，我国更容易接受强制执行的公法属性。在执行拍卖实践中，社会公众及竞买人一般也将执行法院当作组织拍卖的主体，而不会将被执行人或申请执行人视作出卖人，或者将执行法院当作执行当事人的委托代理人。可以说，“公法契约说”更符合社会观念与社会常识。其二，在域外，普遍存在从“私法说”向“公法说”发展的趋势。例如，德国在1913年以后改采“公法说”。目前的主流观点认为，出价和拍定是一个由执行

---

① 参见毋爱斌：《民事执行拍卖制度研究》，厦门大学出版社2014年版，第35～37页。

② 具体可参见毋爱斌：《民事执行拍卖制度研究》，厦门大学出版社2014年版，第37～39页。

③ 参见杨与龄：《强制执行法论》，中国政法大学出版社2002年版，第346页。

④ 例如，日本早期采纳“私法说”，一个重要原因是该国《民法典》第568条规定了民事执行拍卖中瑕疵担保责任、损害赔偿请求权等内容。

员代表的国家与最高出价人之间类似买卖的公法契约。[①] 其三，我国司法实务上已全面采纳“公法契约说”，具体可见最高人民法院指导案例第125号。

在该指导案例中，最高人民法院认为：

一、关于对网络司法拍卖的法律调整问题

根据《拍卖法》的规定，该法适用于中华人民共和国境内拍卖企业进行的拍卖活动，调整的是拍卖人、委托人、竞买人、买受人等平等主体之间的权利义务关系。拍卖人接受委托人委托对拍卖标的进行拍卖，是拍卖人和委托人之间“合意”的结果，该委托拍卖系合同关系，属于私法调整的范畴。人民法院司法拍卖是人民法院依法行使强制执行权，就查封、扣押、冻结的财产强制进行拍卖变价进而清偿债务的强制执行行为，其本质上属于司法行为，具有公法性质。该强制执行权并非来自于当事人的授权，无须征得当事人的同意，也不以当事人的意志为转移，而是基于法律赋予的人民法院的强制执行权，来源于民事诉讼法及相关司法解释的规定。即便是在传统的司法拍卖中，人民法院委托拍卖企业进行拍卖活动，该拍卖企业与人民法院之间也不是平等关系，该拍卖企业的拍卖活动只能在人民法院的授权范围内进行。因此，人民法院在司法拍卖中应适用民事诉讼法及相关司法解释对人民法院强制执行的规定。网络司法拍卖是人民法院司法拍卖的一种优选方式，亦应适用民事诉讼法及相关司法解释对人民法院强制执行的规定。

二、关于本项网络司法拍卖行为是否存在违法违规情形问题

在网络司法拍卖中，竞价过程、竞买号、竞价时间、是否成交等均在交易平台展示，该展示具有一定的公示效力，对竞买人具有拘束力。该项内容从申诉人提供的竞买记录也可得到证实。且在本项网络司法拍卖时，民事诉讼法及相关司法解释均没有规定网络司法拍卖成交后必须签订成交确认书。因此，申诉人称未签订成交确认书、不能确定权利义务关系的主张不能得到支持。

关于申诉人提出的竞买号牌A7822与J8809的竞买人蓄谋潜入竞买场合恶意串通，该标的物从底价230万元抬至530万元，事后经过查证号牌A7822竞买人是该标的物委托拍卖人刘某坤等问题。网络司法拍卖是人民法院依法通过互联网拍卖平台，以网络电子竞价方式公开处置财产的行为，本质上属于人民法院“自主拍卖”，不存在委托拍卖人的问题。最高人民法院《关于人民法院民事执行中拍卖、变卖财产的规定》第15条第2款（2020年修正为第12条第2款）明确规定申请执行人、被执行人可以参加竞买，作为申请执行人的刘某坤只要满足网络司法拍卖的资格条件即可以

---

① 参见［德］奥拉夫·穆托斯特：《德国强制执行法》（第2版），马强伟译，中国法制出版社2019年版，第138页。

参加竞买。在网络司法拍卖中,竞买人是否加价竞买、是否放弃竞买、何时加价竞买、何时放弃竞买完全取决于竞买人对拍卖标的物的价值认识。从申诉人提供的竞买记录看,申诉人在2016年4月26日9时40分53秒出价2,377,360元后,在竞买人叫价达到5,182,360元时,分别在2016年4月26日10时01分16秒、10时05分10秒、10时08分29秒、10时17分26秒加价竞买,足以认定申诉人对于自身的加价竞买行为有清醒的判断。以竞买号牌A7822与J8809连续多次加价竞买就认定两位竞买人系蓄谋潜入竞买场合恶意串通理据不足,不予支持。

在"公法契约说"下,执行法院的强制拍卖,并非基于对拍卖财产的所有权,也非受执行当事人的委托,而是源于固有的法定强制执行权。具体来说,鉴于被执行人不履行生效法律文书所确定的债务,通过公开拍卖的方式,强制将财产所有权移转给买受人。买受人并非从被执行人处继受取得财产所有权,而是根据公法契约原始取得。因此,这与交付前谁是财产所有权人无关,即使执行法院错误拍卖了第三人的财产,买受人基于拍卖的公信力,在拍卖成交裁定书送达后仍取得所有权;与买受人是否善意也无关,即使买受人明知法院拍卖标的物不属于可执行的财产,满足相关条件后还可以取得所有权。进而,拍卖价款用于清偿申请执行人的债权,产生执行债权消灭或部分消灭的效果。例外是,如果拍卖成交裁定被依法撤销,因买受人丧失取得财产所有权的法律依据,买受人应当根据执行法院新作出的裁定返还财产;拒不返还的,可以强制执行。①

由于是公法上的买卖关系,执行法院应保障竞买人对财产状况的知情权,买受人在参与竞买前有机会了解财产的物理及法律状况,执行法院非为私法上的出卖人,无须根据《民法典》第617条承担质量瑕疵担保责任。此外,由于执行拍卖不是私法上的买卖关系,买受人有逾期支付价款等"悔拍"行为,或者买受人认为执行法院、执行当事人有违约行为的,相关主体不能提起民事诉讼,而应按照强制执行法规定的公法途径获得救济。

(二)拍卖的程序

拍卖程序大致可以分为前置程序、实施程序和后续程序三个阶段。

1. 拍卖前置程序

(1)确定参考价。最高人民法院《关于人民法院确定财产处置参考价若干问题的

---

① 《民事强制执行法(草案)》第129条规定:"拍卖、变卖成交或者抵债裁定被撤销的,人民法院应当裁定买受人或者承受人返还不动产;拒绝返还的,强制执行。不动产因毁损、灭失或者已经由他人合法取得无法返还的,当事人可以另行提起民事诉讼。"

规定》(以下简称《财产处置参考价规定》)规定了执行法院可以采取当事人议价、定向询价、网络询价、委托评估等方式确定处置参考价,且这几种方式具有顺序性。首先,当事人经协商达成议价结果,且不损害他人合法权益的,议价结果为参考价(第4条);其次,当事人议价不能或者不成,或者当事人一致要求直接定向询价,且财产有计税基准价、政府定价或者政府指导价的,法院向有关机构进行定向询价,相关机构在指定期限内出具的询价结果为参考价(第5条、第6条);再次,定向询价不能或者不成,或者当事人一致要求或者同意直接进行网络询价,且财产无须由专业人员现场勘验或者鉴定,具备网络询价条件的,法院通过司法网络询价平台进行网络询价,司法网络询价平台出具结果的平均值为参考价(第7条、第12条、第13条);最后,法律、行政法规规定必须委托评估、双方当事人要求委托评估或者网络询价不能或不成的,人民法院应当委托评估机构进行评估,确定参考价(第14条)。

《民事强制执行法(草案)》列举了以上几种确定参考价的方法,但未突出彼此间的顺序性。其第114条规定:"人民法院可以采用议价、询价、委托评估等方式确定参考价。有下列情形之一的,应当委托评估:(一)法律规定司法拍卖必须委托评估;(二)当事人同意委托评估;(三)无法通过其他方式确定参考价。询价、评估报告应当送达当事人、已知的利害关系人。"具体措施及其顺序,仍有待司法解释作出规定。对于动产,该草案规定原则上采用无底价拍卖,不设保留价,因此也没必要通过繁复的程序确定参考价。

除当事人议价外,其他确定参考价的方式都离不开对拍卖财产现状、权利负担等的查明。在执行实践中,有的法院派员勘验、调查,但更多的法院本着"专业人干专业事"的原则,将该项工作委托给拍卖辅助机构进行。拍卖评估需要对现场进行调查、勘验的,根据2022年《民诉法解释》第487条的规定,被执行人、协助义务人有义务配合。被执行人、协助义务人不予配合的,执行法院可以强制进行。《民事强制执行法(草案)》第113条作了进一步细化规定:"确定参考价,应当对不动产权利负担、占有使用、性质等情况进行必要的调查。为查明前款规定的事项,可以采取下列方式:(一)不动产有门锁或者其他封闭措施的,可以责令被执行人打开;被执行人拒不配合或者无法通知的,可以强制开启;(二)询问被执行人或者其他占有不动产的人,并可通知其提交相关资料;(三)向不动产登记机构、公安机关、基层社会组织等调查。被执行人等无正当理由拒绝陈述或者拒不提供相关资料的,人民法院可以依据本法第六十二条规定予以罚款、拘留。"

(2)选定拍卖平台。根据《网络拍卖规定》第5条的规定,拍卖平台也即拍卖网络服务提供者由申请执行人从名单库中选择;未选择或者多个申请执行人的选择不一致的,由执行法院指定。目前技术上已实现通过某一司法拍卖平台发布拍卖公告,人民法院诉讼资产网等其他司法拍卖平台及中国执行信息公开网也会同时发布拍卖公告,以此吸引更多潜在竞买人参与竞买。

(3)确定起拍价。起拍价即拍卖保留价,根据《财产处置参考价规定》第 30 条的规定,由执行法院参照参考价确定。起拍价不得低于参考价的 70%。为了减少起拍价的争议,《民事强制执行法(草案)》还赋予了被执行人异议权,其第 115 条规定:“人民法院应当参照参考价确定保留价,首次拍卖的保留价不得低于参考价的百分之七十。但是,被执行人认为评估结果严重偏离财产市场价值,申请以其认为的合理价格确定首次拍卖的保留价的,人民法院可以准许。”起拍价/保留价低于财产上所负优先债权和强制执行费用的,实施拍卖就可能无益于拍卖。为此,《执行拍卖变卖规定》第 6 条规定:“保留价确定后,依据本次拍卖保留价计算,拍卖所得价款在清偿优先债权和强制执行费用后无剩余可能的,应当在实施拍卖前将有关情况通知申请执行人。申请执行人于收到通知后五日内申请继续拍卖的,人民法院应当准许,但应当重新确定保留价;重新确定的保留价应当大于该优先债权及强制执行费用的总额。依照前款规定流拍的,拍卖费用由申请执行人负担。”对于不动产,《民事强制执行法(草案)》第 116 条作出补充规定:“保留价不超过优先债权和该执行费用总额的,人民法院应当停止拍卖,并通知申请执行人。申请执行人收到通知之日起五日内申请继续拍卖的,人民法院重新确定保留价后拍卖。重新确定的保留价应当超过优先债权和该财产执行费用的总额;经优先债权人同意的,不受总额限制,但是不得低于原保留价。继续拍卖变价不成的,拍卖费用由申请执行人负担。申请执行人逾期未申请继续拍卖或者继续拍卖变价不成的,人民法院应当解除查封,但是申请执行人愿意承担相关费用或者可以采取强制管理等执行措施的除外。”但是,对于动产,该草案第 142 条规定:“拍卖动产价值较低的,不设保留价;但是执行该动产产生必要费用的,应当以超过必要费用的价额确定保留价。”也即实行无底价拍卖。

(4)通知当事人及优先购买权人。根据《网络拍卖规定》第 16 条的规定,网络司法拍卖的事项应当在拍卖公告发布 3 日前以书面或者其他能够确认收悉的合理方式,通知当事人、已知优先购买权人。权利人书面明确放弃权利的,可以不通知。无法通知的,应当在网络司法拍卖平台公示并说明无法通知的理由,公示满 5 日视为已经通知。优先购买权人经通知未参与竞买的,视为放弃优先购买权。常见的优先购买权人包括房屋的承租人、合伙人、财产的按份共有人、有限责任公司的其他股东、知识产权法上的优先购买权人等。《民事强制执行法(草案)》第 119 条规定:“人民法院应当在首次拍卖公告发布前将拍卖事项通知当事人、已知的优先购买权人。无法通知的,自拍卖公告发布后经过十五日即视为已经通知。优先购买权人经通知未参加竞买的,视为放弃行使优先购买权。”

（5）发布公告。《网络拍卖规定》第12条第1款规定："网络司法拍卖应当先期公告，拍卖公告除通过法定途径发布外，还应同时在网络司法拍卖平台发布。"实务上有观点认为，此处规定通过"法定途径"发布，主要考虑到对股权等特殊财产的拍卖。如拍卖标的为土地使用权和房产，并非特殊财产，且目前多个平台同时发布拍卖公告，能够吸引更多潜在竞买人参与竞买，无须同时另行通过报纸等"法定途径"发布。[①]这一观点与时俱进，合情合理。拍卖动产的，应当在拍卖15日前公告；拍卖不动产或者其他财产权的，应当在拍卖30日前公告。拍卖公告应当包括拍卖财产、价格、保证金、竞买人条件、拍卖财产已知瑕疵、相关权利义务、法律责任、拍卖时间、网络平台和拍卖法院等信息。不过，《民事强制执行法（草案）》变更了公开的期限起算，从"就后"改为"就前"，其第117条规定："人民法院应当在参考价确定之日起十五日内发布拍卖公告。公告期不得少于三十日。"

根据2020年《执行拍卖变卖规定》第17条的规定，在拍卖开始前，有下列情形之一的，执行法院应当撤回拍卖委托：（1）据以执行的生效法律文书被撤销的；（2）申请执行人及其他执行债权人撤回执行申请的；（3）被执行人全部履行了法律文书确定的金钱债务的；（4）当事人达成了执行和解协议，不需要拍卖财产的；（5）案外人对拍卖财产提出确有理由的异议的；（6）拍卖机构与竞买人恶意串通的；（7）其他应当撤回拍卖委托的情形。《民事强制执行法（草案）》第118条则规定了拍卖公告期限届满前的变卖优先程序，该条规定："被执行人申请以高于执行债务和执行费用总额或者经有权在执行程序中就该财产受偿的全部申请执行人同意的价格变卖，且购买人在拍卖公告期限届满前向人民法院支付全部价款的，人民法院可以停止拍卖并作出变卖成交裁定，但是变卖损害其他利害关系人利益的除外。变卖成交裁定，应当送达当事人和买受人。"拍卖是手段不是目的，如果变卖价格足以覆盖全部执行债权和执行费用，或者得到全体可从财产换价中受偿的申请执行人的同意，且变卖价款已支付，就无须再按照公告实施拍卖。

2. 拍卖实施程序

（1）竞买人取得竞买资格。竞买人想要参与竞买的，须先交纳保证金并经人民法院或者网络服务提供者确认后，取得竞买资格。关于保证金的交纳，《网络拍卖规定》第17条规定："保证金数额由人民法院在起拍价的百分之五至百分之二十范围内确定。竞买人应当在参加拍卖前以实名交纳保证金，未交纳的，不得参加竞买。申请执行人参加竞买的，可以不交保证金；但债权数额小于保证金数额的按差额部分交纳。

① 参见薛贵忠、盛强：《网络司法拍卖中拍卖公告发布途径的认定》，载最高人民法院执行局编：《执行工作指导·最高人民法院执行局法官会议纪要》第3辑（总第75辑），人民法院出版社2020年版，第28页。

交纳保证金，竞买人可以向人民法院指定的账户交纳，也可以由网络服务提供者在其提供的支付系统中对竞买人的相应款项予以冻结。”竞买保证金的意义在于三个方面：其一，是竞买人经济能力的证明；其二，相当于买受人预付的差价责任款，或者说是对买受人差价责任的担保；其三，有助于防止竞买人故意出高价而应买后不补交差价，扰乱竞买秩序，当竞买人“悔拍”时，通过扣除保证金弥补差价、赔偿损失或实施对悔拍人的制裁。[①] 优先购买权人经人民法院确认后，取得优先竞买资格。优先购买权人同样需要交纳保证金。

（2）竞买人参与竞价。《网络拍卖规定》第 20 条规定：“网络司法拍卖从起拍价开始以递增出价方式竞价，增价幅度由人民法院确定。竞买人以低于起拍价出价的无效。网络司法拍卖的竞价时间应当不少于二十四小时。竞价程序结束前五分钟内无人出价的，最后出价即为成交价；有出价的，竞价时间自该出价时点顺延五分钟。竞买人的出价时间以进入网络司法拍卖平台服务系统的时间为准。”对于优先购买权人，《网络拍卖规定》第 21 条规定：“优先购买权人参与竞买的，可以与其他竞买人以相同的价格出价，没有更高出价的，拍卖财产由优先购买权人竞得。顺序不同的优先购买权人以相同价格出价的，拍卖财产由顺序在先的优先购买权人竞得。顺序相同的优先购买权人以相同价格出价的，拍卖财产由出价在先的优先购买权人竞得。”《民事强制执行法（草案）》第 120 条对上述规定予以承续，即实行“出价高者得，同价优先者（顺位在先、出价在先）得”原则。网络司法拍卖不限制竞买人数量，一人参与竞拍的，只要出价不低于起拍价，则拍卖成交。

3. 拍卖后续程序

拍卖后续程序视成交或流拍而不同。有人参与竞拍，且出价高于起拍价的，拍卖成交，即使只有一人出价，也是如此。但拍卖时无人竞买或者竞买人的最高出价低于起拍价的，即为流拍。

（1）拍卖成交

如果拍卖成交，买受人交纳的保证金可以充抵价款，拍卖成交后 24 小时内，网络服务提供者应当将冻结的买受人交纳的保证金划入人民法院指定账户。买受人负有剩余价款及时交纳义务。对此，《网络拍卖规定》第 25 条规定：“拍卖成交后，买受人应当在拍卖公告确定的期限内将剩余价款交付人民法院指定账户。”《民事强制执行法（草案）》第 121 条也规定：“买受人应当在拍卖公告要求的交纳期限届满前将价款交至人民法院。”当然，实践中不乏买受人未在公告确定期限内交付剩余价款的情况，这构成了买受人“悔拍”。

---

① 参见百晓锋：《论司法拍卖中“悔拍”的法律后果》，载《法律适用》2020 年第 7 期。

如前所述，由于执行法院与买受人之间订立的是公法上的买卖契约，买受人悔拍的，执行法院不能提起民事诉讼请求买受人履行剩余价款给付义务或承担违约责任。同时，《民事诉讼法》及相关司法解释也未赋予执行法院强制买受人给付剩余价款的权力。买受人悔拍相当于拍卖流拍，执行法院应当重新拍卖。《民事强制执行法（草案）》第124条规定："买受人未在拍卖公告要求的交纳期限内交纳价款的，人民法院可以重新拍卖。重新拍卖的，原买受人不得参加竞买。"重新拍卖因悔拍而起，悔拍人有过错，不仅被限制再次参加竞买，而且应当承担因其悔拍造成的损失。2020年《执行拍卖变卖规定》第22条第2款规定："重新拍卖的价款低于原拍卖价款造成的差价、费用损失及原拍卖中的佣金，由原买受人承担。人民法院可以直接从其预交的保证金中扣除。扣除后保证金有剩余的，应当退还原买受人；保证金数额不足的，可以责令原买受人补交；拒不补交的，强制执行。"可见，悔拍人应当承担两次拍卖的差价（如果有的话）、费用损失、原拍卖中的佣金等损失的赔偿责任，从预先交纳的保证金中扣除，实行"多退少补"的原则。

不过，实践中很多法院认为，当保证金不足以弥补损失时，强制补交差价实际上在本案执行外增加了一道新的执行程序；在执行不能的情况下，会给执行法院带来不必要的负担与困难。[①] 因此，《网络拍卖规定》第24条规定："拍卖成交后买受人悔拍的，交纳的保证金不予退还，依次用于支付拍卖产生的费用损失、弥补重新拍卖价款低于原拍卖价款的差价、冲抵本案被执行人的债务以及与拍卖财产相关的被执行人的债务。"从最高人民法院的起草意图来看，该规定免去了法院因需要"少补"而增加的负担，同时保证金超出悔拍造成的实际损失的，也不再"多退"。实际上，这相当于将拍卖保证金当作了罚金。

【设例8-1】

一起民间借贷纠纷执行案件，法院扣押被执行人的某品牌二手手机一部，并在淘宝网上拍卖。全新同款手机的市场价约6000元。拍卖的起拍价为100元，每次加价幅度为50元，竞拍人交纳保证金20元。拍卖网页的"竞拍须知"载明："拍卖成交后买受人悔拍的，交纳的保证金不予退还，依次用于支付拍卖产生的费用损失、弥补重新拍卖价款低于原拍卖价款的差价、冲抵本案被执行人的债务以及与拍卖财产相关的被执行人的债务。"该次拍卖共有2734人报名竞拍，708人次参与竞拍。其中，刘某某参与竞价124次，包括进入延时后加价123次，4次单次加价超过1000元。车某某参与竞价2次，并最终以270,550元的价格拍得该手机。随后，车某某表示，不会支付剩余价款。

---

① 参见江必新、刘贵祥主编，最高人民法院执行局编：《最高人民法院关于人民法院网络司法拍卖若干问题的规定理解与适用》，中国法制出版社2017年版，第340页。

设例 8－1 是一起真实的事件，被媒体称为“27 万天价拍得二手手机”。本次拍卖之所以引起恶意竞拍，主要是因竞拍须知援引了《网络拍卖规定》第 24 条的规定，悔拍的最严重后果也只是损失保证金 20 元。经过媒体报道，此事件引起广泛关注，令司法拍卖的严肃性蒙上阴影。如不进行有效规制，势必产生示范效应，干扰财产换价的法律秩序，影响执行债权的实现。执行法院最终以车某某、刘某某“能主动承认错误，并对自己参与非正常竞价，妨碍法院执行的行为及造成的后果表示悔过，认错态度较好”为由，分别对车某某处以 1 万元罚款，对刘某某处以 2 万元罚款。

然而，罚款上交国库，并不能用以弥补两次拍卖的差价，不利于申请执行人债权的实现。在解释论上，《网络拍卖规定》第 24 条与 2020 年《拍卖变卖规定》第 22 条第 2 款可以相互协调：其一，拍卖成交后买受人悔拍的，交纳的保证金不予退还；其二，保证金数额不足的，责令悔拍的买受人补齐，买受人拒不补交的，强制执行，即试行“少补多不退”原则。在域外，法国、德国、中国台湾地区等都规定悔拍人有弥补两次拍卖之差价或差额的责任。① 事实上，江苏省高级人民法院在此事件发生后不久，为了统一操作尺度，在下发的通知中也将两个条文并列，规定“若其所缴纳的保证金足以弥补该差价等费用损失的，则以该保证金填补差价，原买受人无须另行承担责任。若其所缴纳的保证金不足以弥补该差价等费用损失的，则由原买受人承担不足部分”。②

当然，在采用“私法说”或“折中说”的国家和地区，一般将保证金视为申请执行人损害赔偿请求权的担保，如保证金不足以覆盖申请执行人的损失，就差价部分由申请执行人提起损害赔偿之诉。但我国采用“公法说”，执行法院有权也应当对拒不补齐差价的买受人进行强制执行。

（2）拍卖流拍

如果拍卖流拍，《网络拍卖规定》第 26 条第 1 款规定：“应当在三十日内在同一网络司法拍卖平台再次拍卖，拍卖动产的应当在拍卖七日前公告；拍卖不动产或者其他财产权的应当在拍卖十五日前公告。再次拍卖的起拍价降价幅度不得超过前次起拍价的百分之二十。”《民事强制执行法（草案）》第 125 条规定申请执行人可申请以保留价抵债，其他人可以保留价购买流拍财产；③第 126 条缩短了再次拍卖的期间，并降

---

① 参见百晓锋：《论司法拍卖中“悔拍”的法律后果》，载《法律适用》2020 年第 7 期。

② 《关于司法网拍成交的买受人悔拍后保证金及补交差价相关事宜的通知》（苏高法电〔2017〕636 号）。

③ 《民事强制执行法（草案）》第 125 条规定：“不动产流拍之日起五日内，申请执行人申请以保留价承受不动产抵偿债务，或者他人申请以保留价购买不动产并支付全部价款的，人民法院可以准许。申请执行人申请承受不动产抵偿债务，其应受清偿债权数额低于保留价的，应当在前款规定期间内补交差额。人民法院应当在收到差额或者全部价款之日起十五日内作出抵债或者变卖成交裁定并送达当事人、买受人。”

低了再次拍卖的起拍价，旨在通过再次拍卖尽快实现换价，该条规定："不动产流拍后没有申请执行人申请承受或者无人购买的，人民法院应当在流拍之日起十五日内通过网络平台发布第二次拍卖公告。公告期不得少于十五日。第二次拍卖的保留价不得低于首次拍卖保留价的百分之六十；以被执行人申请的合理价格确定首次拍卖保留价的，第二拍卖的保留价不得低于首次拍卖时评估结果的百分之四十二。"例外是，该草案第145条第1款规定："价值较低的动产第一次拍卖流拍后，人民法院应当解除查封，并退还被执行人。"换言之，价值较低的动产只组织一次拍卖。但根据该草案第145条第2款的规定，价值较高的动产，如船舶、车辆等特殊动产，仍应组织第二次拍卖。如果是线下拍卖，根据2020年《执行拍卖变卖规定》第23条的规定，到场的申请执行人或者其他执行债权人不申请以该次拍卖所定的保留价抵债的，应当在60日内再行拍卖。

拍卖再次流拍的，《网络拍卖规定》第26条第2款规定，可以依法在同一网络司法拍卖平台变卖。2020年《执行拍卖变卖规定》第24条、第25条根据不同财产类型作出了不同规定。对于动产，法院可以折价交申请执行人或其他执行债权人抵债，后者拒绝接受或者依法不能交付其抵债的，执行法院应当解除查封、扣押，并将该动产退还被执行人。对于不动产或其他财产权，申请执行人或其他执行债权人拒绝接受或者依法不能交付其抵债的，执行法院应当在60日内进行第三次拍卖；第三次拍卖还是流拍，且申请执行人、其他执行债权人仍不表示接受该财产抵债的，执行法院应当解除查封、冻结，将该财产退还被执行人，但对该财产可以采取其他执行措施的除外。换言之，对于不动产或其他财产权需要组织三次拍卖。不过，《民事强制执行法（草案）》未对第三次拍卖作出规定，只规定了对于不动产可以再次拍卖的保留价抵债或变卖。①

如果首次拍卖的起拍价系根据2020年《执行拍卖变卖规定》第6条调整的"优先债权＋执行费用"设定的，流拍意味着市场不认可起拍价。通过降低起拍价进行再次拍卖，很可能出现无益拍卖。无益拍卖不仅不能令申请执行人从拍卖价款中获得清偿，而且可能损害优先债权人的利益，徒耗司法资源，原则上应予禁止。在此情形下，执行法院可在首次拍卖公告中说明：本次拍卖为终局拍卖，若流拍将不组织再次

① 《民事强制执行法（草案）》第127条规定："第二次拍卖流拍后六十日内，申请执行人可以申请以第二次拍卖的保留价承受不动产，他人也可以申请以该保留价购买不动产。第二次拍卖流拍后，申请执行人以市场行情发生变化等事由，申请重新启动变价程序，人民法院认为确有必要的，可以准许。"第145条第2款规定："价值较高的动产第二次拍卖流拍后六十日内，申请执行人可以申请以第二次拍卖的保留价承受，他人也可以申请以该保留价购买。逾期未申请的，人民法院应当解除查封，并退还被执行人，但是可以采取强制管理等执行措施的除外。"

拍卖。

(3)财产交付

无论在第几次拍卖中成交,都将涉及拍卖财产所有权转移、财产移交的问题,如财产上原来存在权利负担,还涉及应否涂销等问题。

首先,关于拍卖成交财产所有权的转移,2004 年《执行拍卖变卖规定》第 29 条区分动产与不动产、有登记的特殊动产、其他财产权,规定动产自交付时起所有权转移,显然与实体法规定不符。2015 年《民诉法解释》第 493 条取消了区别对待,统一为"拍卖成交或者依法定程序裁定以物抵债的,标的物所有权自拍卖成交裁定或者抵债裁定送达买受人或者接受抵债物的债权人时转移"。《网络拍卖规定》第 22 条第 2 款与之保持一致,规定拍卖财产所有权自拍卖成交裁定送达买受人时转移。2020 年《拍卖变卖规定》第 26 条也修改为:"不动产、动产或者其他财产权拍卖成交或者抵债后,该不动产、动产的所有权、其他财产权自拍卖成交或者抵债裁定送达买受人或者承受人时起转移。"《民事强制执行法(草案)》第 128 条第 1 款规定:"不动产拍卖、变卖成交或者抵债的,不动产权利自拍卖、变卖成交或者抵债裁定送达买受人或者承受人时起转移。"当然,根据《民法典》第 232 条的规定,因生效法律文书取得不动产物权的,处分该物权时,依照法律规定需要办理登记的,未经登记,不发生物权效力。买受人依拍卖成交裁定取得不动产所有权后,如再行转让该不动产,应当遵循私法规则,先将所有权登记至自己名下,而后变更登记至受让人名下。

其次,关于拍卖成交财产的移交,如果财产(动产)已被法院扣押,移交自然不成问题;如果财产(不动产、特殊动产)仅被法院查封,仍由被执行人或第三人保管、占有,移交时容易引发纠纷。《网络拍卖规定》第 6 条第 7 项将"办理财产交付"列为执行法院的职责。2020 年《执行若干规定》第 43 条规定:"被执行人的财产经拍卖、变卖或裁定以物抵债后,需从现占有人处交付给买受人或申请执行人的,适用民事诉讼法第二百四十九条、第二百五十条(2021 年《民事诉讼法》第 256 条、第 257 条)和本规定第 41 条、第 42 条的规定。"即拍卖成交财产移交时适用物的交付执行规定。对此可参见本书第十二章的相关部分。2020 年《拍卖变卖规定》第 27 条规定:"人民法院裁定拍卖成交或者以流拍的财产抵债后,除有依法不能移交的情形外,应当于裁定送达后十五日内,将拍卖的财产移交买受人或者承受人。被执行人或者第三人占有拍卖财产应当移交而拒不移交的,强制执行。"

在执行实践中,有的拍卖公告会载明"本拍品按现状拍卖,房屋的腾退、迁出、接收或后续产权登记事项等问题由买受人自行解决,法院不负责标的物的交付",执行法院以此为据,要求买受人自行承担取得房屋占有的成本及风险。买受人只能另诉占有人,取得以房屋的交付为内容的生效法律文书后,再申请强制执行。这种拍卖公告条款是否有效,值得商榷。执行法院固然可以减少麻烦,但这样做一则会影响竞买人的竞买意愿及报价,从而影响执行债权的实现,二则逃避了司法解释规定的执行职责,增加了买受人的诉讼成本及司法资源支出,将交付的负担转嫁给其他法院。鉴于此,本书对此持否定意见。《民事强制执行法(草案)》第130条也重申:"人民法院裁定拍卖、变卖成交或者抵债的,应当将不动产交付买受人或者承受人。承租人、居住权人等有权继续占有的,应当通知承租人、居住权人在其权利期限届满后向买受人或者承受人交付。人民法院交付不动产的,可以依据本法第一百八十三条、第一百八十四条(物的交付请求权执行条款——作者注)等规定的方法执行。不动产毁损、灭失的风险,交付前由被执行人承担,交付后由买受人或者承受人承担。"

拍卖成交财产若为被执行人占有,其负有移交的义务;若为第三人占有,则应分情况处理。如果第三人在法院查封后才占有,为无权占有,应当移交;如果在法院查封之前基于租赁权等有权占有,且租赁期尚未届满,无须移交;[①]如果在法院查封之前无权占有,或者虽有权占有但查封后租赁期届满,应当移交。有观点认为,拍卖不动产的强制交付看上去附随于拍卖程序,类似"售后服务",但无论如何都无法成为不动产司法拍卖的一个环节。执行法院要求被执行人和第三人腾退拍卖成交的财产,应当具有独立的执行依据,可将拍卖成交裁定改造成此种执行依据。对被执行人而言,由于其负有的交付义务具有高度盖然性,没有再通过诉讼解决的必要;对第三人而言,为保护其可能存在的合法权利,一方面要完善不动产拍卖的准备程序,法院应尽可能查明不动产的财产现状、权利负担;另一方面应允许第三人提起案外人异议之诉。拍卖不动产的强制交付应当避免委托或异地执行,而交由不动产所在地法院专属管辖。[②] 在学理上,这有助于完善拍卖不动产的交付执行程序,值得肯定。

最后,关于拍卖财产在查封时已存在的权利负担如何处理的问题,学理上存在承受主义与涂销主义的对立。所谓"承受主义",是指原来存在的担保物权、用益物权等权利负担,不因拍卖而消灭,而继续存在于财产之上,由买受人承受。所谓"涂销主义",是指原来存在的权利负担因拍卖而归于消灭,买受人取得"干净"、无负担的财产。承受主义有利于财产上负担的权利人,且买受人支付竞买款的压力较轻(扣除承受负担部分的价款),有利于促成拍卖;其缺点在于增加了拍卖程序的复杂性,同时买

---

① 2020年《执行异议复议规定》第31条规定:"承租人请求在租赁期内阻止向受让人移交占有被执行的不动产,在人民法院查封之前已签订合法有效的书面租赁合同并占有使用该不动产的,人民法院应予支持。承租人与被执行人恶意串通,以明显不合理的低价承租被执行的不动产或者伪造交付租金证据的,对其提出的阻止移交占有的请求,人民法院不予支持。"具体可参见本书第十二章有关不动产交付执行部分的讨论。

② 参见雷彤:《司法拍卖不动产的交付问题研究》,载《人民司法》2019年第13期。

受人不能取得财产的完整所有权，如因承受用益物权而不能对财产使用、收益，承受抵押权可能会因担保物权实现而丧失对财产的所有权，衍生出另一执行案件。相反，涂销主义可以一次性清除财产上的权利负担，买受人取得完整的所有权，提高竞买人的竞买意愿；[①]其缺点在于，担保物权人和用益物权人被迫提前受清偿或者补偿，丧失预期利益，对财产上负担的权利人较为不利，且由于需要支付财产的全部价款，当财产为高价不动产时，对竞买人的资力要求更高，影响拍卖的成交概率。[②]

我国司法解释采用的是二分法。2020 年《拍卖变卖规定》第 28 条第 1 款规定："拍卖财产上原有的担保物权及其他优先受偿权，因拍卖而消灭，拍卖所得价款，应当优先清偿担保物权人及其他优先受偿权人的债权，但当事人另有约定的除外。"担保物权及其他优先受偿权重在强调财产的交换价值，而非对财产的使用收益。拍卖时涂销此类权利负担，一般不会对权利人造成重要影响，因涂销而损失的所担保债权的利息、预期利益等，可在分配拍卖价款时适当考虑。这与 2020 年《执行若干规定》第 31 条的精神一致。[③] 当然，买受人与担保物权人约定尚未届期的担保物权在财产上存续，并由前者在拍卖所得财产的范围内承受原担保的债务的，执行法院可以不予涂销。2020 年《拍卖变卖规定》第 28 条第 2 款规定："拍卖财产上原有的租赁权及其他用益物权，不因拍卖而消灭，但该权利继续存在于拍卖财产上，对在先的担保物权或者其他优先受偿权的实现有影响的，人民法院应当依法将其除去后进行拍卖。"用益物权重在强调对财产的使用收益，也即使用价值。租赁权属于债权性用益物权，与之类似。用益物权如果因为拍卖而涂销，对权利人的影响较大，故原则上由买受人承受。例外是，如果担保物权或其他优先受偿权受顺位在后的用益物权影响，导致拍卖价款不足以清偿所担保的债权或其他优先受偿权，则应予以涂销。[④]

《民事强制执行法（草案）》承续了二分的框架，其第 131 条规定："不动产上的担保物权及其他优先受偿权，因变价而消灭，但是当事人另有约定的除外。权利消灭的，变价所得价款依照本法第十四章的规定处理。不动产查封前设立的用益物权及租赁权，不因变价而消灭；但是该权利继续存在于不动产上，对在先的担保物权或者其他优先受偿权的实现有影响的，人民法院应当依法将其除去后进行变价。不动产

① 涂销担保物权的，须从拍卖价款中优先支付担保的债权，可能会造成没有剩余款项用以清偿申请执行人的问题。为此拍卖并无实益。故学理上有所谓"剩余主义"，即执行法院须依职权估算，只有拍卖价款在用以清偿财产上的权利负担、支付各种执行费用之后，仍有剩余可能的，才进行拍卖。

② 参见江必新：《强制执行法理论与实务》，中国法制出版社 2014 年版，第 600 ~ 601 页。

③ 该条规定："人民法院对被执行人所有的其他人享有抵押权、质押权或留置权的财产，可以采取查封、扣押措施。财产拍卖、变卖后所得价款，应当在抵押权人、质押权人或留置权人优先受偿后，其余额部分用于清偿申请执行人的债权。"

④ 参见江必新：《强制执行法理论与实务》，中国法制出版社 2014 年版，第 606 ~ 607 页。

上的查封措施,因变价而消灭。”

(三)股权拍卖的特殊规定

股权拍卖存在两个突出的难点:(1)评估难。强制执行股权难,最难在评估。股权没有市场行情价或者政府指导价,股权的价值取决于公司的经营状况和发展前景,通过当事人议价、定向询价、网络询价基本难以确定其处置参考价,一般需要专业评估机构进行评估。但与房产评估相比,股权评估所需的材料更多,往往需要股权所在公司和被执行人的密切配合。实践中,由于公司和被执行股东拒不配合,或者公司本身缺乏评估所需的有关材料,导致大量被冻结股权因缺乏相关材料而无法出具评估报告,执行拍卖陷入停滞。(2)拍卖难。如前所述,实践中大量股权因缺乏相关材料无法出具评估报告,导致无法确定起拍价并进行拍卖。另外,在公司注册资本认缴制下,对于未届出资期限的股权能否强制变价,变价后,后续出资义务应该由谁来承担;对于法律、行政法规、部门规章等限制自行转让的股权,执行法院能否强制换价;对于变更登记需要行政审批的股权,应该如何协调强制执行程序与行政审批之间的关系。这些问题富有争议,亟待明确。[①] 为此《股权执行规定》作出了针对性的规定:

(1)针对评估股权所需材料的欠缺,第 11 条规定,除了依照《财产处置参考价规定》规定的程序确定股权处置参考价外,执行法院可以向公司登记机关、税务机关等部门调取参考价需要的相关材料,也可以责令被执行人、股权所在公司以及控制相关材料的其他主体提供;拒不提供的,可以强制提取。为确定股权处置参考价,经当事人书面申请,执行法院可以委托审计机构对股权所在公司进行审计。第 12 条规定,委托评估被执行人的股权,评估机构因缺少评估所需完整材料无法进行评估或者认为影响评估结果,被执行人未能提供且执行法院无法调取补充材料的,执行法院应当通知评估机构根据现有材料进行评估,并告知当事人因缺乏材料可能产生的不利后果。不利后果主要是指拍卖成交价偏离股权真实价值,拍卖难以成交等。执行法院委托的三家评估机构均无法出具评估报告的,经申请执行人书面申请,执行法院可以根据实际情况确定起拍价,也即“无底价拍卖”。为防止无益拍卖,“无底价拍卖”的起拍价须适当高于执行费用,股权所在公司经营严重异常、股权明显没有价值的不予拍卖。据此确定起拍价拍卖的,竞买人应当预交的保证金数额由执行法院酌定。

(2)针对影响拍卖的因素,第 14 条及第 15 条明确瑕疵出资股权(被执行人未依法履行或者未依法全面履行出资义务)、未届出资期限股权(认缴的出资未届履行期

---

① 参见何东宁等:《〈最高人民法院关于人民法院强制执行股权若干问题的规定〉的理解与适用》,载《中国应用法学》2022 年第 2 期。

限)、自行转让受限股权(法律、行政法规、部门规章等对该股权自行转让有限制,或者公司章程、股东协议等对该股权自行转让有限制)及行政审批前置类股权(股权变更应当由相关部门批准)均可进行拍卖。如果是瑕疵出资股权、未届出资期限股权,拍卖公告中应当载明被执行人认缴出资额、实缴出资额、出资期限等信息。股权处置后,相关主体依照有关规定履行出资义务。如果是行政审批前置类股权,拍卖公告中应当载明法律、行政法规或者国务院决定规定的竞买人应当具备的资格或者条件。买受人明知不符合竞买资格或者条件依然参加竞买,且在成交后未能在合理期限内取得相关部门股权变更批准手续的,交纳的保证金不予退还。

三、财产变卖及替代换价方法

变卖指的是执行法院依申请或依职权,以一定价格将财产直接出卖给买受人。相比拍卖,变卖具有简便、快捷、低廉等优点,但在公开性、透明性上存在不足,没有经过多人竞价,成交价也未必最优。随着网络拍卖的普及,变卖作为财产换价方法的地位日趋边缘化。以物抵债是指执行法院将查封财产以一定的价格抵偿给执行债权人(申请执行人或参与分配的债权人),以折抵全部或部分金钱债务。在执行债权人唯一的情况下,以物抵债能更简便快捷地实现执行债权,但在执行债权人不唯一的情况下,以物抵债容易引发争议。强制管理指的是查封财产无法拍卖或者变卖,也不能以物抵债的,经申请执行人同意,执行法院可以将财产作价后交付管理,并用管理所得收益清偿执行债权。以下逐一介绍变卖及两种作为替代换价的执行方法。

(一)变卖

变卖是财产换价的例外方法。根据 2020 年《拍卖变卖规定》第 31 条的规定,变卖应该尊重当事人的意愿,只有执行当事人双方及有关权利人同意变卖的,才可以变卖。而对于金银及其制品、当地市场有公开交易价格的动产、易腐烂变质的物品、季节性商品、保管困难或者保管费用过高的物品,执行法院可以依职权变卖。《民事强制执行法(草案)》第 143 条规定:“对具有下列情形之一的动产,人民法院可以按照合理的价格直接变卖:(一)季节性、鲜活、易腐烂变质以及其他不宜长期保存;(二)不及时变价会导致价值严重贬损;(三)保管困难或者保管费用过高。前款规定的动产,申请执行人同意抵债的,人民法院可以按照合理的价格交其抵债。在当地市场有公开交易价格的动产,人民法院可以以该价格直接变卖或者交申请执行人抵债。”2022 年《民诉法解释》第 488 条第 1 款规定,人民法院在执行中需要变卖被执行人财产的,可以交有关单位变卖,也可以由人民法院直接变卖。

变卖不经过公告及竞拍,因此变卖的价格至关重要,决定了执行债权的实现效果。根据2020年《拍卖变卖规定》第32条的规定，执行当事人双方及有关权利人对变卖财产的价格有约定的，按照其约定价格变卖；无约定价格但有市价的，变卖价格不得低于市价；无市价但价值较大、价格不易确定的，应当委托评估机构进行评估，并按照评估价格进行变卖。按照评估价格变卖不成的，可以降低价格变卖，但最低的变卖价不得低于评估价的1/2。通常来说，有关当事人同意变卖的，会就财产变卖的价格达成约定；没有约定价格的，由法院依职权变卖。为减少依职权变卖的争议，执行法院应当按照该条规定确定变卖价格。为了防止变卖中出现司法腐败，2022年《民诉法解释》第488条第2款明令禁止人民法院或者其工作人员买受变卖的财产。

（二）以物抵债

执行中的以物抵债与当事人约定的以物抵债截然不同。后者在理论与实务上存在较大争议，其性质和效力要根据订立协议时债务履行期限是否已经届满予以区别对待。① 执行中的以物抵债可分为积极抵债与消极抵债两种类型。积极抵债即执行当事人自行达成协议，不经拍卖、变卖，直接以物抵债。消极抵债即经过拍卖、变卖未成交，申请执行人或其他执行债权人申请或同意以物抵债。

首先，关于积极抵债，2022年《民诉法解释》第489条规定："经申请执行人和被执行人同意，且不损害其他债权人合法权益和社会公共利益的，人民法院可以不经拍卖、变卖，直接将被执行人的财产作价交申请执行人抵偿债务。对剩余债务，被执行人应当继续清偿。"其次，关于消极抵债，2022年《民诉法解释》第490条规定，被执行人的财产无法拍卖或者变卖的，经申请执行人同意，且不损害其他债权人合法权益和社会公共利益的，人民法院可以将该项财产作价后交付申请执行人抵偿债务。2020年《拍卖变卖规定》第16条、第24条、第25条规定，任意一次拍卖流拍后，申请执行人或者其他执行债权人申请或者同意以该次拍卖所定的保留价接受拍卖财产的，除

---

① 如《九民纪要》第44条规定："当事人在债务履行期限届满后达成以物抵债协议，抵债物尚未交付债权人，债权人请求债务人交付的，人民法院要着重审查以物抵债协议是否存在恶意损害第三人合法权益等情形，避免虚假诉讼的发生。经审查，不存在以上情况，且无其他无效事由的，人民法院依法予以支持。当事人在一审程序中因达成以物抵债协议申请撤回起诉的，人民法院可予准许。当事人在二审程序中申请撤回上诉的，人民法院应当告知其申请撤回起诉。当事人申请撤回起诉，经审查不损害国家利益、社会公共利益、他人合法权益的，人民法院可予准许。当事人不申请撤回起诉，请求人民法院出具调解书对以物抵债协议予以确认的，因债务人完全可以立即履行该协议，没有必要由人民法院出具调解书，故人民法院不应准许，同时应当继续对原债权债务关系进行审理。"第45条规定："当事人在债务履行期届满前达成以物抵债协议，抵债物尚未交付债权人，债权人请求债务人交付的，因此种情况不同于本纪要第71条规定的让与担保，人民法院应当向其释明，其应当根据原债权债务关系提起诉讼。经释明后当事人仍拒绝变更诉讼请求的，应当驳回其诉讼请求，但不影响其根据原债权债务关系另行提起诉讼。"

非依法不能交其抵债,法院应当将该财产交其抵债;第 32 条第 3 款规定,变卖的财产无人应买的,法院按照变卖价将该财产交申请执行人或者其他执行债权人抵债。《民事强制执行法(草案)》第 125 条、第 127 条分别规定,对于不动产第一次和第二次流拍的,申请执行人可以申请以当次保留价承受不动产抵偿债务。

由于以物抵债一般只能折抵部分债权,如果多个执行债权人受偿顺位相同,则容易造成部分债权人全部或部分受偿,而其余债权人未受偿的局面,导致执行债权人之间的实质不平等。对于积极抵债,2022 年《民诉法解释》第 489 条强调"不损害其他债权人合法权益和社会公共利益",换言之法院应对抵债是否损害其他债权人合法权益、社会公共利益进行职权审查,受影响的其他债权人书面同意的除外;对于消极抵债,2020 年《拍卖变卖规定》第 16 条第 2 款规定,对于无法拍卖、变卖的财产,有两个以上执行债权人申请以财产抵债的,由法定受偿顺位在先的债权人优先承受;受偿顺位相同的,以抽签方式决定承受人。承受人应受清偿的债权额低于抵债财产的价额的,执行法院应当责令其在指定的期间内补交差额。如承受人不自动履行,执行法院可以强制执行。与拍卖的所有权转移一样,当抵债裁定送达承受人时,财产的所有权转移。

【设例 8-2】

一块土地及地上建筑物被多家法院查封。申请执行人轮候顺序为:(1)陈某某一案;(2)郭某某一案;(3)赵某某、金某某等案;(4)贾某某一案;(5)春某某一案。在执行过程中,陈某某、郭某某、贾某某、春某某分别将生效法律文书确定的债权转让给神泉公司。神泉公司申请变更为申请执行人。执行法院将四案合并执行。执行法院组织对该查封不动产进行拍卖,流拍后,作出执行裁定:将流拍财产以保留价 1530 万元以物抵债给神泉公司。赵某某等提出执行异议,主张以物抵债裁定损害顺位在先的其他债权人利益。

设例 8-2 改编自最高人民法院指导案例 122 号。① 最高人民法院认为,执行法院虽然将四案合并执行,但四案查封土地、建筑物的顺位不一,并非全部首封。根据 2020 年《执行若干规定》第 55 条的规定,各债权人对执行标的物均无担保物权的,按照执行法院采取执行措施的先后顺序受偿。因此,合并执行以后,仍应按照四案债权申请查封的顺序确定受偿顺序。执行法院裁定将全部涉案财产抵债给神泉公司,实质上是将查封顺位在后的贾某某、春某某债权受偿顺序提前,影响了在先轮候的债权人的合法权益。

① 参见最高人民法院民事裁定书,(2018)最高法执监 848、847、845 号。

（三）强制管理

严格来说，我国现行法律及司法解释没有规定规范意义上的强制管理制度。仅有的规定是 2022 年《民诉法解释》第 490 条，该条规定，被执行人的财产无法拍卖或者变卖的，经申请执行人同意，且不损害其他债权人合法权益和社会公共利益的，执行法院可以将财产交付申请执行人管理。申请执行人拒绝管理的，退回被执行人。但从域外来看，强制管理的目的在于用管理所得收益清偿执行债权，管理人只要能满足管理、利用、收取收益、交付收益等职能即可，不限于申请执行人，且通常也不是申请执行人。管理人并非申请执行人或被执行人的代理人，而是受执行法院的选任，行使强制执行的管理权，因此其地位是强制执行的辅助机关，与执行法院是公法上的关系，而非私法上的委托代理关系，但因收取报酬，应类推适用民法的委任关系，且尽到善良管理人的注意义务。[①] 强制管理因债务清偿、无益管理（管理无收益，或者收益扣除必要费用、支付管理人报酬后无剩余）而终结。

《民事强制执行法（草案）》用 3 个条文对强制管理作出规定，弥补了现行法的不足。其中，第 133 条规定："已查封的不动产，不宜变价或者无法变价的，当事人可以申请人民法院强制管理。确有必要的，人民法院也可以依职权强制管理。"该条规定强制管理可依申请或依职权作出。第 134 条规定："人民法院裁定强制管理的，应当指定符合任职条件的个人或者组织担任管理人，并明确管理人的职责。强制管理期间，管理人可以占有不动产、管理不动产及其收益。被执行人妨害强制管理的，管理人可以请求人民法院予以排除。管理人在管理过程中存在违法行为，侵害当事人合法权益的，应当承担损害赔偿责任。"该条突破了现行司法解释的局限，规定凡符合任职条件的个人或组织均可被选任为管理人。不排除将来会出现以执行财产管理、遗产管理等为主营业务的专业组织。管理人受法院的委任而占有、管理不动产并收取、交付管理收益，作为法院的执行辅助人履行职责。但是，因管理人收取报酬，且独立行使管理职能，若侵害申请执行人或被执行人的合法权益，如未妥善管理造成不动产毁损灭失、管理收益明显低于市场平均水准、拒不交付管理收益等，应由其而非执行法院承担损害赔偿责任。第 135 条规定："管理收益扣除管理费用和管理人报酬后，用于清偿债务。管理收益的具体使用，由人民法院决定。"管理费用、管理人报酬原则上由执行当事人与管理人协商决定；协商不成的，由执行法院参考市场价指定。

执行实务中通常认为，根据强制管理这一执行措施的功能定位，其适用对象应限于不动产和船舶、航空器等特定动产，企业经营权等其他财产权原则上不能适用。为

---

① 参见吴光陆：《强制执行法》（修订 3 版），台北，三民书局股份有限公司 2015 年版，第 397～401 页。

使当事人之间的法律关系简单、明晰，方便执行法院监督，也避免在管理过程中产生新的债权债务关系，强制管理一般将被执行人的不动产或特定动产出租，以收取的租金清偿债务。[①]

① 最高人民法院（2015）执复字第42号。

第九章

无须换价财产的执行

财产如为可流通货币，无须进行换价。除非可流通货币是被执行人占有的现金，否则不能以扣押后交付申请执行人的方式执行。被执行人对第三人的债权、在金融机构的存款、可预期取得的现金收入，均属此类。这类财产实为财产性权利，表现为以可流通货币为内容的现在或将来给付的请求权。

一、债权

（一）到期债权

对被执行人到期债权的执行，即债权执行，又称为"代位执行"，指的是在满足一定要件的前提下，法院可以对被执行人的对外到期债权进行强制执行，以满足申请执行人的债权。一方面，从执行客体来看，债权执行牵涉两个债权，即执行债权（以下简称债权Ⅰ）与被执行人对第三人享有的债权（以下简称债权Ⅱ）。债权Ⅰ仅为金钱债权，债权Ⅱ则包括金钱债权、交付物及转移权属的债权，但原则上不包括第二性的请求权，如损害赔偿请求权或修复、修理、调换、减价的请求权。《民事强制执行法（草案）》第151条明确将金钱债权、交付物及转移权属的债权均纳入对一般债权执行的范围。执行被执行人对第三人享有的物的交付或转移权属的债权，需对第三人交付或转移权属的标的物进行换价，才能用以满足执行债权（债权Ⅰ）。

债权执行所蕴含的债权收取功能与民法上的债权人代位权颇为接近，皆由债权人（申请执行人）直接向第三人主张债权Ⅱ。在域外，债权人代位权奉行"入库原则"，将第三人就债权Ⅱ的清偿，归入债务人的财产范围，债权人仅从中按顺序或者按比例受偿。我国《民法典》第537条第1句规定："人民法院认定代位权成立的，由债务人的相对人向债权人履行义务，债权人接受履行后，债权人与债务人、债务人与相对人之间相应的权利义务终止。"该条吸收了原最高人民法院《关于适用〈中华人民共和国合同法〉若干问题的解释（一）》（以下简称《合同法解释（一）》）第20条的规定，突破了代位权行使的

"入库原则",规定第三人直接向债权人履行债务,使得与债权执行更加相似。①

《民事诉讼法》未对债权执行程序作出规定。在司法解释层面,2020年《执行若干规定》专设一章共9个条文对"被执行人到期债权的执行"作了规定;2022年《民诉法解释》第499条又进行了补充。

根据2022年《民诉法解释》第499条及2020年《执行若干规定》第45条的规定,执行法院对于被执行人对他人的到期债权,依申请执行人或被执行人的申请,可以作出冻结债权的裁定,并向第三人发出履行到期债务的通知(以下简称履行通知)。《民事强制执行法(草案)》分别将两种法律文书改称"查封令"和"履行令",更加准确地反映了两种法律文书的司法性质。第三人既然是被执行人的债务人,当然应具有民事权利能力。因申请执行人可能会对其提起代位权诉讼或其提起执行异议之诉,故也应具有当事人能力或诉讼权利能力,包括自然人、法人及非法人的其他组织。债权冻结裁定,即债权扣押命令或查封令,类似于对不动产、特定动产的查封或对动产的扣押,旨在禁止被执行人处分被冻结债权及第三人进行清偿,并使被执行人的处分权转移给国家(执行法院负责行使)。《民事强制执行法(草案)》第151条规定:"查封被执行人对第三人享有的金钱债权的,应当向第三人送达查封令,禁止其在查封额度内清偿该金钱债权。查封被执行人对第三人享有的交付物或者转移权属的债权的,应当向第三人送达查封令,禁止其交付或者转移权属。"债权被查封后,被执行人不得收取债权,放弃、转让、免除、抵销其对第三人的债权,延缓第三人履行期限,设立权利质押等行为无效。对此,该草案第158条规定:"查封债权后,下列行为不得对抗申请执行人,人民法院可以继续执行该债权:(一)第三人擅自清偿或者以查封后取得的债权主张抵销;(二)被执行人作出的免除、延期等不利于债权实现的处分行为。"当然,债权被查封不会导致被执行人的债权人地位丧失,如果第三人无资力、债权履行不能,风险仍由被执行人承担,不能因此在相应额度内免除其执行债务。

履行通知在性质上属于向第三人发出的执行命令,必须直接送达第三人,从而保障第三人的异议权。履行通知应当包含下列内容:(1)第三人直接向申请执行人履行其对被执行人所负的债务,不得向被执行人清偿;(2)第三人应当在收到履行通知后的15日内向申请执行人履行债务;(3)第三人对履行到期债权有异议的,应当在收到履行通知后的15日内向执行法院提出;(4)第三人违背上述义务的法律后果。第三人接收履行通知后,产生及时答复及禁止向被执行人履行两项公法上的义务。首先,及时答复义务的内容并不涉及债务数额、抗辩事由等广泛义务,而是声明异议事由的

① 参见黄薇主编:《中华人民共和国民法典合同编解读》,中国法制出版社2020年版,第260～261页。

单纯义务。在形式上，2020 年《执行若干规定》第 46 条规定，第三人对履行通知的异议一般应当以书面形式提出，口头提出的，执行人员应记入笔录，并由第三人签字或盖章。其次，第三人违反禁止向被执行人履行义务的，其履行不发生私法上的效力，且须承担公法上的责任。对此 2020 年《执行若干规定》第 51 条规定："第三人收到人民法院要求其履行到期债务的通知后，擅自向被执行人履行，造成已向被执行人履行的财产不能追回的，除在已履行的财产范围内与被执行人承担连带清偿责任外，可以追究其妨害执行的责任。"当然，第三人要求清偿债务的，根据 2020 年《民诉法解释》第 159 条的规定，由执行法院提存财物或者价款。《民事强制执行法（草案）》第 153 条规定："查封的金钱债权履行期限届满的，人民法院可以作出履行令，责令第三人直接或者通过人民法院向申请执行人履行。查封的交付物或者转移权属的债权履行期限届满的，人民法院可以作出履行令，责令第三人向人民法院交付标的物；需要办理权属移转登记的，登记至被执行人名下。"

除第三人向债权人自动履行外，根据第三人在异议期间的行为，债权执行程序可能呈现两种衍生形态，有如"车之双轮，鸟之两翼"：

（1）第三人提出异议。根据 2020 年《执行若干规定》第 47 条的规定，执行法院不得对第三人强制执行，对提出的异议不进行实体审查，裁定撤销冻结裁定、履行通知，债权执行程序就此终结。2022 年《民诉法解释》第 499 条规定，申请执行人请求对异议部分强制执行的，执行法院不予支持。异议指向债权Ⅱ，包括主张债权Ⅱ不存在、数额有争议、时效经过、对待给付、抵销或其他可以对抗被执行人请求的事由。《民事强制执行法（草案）》第 155 条第 1 款规定："第三人认为被执行人的债权不存在、已消灭或者存在其他妨碍被执行人请求事由的，应当在收到履行令之日起十五日内，向人民法院提出书面异议，并说明事实和理由。"哪怕第三人就债务提出虚假的异议，法院也不予审查。理由在于，第三人提出异议，表明债权Ⅱ存在实体争议，应通过诉讼程序解决。同时，该草案第 155 条第 2 款规定，第三人提出异议时作虚假陈述的，执行法院可以予以处罚；因债权未能执行，给申请执行人造成损害的，应当承担赔偿责任。

【设例 9－1】

在宏大公司诉盛隆公司合同纠纷案件执行中，执行法院根据申请作出执行裁定，冻结被执行人盛隆公司对第一医院享有的工程款债权 3000 万元，并向第一医院送达履行到期债务通知书。第一医院在指定期间内提出异议，主张盛隆公司与其签订的门急诊综合楼施工合同未履行完毕，该工程没有进行结算，也没有进行决算；盛隆公司在其处没有到期债权。执行法院认为异议不成立，理由是：第一，虽然第一医院提出该债权双方未予结算，尚未到期，但其未提交相关证据证明，对此不予支持。第二，根据《制裁规避执行意见》第 13 条"对被执行人的未到期债权,执行法院可以依法冻结,待债权到期后参照到期债权予以执行。第三人仅以该债务未到期为由提出异议的,不影响对该债权的保全”的规定,法院亦可以冻结被执行人的未到期债权。

设例9－1改编自一则真实案例。[①] 争议焦点在于第三人第一医院所提异议的性质及效力。第一医院主张施工合同未履行完毕,工程未进行结算和决算,实质上是对盛隆公司对其享有工程款债权的数额、履行期限、履行方式等提出异议。该异议并非《民事诉讼法》第232条规定的执行异议,而是为债权执行中的第三人提供的程序保障机制,旨在防止执行力主观范围任意扩张。第三人行使该项异议权,既不需要附理由,也不需要附证据。如果执行法院要求第三人对异议说明理由、提供证据,审查异议是否成立,其实是在对债权Ⅱ存在与否、数额多少等问题进行实体审理,违反审执分离原则。因此,执行法院的第一点理由不能成立。第一医院的异议不限于债务未到期,关键是债务未经结算和决算,换言之债务尚不确定。《制裁规避执行意见》并非司法解释,只能作为法院内部工作的指导意见,不能在裁判中直接作为法律依据引用。故执行法院的第二点理由同样不能成立。如果债权Ⅱ未到期、不确定,这种情况下能否进行执行,下面将作讨论。

当然,对于第三人提出自己无履行能力或其与申请执行人无直接法律关系,不属于合法的异议,申请执行人如认为异议不成立,需对第三人提起给付之诉从而获得独立的执行依据,再开启对第三人的强制执行。现行《民事诉讼法》及司法解释尚未像域外那样规定债权收取之诉。而《民事强制执行法(草案)》第156条第1款规定,申请执行人认为异议不成立的,可以在收到通知之日起15日内以第三人为被告向执行法院提起诉讼。该款确立了债权收取之诉。从学理上分析,债权收取之诉与我国《民法典》规定的代位权诉讼在诉讼构造上高度相似。首先,二者的当事人同为债权人与第三人,债务人仅为案外人或者无独立请求权第三人。其次,二者的诉讼请求都是第三人在债权Ⅰ和债权Ⅱ的双重限度内向债权人直接清偿。最后,债权收取之诉的诉讼标的是债权Ⅱ,而代位权诉讼的诉讼标的虽在理论上有争议,但在不奉行“入库原则”的制度下,理解为“债权Ⅰ＋债权Ⅱ”为宜。[②] 因此,申请执行人认为异议不成立

① 参见最高人民法院民事裁定书,(2018)最高法执监70号。

② 在奉行“入库原则”的制度下,债权人基于法定诉讼担当资格提起代位权诉讼,胜诉结果归属于债务人,实现对债权Ⅱ的保全,故诉讼标的只有债权Ⅱ。而债权人对债务人享有债权Ⅰ是其提起代位权诉讼的当事人适格要件,而非本案诉讼标的。我国《民法典》突破了“入库原则”,若要实现第三人对债权人的直接清偿,必须一并审理债权Ⅰ与债权Ⅱ。参见赵钢、刘学在:《论代位权诉讼》,载《法学研究》2000年第6期;蒲菊花:《论债权人代位诉讼的诉讼标的》,载《河北法学》2003年第5期。

的，也可以第三人为被告提起代位权诉讼。最高人民法院《关于认真贯彻实施民事诉讼法及相关司法解释有关规定的通知》（法〔2017〕369 号，以下简称《贯彻民诉法通知》）第 3 条第 2 款也指出："在对到期债权的执行中，应当依法保护次债务人的利益，对于次债务人在法定期限内提出异议的，除到期债权系经生效法律文书确定的外，人民法院对提出的异议不予审查，即应停止对次债务人的执行，债权人可以另行提起代位权诉讼主张权利。"当然，如果申请执行人未在规定期间内提起债权收取之诉，《民事强制执行法（草案）》第 156 条第 3 款规定，执行法院应当依据第三人的申请，在异议范围内解除履行令。

（2）第三人既没有履行，也没有提出异议。根据 2020 年《执行若干规定》第 49 条的规定，执行法院有权裁定对第三人强制执行，这相当于产生了一份新的金钱债权执行依据。这一规定似乎有违反审执分离原则的嫌疑，在理论上存在争议，[①]仅我国台湾地区有类似规定，德国、日本等均未见其踪。本书基于以下理由，支持该项规定：首先，第三人在受到相应程序保障的前提下，放弃异议权而甘愿接受强制执行的不利后果，在很大程度上表明债权Ⅱ成立、有效、未消灭及未主张抵销，相当于对此类事实的表见证明。其次，为了简化强制执行，节省债权人的诉讼成本与法院的司法资源，纵使债权Ⅱ事实上不存在，对第三人的消极不作为也有科以制裁的必要，如有错误则可通过执行异议之诉、不当得利返还诉讼等予以救济。最后，第三人在异议期间消极对待，不予异议，可以参照《民事诉讼法》关于支付令的规定。《民事诉讼法》第 223 条规定，法院经审查向债务人发出催促清偿的支付令，债务人未在 15 日的法定期间内提出异议也不履行支付令的，债权人据此可申请法院强制执行。在发出支付令之前，法院必须对支付所涉及的债权债务关系的明确性、合法性进行大致审查，但审查仅采取书面审查或询问债权人的方式，一般情况下无须通知或询问债务人。[②]《民事强制执行法（草案）》第 157 条第 1 款延续了该项规定，即第三人未提出异议，又未依照履行令履行义务的，执行法院可以裁定对其强制执行。

执行法院可在债权Ⅱ的范围内对第三人强制执行。第三人以其责任财产承受法院对债权Ⅱ的执行。申请执行人基于取得的对债权Ⅱ的收取权能，有权受领第三人的给付。当然，为防止债权执行产生无休止的连锁反应，司法解释禁止对第三人的对外债权再进行执行。2020 年《执行若干规定》第 52 条规定："在对第三人作出强制执行裁定后，第三人确无财产可供执行的，不得就第三人对他人享有的到期债权强制

---

① 参见陈荣宗：《强制执行法》，台北，三民书局 1989 年版，第 565 页。

② 参见王亚新、陈杭平、刘君博：《中国民事诉讼法重点讲义》（第 2 版），高等教育出版社 2021 年版，第 423 ~ 424 页。

执行。”

当然，第三人未在异议期间内提出异议而被强制执行，不等于其丧失了对债权Ⅱ的实体上的权利。毕竟，债权执行是内嵌于执行程序的略式程序，执行法院不会也不能对债权Ⅱ进行实体审理，因此难免出现错误执行的情况。对此，2006 年最高人民法院执行工作办公室（执行局的前身——笔者注）在《关于到期债权执行中第三人超过法定期限提出异议等问题如何处理的请示的答复》（〔2005〕执他字第 19 号）中指出："第三人在收到履行到期债务通知书后，未在法定期限内提出异议，并不发生承认债务存在的实体法效力。第三人在法院开始强制执行后仍有异议的，应当得到司法救济。"至于第三人可以得到何种司法救济，最高人民法院的执行裁判认为，第三人提出的异议超出法定期限，则丧失到期债权程序对其利益的保护，但第三人可以作为利害关系人向执行法院提出执行行为异议，执行法院根据《民事诉讼法》第 232 条之规定进行审查。①《民事强制执行法（草案）》第 157 条第 2 款规定，第三人认为被执行人的债权不存在、已消灭或者存在其他妨碍被执行人请求事由的，可以参照被执行人寻求救济。此外，如果债权执行已结束，理论上第三人可以申请执行人与被执行人为共同被告，向执行法院提起返还财产或赔偿损失之诉。②

（二）未到期债权

司法解释只规定了对到期债权的执行，但没有对未到期债权作出规定。如前所述，《制裁规避执行意见》第 13 条规定执行法院对被执行人的未到期债权，可以依法保全，待债权到期后参照到期债权予以执行。忽略该意见的法律地位，对第 13 条加以解释的话，所谓"未到期债权"应指债权数额已经确定或可得确定，只是履行期限未届至的金钱债权。执行法院先予以保全，限制被执行人的处分行为，待债权到期后再参照到期债权执行。由于执行法院已对未到期债权作出保全裁定，待债权到期后，自动转为终局性的债权冻结裁定，无须重复作出。《贯彻民诉法通知》第 3 条第 3 款后段指出："对于被执行人未到期的债权，在到期之前，只能冻结，不能责令次债务人履行。"实务中，最高人民法院有执行裁判认为，对于被执行人对第三人享有的未到期租金债权，"为了避免被执行人接受第三人清偿之后转移财产、损害申请执行人合法权益，人民法院可以对该未到期债权采取冻结措施，限制第三人向被执行人支付该未到期债权，但同时也不得要求第三人向申请执行人支付该未到期债权，以保护第三人合

① 参见最高人民法院民事裁定书，（2016）最高法执监 234 号；最高人民法院民事裁定书，（2019）最高法执复 20 号。

② 参见江必新主编：《强制执行法理论与实务》，中国法制出版社 2014 年版，第 662 页。

法的期限利益。这与冻结被执行人对第三人的到期债权同其本质,且符合未到期债权的特点,不损害第三人权益,亦符合执行司法实践的一般做法"。[①] 这是将冻结视作了债权的保全措施。《民事强制执行法(草案)》第151条规定,查封令的适用对象不限于到期债权,未到期债权也属其中。

有些国家和地区,对金钱债权执行标的的范围放得较宽。如德国、日本、我国台湾地区规定将来可能发生的债权可作为执行标的,附有条件尚未成就、附有期限尚未届至、被执行人需为对待给付等债权皆是。[②] 之所以作此规定,是因为上述国家和地区对以金钱债权为标的的执行方法很丰富。除了"收取命令"(债权人直接收取债权Ⅱ)、"支付转给命令"(第三人向执行法院支付,再转给债权人)外,还包括将债权Ⅱ移转给申请执行人(从而承担第三人不能履行、不为履行的风险)的"移转命令",对债权Ⅱ进行拍卖、变卖的"特别换价命令"等。如我国台湾地区"强制执行法"第115条第3项规定:"金钱债权因附条件、期限、对待给付或其他事由,致难依前项规定办理者,执行法院得依声请,准用动产执行之规定拍卖或变卖之。"这些方法统称为债权扣押后的变价方法。相比之下,2020年《执行若干规定》第49条只规定了语焉不详的"执行法院有权裁定对其(指第三人——笔者注)强制执行"。在解释论上和执行实践中,一般也不将债权Ⅱ作为可拍卖、变卖的标的物。在现阶段,将来可能发生但尚未确定的债权不宜作为债权执行的标的物。不过,《民事强制执行法(草案)》第154条规定,被执行人的债权因附有期限、条件、被执行人未履行对待给付义务或者其他事由而难以收取的,人民法院可以依申请执行人的申请进行换价,包括对债权Ⅱ进行拍卖、变卖(特别换价)、用债权Ⅱ抵偿债权Ⅰ(移转)等。

工程款较为特殊针对设例9-1中的问题,我国台湾地区有学者认为:"如工程已结束者,固可执行全部工程款,若尚未完成者,为顾及定作人权益及社会公众利益,宜仅执行扣除必要费用后之余额,必要时,执行法院可与当事人、第三人协商扣押金额,俾债务人于有利可图情况下继续施作,否则债务人停工不作,仍影响债权人受偿。"这样无疑会增加债权执行的复杂性,滋生纠纷,与债权执行程序简化强制执行的特征相抵触。因此,在现阶段,执行法院可以裁定保全,但不应为了执行而裁定冻结或查封。

(三)生效法律文书确定的债权

如果债权Ⅱ系已为生效法律文书所确定的到期债权,根据2022年《民诉法解释》第499条第3款的规定,"该他人予以否认的,人民法院不予支持"。当然,需要注意

---

① 参见最高人民法院民事裁决书,(2018)最高法执监664号。

② 参见杨与龄:《强制执行法论》,中国政法大学出版社2002年版,第497页。

的是该款用的是第三人“否认”而非“异议”。在解释论上,只有第三人否认该到期债权的存在,执行法院才不予支持。如果第三人主张在法律文书生效后,该到期债权已经履行、提存、抵销等,同样属于该条第2款规定的异议。因此,即便债权执行的标的是已为生效法律文书所确定的到期债权,第三人仍然享有异议权,只是异议事由的范围更为狭窄。但是,《民事强制执行法(草案)》第155条第3款规定,执行的到期债权已经生效法律文书确定的,第三人不得提出异议,该款规定值得商榷。

在执行实践中,被执行人怠于行使对第三人的到期债权并不鲜见。最高人民法院在《制裁规避执行意见》第12条中提出,对于被执行人已经生效法律文书确认的债权,执行法院可以书面通知被执行人在限期内向有管辖权的人民法院申请执行该生效法律文书。限期届满被执行人仍怠于申请执行的,执行法院可以依法强制执行该到期债权。这种观点实际上是将已为生效法律文书确定的债权与不动产、动产趋同对待。其理由可能在于:债权的成立、生效、数额、期限等已被生效法律文书确定,属于相对固定的财产,执行法院可以不经申请当事人的申请直接强制执行。然而,如前所述,第三人仍享有异议权,不能以此方式予以剥夺。正确的做法是,执行法院依申请执行人或被执行人的申请,向第三人发出查封令及履行令。

二、存款

存款不像债权那样容易在成立、生效、消灭、数额等方面产生实体争议,相反,通过存款账户户主的外观形式就可以判断存款之归属,进而确定账户内存款之数额,因此无须像对待第三人那样赋予金融机构异议权。正因为执行上的简便快捷,《贯彻民诉法通知》第3条第3款前段指出,被执行人有银行存款或者其他能够执行的财产的,人民法院原则上应优先予以执行。

存款的法律性质存在一定争议。“物权说”认为,存款人对储蓄存款享有物权(具体来说是所有权);储蓄属于存款人与储蓄机构(金融机构)之间订立的以货币为标的物的特殊保管合同,存款人不仅不需要支付保管费,反而因储蓄机构可使用存款并取得收益,可以从储蓄机构获得利息。可引以为据的包括《刑法》第92条、[①]国务院《储蓄管理条例》第3条及第33条[②]、中国人民银行《关于执行〈储蓄管理条例〉的若干规

---

① 该条规定:“本法所称公民私人所有的财产,是指下列财产:(一)公民的合法收入、储蓄、房屋和其他生活资料……”

② 第3条规定:“本条例所称储蓄是指个人将属于其所有的人民币或者外币存入储蓄机构,储蓄机构开具存折或者存单作为凭证,个人凭存折或者存单可以支取存款本金和利息,储蓄机构依照规定支付存款本金和利息的活动。”第33条规定:“储蓄存款的所有权发生争议,涉及办理过户的,储蓄机构依据人民法院发生法律效力的判决书、裁定书或者调解书办理过户手续。”

定》第 3 条[①]等。“债权说”认为，存款人对储蓄存款具有请求储蓄机构返款付息的请求权，也即债权；货币属于动产中的种类物，一经转移占有即发生所有权的移转，故存款归金融机构所有。在域外，无论是大陆法系还是英美法系国家和地区，一般将储蓄理解为借贷合同或准用消费借贷的规定。[②] 另外，《商业银行法》第 71 条第 2 款规定，商业银行破产清算时，在支付清算费用、所欠职工工资和劳动保险费用后，应当优先支付个人储蓄存款的本金和利息。由此可见，商业银行破产时，存款人对储蓄存款并无取回权，而只在破产清算时具有分配的优先性，实质上是一种债权。

我国历来是一个储蓄大国，国民习惯于将货币存储在金融机构（“钱放在银行”），如央行“2021 年一季度货币政策执行报告”显示，内地居民储蓄存款总额已超过 100 万亿元。主要金融机构均为国家独资或国家控股，并非单纯的存款人的合同相对人，而肩负着落实国家金融政策、稳定金融秩序等公共使命。因此，无论从社会观念还是金融机构的性质来看，不宜简单地采纳“债权说”。事实上，储蓄存款对应的是特定存款账户内的存款数额，而账户由存款人控制，可以看作是物权价值化的一种表现。当然，“物权说”存在不符合法理、国际惯例等缺陷，也不能完全采纳。本书认为，参考物权期待权理论，大致可以把存款理解为存款人对金融机构的一种物权期待权，是介于债权与物权之间的形态。

就执行方法而言，域外一般将对存款的执行纳入债权执行程序当中。但在我国，1982 年《民事诉讼法（试行）》第 171 条第 1 款率先规定了对被执行人储蓄存款的扣留，而未规定对被执行人债权的执行。这主要是因为当时人们习惯于将结余的金钱存储在银行，储蓄存款成为一种常见的可执行财产。同时，由于市场经济尚不发达，人们对外享有债权的情况比较少见。这一立法例被延续至今。2021 年《民事诉讼法》第 249 条第 1 款规定：“被执行人未按执行通知履行法律文书确定的义务，人民法院有权向有关单位查询被执行人的存款、债券、股票、基金份额等财产情况。人民法院有权根据不同情形扣押、冻结、划拨、变价被执行人的财产。”但如前所述，债权执行仍未被纳入法律；而且，我国对储蓄存款的执行，经历了从被银行抵触抗拒到逐渐配合协助的过程。[③] 在这一历史演变过程中，存款执行具有了区别于债权执行的独特性。《民事强制执行法（草案）》也专设一节，规定对存款等资金的执行。随着支付宝、微信钱包等电子账户上的资金越来越多，《民事强制执行法（草案）》第 150 条规定，执行被执行人在非银行支付机构资金的，适用对存款的执行。因此，本书按照对

---

① 该条规定：“国家宪法保护个人合法储蓄存款的所有权不受侵犯。”

② 参见杨留强、马瑞杰：《银行存款权利属性研究》，载《广西政法管理干部学院学报》2012 年第 3 期。

③ 参见常怡等：《民事诉讼基础理论研究》，法律出版社 2020 年版，第 419 ~ 420 页。

存款的执行与对债权的执行分别加以讨论。

存款具有区别于一般债权的两大特征：其一，存款由金融机构支配使用，但存款人对金融机构享有返还本金及孳息的物上期待权，而不仅仅是请求权；其二，虽然每个存款账户都有户主，但有些存款仅由户主管理，不能支配使用，有的存款还专款专用。这两个特征对存款执行产生了深刻影响。第一个特征使存款执行离不开金融机构的协助，第二个特征使存款具有较多可执行性的例外。

（一）金融机构的协助

对存款的查询、冻结、扣划，执行法院无法直接为之，必须以金融机构的协助为媒介。《民事强制执行法（草案）》第148条规定："查封存款的，人民法院应当通知金融机构在查封的额度内停止支付。划拨存款的，人民法院应当通知金融机构将存款划拨至指定账户。划拨金额不足查封额度的，不足部分的查封效力不受影响。人民法院可以不经查封，直接划拨存款。"

在信息网络时代到来之前，由于金融机构的不配合甚至阻挠，执行法院不能像对被执行人的债务人那样，对其强制执行，曾一度面临存款的执行难问题。1991年《民事诉讼法》第221条专门强调："被执行人未按执行通知履行法律文书确定的义务，人民法院有权向银行、信用合作社和其他有储蓄业务的单位查询被执行人的存款情况，有权冻结、划拨被执行人的存款……人民法院决定冻结、划拨存款，应当作出裁定，并发出协助执行通知书，银行、信用合作社和其他有储蓄业务的单位必须办理。"但是，其后似乎未见明显改善。这从最高人民法院与中国人民银行联合发布的《关于依法规范人民法院执行和金融机构协助执行的通知》（法发〔2000〕21号）的相关表述中可知。该文件屡屡提及"金融机构应当立即协助办理查询事宜，不需办理签字手续"（以需要领导签字为由推托），"冻结、扣划裁定和协助执行通知书适用留置送达的规定"（拒不签收法律文书），"在接到协助执行通知书后，不得再扣划应当协助执行的款项用以收贷收息；不得为被执行人隐匿、转移存款"（拒不配合扣划，隐匿转移存款），"向当事人通风报信，致使当事人转移存款的，法院有权责令该金融机构限期追回"（向存款人通风报信），"只提供单位账户名称而未提供账号的……积极协助查询并书面告知"（要求提供准确的存款账号）等。

随着法院网络执行查控系统的建设和完善，执行人员可以通过查控系统查询、冻结被执行人的银行存款，有的地方还可以直接扣划存款，存款执行难问题才得到根本解决。当然，法院应当提前将执行人员的公务证件在系统里登记备案，在执行时及时向金融机构发送被执行人基本信息数据，传输电子协助查询存款通知书、冻结裁定书、协助冻结存款通知书等司法文书。金融机构有义务及时、准确地查询、冻结、扣划，不受地域限制。[1] 随着法院司法权威的提升，金融机构抗拒、阻挠存款执行的行为减少，但仍存在金融机构擅自支付或拒不执行的情况，对此《民事强制执行法（草案）》第 149 条规定："金融机构接到查封通知后，擅自支付的，不得对抗申请执行人，人民法院可以裁定在擅自支付的范围内对其强制执行。金融机构收到划拨通知后，拒不执行的，人民法院可以裁定在拒不执行范围内对其强制执行。"

（二）执行存款的限制

司法解释对储蓄存款的可执行性设置了许多例外。表 9－1 是对部分限制甚至排除执行的存款的整理：[2]

表 9－1　对存款执行的限制

类型	性质	执行限制
证券登记结算机构清算交收账户资金	按照业务规则收取存放	不得冻结、扣划
证券投资者保护基金	只能用于证券公司被撤销、关闭、破产、被证监会接管、托管经营时，按政策偿付债权人	不能用于偿还证券公司日常债务
证券交易保证金	证券公司向证交所缴存的防范交易风险的资金，证交所专项存储	不得冻结、划拨
信用证开证保护金	进出口企业向银行申请开立信用证备付的担保资金	可冻结，不可扣划
银行承兑汇票保证金	向金融机构申请开具承兑汇票时收取的保证金	可冻结，不可扣划
金融机构存款准备金和备付金	金融机构为保证提取存款向中国人民银行缴存的资金	不得冻结、扣划

① 参见最高人民法院《关于网络查询、冻结被执行人存款的规定》（法释〔2013〕20 号）；最高人民法院、中国银行业监督管理委员会《人民法院、银行业金融机构网络执行查控工作规范》（法〔2015〕321 号）。

② 参见乔谦：《不能被法院执行的存款类型有哪些？结合九民纪要观点》，载微信公众号"敲响法槌"2021 年 4 月 20 日，http://mp.weixin.qq.com/s/S9Vh9NqD－_IZHRce9ilZiA，略有调整。

续表

类型	性质	执行限制
封闭贷款	商业银行根据国家政策向特定企业发放的特定用途贷款，专款专户专用	不得冻结、扣划
旅游服务质量保证金	特定用途专用资金	
粮棉油政策性收购资金	专项资金专门用途	
国有企业下岗职工基本生活保障资金	企业、社会、财政各承担三分之一筹集，由企业再就业服务中心专户管理，专门用于下岗职工基本生活	
社会保险基金	该基金由社保经办机构代参保人员管理，最终由参保人享用，不属于社保经办机构所有	
工会经费集中户及上级工会经费	专门用于工会经费的集中与分配	
企业党组织的党费	专户专款专用，不属于企业责任财产	
税务机关划拨的企业出口退税款项	税务机关只是审核审批企业的出口退税，办理退库手续，并不持有退税款项	
已设质的出口退税专用账户内的款项	除非该账户存入非退税款、银行扣还了其他贷款数额已超本贷款、其他违背专户性质损害其他债权人	
国防科研试制费	国防科研专项经费	
信托财产	除《信托法》第 17 条规定的情形，不得强制执行[1]	
基金销售结算资金、基金份额	独立于基金销售机构	
军队军费、财政经费、军用房、军车	军队武警承担开办单位责任，但不得执行军费等	

续表

类型	性质	执行限制
期货交易所会员保证金账户资金、非结算会员在结算会员保证金账户的资金等	有证据的超出部分,有证据证明自有资金与保证金混同,可冻结扣划	不得冻结、扣划

1.《信托法》第17条规定人民法院可以对信托财产强制执行的四种情形:设立信托前债权人已经对信托财产享有优先受偿的权利,并依法行使该权利的;受托人处理信托事务所产生的债务,债权人要求清偿该债务的;信托财产本身应担负的税款;法律规定的其他情形。除上述四种情形,执行法院不得对信托财产强制执行。但可以对信托收益权进行执行,执行法院向受托人发出协助执行通知书,要求其在信托法律关系终止时将受益人的应得财产和收益协助执行。

三、收入

与储蓄存款一样,1982年《民事诉讼法(试行)》第171条率先规定了对收入的执行。2021年《民事诉讼法》第250条规定:“被执行人未按执行通知履行法律文书确定的义务,人民法院有权扣留、提取被执行人应当履行义务部分的收入。但应当保留被执行人及其所扶养家属的生活必需费用。人民法院扣留、提取收入时,应当作出裁定,并发出协助执行通知书,被执行人所在单位、银行、信用合作社和其他有储蓄业务的单位必须办理。”2020年《执行若干规定》第29条也规定:“被执行人在有关单位的收入尚未支取的,人民法院应当作出裁定,向该单位发出协助执行通知书,由其协助扣留或提取。”因此,在执行方法上,收入执行与存款执行较为相近,以向有关单位发出协助执行通知书、由后者协助执行为主要特征,但与债权执行区别较大。这也产生了严格区分被执行人收入与债权的必要。扣留,具有查封与扣划(转移)的双重效力,表现为相关单位不得向被执行人支付、被执行人不得为处分的查封效力,以及相关单位根据协助执行通知书的内容,将被执行人的工资等收入转进法院指定银行账户。

“收入”是一个经济学上的概念,在法学领域很少使用,也没有确定的内涵外延。我国《民事诉讼法》将收入的执行方法单列,似乎是历史使然。在计划经济体制时代,职工主要在公有制单位工作,职业流动性极低。对于被执行人而言,工资、奖金等收入较为稳定可预期,在不动产归公有及物资匮乏的年代,也属于其可供执行的主要财产。故1957年最高人民法院《民事案件审判程序(草案)》第78条规定:“抚养费和生活费案件,如果债务人系机关、企业、团体的职工,可以通知其所属单位负责从他每月工资内按一定数额扣除。如果职工的工作调动,原单位应当将人民法院的执行通知书随同本人档案一并照转执行。”1979年《人民法院审判民事案件程序制度的规定(试行)》对收入执行的范围略有放宽,在第八部分“执行”中规定,“拒不执行交付生活费、赡养费、抚养费、偿还债务等,可委托其所在单位从工资、工分中扣除”。[①] 但在改革开放以后,个人就业越发灵活多样,收入也不仅限于工资、奖金等劳动所得,投资、资产增值等的收益占比越来越大。所以,学界主流观点认为,被执行人的收入包括工资、奖金、稿酬等劳动、劳务收入,以及继承或受赠的现金、房屋的租金、投资的收益等其他收入。[②] 然而,放宽对收入执行的范围,难免会与对债权的执行范围形成交叉重合,从而引发混淆和争议。

【设例 9－2】

在一起建设工程施工合同纠纷执行案件中,执行法院查明第三人红塔公司租赁被执行人嘉盛公司的不动产,按租赁合同约定的期限、方式支付租金。执行法院作出执行裁定,扣留嘉盛公司在红塔公司处的租金收入,并向红塔公司发出协助执行通知书。红塔公司认为,“提取扣留收入”与“冻结被执行人债权”虽然都产生“停止向被执行人支付”的法律效果,但适用法律与适用对象存在明显区别,不能混淆适用,遂根据《民事诉讼法》第 232 条提出执行异议。

设例 9－2 改编自一则真实案例。[③] 该案最终由最高人民法院作出执行监督裁定书。最高人民法院的裁判理由很明确:《执行若干规定》第 36 条(2020 年修正后为第 29 条)规定的负有协助扣留或提取收入义务的“单位”是有特定含义的,系指负有向被执行人给付工资、奖金、劳务报酬等义务的用人单位。本案中,红塔公司与嘉盛公司之间是租赁债权债务关系,而非劳动者与用人单位之间的劳务报酬关系,要求红塔公司不向嘉盛公司支付未到期租金,实质是对未到期债权进行冻结,故应参照适用关于冻结被执行人到期债权的相关法律规定,而不应适用扣留收入的规定。

不难看出,最高人民法院并未采纳学界关于“收入”的宽泛定义,而是回归到最初的狭窄定义。虽然该裁定书没有正面分析《民事诉讼法》第 250 条,但从该条第 2 款规定的“被执行人所在单位、银行、信用合作社和其他有储蓄业务的单位”的文义来看,负有协助扣留或提存收入义务的“单位”仅限于被执行人的用人单位及其劳动报酬的储蓄单位。本书认为,收入执行为了简化程序,将有关单位置于协助人的地位,并未赋予其充分的程序保障,故应当严格限制其适用范围,不宜对《民事诉讼法》第

---

① 既不再限于生活费、抚养费,也不再限于职工工资。“工分”,是农业生产合作社、人民公社时代计算社员工作量和劳动报酬的单位。社员(农民)参加集体劳动,计算工分。年底用集体的实际劳动成果除以集体成员的工分总和,得出每一工分的价值,通常为几分到几角不等。

② 参见江必新主编:《强制执行法理论与实务》,中国法制出版社 2014 年版,第 652 页;肖建国主编:《民事执行法》,中国人民大学出版社 2014 年版,第 280 页。

③ 参见最高人民法院民事裁定书,(2018)最高法执监 664 号。

250 条、2020 年《执行若干规定》第 29 条规定的“单位”作扩大解释。对于被执行人的房屋租金、投资收益、受赠金钱、应收款等，仍应归入债权执行的范畴，保障第三人或相对人的异议权。

《民事强制执行法(草案)》为了简化执行程序，避免不必要的争议，将工资、薪金、劳务报酬与租金并列，归入“继续性给付金钱债权”的范畴，统一适用对债权的执行方法。该草案第 152 条规定：“人民法院查封被执行人对第三人享有的工资、薪金、劳务报酬、租金等继续性给付金钱债权的，查封效力在查封额度内及于查封后第三人应付的金额。”在此制度框架下，对收入的执行无须单列，一并纳入对债权的执行即可。不过，同样作为将来发生的继续性给付金钱债权，工资、薪金、劳务报酬等收入取决于被执行人是否继续工作或提供劳务，更容易因被执行人的主观意愿发生改变，在具体执行措施上仍以保持个性为宜。

需注意的是，收入是一种将来可预期的现金报酬，如果被执行人已经受领，就转变为存款、现金等财产形式，按照相应方法予以执行即可。如 2020 年《执行若干规定》第 28 条规定：“作为被执行人的自然人，其收入转为储蓄存款的，应当责令其交出存单。拒不交出的，人民法院应当作出提取其存款的裁定，向金融机构发出协助执行通知书，由金融机构提取被执行人的存款交人民法院或存入人民法院指定的账户。”该条规定源自 1998 年，当时的储蓄存款主要以存单、存折作为凭证。但在当下，多数存款人通过银行 ATM、网上银行、手机银行等办理存款业务，不再持有纸质的存单，存款都可通过金融机构的系统查询。另外，立法专门强调扣留、提取劳动收入时，应当保留被执行人及其所供养家属的生活必需费用。

第十章

参与分配与个人破产法立法

在理论上，债务人以其全部财产对全体债权人的债权提供总担保。各债权人均可以从债务人的责任财产中获得相应顺位、份额的受偿。域外均设立宽严不等的参与分配制度，令满足一定条件的债权人参与对财产的价款分配，从中获得相应受偿。大致上，德国、日本及我国台湾地区采用的是“特定财产参与分配”模式。具体来说，满足条件的债权人可在一定期限内申请参与对特定财产的价款分配，执行机关应依职权在一定范围内的债权人之间分配特定财产的价款。① 我国大陆《民事诉讼法》并未规定参与分配制度，但司法解释弥补了这一空白。2022 年《民诉法解释》第 506 ~ 510 条、2020 年《执行若干规定》第 56 条等对此予以规定。与域外相比，我国大陆实行的是“总财产参与分配”模式。只有当被执行人的总财产不足以清偿全部债务时，其他债权人才可申请加入在先的执行程序，参与对该执行程序所得价款（而非特定财产价款）的分配。不难看出，这种参与分配制度近似破产清算，是《企业破产法》长期遇冷、个人破产法迟迟未出台背景下的一种制度创新。

当债权人依据金钱债权执行依据申请强制执行，法院对债务人的财产予以查封，同一债务人的其他债权人面临两种可能的选择：其一，向有管辖权的法院申请强制执行；其二，向已开始执行的法院申请参与分配。

如果选择前者，多个强制执行指向相同的财产，或者说以相同的财产作为执行标的物，就构成执行竞合。执行竞合的解决，需要衡量多个强制执行的先后顺序、执行债权的性质（金钱债权还是物的交付债权）、执行债权的特征（普通债权还是优先债权）、执行的类型（保全执行还是终局执行）等因素。根据 2020 年《执行若干规定》第 55 条的规定，对于执行竞合，我国奉行的原则是：(1) 基于所有权和担保物权而享有的债权，优先于金钱债权受偿。换言之，物的交付债权、优先债权（包括有担保物权的

① 参见[德]弗里茨·鲍尔等：《德国强制执行法》（上册），王洪亮等译，法律出版社 2019 年版，第 768 ~ 769 页；杨与龄编著：《强制执行法论》，中国政法大学出版社 2002 年版，第 278 ~ 284 页。

债权、法定优先权)优先于普通金钱债权。当然,如果有多个担保物权的,按照各担保物权成立的先后顺序清偿。法定优先权则需要比较各项债权的相互位次,对此可参见本书第七章第一部分的相关内容。(2)如果债务人可执行的财产足以清偿全部债权的,普通金钱债权按照执行法院采取执行措施的先后顺序受偿。当然,"采取执行措施"在解释论上存在一定争议。对同一执行标的物,如果先查封的是保全执行,后查封的是终局执行,以何者为先?学理上存在"终局执行优越说""保全执行优越说""折中说"的分歧。[①] 一方面,我国司法解释并未明确将保全执行排除在"采取执行措施"的语义范围之外。另一方面,我国目前尚不承认重复查封,若保全执行法院已先行对财产进行了查封,在后的终局执行之查封并不生效。基于这两点理由,只要债务人的可供执行财产足以清偿全部债权,不论终局执行抑或保全执行,普通金钱债权以采取查封措施的先后确定受偿顺序。

但是,如果债务人可供执行的财产不足以清偿全部债权,仍然奉行普通债权"先到先得"的话,其他债权人另行申请执行程序将丧失受偿的可能性,有违债权平等原则。于此场合,知情的其他债权人可以向已开始执行的法院申请参与分配;不知情的其他债权人向同一法院或其他法院申请执行,同一法院可以依职权并案执行,[②]其他法院可以告知债权人向先行执行的法院申请参与分配,并撤回向本院的执行申请。就此而言,或迟或早,殊途同归。

普通金钱债权执行竞合之解决,大致如图 10 - 1 所示。

在我国,参与分配制度是对"有限破产主义"的补充。根据我国《企业破产法》第 2 条,破产法的适用主体限于企业法人,即我国采行有限破产主义。虽然合伙企业、农民专业合作社、民办学校、个人独资企业等可以参照适用《企业破产法》的规定,但参照适用的仅是破产清算程序,且参照适用的主体未涵盖自然人、非法人组织。在个人破产制度或非法人破产制度缺失的情况下,为了尽可能一次处理债务人的全部债务,1992 年最高人民法院《关于适用〈中华人民共和国民事诉讼法〉若干问题的意见》(以下简称《民诉法意见》)(已失效)第 297 条首次规定:"被执行人为公民或者其他组织,在执行程序开始后,被执行人的其他已经取得执行依据的或者已经起诉的债权人发现被执

① 参见陈荣宗:《强制执行之竞合》,载《台大法律论丛》1974 年第 2 期;江必新主编:《强制执行法理论与实务》,中国法制出版社 2014 年版,第 733 ~ 737 页。

② 我国大陆《民事诉讼法》及司法解释均未规定并案执行或合并执行。但在执行实务中,法院经常将本院受理的针对同一被执行人的若干起执行案件合并执行,以简化执行,减少争议。这一操作并非都为了解决执行竞合问题,但的确可以作用于执行竞合问题之解决。我国台湾地区"强制执行法"第 33 条规定,"对于已开始实施强制执行之债务人财产,他债权人再声请强制执行者,已实施执行行为之效力,于为声请时及于该他债权人,应合并其执行程序,并依前二条之规定办理"。其效果与参与分配相同。

行人的财产不能清偿所有债权的，可以向人民法院申请参与分配。”其后，相关司法解释将申请参与分配的主体范围缩小至“已经取得执行依据的债权人”，删除了“已经起诉的债权人”。由此可见，参与分配制度具有一定范围内的债权债务清算性质。

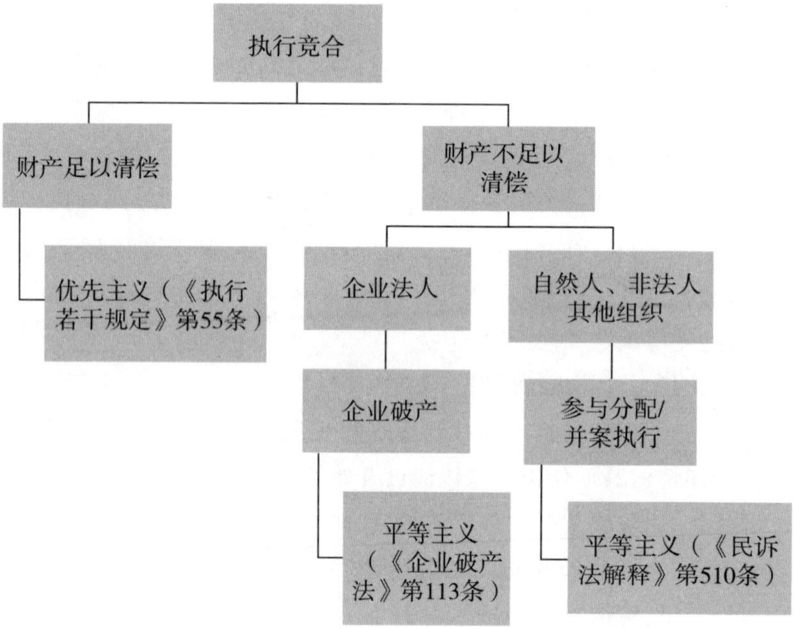

图 10－1　普通金钱债权执行竞合之解决

随着自然人、非法人组织负债过重现象日趋普遍，如何让“诚实而不幸”的债务人通过破产实现重生，优化社会资源配置，开始引起社会的关注。理论界与实务界不再满足于以执行中的参与分配替代个人破产的制度安排，而是积极探索建立个人破产制度。本章亦将在分析参与分配与个人破产之异同的基础上，探讨个人破产法立法。本书认为，只有制定个人破产法并完善《企业破产法》，通过破产清算实现同一债务人之全体债权人的平等受偿，民事强制执行法才能取消参与分配制度的清算功能，逐步采用“特定财产参与分配”模式。而在条件成熟之前，“总财产参与分配”模式仍有必要保留。

《民事强制执行法（草案）》在相关条件尚不成熟、未经充分论证的情况下，贸然改采“特定财产参与分配”模式，[①]加之普通债权按查封顺序受偿，将给执行秩序带来

---

① 该草案第175条规定：“他人申请分配的，人民法院应当通过分配程序发放执行款；特定执行标的的执行款不足以清偿全部债务和执行费用的，应当制作分配方案，但是被执行人有其他便于执行的财产足以清偿分配申请人债权的除外。”换言之，参与的是对特定标的物的价款分配，至于被执行人的总财产是否足以清偿全部债务，在所不问。这是典型的“特定财产参与分配”模式。

极大的不确定性。这种骤然转向,应十分谨慎。①

一、参与分配的构成要件

我国语境下的参与分配,是指同一债务人的其他债权人,在满足一定条件下参与在先执行程序当中,分配该执行程序所获得的成果,使债权得到相应的清偿。本书采狭义的参与分配概念,将可参与分配的债权限定为普通债权。虽然在债权平等的意义上,参与分配看似理所当然,但可能引发一系列理论及实务上的争议:(1)强制执行以实现生效法律文书所确定的权利为目的,务求快速便捷,但在他人参与分配时,需要制作财产分配方案,并赋予诸债权人及被执行人对分配方案的异议权,势必拖延执行程序,对申请执行人很不利;(2)在执行实务上,申请执行人需要提供被执行人的财产线索,支付必要的其他费用,但一番劳累、付费之后,其他债权人以"搭便车"的方式坐享其成,在平等主义下对申请执行人有欠公允;(3)被执行人不甘心被强制执行,往往会与他人合谋,制造假债权参与分配,影响申请执行人的权益;(4)参与分配内嵌于强制执行程序,但具有一定范围内的清算性质,容易与破产制度相混淆。② 为了回应这些争议,需要合理设定参与分配的构成要件,使之在申请执行人、其他债权人之间尽可能达成利益平衡。除了债务人仅限自然人或非法人组织之外,参与分配还须满足以下构成要件:

(一)参与分配的主体要件

2022 年《民诉法解释》第 506 条第 1 款规定"被执行人的其他已经取得执行依据的债权人"可以申请参与分配,仅明确了已取得执行依据的债权人才有资格参与分配,但对债权人所凭借的债权性质(仅限金钱债权,还是包括非金钱债权)未作规定。

首先,债权自成立后,按照时间顺序可以分为若干阶段:①清偿期未届至;②清偿期已届至但债权人未起诉;③债权人起诉但未取得执行依据;④债权人取得执行依据但未申请强制执行;⑤债权人申请强制执行;等等。从 1992 年《民诉法意见》施行起,已经起诉与已经取得执行依据(③④⑤)的其他债权人均可申请参与分配。但自 1998 年《执行若干规定》施行以来,其他债权人只有取得执行依据(④⑤)后才能申请参与分配。在执行类型上,无疑排除了保全执行(尚未取得执行依据)参与分配,而仅限终

---

① 可资参考的是,日本在采一般破产主义的同时,仍然坚持参与分配的平等主义,但原因不在于公平问题,而是受制于立法传统,如果骤然转向优先主义会在商界引起混乱,立法者最终未采纳优先主义。[日]中野贞一郎:《民事执行(保全法)概说》,有斐阁 2000 年版,第 193 页。转引自江必新主编:《强制执行法理论与实务》,中国法制出版社 2014 年版,第 693 页。

② 参见吴光陆:《强制执行法》(第 3 版),台北,三民书局 2015 年版,第 464 页。

局执行。

据当时的司法解释起草者称，作此限定的理由主要有三点：其一，参与分配是执行程序内置的执行方法，没有取得执行依据的债权人尚无资格申请强制执行，不应参与执行程序当中，享受与执行债权人一样的待遇；其二，对于未取得执行依据的债权，在债权人与债务人之间往往存在实体争议，很难通过参与分配程序解决，也不符合执行机构的职能定位；其三，如果允许未取得执行依据的债权人参与分配，一旦申请执行人撤回执行申请，执行程序就应当终结，这类债权人欠缺利用参与分配程序获得清偿的理由。①

本书认为，现行司法解释对参与分配的主体资格作严格限定，符合参与分配制度的强制执行属性，也合乎“审执分离”原则。从执行实务来看，如果允许未取得执行依据的债权人参与分配，将拖延执行，影响申请执行人债权实现的效率，而且容易诱发道德风险。具体来说，被执行人可能与他人串通或合谋，以起诉或申请诉前保全的方式，干扰执行程序的推进及对财产的处置。与此同时，为了保护在此范围之外的债权人，尤其是债权清偿期已届至但尚未起诉或取得执行依据的债权人，应当加快推进个人破产法的立法进程。当这些债权人发现或预见债务人资不抵债时，可以申请债务人破产，并吸收申请执行、参与分配的债权，从而真正实现债权平等原则。

其次，债权人参与分配的目的在于分享先行执行程序的成果，也即从财产换价之所得或无须换价之财产中分得款项。如果债权人根据的是交付标的物的执行依据，其并非想与申请执行人或其他债权人分享财产的换价所得，而是独占财产并排斥对财产进行换价。这应当交由执行竞合来解决，而非归入参与分配。行为执行以被执行人的行为作为执行标的，并不直接指向其财产，一般没有参与分配被执行人财产之换价的需求。因此，能够申请参与分配的仅限金钱债权人。当然，如果物的交付债权、行为债权转化为金钱债权，例如，特定物毁损灭失后转化为赔偿款、补偿款，因替代执行产生执行费用，在满足其他要件的前提下，相关债权人可以申请参与分配。

在《民事强制执行法（草案）》规定的“特定财产参与分配”模式下，参与分配的主体资格极大放宽。根据该草案第176条第2款的规定，金钱债权人均可以申请参与分配，不限已取得执行依据的金钱债权人。该款规定：“申请书应当写明申请分配的债权金额、债权性质、事实以及理由。执行依据确定的金钱债权人提交申请书，应当附执行依据；优先受偿权人提交申请书，应当附其对执行标的享有优先受偿权的证明文件。”

---

① 参见黄金龙：《〈关于人民法院执行工作若干问题的规定（试行）〉实用解析》，中国法制出版社2000年版，第287页。

（二）参与分配的客观要件

根据2022年《民诉法解释》第506条第1款，其他债权人只有发现“被执行人的财产不能清偿所有债权”，才能申请参与分配。如前所述，如果债务人的财产足以清偿全部债权，其他债权人只能申请强制执行，按照所采取执行措施的先后，在各自的执行程序中分别获得清偿。对于“被执行人的财产不能清偿所有债权”，在实务上容易引起争议。如果适用过宽，其他债权人可以另行申请执行却申请参与分配，会对先行执行造成不必要的干扰，放纵“搭便车”行为；反之，如果适用过窄，要求其他债权人提供充分的证据证明被执行人资不抵债，又有强人所难之嫌，妨碍参与分配制度目的之实现。该款的起草者认为，应该从宽把握，从而保障普通债权人申请参与分配的权利，确保被执行人不具备破产资格下债权的平等受偿。①

【设例10－1】

因石某未履行仲裁裁决书确定的债务，谢某向上城区法院申请执行。上城区法院查封石某名下房产一套，经拍卖得到价款250万元。覃某向上城区法院申请参与分配，理由是：其依据生效的法院调解书，向下城区法院申请对石某进行强制执行，下城区法院未发现可供执行财产，已裁定终结本次执行程序。上城区法院准许覃某参与分配房屋拍卖款。谢某不服，提出执行异议，理由是：石某名下尚有其他房产，且是某典当公司的股东，股权也可以执行，因此不属于无其他财产可供执行，也没有证据显示石某的其他财产不足以清偿全部债务；他为了查封案涉房屋，支付了保全费、保全担保等；异议人覃某在其申请执行案件中也已查封石某名下财产，却不申请变现，而要求在本案中参与分配，违反公平原则。覃某辩称，通过查询针对石某已经进入诉讼或进入执行的案件了解到，石某至少还负有2000多万元的债务，而他名下的房产最多值700多万元，典当公司则早已停业。上城区法院经审查认为，在以石某为被执行人的若干执行案件中，多个法院均以被执行人确无财产可供执行为由裁定终结本次执行程序，谢某主张石某尚有其他财产可供执行，但未能举证予以证明，不予采信。如果分配完毕后，谢某发现被执行人其他可供执行财产，可对新发现的财产申请强制执行，对已经发现的涉案房产拍卖款先行参与分配未损害其权益。

设例10－1改编自一则真实案例，争议焦点在于“被执行人的财产不能清偿所有债权”是否满足。② 需注意的是，2022年《民诉法解释》第507条第1款规定，申请人提交的参与分配申请书，“应当写明参与分配和被执行人不能清偿所有债权的事实、

---

① 参见最高人民法院修改后民事诉讼法贯彻实施工作领导小组编著：《最高人民法院民事诉讼法司法解释理解与适用》（下），人民法院出版社2015年版，第1342页。

② 参见（2019）苏执监194号。

理由,并附有执行依据”。该款一方面不像我国台湾地区“强制执行法”第34条第1款规定申请人只需提出“执行名义之证明文件”,另一方面也未规定申请人应当提供证据加以证明。该款的起草者认为:“参与分配只是在债务人财产不能清偿全部债务时的补充制度,因此要求申请书写明不能清偿所有债权的事实与理由是妥当的,而且原条文也是仅仅要求在申请书中写明相关事实与理由,并未规定严格证明责任。因此,对于条文的正确理解是,只要申请人在申请书中予以说明,执行法院形式审查后即应准许。”言下之意是,申请人只需要承担具体陈述事实和理由的义务(具体化义务),但无须承担证明责任。这一见解无疑是错误的。

首先,我国台湾地区“强制执行法”之所以规定申请人只需要提出执行依据(名义)的证明文件,是因为该地区的参与分配制度并非“有限破产主义”的补充,并不以被执行人的财产不足以清偿全部债务为要件。忽略这一根本区别而试图“依样画葫芦”,容易产生谬误。其次,“被执行人的财产不能清偿所有债权”决定了其他债权人能否参与分配,事关申请执行人、其他债权人的利益。对于如此重要的程序要件,其对应的事实不能仅由法院依职权审查判断,而应当由当事人提交证据予以疏明,并赋予相应的程序保障。当然,从司法解释起草者尽可能从宽把握的立场出发,申请人只要提供初步证据,表明执行法院已对被执行人的全部财产或主要财产采取执行措施,未发现其他可供执行的重要财产,即为达标。换言之,只要达到“被执行人的财产不能清偿所有债权”的可能性略大于不可能性(“优势证据”)的标准就可以。在这方面,其他法院出具的财产查询结果、“终本”裁定书,申请人自行整理的被执行人财产清单,被执行人提供的财产报告、书面陈述等都可作为证据。如果申请执行人反对参与分配,应由其提供证据予以反驳,使执行法院大致相信被执行人的其他财产足以清偿申请人的债权。如果申请执行人不能提出必要的证据,执行法院应许可申请人参与分配。

例如,江苏省高级人民法院下发的《关于正确理解和适用参与分配制度的指导意见》(苏高法〔2020〕33号,以下简称《参与分配意见》)第5条规定:“具有下列情形之一的,可认定为被执行人的财产不能清偿所有债权:(1)执行法院已通过网络执行查控系统及线下调查或者搜查发现的被执行人财产不足以清偿所有已知债权的;(2)申请参与分配债权人所涉案件已因无财产可供执行,被终结本次执行程序的,但有证据证明被执行人尚有其他财产可供执行的除外;(3)被执行人其他财产为公司股权,该股权明显无财产价值、价值较小或者难以变现的;(4)被执行人其他财产为难以现状处置的无证房产或者农村宅基地上房产的;(5)其他能够证明被执行人财产不能清偿所有债权的情形。债权人认为被执行人财产能够清偿所有债权,对其他债权人参与分配申请或者启动参与分配程序提出异议的,应提供相应证据或者提供被执行人能够用于执行的相关财产线索。不能提供证据或者提供的财产线索无法查实的,对其异议不予支持。”该规定细化了执行法院的审查判断标准,可资参考。

从执行实务来看,取得执行依据的债权人申请参与分配,要么尚未申请执行,要么申请执行但未获得任何清偿或只获得部分清偿。若为前者,通常意味着被执行人负债过多,已承受多起执行案件,债权人另行申请执行缺乏实际意义。若为后者,情况较为复杂。例如,甲对丙有120万元普通债权,向A法院申请查封丙价值150万元的房产;乙对丙有180万元普通债权,向B法院申请扣押丙价值50万元的货物。在B法院对货物进行拍卖、变卖之后,乙未获全部清偿,可以就剩余债权向A法院申请,参与对房屋拍卖成交款的分配。但是,乙在对货物进行拍卖、变卖之前,能否向A法院申请参与分配呢?如果许可乙申请,B法院扣留的货物或者对货物的换价是由乙独享,还是统一纳入被执行人的财产,由A法院按照甲、乙的债权比例分配?本书认为:乙固然可以等待货物换价之后,就剩余债权申请参与分配,由此独享B法院执行的成果,但需自负逾期向A法院申请参与分配的风险;反之,乙即刻向A法院申请参与分配,则B法院应将扣押的货物或其换价所得移送给A法院,由其统一进行分配,以此贯彻债权平等原则。

另外,如果其他债权人因为自己的原因导致不能在执行程序中受偿或全部受偿,不应许可其参与对先行执行程序成果的分配。例如,在一起执行案件中,南京市中级人民法院裁定终结本次执行程序后,债权人李某与担保人之一鼓楼建筑公司达成和解协议:鼓楼建筑公司代替债务人王某偿还李某借款本金2000万元,李某放弃鼓楼建筑公司的担保责任,剩余未实现的债权向债务人及其他担保人主张。李某拿到鼓楼建筑公司的2000万元后,其他债权均未能实现,遂向南京市中级人民法院提交参与分配申请书,申请参与鼓楼法院对王某名下股权的拍卖款。江苏省高级人民法院最终在执行监督裁定书中认为:李某未坚持对鼓楼建筑公司的抵押房产进行最终拍卖,未实现其债权最大化,如果准许李某参与对股权拍卖款的分配,会损害其他债权人权益,故不符合参与分配的要件。[①] 该裁定值得肯定。

在《民事强制执行法(草案)》规定的“特定财产参与分配”模式下,不以被执行人的财产不能清偿所有债权为要件。这从该草案第175条的文义可知。根据该条规定:只要他人申请分配,执行法院就应当通过分配程序发放执行款;特定执行标的的执行款不足以清偿全部债务和执行费用的,原则上应当制作分配方案。

---

① 参见(2017)苏执监351号。

（三）参与分配的时间要件

1. 普通债权人参与分配的期间

2022年《民诉法解释》第507条第2款规定："参与分配申请应当在执行程序开始后，被执行人的财产执行终结前提出。"换言之，其他债权人申请参与分配的期间始于先行执行程序开始之后，终于先行执行法院对被执行人的财产执行终结。申请期间的起点争议不大。当然，在执行法院立案之后、查封被执行人财产之前，实际上并无可供分配的执行成果，其他债权人欠缺参与分配的理由，故执行实务中"执行程序开始后"意味着对被执行人的全部或主要财产采取执行措施之后。具体来说，指的是对被执行人的财产予以查封之后。① 申请期间的终点则事关重大，直接决定了执行成果由申请执行人独享，还是与其他债权人分享，极易引发争议。

【设例10-2】

恒丰公司与王某民间借贷纠纷执行一案，鼓楼法院拍卖王某名下江鸿公司75%的股权。银龄公司于2015年7月10日拍得案涉股权，并于2015年7月15日支付剩余拍卖价款。鼓楼法院于2015年8月3日将股权拍卖款支付给恒丰公司。另外，李某与王某民间借贷纠纷执行一案，2015年9月11日，雨花法院裁定终结本次执行程序。2015年7月12日，经李某申请，雨花法院向鼓楼法院发出参与分配案涉股权拍卖款的函，告知李某的债权参与分配。鼓楼法院以2015年7月10日案涉股权已经成交，应视为该项财产已执行完毕为由，复函不同意李某参与案涉股权拍卖款的分配。

设例10-2改编自一则真实案例，涉及"被执行人的财产被执行完毕前"的理解与适用。② 实务中存在两种观点：一种认为是拍卖或变卖成交、物权转移之日财产被执行完毕，另一种认为是拍卖或变卖价款转付给申请执行人之日财产被执行完毕。实践中有部分法院赞同第一种观点。例如，江苏省高级人民法院曾在2013年下发的《关于执行疑难若干问题的解答》第12条规定：拍卖、变卖被执行人财产的，参与分配的时间终点为拍卖、变卖成交之日的前一日，不因以后因买受人不缴价款而再拍卖或变卖而变动；在这一时点以后提出参与分配申请的债权人，只能参与分配剩余财产。该规定大概是受我国台湾地区"强制执行法"第32条第1项的影响。③ 这种观点有利

① 因此，2020年《执行若干规定》第56条第1款规定，对参与被执行人财产的具体分配，应当由首先查封、扣押或冻结的法院主持进行。

② 参见（2017）苏执监351号。

③ 该项规定，换价方法如系采用拍卖或变卖者，限于拍卖、变卖终结或交债权人承受（类似我国大陆的以物抵债）前一日，如不经拍卖、变卖，应于当次分配表作成前一日。

于保护申请执行人付出努力而取得的执行成果，且时间相对客观确定；不像第二种观点取决于法院的裁量操作，容易引发廉政风险。[①] 另外，1992 年《民诉法意见》第 298 条第 2 款曾规定“被执行人的财产被清偿前”，2022 年《民诉法解释》则采用了“被执行人的财产执行终结前”。从司法解释的演变历史中似乎也可以得出参与分配的截止时间前移的结论。

不过，基于以下理由，本书赞同第二种观点：(1)金钱债权执行以实现申请执行人的金钱债权为目的，而金钱债权不因可执行财产的换价即全部实现。在其后，执行法院负有及时将换价所得转交申请执行人的义务，由此实现申请执行人的全部金钱债权。因此，财产被处置、物权发生变动仅是金钱债权执行的必经环节，尚未达到财产被执行完毕的阶段。(2)拍卖、变卖成交之后，买受人仍有可能反悔，拒不支付剩余价款，对此法院应再次组织拍卖、变卖。在此情形下，所谓“拍卖、变卖成交之日”指的是前次拍卖、变卖还是再次拍卖、变卖？很难达成共识。[②] 为了减少争议，不妨从究竟算哪一次拍卖、变卖的纠结中解脱出来，后移至价款向申请执行人转交之时。(3)我国台湾地区规定，对于不经拍卖、变卖换价的财产，如被执行人的可流通货币、对第三人债权，其他债权人仍可在申请执行人受领或收取前参与分配。理由在于，债权人未获清偿前，该货币、第三人支付款仍属于被执行人的财产，执行程序尚未终结。[③] 实际上，这种理由对经拍卖、变卖而换价的财产同样适用。价款构成被换价财产的代位物，在向申请执行人支付前仍归被执行人所有。[④] 为了使制度尽可能简洁、齐整，应当忽略财产是否需经换价，统一确定为向申请执行人转付/交付之日。(4)尽管申请执行人为保全、查封财产而付出的努力值得肯定，但这不是突破债权平等原则的理由。相反，参与分配以向申请执行人转付/交付之日为终点，有利于贯彻债权平等原则，而申请执行人的努力可通过适当多分予以考虑。(5)值得一提的是，我国大陆的参与分

① 最高人民法院《关于执行款物管理工作的规定》第 10 条第 1 款规定：“执行人员应当在收到财务部门执行款到账通知之日起三十日内……通知申请执行人领取和执行款发放等工作。”但同时又规定需要进行案款分配的可以在报经领导批准后延缓发放，且延缓发放没有时间限制。

② 参见吴光陆：《强制执行法》(第 3 版)，台北，三民书局 2015 年版，第 475 页。

③ 参见吴光陆：《强制执行法》(第 3 版)，台北，三民书局 2015 年版，第 476 ~ 477 页。

④ 设例原案的合议庭既需要参照该院下发的《关于执行疑难若干问题的解答》，又想把参与分配的时间节点定在拍卖成交款交付申请执行人之前，不得不采用一种迂回的论证思路：“该拍卖变卖标的物的物权已经发生转移，应视为对该拍卖变卖的标的物已经执行终结。然而，该拍卖变卖标的物的拍卖成交款则因此成为被执行人的可供执行财产。如其他债权人主张对该拍卖变卖标的物参与分配，不应予以支持；但如其他债权人主张对该拍卖变卖标的物的拍卖成交款参与分配，如该成交款尚未拨付给申请执行人，即应视为对该成交款尚未执行终结，对其他债权人的参与分配申请应予支持。”事实上，对于标的物本身不可能参与分配，即使案外人主张分割共有物，也只能通过执行异议而非参与分配进行。所能分配的，只能是标的物的换价。

配相当于内嵌在执行程序中的“小破产”，已加重参与分配的要件限制及申请人的疏明责任，适当放宽参与分配的期限限制，可以达到内在的制度平衡。[①] 最高人民法院在一份执行监督裁定书中亦明确表示：“执行裁定认为，关于拍卖、变卖被执行人财产的参与分配时点，可界定为拍卖、变卖成交之日的前一日，缺乏法律依据。”[②]

事实上，江苏省高级人民法院在2020年下发的《参与分配意见》中也微妙地调整了立场。该意见第8条一方面将货币类财产与非货币类财产的参与分配截止时间作趋同对待，另一方面规定尚未制作分配方案或者分配方案尚未发送的，执行案款发放的前一日为申请参与分配的截止日。这与本书的观点相一致。

当然，第一种观点也有适用的余地。如果财产经拍卖未成，申请执行人同意以物抵债且抵债裁定已经送达的，财产的物权已经转移，且无可供分配的换价所得，应视为财产被执行完毕。江苏省高级人民法院《参与分配意见》第8条第1款第3项规定，流拍或者变卖不成后以物抵债的，申请参与分配的截止日期为抵债裁定送达债权人之日的前一日。这一规定可资参考。

另外，如果申请执行人为复数，或者已有其他债权人参与分配，且执行法院制作了分配方案，为了维护分配的有序进行，宜以分配方案已送达相关当事人之日（或前一日）为申请参与分配截止日。毕竟，执行法院为了制作分配方案，一般需要召集债权人提交债权数额清单并进行审核、召开听证会、征询债权人分配意见等，过程烦琐，耗时费力。在分配方案已送达相关当事人后，还允许其他债权人参与分配，不得不重新制作分配方案，会严重影响法院的执行效率和执行债权人的债权实现。当然，为了减少不确定性，该日期不受债权人、被执行人提出异议而重新制作分配方案的影响。江苏省高级人民法院《参与分配意见》第8条第1款第1项有此规定。对于分配方案的功能、程序及异议，下文再作展开。

概言之，参与分配的截止日期分三种情况：(1)执行法院已制作参与分配方案，且已送达任一相关当事人的，以送达的前一日为截止日期；(2)执行法院未制作参与分配或者制作后尚未送达的，以执行款发放、转交的前一日为截止日期；(3)依法以物抵债的，以抵债裁定送达申请执行人之日的前一日为截止日期。

2. 优先债权人参与分配的期间

如果被执行人的主要财产或全部财产被法院采取执行措施，对该财产有优先权、担保物权的债权人（统称为优先债权人）即可以另行申请执行，从而在执行竞合下按

---

① 相较之下，我国台湾地区其他债权人参与分配的门槛低，为保护申请执行人，理应严格限制参与分配的期限。

② (2019)最高法执监37号。

照法定顺位优先受偿;也可以向先行执行法院申请,加入对财产换价所得的分配;如果权利性质允许存续,还可以与相关当事人达成合意,令权利存续于换价财产之上,待必要时再予行使。优先债权人的优先受偿权受法律保护,即使债权未届清偿期、未取得执行依据,仍优先于普通债权人受偿。因此,根据2022年《民诉法解释》第506条第2款规定,优先债权人无须等待债权清偿期届至或取得执行依据,可以直接申请参与分配,主张优先受偿权。本书称之为优先债权人“参加分配”,以区别普通债权人的参与分配。优先债权人参加分配,只需提供优先权、担保物权的权利凭证或证据即可,既不用出示执行依据,也不用陈述“被执行人的财产不能清偿所有债权”的事实、理由,更不用提供与之相关的证据。优先债权人参加分配的期限,同样受2022年《民诉法解释》第507条第2款的限制。不过,基于优先债权人的优先受偿地位,如果执行法院制作并送达了分配方案,但尚未将执行款向执行债权人发放、转交的,似乎没有理由阻止优先债权人参加分配。就此而言,优先债权人参加分配的截止日期可以简化为两种:发放执行款的前一日或者送达抵债裁定的前一日。这与逾期申请的效力也密切相关。

普通债权人逾期申请参与分配,仅能就执行剩余价款受偿或分配,或者从新发现的可供执行财产中受偿或分配。这是因为,对于已被执行完毕的财产,申请执行人或已在期间内参与分配的债权人具有受偿的法律地位,逾期参与分配的债权人无权以不当得利为由要求返还清偿款。但是,优先债权人逾期申请参加分配则不同。一方面,如果对财产有优先权、担保物权的债权人尚未受偿,普通债权人并无从该财产中受偿的法律资格或地位。另一方面,虽然主持分配的法院有义务通知优先债权人,优先债权人也可以在价款发放之前申请参加分配,但此种程序保障尚未达到足以认可失权效果的充分程度。因此,即使普通债权人已受领财产换价所得或者通过以物抵债取得财产的所有权,优先债权人仍得主张普通债权人返还不当得利。一般来说,已登记的抵押权因为有公示,执行法院在查封及处置财产时容易发现,可及时通知抵押权人申报债权或者与当事人协商,使财产承受抵押负担,实施拍卖;质权、留置权等担保物权因为以物的占有为要件,也不致在担保权人不知情时处置财产;法定优先权、未登记的动产抵押等缺乏有效的公示方法,才可能出现优先债权人逾期申请参加分配的情况。

在《民事强制执行法(草案)》规定的“特定财产参与分配”模式下,第176条规定:“申请分配的,应当在分配方案送达第一个当事人之日前提交申请书。申请书应当写明申请分配的债权金额、债权性质、事实以及理由。执行依据确定的金钱债权人提交申请书,应当附执行依据;优先受偿权人提交申请书,应当附其对执行标的享有优先受偿权的证明文件。执行申请已经被其他人民法院受理的金钱债权人申请分配的,应当说明原案件执行情况……”该条虽然具有简明、统一的优点,但没有兼顾财产换价的不同类型、金钱债权的不同性质(是否具有优先权),需在总结司法解释及实务经验的基础上,作出修改完善。

二、参与分配的程序及救济

参与分配因其他债权人向有管辖权法院提交书面申请而启动,并由主持分配的法院负责实施。财产分配非由法院任意为之,而需以财产分配方案(分配表)为根据。分配方案或分配表是记载被执行人财产总额及其在各参与/参加分配债权人之间按顺序、比例受偿的文件,由主持分配的法院负责拟定。由于分配方案事关各债权的实现,司法解释充分保障各债权人的异议权,除了允许债权人提出异议及反对异议,还赋予有争议的债权人就分配方案制定提起诉讼的权利。

(一)债权人向有管辖权法院提出书面申请

符合上述构成要件的债权人,可以向有管辖权的法院申请参与分配。2008 年《执行若干规定》第 92 条曾规定:债权人申请参与分配的,应当向其原申请执行法院提交参与分配申请书;该执行法院应将参与分配申请书转交给主持分配的法院,并说明执行情况。不过该条在 2020 年修正时被删除。原因大概是,有资格参与分配的债权人不一定都已申请执行,对于已取得执行名义但尚未申请执行的债权人而言,既不存在“原申请执行法院”,从《民事诉讼法》第 231 条关于执行管辖的规定出发,其也有权向先行执行法院(财产所在地法院)申请执行或参与分配。因此,在解释论上,已申请执行的其他债权人既可向原申请执行法院提交申请书,由原申请执行法院向先行执行法院转交,也可直接向先行执行法院提交申请书,由先行执行法院商请原申请执行法院移交案卷材料;未申请执行的其他债权人则只能向先行执行法院提交申请书。

在“特定财产参与分配”模式下,《民事强制执行法(草案)》适当简化了参与分配的申请。该草案第 177 条规定:“有下列情形之一的,视为就执行法院查封的被执行人财产申请分配:(一)其他金钱债权人向执行法院申请执行同一被执行人;(二)其他金钱债权人向其他人民法院申请执行同一被执行人,其他人民法院对被执行人财产再次查封,且已经完成查封登记。符合前款第二项规定情形的,执行法院应当通知再次查封的人民法院提交前条规定有关材料并说明案件执行情况。”其中,第一种情形属于并案执行,第二种情形是因为上述草案第 110 条第 1 款允许重复查封。就第二种情形而言,凡采取查封措施的申请执行人,均可按照查封财产的先后顺序分得价款。

根据 2020 年《执行若干规定》第 56 条第 1 款,对参与被执行人财产的具体分配,应当由首先查封、扣押或冻结的法院主持进行。换言之,主持分配管辖权归先行执行法院。该法院收到申请书之日,既是审查参与分配要件是否具备之时,也是判断申请有无逾期之时。因此,如果已申请执行的其他债权人向原申请执行法院提交申请书,原申请执行法院应当及时向先行执行法院转交,以免因为拖延转交而损害申请人债权的实现。如确因原申请执行法院的过错致债权人受损,受害人可提起国家损害赔偿。有争议的是,第56条第2款规定首封法院是保全执行法院的,具体分配应当在该院案件审理终结后进行。这一规定可能会拖延财产的执行与分配,尤其在轮候查封的终局债权人人数多、数额大的情况下,对终局债权的实现很不利。因此,目前有观点认为,首封法院如为保全执行,应当将主持分配的管辖权移交给终局执行的法院,但分配时应预留或提存首封法院保全的债权数额。[①] 本书从之。

另外,因首封法院消极执行,轮候或在后查封法院可商请移交财产处置权,这与分配主持权不可同日而语。前者是在执行竞合下的一种应对之策,旨在尽快推进财产的处置;后者是在满足参与分配条件下,债权人申请参与分配的,分配主持权仅由终局执行的首封法院行使,并无向轮候查封法院移交的必要及可能。如果首封法院怠于制作分配方案、对财产进行换价,参与分配的债权人均可提出执行异议。

参与分配申请书与执行申请书的法律效力相同,区别仅在于前者旨在"嫁接"到一个已开启的执行程序,后者旨在开启一个独立的执行程序。参与分配申请书应包含如下内容:(1)申请人、债务人(首封案件被执行人)的身份信息;(2)债权的种类、数额;(3)被执行人不能清偿所有债权的事实;(4)申请参与分配的理由;(5)其他需要说明的内容。除了执行依据之外,申请人还应附上必要的证据,证明"被执行人不能清偿所有债权"之事实。

先行执行法院在收到申请书后,首先审查申请是否符合参与分配要件,包括是否在财产被执行完毕前提出、债权是否可以参与分配(如非金钱债权)、申请书内容是否齐全、是否附有必要的证据材料等。对于不符合形式要件的,如申请书内容不全、欠缺必要的证据材料,可以责令申请人限期补正,逾期不补正的,裁定驳回申请;对于不符合实质要件的,如财产已被执行完毕,债权依性质不能参与分配,直接裁定驳回申请。对于驳回申请裁定,申请人不服的,可以根据《民事诉讼法》第232条提出执行异议。法院裁定受理申请的,应通知执行债权人及被执行人。申请执行人、已参与分配债权人或被执行人不服的,有权提出执行异议。设例10-1即与此相关。

对于普通债权人参与分配,只能由债权人自行决定是否提出申请;但对于优先债权人参加分配,因其优先受偿权受法律保护,故法院发现优先债权存在的,应当依职

---

① 江必新主编:《强制执行法理论与实务》,中国法制出版社2014年版,第707页。

权向优先权人发出通知或公告，并将已知的优先债权列入分配方案，由此保障分配有序、合法地进行。因此，即使优先债权人未提出书面申请，也不排除将其加入分配的可能。

（二）有管辖权的法院主持分配

参与分配是内嵌于执行程序的“小破产”，故主持分配的法院应当将已发现的被执行人可执行的全部财产、参与分配的全部债权进行清理。为确定参与分配的客体、主体范围以及分配的顺序、比例，法院应当制作分配方案，并送达各债权人和被执行人。

【分配方案模板】

__________人民法院执行财产分配方案

（__）____执__________号

债权人1：____，男/女，________年____月____日出生，____，____（写明工作单位和职务或者职业），住____。法定代理人/指定代理人：________，____。委托诉讼代理人：________，____。

债权人2：____，住所地____。法定代表人/主要负责人：________，____。委托诉讼代理人：________，____。

被执行人：________，____。法定代理人/指定代理人/法定代表人/主要负责人：________，____。委托诉讼代理人：________，____。

（以上写明债权人、被执行人和其他诉讼参加人的姓名或者名称等基本信息）

本院在执行____与____（写明案由）案件中，因被执行人可供执行的财产不足以清偿全部债务，债权人________、债权人____申请参与分配。本院依法组成合议庭，对债权人的申请审查完毕，并作出参与分配方案。

本院现已查控被执行人____的财产为____（或已变价的款项数额为____元），并于____年____月____日，召开债权人听证会，听取了债权人对财产分配的意见。债权人意见如下：

债权人1认为，（写明意见）。债权人2认为，（写明意见）。上述债权人已经/未能达成一致意见。

本院查明，____（写明被执行人所有债务的类型及数额）。

本院认为，____（写明各个债权的受偿顺序、受偿比例、数额及理由）。

综上所述，依照____________的规定，债权人受偿如下：

__________（分项说明各个债权的受偿顺序和数额）。

债权人、被执行人对分配方案有异议的，应当自收到本分配方案之日起十五日内向本院提出书面异议。

在“特定财产参与分配”模式下,《民事强制执行法(草案)》第175条规定,特定执行标的的执行款不足以清偿全部债务和执行费用的,应当制作分配方案。而根据该草案第178条第2款的规定,制作分配方案的,应当在执行款金额确定之日起15日内作出。分配方案应当记载下列事项:(1)当事人姓名或者名称;(2)执行标的、待分配执行款金额;(3)债权总额、各债权的金额及申请分配的依据;(4)各债权的分配顺序及其依据;(5)各债权的应受分配金额;(6)其他应当载明的事项。当然,对于分配方案的制作,上述草案赋予债权人、被执行人更大的处分权。第180条规定:“分配方案作出前,各债权人和被执行人就其债权金额、分配顺序、应受分配金额达成一致意见的,人民法院可以按照一致意见制作分配方案。”

根据2022年《民诉法解释》第508条的规定,参与分配执行中,执行所得价款扣除执行费用,并清偿应当优先受偿的债权后,对于普通债权,原则上按照其占全部申请参与分配债权数额的比例受偿。按照《民事强制执行法(草案)》第179条,普通债权就改为按照查封财产的先后顺序清偿。清偿后的剩余债务,被执行人应当继续清偿;剩余的价款,退还被执行人。债权人发现被执行人有其他可供执行财产的,可以随时请求人民法院执行。换言之,分配按照“执行费用→优先债权→普通债权”的顺序进行。其中,优先债权根据相关法律及司法解释的规定,大致可按以下顺序排列:①

1. 劳动债权。即被执行人基于劳动关系而应向员工支付的各项费用,主要包括被执行人拖欠的员工工资,养老保险金、失业保险金、工伤保险金、医疗保险金等社会保险费用,解除劳动合同的补偿金等。由于参与分配的“小破产”性质,对此可以参照《企业破产法》第113条的规定。②

2. 法定优先权。根据相关法律及司法解释的规定,主要包括:(1)船舶优先权、航空器优先权。船舶优先权指的是海事请求权人向船舶所有人、光船承租人、船舶经营

---

① 该部分主要参见江必新主编:《强制执行法理论与实务》,中国法制出版社2014年版,第710~711页。本书根据最新的法律及司法解释作了修正。另外,《强制执行法理论与实务》将税款列在有担保债权之前,不符合《税收征收管理法》的规定,本书予以更正。

② 该条规定,破产财产在清偿破产费用和共益债务后,首先清偿“破产人所欠职工的工资和医疗、伤残补助、抚恤费用,所欠的应当划入职工个人账户的基本养老保险、基本医疗保险费用,以及法律、行政法规规定应当支付给职工的补偿金”。

人提出海事请求，对产生该海事请求的船舶具有优先受偿的权利。[①] 船舶优先权先于船舶留置权受偿，船舶抵押权后于船舶留置权受偿。民用航空器优先权与之类似，优先于民用航空器抵押权受偿。(2)建设工程优先权。《民法典》第807条规定，发包人未按照约定支付价款的，承包人可以催告发包人在合理期限内支付价款。发包人逾期不支付的，除根据建设工程的性质不宜折价、拍卖外，承包人可以与发包人协议将该工程折价，也可以请求人民法院将该工程依法拍卖。建设工程的价款就该工程折价或者拍卖的价款优先受偿。《建设工程施工合同解释(一)》(法释〔2020〕25号)第36条规定，承包人根据《民法典》第807条规定享有的建设工程价款优先受偿权优于抵押权和其他债权。(3)划拨土地出让金。《城市房地产管理法》第51条规定，设定房地产抵押权的土地使用权是以划拨方式取得的，依法拍卖该房地产后，应当从拍卖所得的价款中缴纳相当于应缴纳的土地使用权出让金的款额后，抵押权人方可优先受偿。

3. 有担保的债权。根据《民法典》的规定，债权人可以在债务人财产上设定抵押权、质押权、留置权等担保物权，并就财产的换价所得优先于普通债权受偿。当然，如果在同一财产上设定了多个可以并存的担保物权，需要确定受偿的先后顺序。对此可以明确以下三条规则：第一，根据《民法典》第456条的规定，同一动产上已经设立抵押权或者质权，该动产又被留置的，留置权人优先受偿。故留置权优先于抵押权、质押权受偿。第二，根据《民法典》第414条的规定，同一财产向两个以上债权人抵押的，拍卖、变卖抵押财产所得的价款依照下列规定清偿：(1)抵押权已经登记的，按照登记的时间先后确定清偿顺序；(2)抵押权已经登记的先于未登记的受偿；(3)抵押权未登记的，按照债权比例清偿。其他可以登记的担保物权，清偿顺序参照适用前款规定。由此可见，已经登记的抵押权按照登记的先后确定受偿顺序。另外，如果债务人将财产出质，质押权因交付财产而设立。当质押权与财产上已经登记的抵押权发生竞合时，按照交付与登记的先后确定受偿顺序。第三，未登记的抵押权与普通债权相当，按照债权比例受偿。

---

① 《海商法》第22条规定："下列各项海事请求具有船舶优先权：(一)船长、船员和在船上工作的其他在编人员根据劳动法律、行政法规或者劳动合同所产生的工资、其他劳动报酬、船员遣返费用和社会保险费用的给付请求；(二)在船舶营运中发生的人身伤亡的赔偿请求；(三)船舶吨税、引航费、港务费和其他港口规费的缴付请求；(四)海难救助的救助款项的给付请求；(五)船舶在营运中因侵权行为产生的财产赔偿请求。载运2000吨以上的散装货油的船舶，持有有效的证书，证明已经进行油污损害民事责任保险或者具有相应的财务保证的，对其造成的油污损害的赔偿请求，不属于前款第(五)项规定的范围。"第23条规定："本法第二十二条第一款所列各项海事请求，依照顺序受偿。但是，第(四)项海事请求，后于第(一)项至第(三)项发生的，应当先于第(一)项至第(三)项受偿。本法第二十二条第一款第(一)、(二)、(三)、(五)项中有两个以上海事请求的，不分先后，同时受偿；不足受偿的，按照比例受偿。第(四)项中有两个以上海事请求的，后发生的先受偿。"

4. 被执行人所欠税款。《税收征收管理法》第 45 条第 1 款规定，税务机关征收税款，税收优先于无担保债权，法律另有规定的除外；纳税人欠缴的税款发生在纳税人以其财产设定抵押、质押或者纳税人的财产被留置之前的，税收应当先于抵押权、质权、留置权执行。税款是公共债权，劣后于以上具有优先性的私人债权，但基于其公益性质，又优先于普通债权。

（三）分配方案的救济

各债权人、被执行人对分配方案均享有异议权。根据 2022 年《民诉法解释》第 509 条的规定，债权人或者被执行人对分配方案有异议的，应当自收到分配方案之日起 15 日内向执行法院提出书面异议。根据第 510 条的规定：债权人或者被执行人对分配方案提出书面异议的，执行法院应当通知未提出异议的债权人、被执行人。未提出异议的债权人、被执行人自收到通知之日起 15 日内未提出反对意见的，执行法院依异议人的意见对分配方案审查修正后进行分配；提出反对意见的，应当通知异议人。异议人可以自收到通知之日起 15 日内，以提出反对意见的债权人、被执行人为被告，向执行法院提起诉讼；异议人逾期未提起诉讼的，执行法院按照原分配方案进行分配。诉讼期间进行分配的，执行法院应当提存与争议债权数额相应的款项。因此，围绕分配方案，可能发生如图 10－2 所示的不同情形：

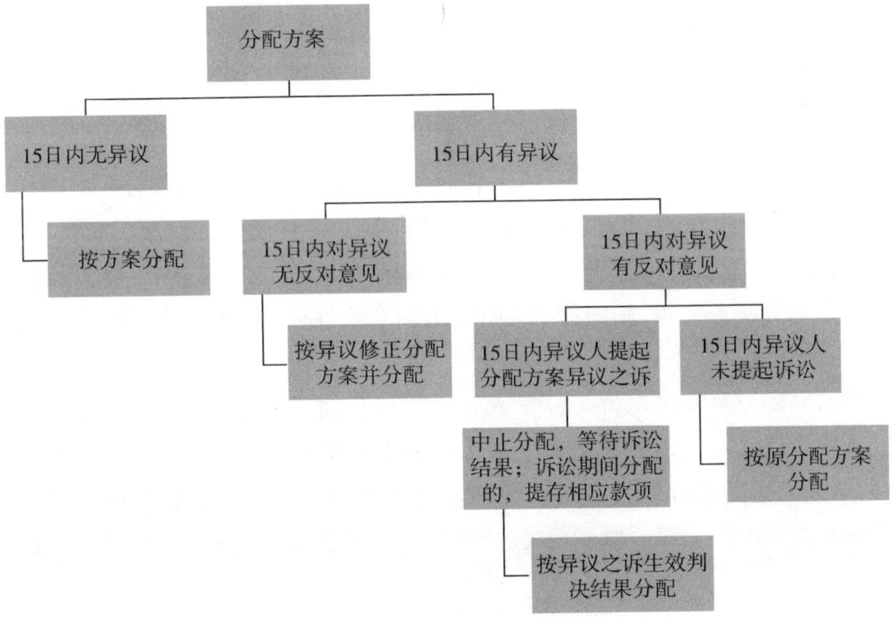

图 10－2　分配方案的不同情形

由图 10－2 可知，围绕分配方案，债权人、被执行人可以提出异议，如异议遭到其他分配当事人的反对，还可以提起分配方案异议之诉。对于分配方案异议及异议之诉，有以下几点补充：

首先，仅分配方案列明的债权人、被执行人享有分配方案异议权。如果未在方案中列明的“案外人”对分配方案提出异议，要视异议的具体内容，确定按照执行异议还是案外人异议程序处理。一方面，如果案外人主张其对分配方案中载明的财产有足以排除执行的民事权益，主张将相关财产从分配方案中剔除，应按照《民事诉讼法》第 234 条的规定处理。在此情形下，案外人或债权人对主持分配法院的裁定不服的，可以提起案外人异议之诉或许可执行之诉。另一方面，如果案外人主张其应当列入分配方案、参与/参加分配的，属于对制作分配方案这一执行行为的异议，应按照《民事诉讼法》第 232 条的规定处理。在此情形下，如果主持分配法院裁定驳回案外人的执行异议，案外人不服的，可以自裁定送达之日起 10 日内向上一级法院申请复议；如果主持分配法院裁定准许案外人参加分配，涉及对分配方案的内容修正，应通知债权人、被执行人。① 债权人、被执行人有权按照 2022 年《民诉法解释》第 510 条提出分配方案异议。

其次，分配方案列明的债权人、被执行人提出的异议并非都是分配方案异议。分配方案异议旨在更正分配方案，确切说是朝着有利于异议人的方向变更。常见的分配方案异议包括债权人有无资格参与分配、债权人参与分配的债权数额（如部分债权已经履行、已经抵销或转让，债权已经过申请执行期限，对迟延履行金数额的争议）、被执行人可供分配的财产范围、分配顺序、比例及金额等实体事由。执行法院对参与分配异议并不进行审查，而是将异议通知未提出异议的债权人和被执行人。债权人、被执行人为了维护既有分配方案，可反对于己不利的异议，就此围绕分配方案应否更正而在当事人之间产生纠纷。异议人可通过分配方案异议之诉解决。相反，如果债权人、被执行人对分配方案制作的方法、程序提出异议，如未组织听证、未征询债权人意见、未送达分配方案等，指向的是执行行为的合法性或适当性，属于执行异议，按照《民事诉讼法》第 232 条处理即可。

最后，分配方案异议之诉是异议人针对异议反对人提起的诉讼，故原告为异议人，被告为异议反对人。至于未反对异议的其他债权人、被执行人，因分配方案异议之诉的结果影响的是分得财产的多少，但不影响参与分配的权利，严格来说不具有《民事诉讼法》第 59 条第 2 款所规定的“法律上的利害关系”，而只具有事实上的利害

① 如上文所述，普通债权人在分配方案送达任一当事人后不得申请参与分配，故原则上只有优先债权人才有资格在此之后申请参加分配。

关系。就此而言，法院不应通知未反对异议的其他债权人、被执行人作为无独立请求权第三人参加诉讼。不过，实践中不乏通知其参加的操作。《民诉法解释》的起草者认为，对此无须统一规定，可由审判庭根据争议事项是否会影响到其他主体的权利而予以灵活掌握。① 本书从之。另外，根据2022年《民诉法解释》第510条第2款，分配方案异议之诉由主持分配的法院专属管辖。

如果有多个债权人、被执行人提出分配方案异议并遭到反对的，基于各自独立的异议权可分别提起分配方案异议之诉。当然，如果异议事由相同，法院应合并审理、合并判决，以免产生矛盾裁判。反之，如果异议人为一人，但遭到数人反对，因涉及同一异议权是否成立，可视为诉讼标的同一，出于诉讼经济及节省司法资源，以归入固有的必要共同诉讼的范畴为宜。

分配方案异议之诉与执行异议之诉一样，性质在学理上有争议，有形成之诉说、确认之诉说、命令诉讼说、救济诉讼说等。② 本书认为，异议人提起分配方案异议之诉，诉讼请求包含两个层次：其一，对异议理由涉及的债权之存否、数额等进行确认；其二，更正分配方案，形成对自己有利的新分配方案。尽管诉讼标的是对分配方案的异议权，但管辖法院就债权的存否、数额等的确认属于裁判先决问题，应发生既判力的扩张，禁止当事人再行起诉，防止出现矛盾裁判。故本书统一采“新确认之诉说”。

《民事强制执行法（草案）》虽然改采“特定财产参与分配”模式，但关于分配方案救济程序基本沿用了现行司法解释的规定。修改仅有两处：其一，将异议权的提出期限从15日缩短为10日；其二，基于债权人、被执行人的合意而制作的分配方案，相关主体不得提出异议，相当于禁止反言。③

---

① 最高人民法院修改后民事诉讼法贯彻实施工作领导小组编著：《最高人民法院民事诉讼法司法解释理解与适用》（下），人民法院出版社2015年版，第1349页。

② 参见刘颖：《分配方案异议之诉研究》，载《当代法学》2019年第1期。

③ 《民事强制执行法（草案）》第181条规定：“分配方案应当送达各债权人和被执行人。债权人或者被执行人对分配方案所载各债权人应受分配金额有异议的，应当在分配方案送达之日起十日内向主持分配的人民法院提出书面异议；没有异议的，主持分配的人民法院按照分配方案进行分配。依据前条规定作出分配方案的，债权人、被执行人不得提出前款规定的异议。”第182条规定：“债权人或者被执行人对分配方案提出书面异议的，主持分配的人民法院应当通知未提出异议的债权人、被执行人。未提出异议的债权人、被执行人在收到通知之日起十五日内未提出反对意见的，主持分配的人民法院依异议人的意见对分配方案审查修正后进行分配；提出反对意见的，应当通知异议人。异议人可以在收到通知之日起十五日内，以提出反对意见的债权人、被执行人为被告，向主持分配的人民法院提起分配方案异议之诉，请求变更分配方案；异议人逾期未提起该诉讼的，主持分配的人民法院按照原分配方案进行分配。分配方案异议之诉审理期间，没有争议的执行款应当及时发放。”

三、个人破产法立法

前文称参与分配为内嵌在执行程序中的“小破产”，指的是参与分配是在特定债权人范围内对于陷入“资不抵债”的被执行人的财产进行集中清理、偿付，但与规范意义上的个人破产制度仍相去甚远。二者主要区别有以下几点：

第一，参与分配的主体仅限于申请执行的债权人及已取得执行依据的债权人，但对时机尚未成熟的债权人而言，通常只能眼睁睁看着被执行人的财产被分配殆尽。严格来说，这并不符合债权平等原则。加之参与分配不经公告，不具有对社会的宣示性，而申请参与分配的期间又较为严格，难免会有符合条件或可以符合条件的债权人错失良机。与之相对，个人破产中，不仅债权已到期的债权人、债权到期且正在诉讼的债权人可以申报债权，未到期的债权也因破产申请受理而加速到期，相关债权人同样可以申报债权。通过一次性集体清偿，个人破产能在所有债权人之间实现被执行人财产的公平分配。[①] 且法院受理破产申请后，应当发出公告，债权人可以在公告期间内申报债权。

第二，参与分配只是让已查封的财产在相关债权人范围内分配，并不涉及被执行人的经济重生、信用修复。如果财产分配完，债权未获全部清偿，被执行人仍负有继续履行的义务。法院通常会裁定终结本次执行程序，但只要发现被执行人有可供执行的财产，便可继续对其进行强制执行。可以说，被执行人深陷债务泥潭之中难以自拔。不诚信的债务人可能会“破罐子破摔”，或者竭力隐匿新取得的财产；诚信的债务人难免背负过重的包袱，难以修复个人信用，难以自力更生。与之相对，个人破产在宣告破产之前，可以由债权人、债务人一起制定重整方案，给予债务人宽限期（重整期）以积极自救；即使宣告破产，在对债务人的财产进行全面清算及分配之后，经过一定的免责考察期，破产人原则上免于承担剩余债务。在市场经济环境下，这有利于救助“诚实但不幸”的债务人，既能让债务人有继续创造财富的动力，使债权人的债权在最大限度内得到清偿，又能降低债务人受困于永久债务而带来的直接和间接社会成本，优化社会资源配置。

当然，个人破产也遭到了一些质疑。例如，为个人债务人提供不恰当激励，使得债务人对其财产及债务更加不负责任，加剧道德风险；在我国现有社会诚信及征信体系下，不诚实的债务人随处可见，破产救济制度可能会被滥用。本书认为，一方面，个人破产确实可能加剧道德风险，但如上所述，也具有显著的社会收益。为避免债务人

---

① 参见自然人破产处理工作小组起草：《世界银行自然人破产问题处理报告》，殷慧芬、张达译，中国政法大学出版社 2016 年版，第 30 页。

“虱多不痒,债多不愁”,债权人(尤其是机构债权人)应当更加审慎地评估债务人的个人信用、资力,尽可能消除信息不对称。另一方面,债务人欺诈是一种普遍的社会现象,并不因个人破产制度的引入而恶化或改善。作为制度上的回应,可以利用大数据等科技手段,发现债务人隐匿、转移的财产,同时明确相应法律行为无效、债务不能免责、追究法律责任(包括刑事责任)等法律后果,由此压缩债务人滥用个人破产的空间。

在宏观经济下行、个人负债高企的背景下,大量个人被执行人确无财产可供执行,如何有效消化这类“执行不能”案件成为法院的一大难题。鉴于此,2018 年 10 月,最高人民法院院长周强在 2018 年 10 月 24 日在第十三届全国人民代表大会常务委员会第六次会议上作最高人民法院《关于人民法院解决“执行难”工作情况的报告》时建议,“推动建立个人破产制度,完善现行破产法,畅通‘执行不能’案件依法退出路径”。[①] 最高人民法院 2019 年 2 月发布的《关于深化人民法院司法体制综合配套改革的意见——人民法院第五个五年改革纲要(2019—2023)》第 46 条提出:“研究推动建立个人破产制度及相关配套机制,着力解决针对个人的执行不能案件。”同年 6 月,最高人民法院发布的《执行长效机制意见》第 11 条指出:“开展与个人破产制度功能相当的试点工作,为建立个人破产制度打下实践基础。”与此同时,最高人民法院与相关单位联合发布的《加快完善市场主体退出制度改革方案》提出“分步推进建立自然人破产制度”的方案:“研究建立个人破产制度,重点解决企业破产产生的自然人连带责任担保债务问题。明确自然人因担保等原因而承担与生产经营活动相关的负债可依法合理免责。逐步推进建立自然人符合条件的消费负债可依法合理免责,最终建立全面的个人破产制度。(国家发展改革委、司法部、中国人民银行、中国银保监会等按职责分工负责)”2020 年 5 月,中共中央、国务院发布《关于新时代加快完善社会主义市场经济体制的意见》,要求“健全破产制度,改革完善企业破产法律制度,推动个人破产立法,建立健全金融机构市场化退出法规,实现市场主体有序退出”。至此,推动个人破产立法已从法院系统的建议上升为党中央、国务院的决策。

在此过程中,地方司法机关、立法机关先试先行,探索经验。例如,2019 年 5 月 8 日,浙江省台州市中级人民法院率先出台了全国首个专门针对个人债务清理的工作规程——《执行程序转个人债务清理程序审理规程(暂行)》。随后,浙江省温州市中

---

① 据周强院长在报告中称,民商事案件中,约 18% 的案件是“执行不能”案件。这类案件所涉债务大致分为两类:一类是法人债务。被执行企业债台高筑、濒临破产,甚至处于无人员、无财产、无办公场所的状态,这些“僵尸企业”在执行中形成大量“僵尸案件”。另一类是自然人债务。一些交通事故、人身损害赔偿、刑事附带民事诉讼等案件,被执行人自始就财力有限,甚至“家徒四壁”,确无清偿能力。

级人民法院、江苏省苏州市吴江区人民法院、山东省淄博市高青县人民法院等均出台了个人债务集中清理的规范性文件。

【全国首例个人债务集中清理案】

2019 年 8 月 12 日，温州平阳法院裁定立案受理蔡某个人债务集中清理一案后，指定温州诚达会计师事务所担任管理人。管理人对外发布债权申报公告暨第一次债权人会议公告后，平阳法院于 9 月 24 日主持召开蔡某个人债务集中清理第一次债权人会议。蔡某以宣读《无不诚信行为承诺书》的方式郑重承诺，除管理人已查明的财产情况外，无其他财产；若有不诚信行为，愿意承担法律后果，若给债权人造成损失，依法承担赔偿责任。最终蔡某提出按 1.5% 的清偿比例即 3.2 万余元，在 18 个月内一次性清偿的方案。同时，蔡某承诺，该方案履行完毕之日起 6 年内，若其家庭年收入超过 12 万元，超过部分的 50% 将用于清偿全体债权人未受清偿的债务。

本次参与表决的债权人共 4 名，债权人一方在充分了解债务人经济状况和确认债务人诚信的前提下，经表决通过上述清理方案，同意为债务人保留必要的生活费和医疗费，自愿放弃对其剩余债务的追偿权，并同意债务人可以自清理方案履行完毕之日起满 3 年后，恢复其个人信用。同时明确，自个人债务集中清理方案全部履行完毕之日起 6 年内，若发现债务人未申报重大财产，或者存在欺诈、恶意减少债务人财产或者其他逃废债行为的，债权人可以请求恢复按照原债务额进行清偿。

9 月 27 日，平阳法院签发了对蔡某的行为限制令，并终结对蔡某在本次清理所涉案件中的执行。最终，该案得以顺利办结。

2020 年 3 月，北京外国语大学个人破产法研究中心在网上公布首个《个人破产法学者建议稿（征求意见版）》，并公开征求意见。[①] 2020 年 8 月，深圳市第六届人大常委会第四十四次会议正式通过《深圳经济特区个人破产条例》，于 2021 年 3 月 1 日正式实施。2020 年 12 月浙江省高级人民法院下发《浙江法院个人债务集中清理（类个人破产）工作指引（试行）》。这些地方性立法、司法规范文件为个人破产法立法增加力量。2021 年 9 月，有学者基于《企业破产法》修改的契机，提出制定我国统一破产法典的建议，将个人破产法的内容纳入其中。[②] 无论以单独立法的形式，还是统一为“破产法典”的形式，个人破产法未来可期！

① 参见个人破产课题组：《个人破产法（学者建议稿）全文首发并公开征求意见》，载微信公众号“中国破产法论坛”，2020 年 3 月 30 日。

② 参见叶建平、叶子涵：《关于制定我国现代新型破产法典的建议》，载微信公众号“中国破产法论坛”，2021 年 9 月 27 日。

【全国首例个人破产申请】

2021 年 3 月 10 日，深圳市中级人民法院收到梁某书面的个人破产清算申请，4 月 27 日，梁某变更个人破产类型，依法向深圳市中级人民法院提出个人破产重整申请。

梁某在 2018 年 6 月开始创业，先后投资开发蓝牙耳机、儿童早教机和额温枪等，但一直未有盈利。创业期间为解决经营资金问题，梁某先后向 13 家银行、网络贷款公司等借款，债务总额约为 75 万元，最终无力清偿。

经法院审理查明，梁某的债权人共有 11 家申报债权 30 笔，债权总额 648,289.02 元，均为普通债权。经管理人审核，债权人以及债务人核对无异议，法院依法裁定确认 10 家债权人的债权，共计 564,216.91 元。

梁某目前每月收入约 2 万元，有两名未成年子女需要抚养。有未来可预期收入，且偿债意愿较强，故深圳市中级人民法院同意梁某的重整申请，支持债务人在管理人协助下与债权人开展协商，制订重整计划草案。

根据法院裁定批准的重整计划，未来 3 年，债务人梁某及其妻子除了保留每月一家 4 口的基本生活费用 7700 元以及生活工作必需品作为豁免财产之外，承诺夫妻的其他收入均用于清偿债务，计划在 3 年内清偿债权人的全部本金，债权人则依计划免除其利息、滞纳金等。如果梁某不能严格执行重整计划，债权人有权向法院申请对其进行破产清算。7 月 19 日，深圳市中级人民法院裁定批准了梁某的个人破产重整计划。

第十一章

执行转破产程序

执行转破产（“执转破”）程序是指法院在执行过程中发现企业被执行人资不抵债、达到破产界限、符合破产条件，通过一定的程序及时将企业移送破产审判部门审查，以启动破产程序。该程序的目的在于完善执行与破产衔接机制，打通企业法人执行难的“最后一公里”，让债务人丧失清偿能力的案件从执行程序转入破产程序。

1998 年《执行若干规定》发布时，1986 年制定的《企业破产法（试行）》尚处于“休眠”状态，并未发挥应有作用。受此影响，1998 年《执行若干规定》第 96 条规定，被执行人为企业法人，未经清理或清算而撤销、注销或歇业，其财产不足清偿全部债务的，应当参照参与分配的规定，对各债权人的债权按比例清偿。换言之，被执行人为企业法人时，在执行程序中参照适用参与分配制度。2007 年《企业破产法》正式实施，但事实上，法院受理的企业破产案件数量一度逐年减少。据统计，2008 ~ 2010 年，全国法院年均受理 3500 件左右，2011 ~ 2013 年则逐步下降至 2500 余件、2100 余件及 2000 件以下。与此同时，工商机关每年吊销、注销的企业数量均在 70 万个以上。[①] 这说明大量企业未经破产清算即退出市场或停止经营，破产程序全面“遇冷”。

为了扩大破产程序的适用率，完善市场退出机制，清理“僵尸”企业，2015 年《民诉法解释》第 513 ~ 516 条首次对执转破程序作出规定。2017 年 1 月，最高人民法院印发《关于执行案件移送破产审查若干问题的指导意见》（法发〔2017〕2 号，以下简称《执转破指导意见》），对执转破程序作出全面规定。2018 年 3 月，最高人民法院印发《全国法院破产审判工作会议纪要》（法〔2018〕53 号，以下简称《破产会议纪要》），其中第七部分又对“执行程序与破产程序的衔接”作出指示。2019 年 6 月，最高人民法院下发《执行长效机制意见》，其中第 10 条就完善执转破工作机制作出如下要求：落实最高人民法院关于执转破工作相关制度措施，强化执行程序中“僵尸企业”的清出

① 最高人民法院修改后民事诉讼法贯彻实施工作领导小组编著：《最高人民法院民事诉讼法司法解释理解与适用》（下），人民法院出版社 2015 年版，第 1350 ~ 1351 页。

力度,从根本上减少执行案件存量。进一步优化、规范执转破工作流程,完善当事人申请或同意执转破的激励和约束机制,做到应转必转、当破必破,确保渠道畅通,运转有序。着力解决执转破进程中缺少破产费用的问题,推动建立清出“僵尸企业”的专项基金。完善办理执转破案件及审理破产案件考核机制,调动各级人民法院推动执转破工作的积极性。推进简易破产程序设计,快速审理“无财产可破”案件。加强执行信息系统与破产案件审理信息系统对接,推进措施资源、信息资源和财产处置资源共享。

在此背景下,2020 年《执行若干规定》修改时,将第 96 条删除。换言之:被执行人是企业法人的,明确不再适用参与分配制度;符合破产条件的,应当转为破产程序。自此以后,自然人、非法人组织与企业法人的财产不足以清偿全部债权的,实现执行程序的二元分离。自然人、非法人组织仍可以适用参与分配制度,待将来个人破产法出台,必要时可以执行转个人破产;企业法人则只能适用执行转企业破产。由此执转破成为破产申请的一种特殊方式。[①] 此项制度预计会在《企业破产法》修订时被吸收。

《民事强制执行法(草案)》第 82 条站在前瞻的立场上,不再区分被执行人是自然人、非法人组织还是企业法人,均适用“执转破”程序。该条规定:“在金钱债权执行中,被执行人符合本法第八十条(即终结本次执行程序条款——作者注)规定情形和破产法规定的清理债务情形的,人民法院应当裁定终结本次执行程序,将执行案件相关材料移送被执行人住所地人民法院。被执行人住所地人民法院应当自收到执行案件相关材料之日起三十日内审查,一般应当裁定受理破产申请;特殊情况不予受理的,应当将相关案件材料退回执行法院并书面说明原因。”这建立在《企业破产法》修订、个人破产法出台的前提之下,与普通债权按查封顺序清偿(不再实行平等清偿主义)、“特定财产参与分配”模式逻辑一致。然而,如果相关前提不具备、条件不成熟,不能轻易废除“总财产参与分配”模式,全面扩大“执转破”的适用范围。本章基于现行司法解释的规定,阐述“执转破”制度的内涵。

一、执转破的构成要件

2022 年《民诉法解释》第 511 条规定执转破的要件有两个:第一,符合《企业破产法》第 2 条第 1 款的规定,即企业法人不能清偿到期债务,并且资产不足以清偿全部债务或者明显缺乏清偿能力的;第二,申请执行人之一或被执行人同意。《执转破指导意见》第 2 条略作细化,规定执行案件移送破产审查,应同时符合下列条件:(1)被

---

① 参见王卫国:《破产法精义》(第 2 版),法律出版社 2020 年版,第 33 ~ 34 页。

执行人为企业法人；(2)被执行人或者有关被执行人的任何一个执行案件的申请执行人书面同意将执行案件移送破产审查；(3)被执行人不能清偿到期债务，并且资产不足以清偿全部债务或者明显缺乏清偿能力。其中，在目前仅有《企业破产法》而无个人破产法的制度框架下，执转破的主体仅限企业法人自无疑义，本章不再赘述。下文集中针对后两个要件展开论述。

(一)程序要件：当事人之一同意

根据《企业破产法》第7条的规定，有资格向法院提出重整、和解或者破产清算申请的是债务人、债权人或依法负有清算责任的人。2022年《民诉法解释》第511条将同意执转破的主体限定为"申请执行人之一或者被执行人"，排除了未取得执行依据的债权人、已取得执行依据但尚未申请执行的债权人，并非不能理解。一方面，执转破是执行程序的衍生程序，主体资格自然以申请执行人为限；另一方面，对于尚未申请执行的债权人而言，其有权根据《企业破产法》第7条向法院申请破产清算，不具有同意执转破的资格并不影响其权益。在解释论上，"申请执行人之一"不限于某个执行案件，本案执行与他案执行的任一申请执行人均有资格同意执转破。

"同意"既可以是主动申请，也可以是经法院释明、征询后的被动同意。"同意"须以书面形式作出，且是明确的、不附条件或限制的。在执行实践中，出现申请执行人经执行法院征询后，表示：申请被执行人破产，并按破产程序解决相关债权债务，但如果申请破产后其没有优先权，就不申请破产。[①] 这种附条件的同意，并非真正的同意。如果执行法院经释明后，申请执行人仍坚持不撤销所附条件的，视为不同意。

从执行实践来看，无论债权人还是债务人均缺乏足够的动力申请执转破。对债权人而言，执行程序比破产程序成本低、效率高，且经执行分配未足额清偿部分仍有追偿的可能，通过执行程序实现债权更加有利。而破产程序需要通知所有债权人参与分配，意味着债权的受偿比例降低，可能让其他债权人"搭便车"。对债务人而言，启动破产程序后将面对所有债权的清偿，而且企业经营中存在的诸多问题，如出资不实、侵占资产、挪用资金、违规担保、不当交易、经营失范等可能暴露出来，有些甚至触及行政处罚和刑事责任。这对债务人尤其是债务人的管理层极其不利。[②] 另外，鉴于目前我国信用惩戒体系还不够完备，债务人很有可能会选择隐匿财产、直接歇业等方式逃避债务，相较于提出破产申请而言，债务人选择失信的成本反而更低。如果仅由

---

① 参见(2018)渝0230破申4号。

② 参见最高人民法院修改后民事诉讼法贯彻实施工作领导小组编著：《最高人民法院民事诉讼法司法解释理解与适用》(下)，人民法院出版社2015年版，第1351页。

被执行人或申请执行人决定是否申请执转破，结果可想而知。因此，为了提高执转破程序的适用率，既需强化执行法院的告知、释明、征询义务，又应在制度上为执行当事人设置一定的激励机制，促成当事人“同意”。

首先，执行法院发现作为被执行人的企业法人符合破产清算条件的，负有及时向执行当事人告知、释明、征询的义务。《执转破指导意见》第4条规定，执行法院“应当及时询问申请执行人、被执行人是否同意将案件移送破产审查”。《破产会议纪要》第40条指出，执行法院“应当及时询问当事人是否同意将案件移送破产审查并释明法律后果”。在2015年《民诉法解释》起草中，曾有方案建议设立直接移送破产制度，即使被执行人、申请执行人均不申请或同意执转破，执行法院也可以依职权移送破产清算。不过，该方案被全国人大法工委否决。[①] 因此，我国并未采用职权主义执转破模式。执行法院关于促进执转破的职权边界，在于通过释明、征询取得执行当事人的同意，但不得替代之。在执行实践中，法院只能在此规则的边缘地带作出努力。如福建省厦门市中级人民法院《关于进一步推动执行案件移送破产审查工作的实施办法》(厦中法发〔2020〕22号)规定：“对无财产可供执行、拟按终本处理的执行案件，执行案件承办人应在终本笔录中征询当事人移送破产审查的意见。……当事人不同意移送破产审查的，经终本合议庭初查认为案件符合移送破产审查实质要件的，应督促执行承办人将案件信息报送‘执转破’审查合议庭，由‘执转破’审查合议庭建立台账，与执行承办人共同推动转入破产审查。”也有法官建议，应当将对执行申请人的告知、释明前移至执行立案环节，改变以往的执行立案工作方式，从简单开具执行立案通知书，转变为先向其口头释明执转破法律制度，让申请执行人第一时间就直观了解执转破，积极宣讲，因势利导。[②]

其次，在企业法人作为被执行人时，不适用参与分配制度，“倒逼”未及查封被执行人主要财产的其他债权人申请执转破。如前所述，在过去一段时间里，当企业法人作为被执行人，其财产不足以清偿全部债权时，执行法院参照参与分配制度，在一定范围内的债权人之间按顺序、比例进行分配。对于未及查封被执行人主要财产的其他债权人而言，其可以申请参与分配先行执行法院的执行成果，自然没有动力去申请破产。将被执行人有限的财产在更大范围内的债权人间进行清理、分配，无疑会稀释自己债权的受偿可能。由于首封的申请执行人为了独享财产换价所得不会申请破

① 参见最高人民法院修改后民事诉讼法贯彻实施工作领导小组编著：《最高人民法院民事诉讼法司法解释理解与适用》(下)，人民法院出版社2015年版，第1363～1364页。

② 参见周建良：《“执转破”告知和征询宜在执行立案阶段启动》，载《人民法院报》2020年11月18日，第7版。

产，被执行人及其管理层因为种种顾虑一般也不愿申请破产，司法解释将激励的目标对准轮候查封或未申请查封的申请执行人。2022 年《民诉法解释》第 514 条规定："当事人不同意移送破产或者被执行人住所地人民法院不受理破产案件的，执行法院就执行变价所得财产，在扣除执行费用及清偿优先受偿的债权后，对于普通债权，按照财产保全和执行中查封、扣押、冻结财产的先后顺序清偿。"《执转破指导意见》第 4 条重申，申请执行人、被执行人均不同意移送且无人申请破产的，执行法院应当按照 2022 年《民诉法解释》第 514 条的规定处理，企业法人的其他已经取得执行依据的债权人申请参与分配的，人民法院不予支持。

换言之，执转破未成的，排除参与分配制度的适用，按照财产保全和查封的顺序清偿。对于查封在后的申请执行人而言，往往意味着两种选择：要么同意执转破，将查封顺位优先的申请执行人和其他申请执行人拉回同一起跑线，在破产清算中平等受偿；[①]要么仅在查封顺位在先申请执行人的债权清偿之后，就剩余财产受偿，结果很可能是一无所获。如此一来，债权人同意执转破或申请破产，便成为一种理性的选择。

【设例 11－1】

王某依据与天鹰公司的股权转让合同纠纷的仲裁调解书，向荆州市中级人民法院申请执行。荆州市中级人民法院查封天鹰公司名下的房屋、土地使用权和在建工程。胡某申请参与受偿拍卖价款。荆州市中级人民法院以本案不符合参与分配规定为由，未批准胡某的申请。此后，胡某以债务人天鹰公司长期停业、资不抵债、财产不足以清偿债务为由，向荆州市中级人民法院申请破产清算。荆州市中级人民法院经审查，认为天鹰公司在企业信用信息公示系统的登记状态为"存续（在营、开业、在册）"，不符合《企业破产法》第 2 条的规定，裁定不受理破产申请。胡某不服，向湖北省高级人民法院提起上诉。湖北省高级人民法院裁定驳回上诉，维持原裁定。胡某又向荆州市中级人民法院执行机构寄送同意对天鹰公司启动执转破的申请书，但荆州市中级人民法院执行机构未启动执转破程序。荆州市中级人民法院根据 2022 年《民诉法解释》第 514 条的规定，以"当事人不同意移送破产或者被执行人住所地人民法院不受理破产案件"为由，制作分配方案，按照财产查封的先后顺序清偿。胡某对该分配方案提出异议。

设例 11－1 改编自一则真实案例。[②] 争议焦点在于 2022 年《民诉法解释》第 514

---

① 参见《企业破产法》第 16 条规定："人民法院受理破产申请后，债务人对个别债权人的债务清偿无效。"

② 参见（2019）最高法执监 59 号。

条规定的“被执行人住所地人民法院不受理破产案件”之解释。从体系解释的角度看，该条属于执转破程序的规范之一；从起草者的意图来看，该条旨在“倒逼”债权人申请执转破。起草者也明确指出，“被执行人住所地人民法院不受理破产案件”指的是“移送后被执行人住所地人民法院不受理破产申请”，是内嵌于执转破程序的一部分。[①] 换言之，只有执行法院移送破产清算，受移送的法院裁定不受理，才按照财产查封的先后顺序清偿。如果债权人另行向有管辖权的法院申请债务人破产清算，而法院裁定不受理破产申请，并不在该条涵摄的范围之内。最高人民法院在执行监督裁定书中认为：“对于申请执行人自行申请破产被驳回后，执行法院是否还需要再次移送，目前并无明确法律规定。考虑到执行法院在执行转破产程序中主要行使移送职责，最终能否立案受理、能否进行破产清算的决定权在破产法院，从这个意义上来看，申请执行人自行申请破产与执行法院移送破产，在实质意义上并无差别。”合议庭着重考虑债权人申请破产被裁定不受理后，执行法院应否依据其“同意”再次移送破产审查。从本案破产管辖法院与执行法院同一且破产申请已经过两级法院审查的实际情况来看，即使决定执转破，也很难期待该院改变原先的判断。然而，这种现实考量不是对第514条作扩张解释的充分理由。在未根据胡某的同意移送破产审查、给予其相应程序保障的前提下，不能径行适用第514条规定的法律效果，即按照财产查封的先后顺序进行清偿或分配。

理想很“丰满”，现实却很“骨感”。从各地法院执转破案件的统计来看，似乎并未打通企业法人执行难的“最后一公里”。影响的因素有很多。比如，法院执行“人少案多”问题突出；执行法官对于无财产可供执行案件可以裁定“终本”，推动执转破的激励不足；不同法院之间或者同一法院不同部门（执行与破产）之间容易产生推诿扯皮现象；债权人信息不对称，不知可以申请执转破；外部缺乏税收、工商、公安、不动产等行政机关的有效联动；等等。

另外，如前所述，2022年《民诉法解释》和《执转破指导意见》为了促进执转破的适用，采取了最低限度的“一人同意”标准。不过，因为众多债权人之间的利益并不一致，“一人同意”可能与大多数债权人、大数额债权人的诉求发生抵触。在今后“执转破”立法过程中，为了减少申请执行人之间的矛盾，似乎应该兼顾执转破的民主性。例如，以未清偿债权数额所占比例为标准，对申请或同意主体的资格加以限定。

---

① 参见最高人民法院修改后民事诉讼法贯彻实施工作领导小组编著：《最高人民法院民事诉讼法司法解释理解与适用》（下），人民法院出版社2015年版，第1364页。

(二)实体要件:具备破产原因

2022年《民诉法解释》第511条规定,执转破的实体要件与《企业破产法》第2条第1款规定的破产原因相一致。在解释论上,该条的结构为“不能清偿到期债务+资产不足以清偿全部债务”或者“不能清偿到期债务+明显缺乏清偿能力”。其中,“不能清偿到期债务”即无力偿债,又被称为“非流动性”,指的是被执行人已全面停止偿付到期债务,而且没有充足的现金流偿付正常营业过程中到期的现有债务。这是着眼于被执行人现金流的标准。“资产不足以清偿全部债务”,又被称作“资不抵债”,主要是指企业的资产负债表上,全部资产之和小于其对外的全部债务。这强调以资产负债表为根据。“明显缺乏清偿能力”是对“资不抵债”的替代,具有限制“不能清偿到期债务”的功能。因此,不能仅因为企业一时支付不能,就认定其具备破产原因,还应关注企业资产的变现能力。[①] 反之,即使企业资产负债表没有达到“资不抵债”,如果企业的财产明显缺乏变现可能,也可以认定“明显缺乏清偿能力”。对此,最高人民法院《关于适用〈中华人民共和国企业破产法〉若干问题的规定(一)》第4条规定:“债务人账面资产虽大于负债,但存在下列情形之一的,人民法院应当认定其明显缺乏清偿能力:(一)因资金严重不足或者财产不能变现等原因,无法清偿债务……”

【设例11-2】

韩某对新传公司民间借贷纠纷执行一案中,被执行人新传公司向法院申请执转破。韩某提出异议,主张新传公司名下的厂房一直对外出租,每年有租金收入200万元,本执行案件在有序推进当中,执行法院尚未对租金进行处置。法院查明:新传公司注册资本2000万元,后因经营不善,多名债权人向法院提起诉讼并申请强制执行。通过系统查询可知,以新传公司作为被执行人的执行案件的执行标的额达3400余万元。该公司经法院强制执行,未能清偿前述全部债务,被裁定终结本次执行程序。由此法院认定新传公司明显缺乏清偿能力,符合破产受理条件。

设例11-2中,虽然新传公司通过收取租金有一定的预期现金流,有偿付韩某债权的可能,但对其他债权人而言,则具备了不能清偿到期债务的要件。从新传公司经营不善、资产损耗、在多个案件中作为被执行人且法院裁定“终本”来看,确无足额财产可供执行,属于明显缺乏清偿能力。

在实践中,有的地方法院通过归纳总结实务经验,对2022年《民诉法解释》第511条作进一步的细化规定。如重庆市第五中级人民法院《关于执行案件移送破产审查

---

① 参见王卫国:《破产法精义》(第2版),法律出版社2020年版,第6~8页。

工作的实施办法》(渝五中法发〔2021〕22号)规定,“不能清偿到期债务”包括:(1)经查询银行、市场监管机构、车辆登记机构、不动产登记机构等单位后,被执行人确无财产可供执行的;(2)被执行人的财产无法拍卖、变卖,或者经两次拍卖、变卖后仍无法变现的,申请执行人拒绝接受或者依法不能交付其抵债,经执行法院进行财产调查,被执行人确无其他财产可供执行的;(3)被执行人被撤销、吊销营业执照或者歇业后既无财产可供执行,又无义务承受人,也没有能够依法追加、变更执行主体的;(4)经执行法院调查,被执行人虽有财产但不宜强制执行的;(5)被执行人财产已经拍卖、变卖,但拍卖、变卖所得的价款不足以清偿申请执行人的债务的。“资产不足以清偿全部债务或者明显缺乏清偿能力”包括:(1)被执行人资产负债表,或者审计报告、资产评估报告等显示其全部资产不足以偿付全部负债;(2)被执行人账面资产虽大于负债,但资金严重不足或者财产不能变现,无法清偿债务;(3)被执行人法定代表人下落不明且无其他人员负责管理财产,无法清偿债务;(4)执行法院受理该案时,已有同一被执行人的案件因无财产可供执行而被裁定终结本次执行程序;(5)企业长期亏损,且依被执行人当前的信用状况、融资能力,扭转困难。当然,大多数地方法院未加区分,而是采用概括式的判断标准。[①]

二、执转破的程序进行

执行法院与破产审查的管辖法院未必是同一法院,即使属于同一法院,也涉及执行部门与破产审判部门之间移送与受理的程序衔接。因此,执转破大致可以区分为执行法院(部门)、受移送法院(部门)各自负责的两个阶段。同一法院内不同部门的分工与协调较为简便。以下以执行与破产审查由不同法院管辖为例,介绍执转破的程序进行。

(一)执行法院

如果执行案件承办人认为符合移送破产审查条件的,应根据《执转破指导意见》第5条提出审查意见,经合议庭评议同意后,由执行法院院长签署移送决定。在实践中,由于执行案件绝大多数都是基层法院,而根据《执转破指导意见》第3条的规定,执行案件移送破产审查的管辖法院原则上是中级法院。因此,为减少异地法院之间

---

① 参见佛山市中级人民法院《关于执行移送破产程序的实施办法》第4条、浙江省高级人民法院《关于执行程序与破产程序衔接若干问题的纪要》第3条、温州市中级人民法院《关于执行移送破产程序的会议纪要》第6条、厦门市中级人民法院《关于进一步推动执行案件移送破产审查工作的实施办法》第二部分,等等。

移送的随意性,《执转破指导意见》第6条规定,基层人民法院拟将执行案件移送异地中级人民法院进行破产审查的,在作出移送决定前,应先报请其所在地中级人民法院执行部门审核同意。当然,该条仅限于"下移上"的情况,如果属于异地平级移送破产审查或者"上移下",执行法院无须报上一级法院审核同意。

执行法院只是决定将案件移送至破产审查法院进行审查,而是否受理由受移送法院审查决定,移送决定不会对当事人的权益造成实质损害。因此,在作出移送决定之前,执行法院无须组织听证,也无须对是否具备破产原因进行实质审查。《执转破指导意见》第7条规定:执行法院作出移送决定后,应当于5日内将决定送达申请执行人和被执行人。执行当事人对决定有异议的,可以在受移送法院破产审查期间提出,由受移送法院一并处理。

如果执行法院决定移送破产审查,而其他法院继续对被执行人的财产进行强制执行,就有可能造成债权人之间的实质不公平。因此,《执转破指导意见》第8条规定,执行法院作出移送决定后,应当书面通知所有已知执行法院,执行法院均应中止对被执行人的执行程序。当然,如果有未知的执行法院在未接到书面通知的情况下,继续执行被执行人的财产,且申请执行人在受移送法院裁定受理破产申请之前受领款项的,无须返还所得款项。原因在于,《企业破产法》第16条规定,法院受理破产申请后,债务人对个别债权人的债务清偿无效。但在法院受理破产申请之前,个别清偿仍为有效。与之相对,如果执行法院明知有其他执行法院而不发出通知,或者其他执行法院接到书面通知后仍继续进行执行,虽然仍以受移送法院有无裁定受理破产申请为界判断清偿的效力,但法院的相关行为欠缺合法性、妥当性。相关债权人可以提出执行异议,因此受到损害的,有权请求国家赔偿。另外,对被执行人的季节性商品、鲜活、易腐烂变质以及其他不宜长期保存的物品,执行法院应当及时变价处置,处置的价款不作分配。受移送法院裁定受理破产案件的,执行法院应当在收到裁定书之日起7日内,将该价款移交受理破产案件的法院。

执行法院作出移送破产审查决定,不代表执行管辖权就已移送,受移送法院仍有可能将案件退回。执行法院对被执行人的查封措施不解除,查封期限在破产审查期间届满的,申请执行人可以向执行法院申请延长期限,由执行法院负责办理。对此《执转破指导意见》第8条、第9条有明确规定。另外,在此期间新发现被执行人可供执行的财产,执行法院也应及时采取查封等执行措施。

执行法院作出移送决定后,应当向受移送法院移送下列材料:(1)执行案件移送破产审查决定书;(2)申请执行人或被执行人同意移送的书面材料;(3)执行法院采取财产调查措施查明的被执行人的财产状况,已查封、扣押、冻结财产清单及相关材料;(4)执行法院已分配财产清单及相关材料;(5)被执行人债务清单;(6)其他应当移送的材料。如果移送的材料不完备或内容错误,影响受移送法院的审查判断,执行法院负有补正义务。《执转破指导意见》第 11 条规定,受移送法院可以要求执行法院补齐、补正,执行法院应于10 日内补齐、补正。该期间不计入受移送法院破产审查的期间。受移送法院需要查阅执行程序中的其他案件材料,或者依法委托执行法院办理财产处置等事项的,执行法院应予协助配合。

(二)受移送法院

1. 材料的接收

执行法院移送破产审查的材料,由受移送法院的立案部门负责接收。受移送法院不得以材料不完备等为由拒绝接收。立案部门经形式审核认为移送材料完备的,应以“破申”作为案件类型代字编制案号登记立案,并及时将案件移送破产审判部门进行破产审查。

执行法院的决定移送程序与受移送法院的接收程序如图 11 –1 所示:

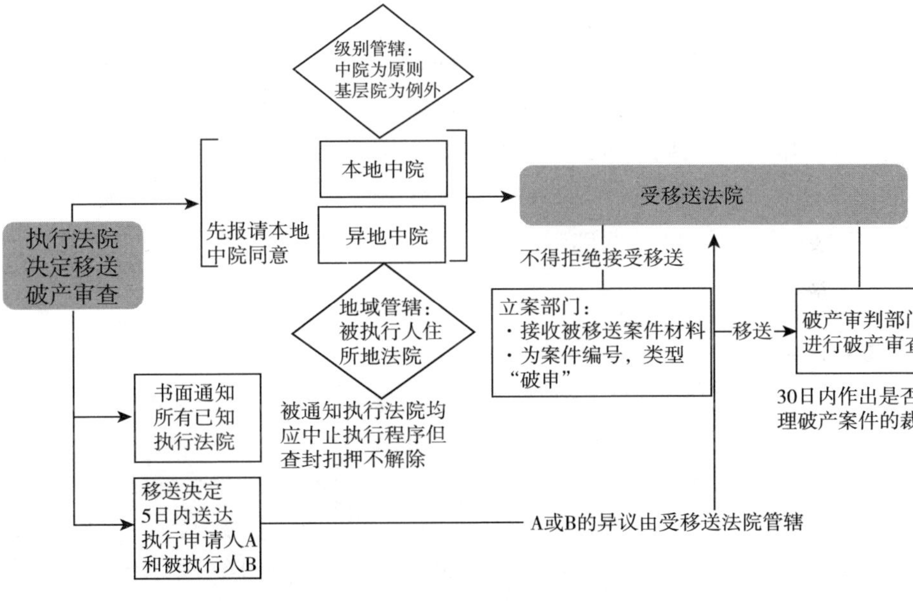

图 11 –1　破产审查材料的移送与接收

资料来源:转载自《关于“执转破”程序图解、工作流程、司法解释及裁判规则的梳理》,载微信公众号“金陵民商法苑”,2018 年 6 月 2 日。

2. 破产审查

破产清算是非讼程序,但受理法院须具有管辖权。2022 年《民诉法解释》第 511 条依据《企业破产法》第 2 条,规定破产审查由被执行人住所地法院专属管辖。《执转破指导意见》第12条规定，受移送法院的破产审判部门在审查过程中发现本院对案件不具有管辖权的，应当按照《民事诉讼法》第36条(2021年《民事诉讼法》第37条)的规定，向对破产审查有管辖权的法院移送。在具备管辖权的前提下，2022年《民诉法解释》第512条规定："被执行人住所地人民法院应当自收到执行案件相关材料之日起三十日内，将是否受理破产案件的裁定告知执行法院。不予受理的，应当将相关案件材料退回执行法院。"《执转破指导意见》第13条规定："受移送法院的破产审判部门应当自收到移送的材料之日起三十日内作出是否受理的裁定。受移送法院作出裁定后，应当在五日内送达申请执行人、被执行人，并送交执行法院。"其中，"收到执行案件相关材料之日"或"收到移送的材料之日"指的是受移送法院的立案部门接收材料之日，而非立案部门向破产审判部门移交之日。前者相对客观确定，后者则取决于法院内部的工作机制与流程，容易产生延误。

如前所述，执行案件当事人不服移送破产审查决定的，可以向破产审查法院提出异议。例如，申请执行人因执转破而不能在执行程序中受偿，被执行人认为自己尚有偿债能力，不符合破产的条件，通常会提出异议。对于该异议的审查方式，司法解释未作明确规定。破产审查可以采用书面审查的方式，如当事人异议较大，可以组织听证。在决定是否移送破产审查环节，执行法院仅进行形式审查，但在受移送法院裁定是否受理破产申请环节，则应围绕是否具备破产原因，进行实质审查。当然，这一环节的实质审查是一种对表面事实的审查，即依据法院移送的材料及异议人提交的材料，对被执行人是否具备《企业破产法》第2条或第7条第2款规定的事由进行审查。①

【设例11-3】

在张某与中科公司民间借贷纠纷一案的执行中，昆明市中级人民法院依法拍卖查封财产，制作了《执行财产分配方案》，其中载明张某可受偿1700万元。在该案执行过程中，晋宁区人民法院在另一起以中科公司为被执行人的案件中，发现该公司不能清偿到期债务、资不抵债，经申请执行人同意，将案件材料移送昆明市中级人民法院进行破产审查。昆明市中级人民法院裁定受理破产申请，并裁定中止张某与中科公司民间借贷纠纷一案的执行。张某不服，提出执行异议，主张《执行财产分配方案》合法有效，中科公司名下还有价值1亿多元的机械设备、专利、商标等财产，足以清偿全部债务，并提供财产清单、知识产权证书。

根据《企业破产法》第19条的规定，法院受理破产申请后，有关债务人财产的保全措施应当解除，执行程序应当中止。因此，昆明市中级人民法院在裁定受理破产申

① 参见王卫国：《破产法精义》(第2版)，法律出版社2020年版，第45页。

请后，应当中止按照《执行财产分配方案》进行的拍卖款分配。有疑问的是，《执转破指导意见》第7条仅规定了申请执行人或被执行人对移送决定有异议的，可以在受移送法院破产审查期间提出，由受移送法院一并处理，但未规定其他案件的申请执行人如有异议，应该如何救济。司法解释赋予了其他案件申请执行人对执转破的同意权，却未赋予其异议权，造成制度设置上的不均衡。本书认为，执行法院在作出移送决定后，除了应当于5日内送达本案申请执行人和被执行人，还应通过已知的其他执行法院，告知相关申请执行人，如对移送破产审查有异议，可以在受移送法院破产审查期间提出，由受移送法院一并处理。

另外，在受移送法院裁定受理前，执转破的申请人能否撤回申请，或者同意人能否反悔？《企业破产法》第9条规定："人民法院受理破产申请前，申请人可以请求撤回申请。"如果申请或者同意执转破的当事人仅一人，如其书面撤回申请或同意的意思表示，就欠缺了执转破的程序要件。如前所述，我国并未采用法院依职权移送破产审查模式，而是采用了半职权主义模式，因此不应否定当事人意思表示的作用，限制当事人的程序处分权。唯一申请人或同意人在受移送法院审查受理期间撤回其申请或同意的，受移送法院应当准许，并将案件材料退回执行法院。在实务中，部分地方法院即按此操作。[①] 当然，如果申请人或同意人为复数，即使部分人撤回申请或同意，只要符合"一人同意"标准，受移送法院仍继续进行审查并作出裁定。

关于执转破当事人的地位，《执转破指导意见》第14条规定："申请执行人申请或同意移送破产审查的，裁定书中以该申请执行人为申请人，被执行人为被申请人；被执行人申请或同意移送破产审查的，裁定书中以该被执行人为申请人；申请执行人、被执行人均同意移送破产审查的，双方均为申请人。"换言之：被执行人视其是否申请或同意移送破产审查，分别列为申请人与被申请人；申请执行人若申请或同意移送破产审查，列为申请人，反之则按原执行当事人的地位列明，并不列为被申请人。

3. 作出裁定

受移送法院经过审查，既可能裁定受理，也可能裁定不予受理或驳回破产申请。

首先，受移送法院裁定受理的，即进入企业破产程序。根据《企业破产法》及相关司法解释的规定，债务人的财产均属于破产财产的范围，个别清偿不再具有法律效力。执行法院应当中止执行，解除查封，及时将执行中控制的财产移交给受理破产案件的法院。对此，《执转破指导意见》第16条规定："执行法院收到受移送法院受理裁定后，应当于七日内将已经扣划到账的银行存款、实际扣押的动产、有价证券等被执行人财产移交给受理破产案件的法院或管理人。"《九民纪要》第109条也强调：执行

---

① 如（2018）粤13破申49号、（2020）浙0104破申3号。

法院收到破产受理裁定后，应当解除对债务人财产的查封措施；或者根据破产受理法院的要求，出具函件将查封财产的处置权交破产受理法院。破产受理法院可以持执行法院的移送处置函件进行续行查封，解除查封，或者予以处置。执行法院收到破产受理裁定拒不解除查封措施的，破产受理法院可以请求执行法院的上级法院依法予以纠正。当然，如果执行法院在收到受理破产裁定之前，已处置被执行人的财产，不再属于被执行人的财产，无须移交。根据《执转破指导意见》第 17 条的规定，此类财产包括：已通过拍卖程序处置且成交裁定已送达买受人的拍卖财产，通过以物抵债偿还债务且抵债裁定已送达债权人的抵债财产，已完成转账、汇款、现金交付的执行款。显然，执行法院尚未将拍卖所得价款交付申请执行人的，即使标的物已被处置，但拍卖价款作为代位物，仍属于被执行人的财产，应当移交。

之所以执行法院只中止执行而非终结执行，是因为受理破产法院有可能在其后裁定驳回申请或者终结破产程序。《企业破产法》第 12 条第 2 款规定，法院受理破产申请后至破产宣告前，经审查发现债务人不符合本法第 2 条规定情形的（不具有破产原因），可以裁定驳回申请。第 108 条规定，破产宣告前，有下列情形之一的，法院应当裁定终结破产程序，并予以公告：(1)第三人为债务人提供足额担保或者为债务人清偿全部到期债务的；(2)债务人已清偿全部到期债务的。在这几种情形下，执行法院应当恢复执行。已解除的查封等措施，根据最高人民法院《关于适用〈中华人民共和国企业破产法〉若干问题的规定（二）》第 8 条的规定，按照原顺位恢复。根据《执转破指导意见》第 20 条，受移送法院裁定宣告被执行人破产或裁定终止和解程序、重整程序的，应当自裁定作出之日起 5 日内送交执行法院，执行法院在此时才应当裁定终结对被执行人的执行。

其次，受移送法院作出不予受理或驳回申请裁定的，应当在裁定生效后 7 日内将接收的材料、被执行人的财产退回执行法院，执行法院应当恢复对被执行人的执行。有疑问的是，《企业破产法》第 12 条第 1 款规定，法院裁定不受理破产申请，申请人对裁定不服的，可以自裁定送达之日起 10 日内向上一级法院提起上诉。该规定对执转破是否适用？相关司法解释未作规定。在学理上，执转破是一种独立的破产审查启动程序，有别于债权人或债务人的申请破产，主要在执行法院与受移送法院之间进行对接，具有较强的职权主义色彩。因此，司法解释未要求受移送法院向债权人、债务人送达不予受理或驳回申请的裁定。在此逻辑下，申请人对执转破不予受理裁定不服的，不能向上一级法院提起上诉。因为受移送法院所作裁定不属于执行行为的范畴，也不能根据《民事诉讼法》第 232 条提出执行异议。

《执转破指导意见》第 19 条规定：受移送法院作出不予受理或驳回申请的裁定后，法院不得重复启动执行案件移送破产审查程序。申请执行人或被执行人以有新证据足以证明被执行人已经具备了破产原因为由，再次要求将执行案件移送破产审查的，法院不予支持。但是，申请执行人或被执行人可以直接向具有管辖权的法院提出破产申请。换言之，执转破移送审查只能进行一次，受移送法院所作不予受理或驳回申请裁定具有类似"既判"的效力。但是，不妨碍相关当事人向有管辖权的法院直接提出破产申请。

相关流程见图 11－2：

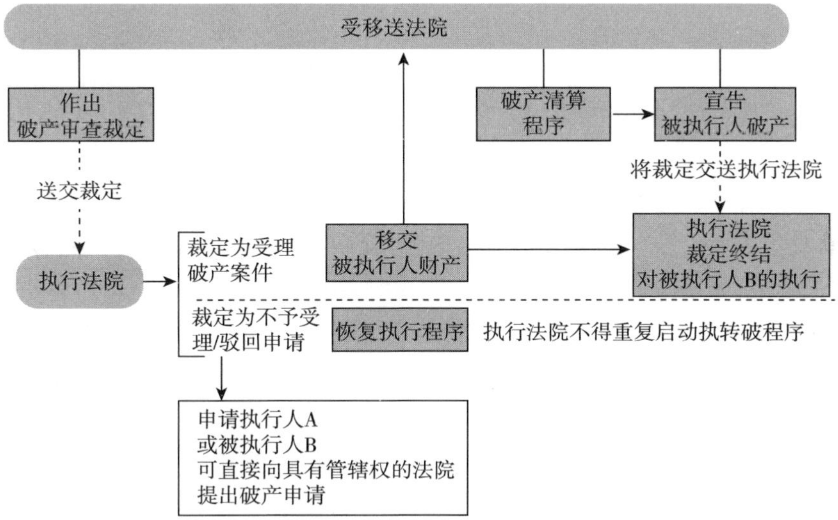

图 11－2　受移送法院进行破产审查的相关流程

资料来源：转载自《关于"执转破"程序图解、工作流程、司法解释及裁判规则的梳理》，载微信公众号"金陵民商法苑"，2018 年 6 月 2 日。

第十二章

物的交付执行

如果执行依据载明债务人应向债权人交付特定的物,而债务人拒绝履行该交付义务,债权人即可向法院申请,实施物的交付执行。物的交付执行与最常见的金钱债权执行相比,有以下几方面的特征:

第一,执行方法。金钱债权执行旨在通过强制执行满足申请执行人的金钱债权。除可流通货币、无须换价财产外,执行法院须对查封的财产进行换价,再将金钱转付申请执行人。与之相对,物的交付执行重在标的物的交付,具体来说,解除或剥夺原占有人的占有,并使申请执行人直接占有标的物。因此,物的交付执行无须进行换价,而是变更标的物的直接占有。① 但是,如果目的是债权人取得标的物的间接占有或者转移不动产的所有权(无须转移标的物的占有),应当由法院命令债务人作出一定的意思表示。在执行方法上,这通常以裁判生效之时视为给付已经完成,采用“意思表示的拟制”之方法。例如,房屋买卖合同纠纷中,甲已占有并使用房屋,但乙迟迟不配合将该房屋的产权登记到甲名下,甲起诉请求乙变更登记并取得胜诉判决。甲无须向法院申请物的交付执行。在执行实务中,有的不动产登记机关要求申请人除了提供生效法律文书外,还需提供法院的协助执行通知书。详见第十三章的相关讨论。

第二,执行标的。债务人以全部财产对其债务提供担保,故金钱债权执行的标的不特定,既可以是动产、不动产,也可以是债权或其他财产性权利。在执行名义载明的债权数额范围内,执行法院原则上可对被执行人的责任财产任意执行,不受财产类

① 直接占有是指被执行人对于标的物有事实上的管领力。间接占有是指被执行人不直接占有标的物,而对于直接占有其物之第三人,基于特定法律关系享有返还请求权,因而对于标的物有间接管领力。换言之,间接占有系因他人媒介的占有之占有。

别或执行顺序的限制。[①] 当然,为了维护被执行人及其所扶养家属的生活所需,避免其因民事执行而陷入生存困境,司法政策上对财产可执行性设置了例外。此即《民事诉讼法》第 250 条、第 251 条及相关司法解释规定的执行豁免。与之相对,物的交付执行之标的为执行依据所特定。执行法院不得随意变更、扩张执行力的客观范围,对被执行人的其他财产进行执行。至于标的物有无财产价值或是否禁止查封,在所不问。相应地,《民事诉讼法》第 250 条、第 251 条仅以金钱债权执行为适用对象,原则上不适用于物的交付执行。如果交付执行的标的是被执行人及其所扶养家属的生活必需品,因民事执行而有使其陷入生存困境之威胁,则属于应由政府解决的民生问题,相关风险非由申请执行人承担。

第三,执行救济。在以财产为标的物的执行中,难免会有案外人提出异议,主张其具有足以排除执行的民事权益。执行法院应当对案外人异议进行审查并作出裁定。根据《民事诉讼法》第 234 条后段的规定:案外人、当事人对裁定不服,认为原判决、裁定错误的,依照审判监督程序办理;与原判决、裁定无关的,可以自裁定送达之日起 15 日内向人民法院提起诉讼。该条所规定的二元救济框架,大致对应物的交付执行与金钱债权执行。申言之:金钱债权执行中,因争议标的物并未载入原判决、裁定的主文,非其裁判效力所及,案外人、当事人不服执行法院就案外人异议作出的裁定,属于"与原判决、裁定无关",可以提起案外人异议之诉;反之,物的交付执行中,因争议标的物载入原判决、裁定的主文,除非撤销原判决、裁定,否则不能阻却执行力及于该标的物,案外人、当事人不服执行法院就案外人异议作出的裁定,属于"认为原判决、裁定错误",只能通过审判监督程序(广义上也包括第三人撤销之诉)寻求救济。可资参考的是 2020 年《执行异议复议规定》第 26 条。该条第 3 款规定,非金钱债权执行中,案外人依据另案生效法律文书提出排除执行异议,该法律文书对执行标的权属作出不同认定的,人民法院应当告知案外人依法申请再审或者通过其他程序解决。第 4 款规定,申请执行人或者案外人不服人民法院对案外人异议作出的裁定,可以依照《民事诉讼法》第 227 条(2021 年《民事诉讼法》第 234 条)规定提起执行异议之诉。其中的"非金钱债权执行",主要是指物的交付执行。

需注意的是,物的交付请求权既可以是债权请求权,也可以是物权请求权。债权请求权如,买方请求卖方按照合同约定交付动产或不动产;物权请求权如,物的所有

---

① 当然,若被执行人有若干项可供执行的财产,在选择执行标的物或确定对财产的执行顺序时,除了考虑处置、变现的难易程度之外,也应兼顾被执行人、第三人的利益。对此,最高人民法院《关于在执行工作中进一步强化善意文明执行理念的意见》第 3 条第 1 款指出:"合理选择执行财产。被执行人有多项财产可供执行的,人民法院应选择对被执行人生产生活影响较小且方便执行的财产执行。在不影响执行效率和效果的前提下,被执行人请求人民法院先执行某项财产的,应当准许;未准许的,应当有合理正当理由。"

权人依据《民法典》第235条请求无权占有人返还原物，也即返还原物请求权，或者物的占有人依据《民法典》第462条请求侵占人返还原物，也即占有物返还请求权。债权请求权的标的物既可能是特定物（不可替代物），也可能是种类物（可替代物）；物权请求权的标的物只能是特定物。对于根据两种不同性质的交付请求权进行的强制执行，现行《民事诉讼法》及司法解释未作区别对待，无论执行方法还是执行救济都作合一处理。在域外，一般也认为物的交付义务基于何种法律关系并不重要，与物权还是债权关系不大。① 但在学理上，本书认为仍有进一步探讨的空间。② 例如，《九民纪要》第123条就表达了将二者区分开来的企图。③ 而在物权请求权内部，占有物返还请求权不单纯因债务人的不履行而转变为损害赔偿请求权，因为单纯占有本身只具有排他效力而不具有财产归属内容，损害赔偿则以归属利益的丧失为前提，且以责任能力与过错为要件。④ 这与返还原物请求权基于本权（所有权、以占有为要件的用益物权及担保物权）明显不同。因义务人不履行而致权利人的本权受到损害的，可向损害赔偿请求权转变。由此，将对物的交付执行产生不同影响。遗憾的是，《民事强制执行法（草案）》亦未作区分。

物的交付执行因物的类型不同而有所不同。以下分别对动产交付执行、不动产交付执行展开分析。

一、动产交付执行

《民事诉讼法》第256条规定："法律文书指定交付的财物或者票证，由执行员传唤双方当事人当面交付，或者由执行员转交，并由被交付人签收。有关单位持有该项

---

① 参见［德］弗里茨·鲍尔等：《德国强制执行法》（下册），王洪亮等译，法律出版社2020年版，第106页。

② 参见江必新主编：《强制执行法理论与实务》，中国法制出版社2014年版，第745～746页。

③ 《九民纪要》第123条就"案外人依据另案生效裁判对非金钱债权的执行提起执行异议之诉"规定如下："如果作为执行依据的生效裁判是确权裁判，不论作为执行异议依据的裁判是确权裁判还是给付裁判，一般不应据此排除执行，但人民法院应当告知案外人对作为执行依据的确权裁判申请再审；如果作为执行依据的生效裁判是给付标的物的裁判，而作为提出异议之诉依据的裁判是确权裁判，一般应据此排除执行，此时人民法院应告知其对该确权裁判申请再审；如果两个裁判均属给付标的物的裁判，人民法院需依法判断哪个裁判所认定的给付权利具有优先性，进而判断是否可以排除执行。"根据起草者的释义，当两个裁判均属于给付标的物裁判时，何者处于优先地位取决于给付裁判所基于的请求权的优先顺位，而这又基于实体权利的优先性。基本判断思路是，除法律、司法解释另有规定外，物权优先于债权，特殊债权优先于普通债权。换言之：如果执行依据是基于物权的给付物的裁判，而案外人出具的是基于债权的给付物的裁判，不排除执行；相互调换，则排除执行。参见最高人民法院民事审判第二庭编著：《〈全国法院民商事审判工作会议纪要〉理解与适用》，人民法院出版社2019年版，第622～623页。当然，《九民纪要》由最高人民法院民二庭发布，在法律地位上非司法解释，尚不足以对抗《执行异议复议规定》在执行领域的适用。

④ 参见吴香香：《请求权基础——方法、体系与实例》，北京大学出版社2021年版，第126页。

财物或者票证的，应当根据人民法院的协助执行通知书转交，并由被交付人签收。有关公民持有该项财物或者票证的，人民法院通知其交出。拒不交出的，强制执行。”该条规定的“财物或者票证”，就是动产交付执行的标的物。其中，“票证”指的是用以证明一定民事权利的票据、凭证、证书等。被执行人拒不交出票证的，除了可以进行强制搜查、扣押、转交外，还可以依照《民事诉讼法》第 118 条、第 119 条实施罚款、拘留等处罚。如果此类措施均未奏效，票证交付执行就可能陷入困顿，影响权利人行使民事权利，也损害法院的司法权威。我国台湾地区在 1996 年修改“强制执行法”时，引入宣告无效制度。具体来说，在强制取交票证无效果时，执行法院即宣告票证无效，另发证明书给申请执行人，后者据此可向有关机关办理书状或证书补发，或主管印鉴机关可据此变更印鉴证明。① 这一规定值得参考。《民事强制执行法（草案）》第 187 条规定：“执行依据确定被执行人交付印章、证照或者其他凭证的，人民法院可以根据申请执行人的申请宣告作废，并通知有关组织重新制发。”由执行法院通知有关组织重新制发更为简捷，方便申请执行人尽快实现权利。“财物”可以分为特定物与种类物。其中，交付种类物的，执行依据应当载明物的种类、数量及相应的品质，以此实现特定化的效果。

（一）特定物交付执行

所谓特定物，是指独具特征或者被特定化并且无从替代的物。2022 年《民诉法解释》第 492 条第 1 款及 2020 年《执行若干规定》第 41 条均规定，执行标的物为特定物的，应当执行原物。原物的占有大致可分为被执行人占有、第三人占有、占有人不明（所在不明）三种情况。如果原物已毁损或者灭失，经双方当事人同意，可以折价赔偿。双方当事人对折价赔偿不能协商一致的，执行法院应当裁定终结执行程序，申请执行人可以另行起诉。这涉及执行力客观范围扩张，请见本书第三章第二部分的相关论述。

1. 被执行人占有

“占有”仅限被执行人直接占有，不包括间接占有。本书将间接占有归入第三人占有的范畴，详见下文。“被执行人”不限于执行依据记载的债务人，还包括占有辅助人及执行依据之执行力所及之人。占有辅助人系基于雇佣、亲属等法律关系，受被执行人的指示而对标的物有管领力的人。例如，被执行人的员工、雇工、同居成年家属

① 宣告无效，票证必须由被执行人占有。如果由第三人占有，除了属于执行依据之执行力所及者外，不能宣告无效，以免损害第三人权利。参见吴光陆：《强制执行法》（第 3 版），台北，三民书局 2015 年版，第 519 页。

等。执行依据之执行力(主观范围)所及之人,典型的如被执行人的承继人(如自然人的继承人、企业合并后的新企业),为了被执行人或其承继人的利益而占有标的物之人(如保管人、管理人)。

无论被执行人是自然人、法人还是非法人组织,只要直接占有标的物,执行法院就可以依照《民事诉讼法》第256条的规定,传唤双方当事人当面交付,或者由执行人员转交,并由被交付人签收。如果被执行人经传唤未到场交付,也拒绝由执行人员转交,可以强制执行。此即强制解除被执行人对标的物的占有,将该物转交申请执行人。《民事强制执行法(草案)》第185条大同小异:"执行依据确定被执行人交付动产的,由人民法院传唤双方当事人当面交付;被执行人拒不交出的,人民法院实施占有后转交,并由被交付人签收。"如果被执行人隐匿或转移标的物,执行法院有权责令其交出。如有必要,执行人员可以根据《民事诉讼法》第255条向本院院长申请搜查令,对被执行人及其住所或者财产隐匿地进行强制搜查。在搜查中发现执行标的物的,可以根据《民事诉讼法》第252条规定的程序予以扣押,再转交申请执行人。

【设例12-1】

生效民事判决载明:被告玖鑫公司在判决生效之日起10日内,将36吨叉装车一台、75cm锯片狗头锯9台、70kw深井抽水泵6台、50kw空气压缩机3台等移交给原告九金公司。判决生效后,玖鑫公司未履行交付义务,九金公司向法院申请强制执行。执行法院组织双方当事人到场对财产进行清点,查明现场仅有75cm锯片狗头锯6台,其余财产下落不明。玖鑫公司法定代表人田某因涉嫌犯罪已被公安机关刑事拘留,经执行法院询问,他表示机器设备的现状不清楚,也不同意对未查找到的设备进行折价赔偿。九金公司未提供相关机械设备所在何处的证据。执行法院裁定终结执行,告知九金公司就损失可另行起诉。九金公司提出执行异议,主张被执行人不能交付相关机器设备,应当折价进行赔偿,另行起诉导致重复起诉,增加企业诉累。

设例12-1涉及物的交付执行中原物毁损或灭失的处理。1992年《民诉法意见》第284条曾规定:"原物确已不存在的,可折价赔偿。"1998年《执行若干规定》第57条曾规定:"原物确已变质、损坏或灭失的,应当裁定折价赔偿或按标的物的价值强制执行被执行人的其他财产。"根据这两条规定,执行人员未经审查就对原物进行估价和确定赔偿数额,有违反审执分离原则的嫌疑,在实践中容易产生争议。因此,2022年《民诉法解释》及2020年《执行若干规定》均删除了执行法院依职权折价赔偿的规定。根据2022年《民诉法解释》第492条与2020年《执行若干规定》第41条的规定,因原物不复存在,属于物的交付执行客观不能,执行法院应终结执行,告知申请执行人另行起诉,请求损害赔偿。待取得金钱债权执行依据后,再申请强制执行。但是,这两个条款均未注意既判力标准与原物毁损或灭失的关系。《立审执协调意见》第14条予以弥补:"……(1)原物毁损或者灭失发生在最后一次法庭辩论结束前的,执行机构应当告知当事人可通过审判监督程序救济;(2)原物毁损或者灭失发生在最后一次法庭辩论结束后的,执行机构应当终结执行程序并告知申请执行人可另行起诉。无法确定原物在最后一次法庭辩论结束前还是接受后毁损或者灭失的,按照前款第二项规定处理。"换言之,在既判力标准时之前原物就已毁损或灭失,交付物的判决属于事实错误,应通过审判监督程序撤销原判决;在既判力标准时之后原物才毁损或灭失,属于交付物的执行不能,通过申请执行人另诉解决。

当然,为了兼顾执行效率,尊重当事人的处分权,2022年《民诉法解释》第492条及2020年《执行若干规定》第41条还规定,双方当事人协商一致,就折价赔偿款达成合意或同意的,可以通过被执行人给付赔偿款的方式结案,无须另诉解决。出于维护申请执行人利益之所需,执行法院应当进行必要的调查、释明,组织双方协商,尽可能促成合意,而不能仅以原物不复存在、执行不能为由,终结执行程序并要求申请执行人另诉解决。对于折价赔偿,从过去的大包大揽到消极不作为,都是不可取的。设例12-1中执行法院已作必要调查,被执行人法定代表人明确表示拒绝折价赔偿,符合终结执行的构成要件。

有疑问的是,如果双方协商一致后,被执行人拒不履行折价赔偿协议,执行法院能否强制执行赔偿金?对此可类比执行和解制度。在现行《民事诉讼法》及相关司法解释下,执行人拒不履行执行和解协议的,申请执行人只能申请恢复原执行名义的执行,或者另行起诉。换言之,在法院主持下达成或者经法院司法审查的执行和解协议并非执行依据,不具有执行力。相应地,折价赔偿协议也不具有执行力。因此,被执行人拒不履行折价赔偿协议的,执行法院只能裁定终结执行,而不能对约定的赔偿金进行强制执行。

2. 第三人占有

此处的"占有"同样仅限直接占有,而不包括间接占有。根据《民事诉讼法》第256条第2款、第3款及2022年《民诉法解释》第493条的规定,第三人占有执行依据指定交付的标的物,应当先发出协助执行通知,拒不转交的,可以强制执行,并视情况实施罚款、拘留。[①] 此项规定的优点在于保障了执行的效率性,有利于申请执行人物之交付请求权的实现,但缺点也是显而易见的。一方面,忽略了占有的多样性,尤其是第三人基于独立的民事权利、为了自己的利益而占有标的物时,缺乏对其权益的保护;另一方面,不当扩大了执行力的主观范围,未经审判将第三人从协助执行人变更

① 相关条文均表述为第三人"持有"而非"占有",但应作同义解释。

为被执行人。鉴于此,有必要对相关条文作进一步解释。

如前所述,如果第三人为被执行人的占有辅助人或为执行依据之执行力所及,应将其归入被执行人的范畴,学理上无须向其发出协助执行通知,而可以径为强制执行。当然,在执行实践中,执行法院根据上述条文向这类人发出协助执行通知,也未尝不可。如其仍不履行交出标的物义务,可以强制执行。在宽泛的意义上,《民事诉讼法》第256条第2款、第3款及2022年《民诉法解释》第493条主要适用于此。

与此相对,如果被执行人对标的物间接占有,则同时构成第三人的直接占有。学理上一般认为,间接占有以占有媒介关系(成立间接占有的法律关系,如租赁关系、质押关系、保管关系、承揽关系)、他主占有的意思(第三人为被执行人而占有之意思)、返还请求权为构成要件。[①] 因此,被执行人对物间接占有的,对第三人享有返还物的请求权。在此情形下,德国《民事诉讼法》第886条、日本《民事执行法》第170条均规定,先将被执行人的该请求权予以扣押或查封,再移转给申请执行人。我国台湾地区"强制执行法"第118条第2款规定,无须经过扣押,可以直接命令将被执行人对第三人的请求交付之权利移转给申请执行人。申请执行人的债权因取得了"对第三人请求交付物的权利"而获清偿,类似民法上的指示交付,[②]物的交付执行因此终结。如果第三人拒不交付占有之物,申请执行人只能另诉该第三人交付,在未取得新的执行依据之前,不得强制执行。如果被执行人对第三人之物的交付请求权已经取得执行依据,申请执行人得依法院的移转命令,以特定继受人的地位,依该执行依据申请强制执行。[③] 这种规定看似通过请求权的移转而使申请执行人的债权获得清偿,但只要第三人拒不交付标的物,除非被执行人原已取得执行依据,否则申请执行人还需另诉解决。在此情形下,本次执行程序形同虚设,徒劳无获。这对申请执行人很不利,难以避免被执行人为了抗拒执行而故意将动产交由第三人直接占有之道德风险,也可能导致执行司法资源的不当耗费。就此而言,《民事诉讼法》及相关司法解释条文虽然简陋,不合私法原理,但并非一无是处。面向将来,立法者需要在申请执行人与第三人的利益保护之间作出权衡与取舍。

然而,《民事强制执行法(草案)》第190条提供了一种颇为奇怪的方案:第三人占有执行依据确定交付标的物的,执行法院按照对一般债权执行的规定予以执行。申言之:执行法院向动产占有人送达查封令、履行令,责令第三人向执行法院交付标的

---

① 参见崔建远:《物权法》(第3版),中国人民大学出版社2014年版,第145~146页。

② 《民法典》第227条规定:"动产物权设立和转让前,第三人占有该动产的,负有交付义务的人可以通过转让请求第三人返还原物的权利代替交付。"

③ 参见杨与龄编著:《强制执行法论》,中国政法大学出版社2002年版,第551~552页。

物,需要办理权属移转登记的,登记至被执行人名下;第三人认为被执行人对其的交付物请求权不存在、已消灭或存在其他妨碍被执行人请求事由的,可以在收到履行令之日起 15 日内,有权提出异议,并可能导致申请执行人提起债权收取之诉;若第三人未及时提出合法的异议,又未履行义务,执行法院可以裁定对其强制执行。根据上述草案第 19 条第 2 款第 3 项的规定,凡为了被执行人(及其承受人等)的利益而占有执行依据确定交付的特定物的占有人,均受执行力所及,直接对之执行即可。第 190 条仅适用于为了自己的利益而占有标的物的第三人。

当然,由于第 190 条规定的是物的交付请求权执行,若为特定物,被执行人对第三人享有的只能是基于物权的交付请求权(如借用物返还请求权、所有物返还请求权),但不能是基于债权的交付请求权。① 参照对一般债权的执行,在学理上不无疑问。另外,如上所述,我国台湾地区设有跟大陆类似的对债权执行制度,但在特定物交付执行中,若物被第三人占有,采用将对第三人的交付请求权移转给申请执行人的方法,并未参照对债权的执行方法。因此,上述草案规定的方案缺乏比较法上的根据。第 190 条能否兼顾申请执行人与不为执行力所及的第三人的利益,还需进行论证。

目前 2022 年《民诉法解释》第 493 条第 1 款、第 3 款提供的方案是:先向第三人发出协助执行通知,拒不转交的可以强制执行;第三人主张合法持有财物或者票证的,可以根据《民事诉讼法》第 234 条提出执行异议。换言之,采用对第三人"先执行,再异议"的模式。从执行程序的视角来看,第三人对标的物究竟属于辅助占有还是间接占有,占有是为自己的利益还是为被执行人的利益,是一个有待审查判断的实体争点。将该争点嵌入案外人异议程序解决,本书认为是可取的。具体来说:第三人提出案外人异议,法院经审查认定第三人为被执行人的利益占有标的物,可以强制执行;认定第三人为自己的利益占有标的物,但被执行人对其有返还请求权的,终结对标的物的执行,作为替代,扣押被执行人的返还请求权并移转给申请执行人;认定第三人为自己的利益占有标的物,且被执行人对其没有返还请求权的(如第三人通过买卖取得物的占有/所有),属于执行不能,除非执行当事人达成折价赔偿的合意,否则终结执行程序,申请执行人可以另行起诉被执行人,请求损害赔偿。这样就将两种方案的优点结合起来,兼顾申请执行人、第三人与执行法院的利益。

另外,第三人占有期间,标的物毁损或灭失的,根据 2022 年《民诉法解释》第 493 条第 2 款的规定,参照该解释第 492 条的规定处理,也即申请执行人与第三人可以协

---

① 若被执行人仅对第三人享有基于债权的交付请求权,意味着其对标的物既不占有,也不所有,执行依据就不能确定其负有向申请执行人交付标的物之义务。

商一致，折价赔偿。双方不能就折价赔偿协商一致的，终结执行程序，由申请执行人另诉被执行人解决。第三人为被执行人的利益占有，如辅助占有，申请执行人应当另诉第三人。第三人为自己的利益占有且负有返还义务，执行法院尚未扣押及移转被执行人的返还请求权的，因标的物毁损或灭失，被执行人的原物返还请求权变更为损害赔偿请求权。本书认为，与其由申请执行人直接另诉第三人请求损害赔偿，不如由申请执行人另诉被执行人更加便捷、顺畅。当然，被执行人的返还请求权已经被扣押及移转的，申请执行人取得债权人的地位，只能由申请执行人直接另诉第三人。

3. 占有人不明

占有人不明并非指被执行人隐匿、转移标的物，导致直接占有人不明；而是指非基于被执行人的原因致标的物下落不明的事实状态。例如，标的物因被他人盗取而所在不明。德国《民事诉讼法》第 883 条第 2 款规定，没有发现执行标的物，可依申请执行人的申请要求被执行人代宣誓保证，其不占有标的物且不知道标的物所在何处。我国似乎也可以考虑设置类似机制。如果被执行人提供必要证据，表明非自己导致标的物下落不明，且签署书面保证，对相关事实的真实性作出承诺，可免于强制搜查及罚款、拘留等处罚。当然，申请执行人可以另诉，请求被执行人进行损害赔偿。

（二）种类物交付执行

种类物是指以品种、规格、质量等确定的一类具有共同特征的物。交付种类物之债并非事先指向特定的物，而是在强制交付之时才特定化于被交付的物上。[①] 区分特定物与种类物在民法上的意义在于：特定物在交付前意外灭失的，可以免除债务人的交付义务，而只能请求赔偿损失；种类物在交付前意外灭失的，由于其具有可替代性，故不能免除债务人的交付义务，债务人仍应交付同类物。这同样影响到种类物的执行程序展开。

《关于判决交付的特定物灭失后如何折价问题的复函》（〔2000〕执他字第 31 号）指出，对于交付种类物的执行，“如被执行人有该种类物，执行法院直接执行即可；如被执行人无该种类物，应发出履行通知书要求被执行人依判决购买该种类物偿还债务；被执行人拒不购买交付的，执行法院可以该种类物的现时市场价格及运费确定其债务数额，命被执行人预行交付；拒不交付的，可裁定强制执行被执行人的其他财产”。被执行人交付种类物或者购买种类物后交付，均是履行交付债务。被执行人无执行依据确定交付的种类物，又拒不购买并交付的，因种类物的可替代性、时价的相

① 参见［德］弗里茨·鲍尔等：《德国强制执行法》（下册），王洪亮等译，法律出版社 2020 年版，第 110 页。

对透明性，执行法院可以直接将种类物的交付执行变更为金钱债权执行。《民事强制执行法（草案）》第 186 条就规定："执行依据确定被执行人交付种类物，被执行人未按执行通知履行义务的，人民法院可以责令被执行人在合理期限内支付购买费用，委托他人购买后交付申请执行人或者由申请执行人自行购买。申请执行人申请垫付购买费用的，人民法院应当准许。被执行人未依据前款规定支付购买费用的，人民法院应当裁定强制执行。"这与特定物毁损或灭失后的折价赔偿不可同日而语。

二、不动产交付执行

不动产交付执行与动产交付执行有所区别。所谓交付不动产，并非如交付动产，将动产的占有移转给申请执行人即可，而往往需要先将原占有人放置的动产除去并使居住之人迁出（腾退），再将不动产交付给申请执行人。《民事强制执行法（草案）》第 184 条规定："执行依据确定交付的不动产或者船舶、航空器、机动车等动产中有不属于执行标的物的动产的，人民法院应当强制除去后交付，但是双方当事人同意不除去的除外。依据前款规定除去动产的，人民法院应当通知被执行人或者其成年家庭成员、法定代表人或者主要负责人等到场领取。无法通知或者无人到场领取的，人民法院可以对除去的动产进行变价，变价款扣除相关费用后退还被执行人或者予以提存等。"在执行实践中，不动产（尤其是房屋）的腾退是一大难题，也困扰了不动产交付执行的实施。《民事诉讼法》第 257 条针对"强制迁出房屋或者强制退出土地"作出专门规定。[①] 不动产交付执行的客体原则上以执行依据的记载为限。但不动产的从物（如吊灯、空调、附属建筑）、成分（如浴室、车库、砖瓦）、使用不可缺少部分（如区分所有建筑物的共有部分），不论执行依据中是否记载，均属于交付的范围。至于被执行人可否因不当得利请求申请执行人予以补偿，是独立于强制执行的另一个问题，不作为拒绝执行的理由。[②]

（一）被执行人占有

不动产由被执行人占有的，根据《民事诉讼法》第 257 条的规定，由执行法院院长签发公告，责令被执行人在指定期间腾退。被执行人主动腾退的，执行法院将不动产交付申请执行人；被执行人逾期不腾退的，由执行法院强制腾退，再交付申请执行人。《民事强制执行法（草案）》第 183 条规定："执行依据确定被执行人交付不动产的，人民法院应当在不动产显著位置张贴公告，责令被执行人在指定期限内交付。被执行

---

① 需注意的是，该条规定的不动产腾退并非仅适用于不动产的交付执行，同样适用于金钱债权执行。

② 参见杨与龄编著：《强制执行法论》，中国政法大学出版社 2002 年版，第 555 页。

人逾期未交付的，人民法院应当强制迁出并将不动产交付申请执行人；必要时，公安机关、基层组织等应当到场协助。”此处的“被执行人”包括占有辅助人、执行依据之执行力所及之人。因此，被执行人的同居成年家属虽然未被载入执行依据，但该家属不得以非被执行人为由拒绝腾退。另外，不动产交付执行中的腾退与金钱债权执行中的腾退具有质的不同。被执行人不能以房屋为其及其所扶养家属的生活所需住房为由，申请豁免执行。如果被执行人及其所扶养家属确有因不动产交付执行而陷入生活困顿、居无住所，可以向政府有关部门申请补助或救助。

强制腾退时，被执行人是自然人的，应当通知被执行人或者他的成年家属到场；被执行人是法人或者其他组织的，应当通知其法定代表人或者主要负责人到场。拒不到场的，不影响执行。被执行人是自然人的，其工作单位或者房屋、土地所在地的基层组织应当派人参加。执行员应当将强制执行情况记入笔录，由在场人签名或者盖章。强制迁出房屋被搬出的财物，由执行法院派人运至指定处所，交给被执行人。被执行人是公民的，也可以交给他的成年家属。因拒绝接收而造成的损失，由被执行人承担。

在执行实践中，被执行人经常以体弱多病、流离失所等为由拒不腾退。更有甚者，蓄意让年迈的家人、亲属等居住在待交付的房屋中，或者采用暴力手段，抗拒执行。这极大增加了法院强制执行的社会风险和舆论压力，有时令法院畏首畏尾。

【设例 12－2】

本案双方当事人是一对年逾古稀的同父异母姐妹，姐姐左某英年轻时远嫁兰州，丈夫去世后，无房无业的她靠社会保障勉强维持生活，两个亲生女儿也是生活艰难。几年前左某英回到南京，强占了妹妹左某娃位于秦淮区的房屋，引发了诉讼。法院依法审理后认为，左某娃合法拥有该房屋的占有使用权，左某英无合法依据强占他人房屋，侵害了左某娃的合法权益，判决左某英须迁出并归还该房屋给左某娃。在本案执行过程中，执行法官发现被执行人左某英生活非常拮据，在南京无其他可供居住的房屋，且患有心脑血管疾病、有晕厥史，很容易发生意外，不适宜进行强制执行，遂根据掌握的线索远赴被执行人生活地兰州调查，了解到左某英在兰州有一套住房，但是被他人强占，无法收回房屋。执行法院积极与当地有关部门联系协调，经多方努力，最终由有关部门帮助被执行人左某英收回其在兰州的房屋，并且执行法官还说服其两个女儿到南京接左某英回兰州，以彻底化解此次矛盾纠纷。被执行人在得知自己的居所已经收回且女儿亲自来接其回家后，主动迁出涉案房屋，在家人的陪伴下回到了兰州。该案得以圆满解决。

对于该案，最高人民法院认为：“腾退房屋是一种常见的执行案件类型。本案中，依法应腾退房屋的被执行人，存在与申请执行人是亲戚关系、当地无其他可供居住的房屋、年逾古稀且身患疾病等情形，如果简单地采取强制腾退措施，可能引发一系列问题，激化矛盾。在本案办理过程中，执行法院秉持善意执行理念，努力帮助被执行人解决居住问题，有效平衡了执行力度与执行温度之间的关系，用柔性执法彰显了司法温度，达到了定分止争的目的，促成案结事了人和，取得了良好的法律效果与社会效果。”但执行法院在执行中遭遇的阻力、为此付出的努力和成本也一言难尽。

为了缓减不动产腾退的难题，避免因强制腾退激发矛盾，执行法院可以充分利用间接执行方法，对被执行人施加威慑、压制，迫使其自动腾退、迁出。《民事强制执行法（草案）》第188条规定：“被执行人占有执行依据确定交付的标的物而拒绝交付的，人民法院可以对其按日予以罚款，但是标的物为种类物的除外。对个人的罚款金额为每日人民币十万元以下，对组织的罚款金额为每日人民币一百万元以下，但是累计罚款的天数不得超过一百八十日。人民法院对个人或者组织采取罚款措施的，应当根据其行为后果、当地经济发展水平等因素确定罚款的金额。被执行人对罚款决定不服的，可以向上一级人民法院申请复议。”该条既可用于动产（特定物）交付执行，也可用于不动产腾退及交付执行。

在实践中，不时出现执行法院将不动产交付申请执行人后，被执行人自己或指使他人破门而入，又强行占有的情况。对此，根据2022年《民诉法解释》第519条的规定：在执行终结6个月内，被执行人或者其他人对已执行的标的有妨害行为的，执行法院可以依申请排除妨害，对妨害人进行处罚；因妨害行为给执行债权人或者其他人造成损失的，受害人可以另行起诉。[①]《民事强制执行法（草案）》第189条则规定：“执行依据确定交付的标的物转移给申请执行人占有后，被执行人或者原占有人立即又强行占有该标的物的，人民法院可以根据申请执行人的申请继续强制执行并应当对其予以处罚。”

（二）第三人占有

第三人占有、使用不动产，同样可以分为两种情形：为被执行人的利益占有与为第三人自己的利益占有。无论哪一种，执行法院都应先予查封，发出腾退公告。第三人不服的，可以提出执行异议。第三人为被执行人利益而占有的，执行异议不成立，不能阻止对不动产的腾退、交付。第三人为自己利益而占有的，要区分不动产的所有权是否变动、何时变动；如所有权未变动，第三人的占有及权源是否足以排除腾退、交付。此处似乎有必要区分基于物权的交付不动产执行与基于债权的交付不动产执行。

---

① 关于该条的阐释，参见本书第十三章第二部分的相关内容。

若基于物权，第三人的占有权源一般不足以对抗申请执行人基于物权的执行申请。当然，也有例外。例如，甲将房屋出售给乙并转移登记，乙又将房屋转售给丙并转移登记。如果甲诉请撤销与乙的房屋买卖合同得到法院支持，可基于生效判决申请对房屋的原物返还执行。丙可依据其已取得房屋所有权提出执行异议，排除对系争房屋的执行。若基于债权，第三人能主张的占有权源除了所有权外，还包括租赁权、质权、留置权等。如果第三人对执行法院驳回其执行异议不服，原则上应申请再审或提起第三人撤销之诉，否则难以阻止执行依据之执行力及于不动产。不过，对此仍有进一步展开研究的必要和余地。

2020年《执行异议复议规定》第31条规定："承租人请求在租赁期内阻止向受让人移交占有被执行的不动产，在人民法院查封之前已签订合法有效的书面租赁合同并占有使用该不动产的，人民法院应予支持。承租人与被执行人恶意串通，以明显不合理的低价承租被执行的不动产或者伪造交付租金证据的，对其提出的阻止移交占有的请求，人民法院不予支持。"根据文义解释，该条的"受让人"指的是依据买卖合同、法院拍卖等而受让不动产的债权人，而非物权人。因此，针对的仅是基于债权的交付执行。该债权人向法院申请不动产的交付执行，第三人可依据在查封之前已签订的合法有效的书面租赁合同及占有使用的事实，阻止对不动产的交付执行。① 执行法院不得强制腾退及交付。

【设例12-3】

在一起房屋买卖合同纠纷诉讼中，法院判决被告华康公司向原告融通公司交付位于某大厦第24层的房屋。判决生效后，因华康公司拒不履行，融通公司申请执行。执行法院发出公告，责令被执行人华康公司于2021年8月31日前将该层房屋腾空。案外人财富公司提出执行异议，主张其与华康公司在3年前就订立了案涉房屋的租赁合同，租赁期至2024年12月31日，一次性缴纳租金150万元，并一直将房屋作为公司经营场地。法院不能要求财富公司腾退，剥夺其租赁权。申请执行人反对，认为财富公司与华康公司的租赁合同存在"倒签"问题。

对于第三人财富公司提出的执行异议，执行法院需要审查两个构成要件：其一，第三人与被执行人是否在不动产查封前订立了有效的书面租赁合同；其二，第三人是否在不动产查封前已直接占有使用不动产。在执行实践中，关于第一个要件经常发生争议，主要表现在被执行人为阻止交付不动产，与第三人"倒签"、伪造租赁合同，第

① 该款也适用于金钱债权执行。符合该款规定的承租人不能排除对不动产的查封、拍卖、变卖及不动产的所有权移转，但可以阻止不动产的腾退、交付。其在租赁期间内对不动产的占有、使用受到保护。

三人与被执行人以房租抵债而签订租赁合同等。[①] 对此，财富公司除了提交书面租赁合同，还需向执行法院出示租金支付凭证等证据。执行法院根据相关证据，综合判断双方是否存在真实的租赁合同关系。关于第二个要件有时也会有争议，尤其当租赁合同真实与否难以判断之时，第三人是否在不动产查封前实际占有使用就成为关键。从执行实践来看，以下情形可视为具备该要件：(1)第三人在查封前在案涉房屋内生产经营，并持续至今的；(2)第三人在查封前领取以案涉房屋作为住所地的营业执照，且至今未变更住所地的；(3)第三人在查封前支付案涉房屋水电、物业管理等费用，并持续至今的；(4)第三人在查封前已经对案涉房屋根据租赁用途进行装修的；(5)第三人提供其他证据表明其在查封前直接占有案涉房屋的。

---

① 如(2021)新民申2056号。

第十三章

行为执行

债务除了给付金钱、交付物之外，常见的还有为或不为一定行为之义务。如果执行依据载明债务人需一次性或持续性地向债权人为或者不为一定行为，而债务人拒不履行，债权人即可向法院申请行为执行。无论给付金钱还是交付物，在广义上都可视作债务人作出以金钱、动产或不动产为标的物的给付行为。三者的区别在于，执行依据载明的给付客体是特定数额的金钱、特定物，或者可通过品种、规格、质量等确定的种类物，还是特定的行为。例如，有的生效判决书判令债务人在一定期间内“向被告交付工程施工资料”或者“向产权登记机关提供原告产权登记所需的资料”。[①] 这看似命令债务人交付或提供一定的资料，可以纳入交付动产债务的范畴。但是，相对于资料本身，该给付义务更侧重被告制作、保管及在此前提下的交付或提供行为。事实上，究竟有哪些资料，有多少资料，资料如何制作，都难以事先判断，无法满足物的特定化要件。因此，交付资料的义务被履行交付行为的义务吸收。若债务人拒不交付或提供相关资料，法院亦无法直接进行搜查、扣押和转交，而只能通过罚款、拘留、支付迟延履行金等间接执行方法迫使债务人制作和交付。

在执行方法上，现代国家出于保护自然人的人格尊严，已经废弃了直接强制被执行人履行特定行为，转而采用替代执行或间接执行的方法。由此，行为执行会向替代履行费用、罚款等的金钱债权执行转换。[②] 另外，行为除了提供劳务、赔礼道歉等事实行为外，还包括发生一定法律效果的意思表示。对于意思表示，既无法替代执行，间接执行也未必见效，故域外一般采用拟制的方法。当执行依据成立或生效时，视为债务人已作出特定的意思表示，由此实现债权人的债权。

行为按性质可作不同分类：(1)积极的作为与消极的不作为。相对于债权人的作

---

① 参见(2018)粤执复177号、(2021)甘执复118号等。

② 例如，《北京市高、中级法院执行局(庭)长座谈会(第五次会议)纪要——关于案款分配及参与分配若干问题的意见》第22条规定：“因被执行人拒不履行生效法律文书中指定的行为，执行法院委托有关单位或他人替代履行的，因替代履行发生的费用可申请参加案款分配或参与分配程序。”

为请求权,债务人负有以特定作为为内容的债务,例如完成一定施工义务、向债权人赔礼道歉。相对于债权人的不作为请求权,债务人负有以不为特定行为(不作为或容忍他人行为)为内容的债务。二者可能相互转化。例如,过去一般认为停止制造噪声属于不作为义务的范畴。但在现代城市里,对电梯、风道、烟机、电动机等发出的噪声,除非将相关设备拆除,否则只能减小而无法消除。故法院会判令被告在一定期间内采取有效措施减噪降震,符合《社会生活环境噪声排放标准》。如被告未履行判决确定的行为义务,原告可申请对该作为的执行。在执行方法上,二者有所不同。(2)可替代行为与不可替代行为。所谓可替代行为债务,指的是债务人的行为内容具有可替代性,由债务人为之或由第三人代债务人为之,债权人在法律上、经济上所得之价值并无不同。所谓不可替代行为债务,指的是债务人的行为内容不具有可替代性,由第三人代为履行,对债权人而言缺乏法律上或经济上的意义。在执行方法上,可替代行为债务可替代执行,而不可替代行为债务只能以间接执行方法执行。

一、作为的执行

对于作为的执行,《民事诉讼法》第 259 条规定:“对判决、裁定和其他法律文书指定的行为,被执行人未按执行通知履行的,人民法院可以强制执行或者委托有关单位或者其他人完成,费用由被执行人承担。”其中,“可以强制执行”指的是间接执行;“委托有关单位或者其他人完成,费用由被执行人承担”则属于替代执行的范畴。

所谓间接执行,指的是法院非凭借强制力直接实现执行债权的内容,而是对被执行人施加一定的不利益或限制,迫使被执行人自行履行债务的执行方法。典型的如对被执行人施以拘留、罚款,甚至追究刑事责任(详见下文)。间接执行对人实施,故属于对人执行的范畴。2022 年《民诉法解释》第 503 条规定:“被执行人不履行法律文书指定的行为,且该项行为只能由被执行人完成的,人民法院可以依照民事诉讼法第一百一十四条第一款第六项规定处理。被执行人在人民法院确定的履行期间内仍不履行的,人民法院可以依照民事诉讼法第一百一十四条第一款第六项规定再次处理。”①2020 年《执行若干规定》第 44 条第 3 款规定:“对于只能由被执行人完成的行为,经教育,被执行人仍拒不履行的,人民法院应当按照妨害执行行为的有关规定处理。”从这些条文可知,间接执行主要适用于不可替代行为的执行。当然,根据“间接执行补充性原则”,在可替代行为的执行、金钱债权和物的交付执行中,可以将间接执

① 《民事诉讼法》第 114 条第 1 款规定:“诉讼参与人或者其他人有下列行为之一的,人民法院可以根据情节轻重予以罚款、拘留;构成犯罪的,依法追究刑事责任……(六)拒不履行人民法院已经发生法律效力的判决、裁定的。”

行作为直接执行、替代执行的补充措施。

所谓替代执行，指的是法院委托他人替代被执行人履行债务，履行所需费用由被执行人承担的执行方法。2020 年《执行若干规定》第 44 条第 2 款规定："对于可以替代履行的行为，可以委托有关单位或他人完成，因完成上述行为发生的费用由被执行人承担。"可见替代执行的适用对象为可以替代履行的行为债务。当然，由谁替代履行，如何计算、支付履行所需费用，实践中容易引发争议。对此 2022 年《民诉法解释》第 501 条、第 502 条有所规定。

在理论上，两种执行方法并行不悖。但在实践中，对于被执行人不履行作为义务，究竟适用替代执行还是只能适用间接执行，有时候难以区分。例如，赔礼道歉，有的可以通过在媒体上刊登判决书全文或道歉启事的形式，向不特定人公开，即达到履行目的，可以替代执行；有的却需要被执行人当面口头致歉，则不可替代执行，只能采取间接执行方法。[①]《民法典》第 179 条规定的民事责任承担方式中，如排除妨碍，消除危险，恢复原状，修理、重作、更换，消除影响、恢复名誉，赔礼道歉等属于作为义务。其中有些可以替代履行；有些不可替代履行，只能适用间接执行。

（一）可替代作为的执行

可替代作为通常不具有强烈的人身依附性：要么常人皆具有行为的能力；要么行为虽有一定技术性门槛，但相关技能并非被执行人专有。前者如清除杂物、拆除障碍物、缴纳税费，后者如维修电脑、安装空调、装修房屋。《民事强制执行法（草案）》第 192 条规定："执行依据确定被执行人作出特定行为，该行为可以由他人替代完成，被执行人未按执行通知履行义务的，人民法院应当责令被执行人在合理期限内支付代履行费用，由他人代为履行。申请执行人申请垫付费用的，人民法院应当准许。被执行人未支付前款规定的代履行费用的，人民法院应当裁定强制执行。"替代履行由法院委托他人代履行，涉及代履行人的选任问题。2022 年《民诉法解释》第 501 条规定："被执行人不履行生效法律文书确定的行为义务，该义务可由他人完成的，人民法院可以选定代履行人；法律、行政法规对履行该行为义务有资格限制的，应当从有资格的人中选定。必要时，可以通过招标的方式确定代履行人。申请执行人可以在符合

---

① 当然，有民法学者认为强迫被执行人公开赔礼道歉有违比例原则，不宜采用间接执行方法；以公布判决书的方式来替代执行赔礼道歉，不符合替代执行的性质；代为起草道歉启事并公开刊登不符合裁判目的，反而可能侵犯被执行人的姓名权。该学者建议可采用刊登谴责声明的方式替代执行，以及试行赔偿执行，即由法院在判决中直接确定被告拒不道歉时应赔偿的金额，届时满足条件时将行为执行转为金钱债权执行。参见葛云松：《民法上的赔礼道歉责任及其强制执行》，载《法学研究》2011 年第 2 期。这种观点值得重视。

条件的人中推荐代履行人，也可以申请自己代为履行，是否准许，由人民法院决定。”因此，代履行人原则上为第三人，但经执行法院许可，也可由申请执行人担任。如果有资格限制，如建筑工程施工资格，执行法院只能从有资格的人中选任。

【设例13-1】

在某房地产项目转让合同纠纷诉讼中，二审法院判决如下：(1)被告富景公司应于判决发生法律效力之日起1个月内申请办理“富景大厦”项目地上建筑物的房屋拆迁许可延期手续；(2)被告富景公司应于取得房屋拆迁许可延期手续之日起6个月内，完成“富景大厦”项目地上建筑物的拆迁补偿安置工作，并于拆迁完毕后将净地移交景祥公司；(3)被告富景公司应于拆迁完毕后1个月内办理案涉土地的使用权权属变更登记手续，龙祥公司应予协助。因富景公司未按判决要求履行义务，龙祥公司向法院申请执行。执行法院发出履行通知书，但富景公司仍未按期履行。龙祥公司向执行中院申请替代富景公司履行生效判决所确定的三项行为义务。执行法院就案涉工程项目拆迁延期手续及拆迁安置补偿可否替代履行，向当地住房保障与房地产管理局发函咨询，得到肯定答复。

执行法院作出《代为完成指定行为委托书》，委托申请执行人龙祥公司代为完成：(1)替代富景公司办理案涉项目地上建筑物的拆迁许可延期手续；(2)替代富景公司进行案涉项目地上建筑物的拆迁补偿安置工作，垫付因完成委托行为而产生的费用，在委托事项完成后，另行起诉，向富景公司主张相关费用。同日，执行中院向当地国土资源局发出《协助执行通知书》，请该局协助办理相关手续，将案涉国有土地使用证由富景公司名下转移至龙祥公司名下。

设例13-1改编自一则真实的案例。[①] 生效判决的三个判项中第一、二项所确定的被告债务属于履行行为的范畴，分别为办理拆迁许可延期手续与拆迁补偿安置。这两项行为并不依赖于被执行人的个人专有技能，可由他人代履行。第三项看似判令被告办理权属变更登记手续，与前两项相近，但实际上是一种导致土地使用权变更之法律效果发生的意思表示。换言之，该种行为并非仅限于申请办理相关手续，而是以发生特定法律效果之意思表示为核心要素和根本特征。办手续之行为为“表”，特定意思表示为“里”。故在域外，对于此类特殊“行为”一般采用拟制作出意思表示的方法。体现在设例13-1中：执行法院对于第一个判项的执行，委托申请执行人代履行，相关费用由被执行人承担；对于第三个判项的执行，则采用向登记机关发出协助执行通知书的方式，视为被执行人已作出变更土地使用权登记的意思表示，由登记机关协助办理相关手续。

---

① 参见(2012)闽执复字第9号。

当法院采用替代执行方法时，对于因第三人或申请执行人代履行而产生的费用，2022年《民诉法解释》第502条规定："代履行费用的数额由人民法院根据案件具体情况确定，并由被执行人在指定期限内预先支付。被执行人未预付的，人民法院可以对该费用强制执行。代履行结束后，被执行人可以查阅、复制费用清单以及主要凭证。"有些代履行费用很容易确定。例如，在相关媒体上代被执行人刊登赔礼道歉启事，收费标准公开透明。但也有些很难确定。如设例13－1所示，如果代履行的行为较为复杂且由申请执行人代履行，执行法院难以根据形式审查确定代履行费用，作为例外可以告知申请执行人另诉请求被执行人承担代履行费用。在执行实践中，为预防代履行费用发生争议，执行法院根据需要可以先委托有资质的机构进行评估鉴定，再委托他人代履行，或者在他人代履行之后，再对履行费用委托评估鉴定。如果在委托代履行之前能确定代履行费用，可要求被执行人预付或先查封其数额相当的财产；如果不能事先确定，可以在代履行完成、费用确定后再予强制执行。对于代履行费用，代履行人一般不具有诉的利益。若代履行人向法院另行起诉，有的地方法院裁定驳回起诉。①

在特殊情况下，也不排除由被执行人作出替代履行的行为。例如，甲与乙共用的历史通道已形成多年，甲在该通道上种植桂花树、加建围墙等行为导致通道变窄，妨碍了乙的通行权。乙向法院起诉，法院判令甲移除桂花树、拆除围墙，恢复通道宽至3米。乙申请执行程序后，经执行法院及相关政府协调，甲对土地上新开建的另一条通道进行了改建，加宽至4米，通至乙家门口，并承诺原有历史通道及新开通道均无偿供乙使用。执行法院作执行结案处理。② 甲加宽新开通道的替代履行行为，已实现乙的通行权。如果强制甲拆除围墙、移走桂花树，恢复历史通道至3米宽度，既不利于资源的优化配置，造成浪费，也不利于当事人的互邻友好。

（二）不可替代作为的执行

被执行人拒不履行不可替代的作为，执行法院只能采取间接执行方法。根据2022年《民诉法解释》第503条的规定，间接执行措施包括罚款、拘留及根据《刑法》第313条的规定追究拒不执行判决、裁定罪刑事责任。经罚款、拘留后，被执行人仍不履行的，执行法院可重复采取。在广义上，间接执行还包括如下几种：第一，迟延履行金。2022年《民诉法解释》第505条规定如下："被执行人未按判决、裁定和其他法律文书指定的期间履行非金钱给付义务的，无论是否已给申请执行人造成损失，都应

① 如（2020）湘1221民初1248号裁定书。

② 参见（2019）粤执监5号裁定书。

当支付迟延履行金。已经造成损失的，双倍补偿申请执行人已经受到的损失；没有造成损失的，迟延履行金可以由人民法院根据具体案件情况决定。”如果被执行人拒不履行不可替代作为的，执行法院可以酌定迟延履行金或者双倍补偿申请执行人的损失。第二，信用惩戒。根据最高人民法院《关于公布失信被执行人名单信息的若干规定》，对于拒不履行不可替代作为义务的被执行人，可将其纳入失信被执行人名单库，并通过名单库统一向社会公布。第三，公布不履行义务信息。《民事诉讼法》第 262 条规定，被执行人不履行法律文书确定的义务的，执行法院可以通过媒体公布不履行义务信息。第四，限制高消费、限制出境。根据最高人民法院《关于限制被执行人高消费及有关消费的若干规定》第 1 条：被执行人未按执行通知书指定的期间履行生效法律文书确定的给付义务的，执行法院可以发出限制消费令，限制其高消费及非生活或者经营必需的有关消费；纳入失信被执行人名单的被执行人，执行法院应当对其采取限制消费措施。不过，实践中有的法院狭义理解该条规定的“给付义务”，认为仅适用于金钱债权执行，而排除对行为执行的适用。这种理解失之偏颇，尤其与该条第 2 款的规定不符。另外，《民事诉讼法》第 262 条规定，对不履行法律文书确定的义务的被执行人，执行法院可以对其采取或者通知有关单位协助采取限制出境措施。

在比较法的视野下，我国间接执行措施种类丰富，大致涵盖加重经济负担（罚款、迟延履行金）、限制经济社会活动（纳入失信被执行人名单、限制高消费、限制出境）及限制人身自由（拘留）。但与此同时，限制人身自由的措施畸轻，如拘留一次最长不超过 15 天，难以充分发挥威慑作用。[①] 而德国《民事诉讼法》第 888 条规定：债务人拒不履行不可替代的作为义务，可对其进行强制罚款；仍不履行的，可处以 6 个月以下的强制拘留。第 890 条规定，债务人违反不作为义务或容忍他人行为的义务，可处以 6 个月以下的违警拘留，合计不超过 2 年。我国台湾地区“强制执行法”第 24 条规定，管收（对人身自由的拘束）期限不得超过 3 个月。对拒不履行不可替代作为义务的被执行人，我们有必要提高拘留的期限。

《民事强制执行法（草案）》第 193 条规定：“执行依据确定被执行人作出特定行为，该行为不能由他人替代完成的，人民法院应当责令被执行人在指定期限内履行。被执行人逾期未履行的，应当对被执行人依据本法第一百八十八条规定按日予以罚款或者予以拘留，但是被执行人有正当理由的除外。拘留期限届满后，被执行人仍未作出特定行为，人民法院可以再次予以拘留，但是累计拘留期限不得超过六个月。拘留决定作出后，被执行人作出特定行为的，人民法院不再实施拘留或者提前解除拘

① 参见马登科：《民事间接强制执行比较研究》，载《法律科学》2012 年第 4 期。

留；承诺作出特定行为的，可以不再实施或者提前解除，必要时可以要求被执行人提供担保。”该条将间接执行的累积拘留期限提高至6个月，值得肯定。在解释论上，只要被执行人作出不可替代之行为，执行债权即告实现，间接执行措施就丧失必要性，执行法院应当立即停止实施，不再实施拘留或者提前解除拘留，也不再按日予以罚款。

在学理上，间接执行有侵犯被执行人的意志自由之虞，其实施应当合乎比例原则。具体来说，在保持间接执行的威慑性、压制性的同时，遵循对被执行人损害最小化的原则，避免超过实现法律目的的必要程度。与此同时，现阶段债务人逃避执行的现象无处不在，有的执行法院习惯于广泛使用、过度使用间接执行措施。例如，最高人民法院《关于在执行工作中进一步强化善意文明执行理念的意见》第16条就提醒，对下列行为不得采取惩戒措施：“被执行人虽然存在有履行能力而拒不履行生效法律文书确定义务、无正当理由拒不履行和解协议的情形，但人民法院已经控制其足以清偿债务的财产或者申请执行人申请暂不采取惩戒措施的，不得对被执行人采取纳入失信名单或限制消费措施。单位是失信被执行人的，人民法院不得将其法定代表人、主要负责人、影响债务履行的直接责任人员、实际控制人等纳入失信名单。全日制在校生因‘校园贷’纠纷成为被执行人的，一般不得对其采取纳入失信名单或限制消费措施。”问题是，对于不可替代的作为，如果间接执行未见效，执行法院该何去何从？

【设例13-2】

根据仲裁裁决，被执行人美好公司应当继续履行《发行股票购买资产协议》，向申请执行人联华公司定向发行289万股股票。因美好公司未履行该项行为义务，执行法院对其罚款50万元。美好公司仍不履行。执行法院认为：定向发行股票需要美好公司按照相关规定经过董事会、股东大会审议程序，披露信息，履行报备手续等，其主要事项只能由美好公司办理，无法通过他人替代办理。本院已对美好公司进行罚款，其仍未履行义务，又无法委托他人替代执行，故裁定终结执行。

设例13-2折射了执行实践中的一个难题，即执行标的是不可替代的作为，而间接执行未起到效果。从理论上说，执行法院可以重复采取间接执行措施，对被执行人进行罚款、对相关责任人进行拘留，命令支付迟延履行金，甚至追究拒不执行判决、裁定罪的刑事责任；但如果被执行人坚持不履行，案件就容易久执不结，申请执行人的债权也无从实现（需注意的是罚款收归国库，不能用于弥补申请执行人的损失）。相反，如果执行法院浅尝辄止，只要间接执行措施不直接见效，就终结执行，可能会对被执行人形成反向激励，其更不愿履行行为债务。本书认为，可以考虑的解决方案有三种:(1)以原告提出诉讼请求(法院在确有必要时可进行释明)为基础,在判决中作出备位赔偿的判项,确定被告不履行行为债务时应承担的赔偿金额。该判项为附停止条件(被告履行行为债务)的判决。例如,德国《民事诉讼法》第510条之二规定:判决命履行某种行为时,可以同时依原告的申请,判令被告如不于一定期间内履行时应支付损害赔偿;损害赔偿,由法院依自由裁量确定之。由此,法院可在一个诉讼中一并解决,免去了当事人另行诉讼的负担。① 经过实施间接执行措施,被执行人拒不履行的,执行法院可以判决为依据,转而进行金钱债权执行。(2)适当加重间接执行的威慑性、压制性,如提高拘留的期限,明确可重复实施的条件,具体已如前述。(3)如果法院没有作出备位赔偿的判决,且被执行人在客观上已履行不能(如已丧失履行作为义务的行为能力),或者在主观上绝不妥协,执行法院应及时告知申请执行人,另行提起损害赔偿诉讼。

二、不作为的执行

执行依据载明债务人不得为某种行为,或者说负有不作为的义务,但债务人违反规定而为该种行为的,债权人可以申请法院进行强制执行。《民事强制执行法(草案)》第196条第1款规定:"执行依据确定被执行人不得作出一定行为或者应当容忍他人一定行为,被执行人违反该义务或者可能违反该义务的,人民法院应当依照本法第五章第五节(执行制裁措施——作者注)的规定对被执行人予以罚款、拘留或者纳入失信被执行人名单,也可以根据案件情况采取其他适当方法防止、制止被执行人违反该义务。"②常见的不作为执行发生在相邻关系纠纷、知识产权侵权纠纷、人格权纠纷、探视权纠纷等领域中。对于不作为的执行,只能采取间接执行方法,就此而言与不可替代作为的执行相似。不过,二者仍有微妙的区别。一方面,不可替代作为的执行以债务人不履行作为债务或者说消极不作为为前提,虽让债权人的债权无法实现,但并未对债权施加积极侵害。相反,不作为的执行以债务人违反命令、积极作为为前提,实际上对债权施加了积极侵害。因此,不作为的执行除了强制债务人停止作为,还需消除已实施作为产生的后果。《民事强制执行法(草案)》第196条第2款就规定:"被执行人违反不作为或者容忍义务产生的后果需要消除的,人民法院可以根据申请执行人的申请裁定依法消除。"另一方面,对于不可替代作为的执行,当债务人履行了作为义务,执行即告结束;对于不作为的执行,则需债务人一段期间或永久不为

---

① 参见葛云松:《民法上的赔礼道歉责任及其强制执行》,载《法学研究》2011年第2期。

② 该款与第193条第1款存在同样的问题,将作为间接执行的拘留、罚款与作为执行制裁的拘留、罚款混为一谈。

相应行为,才可视为执行结束。例如,在德国,立法上将两种间接执行加以区分:对不可替代作为的执行是屈服性的强制措施(Zwangsmitteln),不以被执行人有过错为要件;对不作为的执行是惩戒性的违警措施(Ordnungsmitteln),以被执行人有过错为要件。[①] 在间接执行的力度上,对不作为的执行明显大于对不可替代作为的执行。对不可替代作为的执行罚款的最高限额为25,000欧元,对不作为的执行为250,000欧元;对不可替代作为的执行拘留期限不超过6个月,对不作为的执行单次不超过6个月,合计不超过2年。目前我国尚不作区分。

在学理上,不作为义务可以分为三类:(1)一次性不作为义务,即债务人不得有任何违反义务行为的债务,一旦违反,债权人的权利即归消灭。对此已无再予执行的余地,债权人只能另诉请求损害赔偿。例如,法院判令被告不得泄露原告的商业秘密或个人隐私。(2)反复性不作为义务,即债务人每隔一定期间或不确定期间不为一定行为的义务。如债务人已有违反,债权人可以就尚待债务人履行的部分,申请强制执行,以防止债务人再违反。例如,法院判令被告在原告农作收获时禁止通行其土地。(3)继续性不作为义务,即债务人在一定期间或永久不为一定行为的义务。如债务人有违反,债权人可申请强制执行,防止其继续不履行义务。例如,法院判令被告不得在24:00~6:00制造超过××分贝的噪声。[②]

根据《民法典》第179条,承担民事责任的方式中包括一种不作为义务,即停止侵害。立法机关认为,该种民事责任方式"以不履行民事义务正在进行或者仍在延续为条件,对于未发生或者已经终止的不履行义务的情形不适用"。[③] 不过,在学理上,判决主文中出现的"停止侵害"不仅对应于停止现实侵害行为及去除侵害结果的请求权/民事责任,[④]而且包含禁止债务人再为相同或实质相同的侵害行为。[⑤] 如果债务人再为侵害行为,债权人应另诉解决还是仍可申请强制执行,成为解释论上的一个难点。

---

① 参见江必新主编:《强制执行法理论与实务》,中国法制出版社2014年版,第762页;[德]汉斯·约阿希姆·穆泽拉克:《德国民事诉讼法基础教程》,周翠译,中国政法大学出版社2005年版,第402~403页。

② 参见杨与龄编著:《强制执行法论》,中国政法大学出版社2002年版,第570~571页。

③ 参见黄薇主编:《中华人民共和国民法典释义》(上),法律出版社2020年版,第351页。

④ 严格来说,《民法典》第179条规定的责任方式与请求权并非同义。关于二者区别的讨论,参见魏振瀛:《民事责任与债分离研究》,北京大学出版社2013年版,第236~245页。

⑤ 参见曹志勋:《停止侵害判决及其强制执行——以规制重复侵权的解释论为核心》,载《中外法学》2018年第4期。

【设例 13－3】

华夏公司诉思索公司侵犯外观设计专利权纠纷一案，法院经审理判决如下：思索公司立即停止侵害华夏公司名片盒（S3×××）外观设计专利权，销毁库存侵权产品及专用生产模具，并赔偿华夏公司经济损失 3 万元。判决生效后，因思索公司不愿履行，华夏公司申请强制执行。法院将诉讼中已保全查封的侵权产品 2 万件及生产模具予以销毁，并从思索公司银行账户中扣划了赔偿款、执行费。执行终结 5 个月后，华夏公司发现思索公司还在网上销售相同设计的名片盒。华夏公司在公证员的公证下固定了相关证据，决定继续维护自身的合法权利。

设例 13－3 中，华夏公司面临申请继续执行与另行起诉的抉择。原则上，执行程序终结后，债务人再次不履行债务或侵害债权人的债权的，债权人只能另行起诉，请求债务人履行债务或者损害赔偿。由于相关不履行、侵害债权事实发生在裁判生效之后，根据 2022 年《民诉法解释》第 248 条的规定，属于"发生新的事实"不受既判力标准的遮断，当事人再次提起诉讼的，法院应当依法受理。当然，司法解释也设置了例外。2022 年《民诉法解释》第 519 条规定："在执行终结六个月内，被执行人或者其他人对已执行的标的有妨害行为的，人民法院可以依申请排除妨害，并可以依照民事诉讼法第一百一十四条规定进行处罚。因妨害行为给执行债权人或者其他人造成损失的，受害人可以另行起诉。"①起草者称，该条出于减轻申请执行人的诉累及法院的审判负担的考虑而制定。之所以设定了 6 个月的时间限制，是因为在一般人的观念中，执行终结后短期内发生的妨害行为与原执行程序有密切联系，是公然对抗原执行程序、破坏原执行目的的行为。随着时间的流逝，这种联系将不再密切。该条适用的情形主要有两种，一种是被执行人再次侵占已腾退的不动产，另一种是被执行人违反容忍义务。②

从相关释义书可知，第 519 条参考了我国台湾地区"强制执行法"的相关规定及学理阐释。我国台湾地区"强制执行法"第 99 条规定，不动产经拍卖并移交后，原占有人"复即占有该不动产者，执行法院得依声请再解除其占有后点交之"；第 124 条规定，不动产交付执行中，"如债务人于解除占有后，复即占有该不动产者，执行法院得依声请再为执行"。从判例和解释论来看，"复即"既非指立即或即刻，也非没有期限

① 本条自 1992 年《民诉法意见》第 303 条修改而来。后者规定："在人民法院执行完毕后，被执行人或者其他人对已执行的标的有妨害行为的，人民法院应当采取措施，排除妨害，并可以依照民事诉讼法第一百零二条的规定处理。因妨害行为给申请执行人或者其他人造成损失的，受害人可以另行起诉。"换言之，此前并未规定 6 个月的时间限制。

② 参见最高人民法院修改后民事诉讼法贯彻实施工作领导小组编著：《最高人民法院民事诉讼法司法解释理解与适用》（下），人民法院出版社 2015 年版，第 1379 页。

限制,而是指依据一般社会观念,原占有人在相当时间里再行占有。① 第129条规定,不作为请求权的执行中,执行法院施以怠金、管收等间接执行及以债务人承担费用去除其行为结果后,“债务人复行违反时,执行法院得依声请再为执行”。需注意的是,该条并未以“复即”作为时间要件。由是观之,执行终结后,债务人再为违反不作为义务的行为,债权人似乎可于任何期间内申请法院再为执行。上述三种情形可被称为再为执行或继续执行,仍应由债务人交纳执行费,但原则上由债权人代为预交。《民事强制执行法(草案)》第197条取消了期限限制:“……被执行人再次违反不作为或者容忍义务的,人民法院可以根据申请执行人的申请再次强制执行。”

不过,2022年《民诉法解释》第519条的适用范围更宽。一方面,该条不仅适用于被执行人,也适用于第三人;另一方面,该条既适用于腾退不动产、交付动产(如汽车)后被执行人或第三人又占有财产的情形,也适用于停止侵害、排除妨害、消除危险、恢复原状等之后,被执行人或第三人又实施侵害、制造危险、破坏原状等的情形。在执行终结后6个月内,申请执行人可再次申请交付标的物、停止侵害、排除妨害等的强制执行。执行法院可再解除占有人的占有,通过罚款、拘留、交纳迟延履行金等迫使相关人员停止侵害、去除行为的结果,也可由他人代为去除行为结果,由被执行人承担费用。因被执行人或第三人的行为造成申请执行人损失的,如占有财产的使用费或租金损失、继续生产销售侵权商品造成的损失、为收集保全侵权事实的证据而支出的费用,可另诉请求被执行人或第三人损害赔偿。回归设例13-3,因华夏公司在执行终结后5个月发现思索公司仍有侵犯专利权的行为,可以申请执行法院采取间接执行措施,给予思索公司罚款、拘留等惩罚。与此同时,华夏公司可另行起诉,请求思索公司赔偿继续侵权所造成的损失。如果超过6个月,华夏公司只能另行起诉。

在执行实践中,还有一类相当棘手的家事执行案件,那就是探望权或探视权的执行。《民法典》第1086条规定:“离婚后,不直接抚养子女的父或者母,有探望子女的权利,另一方有协助的义务。行使探望权利的方式、时间由当事人协议;协议不成的,由人民法院判决。父或者母探望子女,不利于子女身心健康的,由人民法院依法中止探望;中止的事由消失后,应当恢复探望。”法院判决不抚养子女的父或者母有按照特定方式进行探望的权利,但遭到抚养人、第三人的抗拒、逃避,就需要向法院申请强制执行。此类执行属于不作为的执行还是不可替代作为的执行,在学理上尚无定论。就抚养人负有协助义务,将抚养子女交给探望权人探视而言,符合不可替代作为的执行。但是,抚养人、第三人停止或不为阻挠探视、隐匿子女等行为,或者说容忍探望权人对子女的探视行为,一般就能实现探望权,而无须为积极行为。因此,在解释论上,

① 参见杨与龄编著:《强制执行法论》,中国政法大学出版社2002年版,第442~443、557页。

抚养人的协助义务主要体现在不阻挠探视或容忍探视的义务。另外，探望权执行通常不是一次执行即告结束，而具有反复多次的特征。此种执行的标的更符合前述反复性不作为义务，而非不可替代行为义务。不可替代行为义务几乎都是一次性的，罕有反复性、持续性的类型。就此而言，将探望权执行归为不作为的执行更加合理。不过，《民事强制执行法（草案）》将其视作不可替代作为的执行。该草案第 195 条规定："执行依据确定被执行人有协助探望义务的，人民法院依据本法第一百九十三条规定（不可替代作为执行条款——作者注）的方法执行。被探望人拒绝接受探望的，人民法院可以通知有关组织协助进行心理疏导。探望确实不利于被探望人身心健康的，人民法院可以根据情况暂缓执行或者终结执行。"

有些观点将探望权执行与域外的交出子女执行相提并论。如我国台湾地区"强制执行法"第 128 条第 3 项规定，"执行名义系命债务人交出子女或被诱人者，除适用第一项规定外，得用直接强制方法，将该子女或被诱人取交债权人"。根据该项规定，交出子女属于不可替代的作为义务，法院既可以采用间接执行方法，也可以采用直接执行方法。但本书主张，交出子女执行适用于监护权的执行。即法院判决一方行使监护权，但另一方控制未成年子女并拒绝交出，监护人可以申请法院强制对方交出子女，由其行使监护权。一般可采用间接执行的方法，若确无效果，可由执行人员在民政部门、基层组织等的协助下，强制取交未成年子女。《民事强制执行法（草案）》特设第 194 条，规定："执行依据确定未成年子女由一方当事人抚养，另一方当事人或者他人拒不交出的，除依据前条规定的方法执行外，人民法院也可以将该子女领交抚养人。但是，满八周岁的子女明确表示反对的，不得领交。"而探望权的执行，宜被视为不作为的执行，只能采取间接执行方法。在通过视频探望、双方均在场的探望等无须被执行人交出子女的情形下，这显然更加合情合理。

【设例 13－4】

胡某与徐某经法院判决离婚，5 岁的女儿徐小某随母亲胡某生活，徐某按月支付抚养费 3000 元。后双方因女儿的探望权产生纠纷，徐某诉至法院。法院经审理判决：徐某每个月第二周、第四周周六 9:00～16:00 对女儿行使探望权，由徐某自行至胡某住处接送徐小某，胡某予以协助。判决生效后，胡某阻挠徐某探望徐小某，徐某遂向法院申请强制执行。经执行法官及胡某住所地村委会数十次协调，胡某始终以孩子被徐某接走探视不利于孩子身心健康为由拒绝。依据徐某的申请，执行法院作出裁定，胡某应支付徐某自申请执行之日起至实际履行日止的迟延履行金，标准为每迟延履行一次支付 500 元。

在探望权执行中，法院的间接执行措施受到现实因素的制约。一方面，对被执行人采取限制人身自由的强制措施，不仅可能使未成年子女陷于无人照顾的境地，而且可能会撕裂亲情，加剧申请执行人与被执行人、未成年子女的对立。另一方面，对被执行人采取罚款措施，往往又因其本就经济拮据而难以执行到位，甚至直接影响未成年人的生活质量，也无助于弥补申请执行人精神及经济上的损失。如设例 13－4 所示，执行法院可以根据《民事诉讼法》第 260 条后段、2022 年《民诉法解释》第 505 条，裁定由被执行人向申请执行人支付迟延履行金。当然，迟延履行金需符合比例原则，以不明显影响未成年人的生活质量为限。另外，为了降低迟延履行金执行的难度，维护判决与执行的权威，执行法院可以裁定迟延履行金抵扣抚养费。①

三、意思表示的执行

我国现行法律及司法解释并未明确规定意思表示的执行。所谓意思表示，即将欲发生法律效果之意思表示于外的行为，由“意思”（内部）及“表示”（外部）两个要素构成。② 法院判令债务人为一定的意思表示，但债务人不愿为之，如何通过强制执行促使其形成特定的意思并将之表示于外，难度之大，可想而知。第一，意思表示并无客观载体，无法进行直接执行；第二，债务人的意思表示不可替代，由他人替代履行不能发生相应的法律效果；第三，通过间接执行迫使债务人作出意思表示，较之不可替代作为的执行，有更大的侵犯意志自由的嫌疑。鉴于此，域外均通过拟制的方法来实现意思表示请求权的执行。《民事强制执行法（草案）》弥补缺漏，第 198 条规定：“法律文书确定被执行人作出意思表示的，该法律文书生效时，视为意思表示已经作出。前款规定的意思表示附条件或者申请执行人应为对待给付义务的，条件成就或者申请执行人已经履行对待给付义务时，视为意思表示已经作出。”

具体来说，判决主文载明债务人应作出特定的意思表示，当判决生效时，视为该意思表示已作出。由此免去法院采取执行措施，迫使债务人为该意思表示。换言之，对于实现意思表示请求权，法院的执行措施既无必要，也不合法。《民事强制执行法（草案）》第 199 条规定：“生效法律文书确定被执行人协助申请执行人办理的有关事项，需要被执行人向国家机关、事业单位等有关组织和个人提出申请或者作出同意等意思表示的，申请执行人向有关组织和个人出示该文书时，有关组织和个人应当按照被执行人已提出申请或者作出该意思表示办理。”不过，需要注意的是，被拟制的仅是债务人的意思表示，为了达到物权设立、变更等目的，法律规定的登记手续仍应通过

---

① 参见“徐某某与胡某某探望权纠纷执行案”，【法宝引证码】CLI. C. 8272811。

② “表示”可分为明示与默示。根据德国通说，“意思”由行为意思、表示意思与法效意思三种要素构成。参见朱庆育：《民法总论》，北京大学出版社 2013 年版，第 184 ~ 194 页。

强制执行完成。[1] 常见的如判令债务人办理不动产转移登记、汽车所有权过户登记、抵押权设定登记等，如果相关组织和个人在看到申请执行人出示的法律文书后仍拒不配合办理，执行法院应发出协助执行通知书。根据债权人的申请，执行法院无须征得债务人的同意，视为判决生效之时债务人已作出申请登记的意思表示。对此可参见设例 13－1 的讨论。另外，如果办理登记手续需要被执行人提供相关资料，如本章引言部分所述，还涉及不可替代作为的执行。

① 参见肖建国主编：《民事执行法》，中国人民大学出版社 2014 年版，第 344 页。

第十四章

执行和解与执行担保

执行和解是指在执行程序中，双方当事人自愿达成和解协议，变更执行依据确定的债权债务主体、履行标的、期限、地点、方式等内容，执行法院裁定中止执行，并因和解协议得以履行而终结执行的制度。执行和解作为替代法院实施强制行为的案件"出口"机制，是我国特定历史背景下的产物，构成我国强制执行制度的一大特色。执行和解有别于私法性质的"执行外和解"。在现行执行法规范体系下，执行和解具有公法上效力。这体现为执行法院应依申请或依职权裁定中止执行；当事人不履行和解协议的，法院应当依申请恢复对原生效法律文书的执行；当事人完全履行和解协议的，产生执行完毕的效果，执行请求权归于消灭。

执行担保是指在执行程序中，被执行人或第三人为担保执行债权的清偿，面向执行法院提供担保书，并经申请执行人同意，执行法院决定对案件暂缓执行的制度。执行担保旨在暂时阻却法院的强制执行，有别于为担保债权履行而由债务人向债权人提供的私法担保，属于公法上担保。如果暂缓期限届满后被执行人仍不履行义务，或者暂缓执行期间担保人有转移、隐藏、变卖、毁损担保财产等行为，执行法院依申请执行人的申请恢复执行后，直接裁定执行担保财产或者保证人的财产，但不得将担保人变更、追加为被执行人。

一、执行和解

中国语境下的执行和解制度容易与两种制度相混淆：(1)私法性质的"执行外和解"，即执行中当事人就实体法律关系自行达成的和解，如对执行债权的数额、标的物、履行方式、履行期限等作出重新约定。此类和解仅具有民事合同的效力，不具有诉讼法（执行法）的效力。达成执行外和解协议后，当事人也可申请暂缓执行或暂不申请继续执行，从而在事实上而非法律上暂停强制执行；若债务人不履行执行外和解协议，债权人可依据原执行名义申请继续执行；针对债权人申请继续执行，债务人则可以主张和解协议构成消灭或妨碍债权人请求的事由，提起债务人异议之诉。[①] 该诉讼不具有停止执行的效力，债务人需要向诉讼法院申请暂时命令以停止执行，且一般需要提供担保。[②]（2）公法性质的“执行契约”，即执行中当事人就执行程序事项达成的和解，例如对执行的财产范围（排除对某些财产的执行）、执行时间（一定期间内不得执行）、执行地点等作出约定。[③] 执行契约只要为法律允许且具有限制执行的内容，即可构成执行障碍，对执行机关产生拘束力。执行机关违反的，可以提出执行异议请求纠正。由于执行程序事项的“规范化”程度很高，执行要件、执行行为（措施）、债务人的保护等均由法律强行规定，当事人可合意变更的空间比较有限。典型的如德国《民事诉讼法》第 802b 条规定，债务人证明其有能力按期定额支付的，执行员可为其设定一个不超过一年的支付计划，允许延期或分期支付，除非债权人事先排除这种支付协议或事后立即反对。在支付计划履行期间，暂缓执行。该种执行契约有别于实体法上的债务延期或分期协议，不具有实体法效力，不产生实体法上的展期效力，执行和解过程中债务利息继续计算。债权人违反该协议的，债务人只能提出执行异议。[④]

相比之下，我国的执行和解制度具有如下特征：（1）在强制执行过程中，当事人自行和解达成协议，变更执行债权的内容，不仅停留于事实层面，而且上升至强制执行法规范或制度层面。具体来说，执行和解对执行程序的影响，并非仅仅止步于通过债务人的履行使强制执行暂停或丧失事实上的必要性，而是将书面协议提交法院或由法院把口头协议记入笔录后，产生执行中止的效力，并在债务人履行完毕后由法院直接作结案（“执行完毕”）处理。因此，执行和解并非执行外和解（私法行为），相反具有执行契约（公法行为）的鲜明色彩。（2）执行和解协议虽然可能包含执行程序中止或终结的内容，但主要是关于变更执行债权的约定，其目的也不在于扩张或限缩申请执行人的执行权能，难以归入执行契约的单一性质。因此，学理上有关执行和解协议的性质一直存有争议，“私法行为说”与“公法行为说”各有市场，也各有道理。本书认为，纠结执行和解的性质并无实质意义。无论过去仅仅将执行和解当作一种结案方式，忽略其私法上的功能和位置，还是近来只从私法角度定义执行和解，均不足取。如果非要定性，“主要效力”（Hauptwirkungstheorie）理论大概就足够了。也即这一形成于执行程序场景下的法律行为，除了产生民法上效力，同样产生诉讼法上效力，且

---

① 参见杨与龄编著：《强制执行法论》，中国政法大学出版社 2002 年版，第 657 页。

② 参见百晓锋：《论体制转型期执行和解的法律效力》，载《国家检察官学院学报》2021 年第 3 期。

③ 参见吴光陆：《强制执行法》（第 3 版），台北，三民书局 2015 年版，第 201 页。

④ 参见史明洲：《执行和解的法解释论展开——〈民事诉讼法〉第 230 条评注》，载《当代法学》2017 年第 1 期；百晓锋：《论体制转型期执行和解的法律效力》，载《国家检察官学院学报》2021 年第 3 期。

以前者为根本特征及典型功能。以下先梳理执行和解的历史沿革，再从解释论层面讨论执行和解的要件与效力。

（一）从“说服教育”到执行和解

1949年以后的相当长时期里，法院处理民事纠纷贯彻“调解型”审判模式。从案件受理到审理前的材料送达、调查取证，从开庭审理到法律文书的执行，法院均尝试“加强对当事人的政治思想教育、政策法律教育，分清是非，深入细致地做好当事人的思想工作，在提高觉悟的基础上，互相协商，解决问题”。① 在执行阶段，法院除了以强制执行为后盾劝诱、迫使被执行人履行之外，还频繁地帮助其作出与生效法律文书内容不尽相符的债务安排，甚至对双方当事人都做工作以寻求某种新的妥协方案。② 不过，当时的规范均小心翼翼地回避对执行调解的肯定，而表述为在执行工作中加强、贯彻“说服教育”。③ 究其原因，在于执行调解只能停留于事实层面，而不能形成法律文书。如果以法院出具调解书的方式结案，相当于用执行阶段的调解书替代生效且未被撤销的判决书、调解书，或者两份生效法律文书并存，明显违背程序法理。如果执行依据是判决书的话，还容易出现执行法院（通常是基层法院）以调解书替代其上级法院所作生效判决的情况。④

然而，自改革开放以后，“蜂窝状”社会结构逐步趋向瓦解，商品经济的活跃性、交易结构的复杂性、人财物的流动性等因素迅速增长。随之而来的便是被执行人难找、可供执行财产难寻、财产查封后难以处置等现象日趋普遍。与此同时，当时法院拥有的执行办案力量（由为数很少的审判人员兼顾执行）极为有限，可资利用的技术手段、符号资源、制度资源等也明显短缺。在两方面因素的交互作用下，通过强制执行结案绝非主流。相反，“片面地强调说服教育……不敢采取强制执行的方法”，“在执行中缩手缩脚、拖延和软弱”可能更加普遍。⑤ 这种冠说服教育之名、行执行调解之实，却不能通过法律文书确认法律效力的状况亟待改变。

于是，1982年《民事诉讼法（试行）》删掉了执行阶段说服教育的表述，取而代之的是引入执行和解制度。该法第181条规定：“在执行中，双方当事人自行和解达成

---

① 最高人民法院《关于人民法院审判民事案件程序制度的规定（试行）》（1979年2月印发，已失效）。

② 参见王亚新：《强制执行与说服教育辨析》，载《中国社会科学》2000年第2期。

③ 参见最高人民法院《关于各级人民法院民事案件审判程序总结》（1956年10月印发，已失效）、最高人民法院《关于民事审判工作若干问题的意见（修正稿）》（1963年8月印发，已失效）、最高人民法院《关于人民法院审判民事案件程序制度的规定（试行）》（1979年2月印发，已失效）等。

④ 参见唐德华：《民事诉讼法立法与适用》，中国法制出版社2002年版，第252页。

⑤ 参见常怡主编：《民事诉讼法教程》，重庆出版社1982年版，第272页。

协议的，执行员应当将协议内容记入笔录，由双方当事人签名或者盖章。”不过，该条只是将法院为主体的“说服教育”变更为当事人为主体的“自行和解达成协议”，并未明确和解协议的效力。1984 年最高人民法院《关于贯彻执行〈民事诉讼法（试行）〉若干问题的意见》第 69 条后段补充道：“当事人自愿和解达成协议的，将协议记录在卷，由双方当事人签名或盖章，终结执行。”由此，执行和解被列为终结执行或执行结案的方式之一。表述上的微妙调整，清除了执行调解结案的制度与法理障碍。具体来说，在当事人“自行和解达成协议”的名义下，法院既拥有针对当事人的实体法律关系作出重新安排的灵活性，又不必出具调解书或撤销已生效的法律文书，而仅仅通过将和解协议记入笔录及双方当事人签名盖章即可结案。立足当时的社会背景，不能不说这是一种颇为巧妙的制度设计。①

显然，执行债权不因当事人达成和解而得以实现。如果被执行人自愿履行完毕，尚可说执行债权因债务人替代履行新约定的债务而实现，但如果被执行人不履行或不完全履行，申请执行人往往就束手无策了。这一问题在执行和解制度施行以后很快便暴露出来，并引起了最高人民法院的关注。在 1989 年的批复中，最高人民法院引入了对申请执行人的救济模式，即恢复对原生效法律文书的执行。② 1991 年《民事诉讼法》第 211 条增加第 2 款规定：“一方当事人不履行和解协议的，人民法院可以根据对方当事人的申请，恢复对原生效法律文书的执行。”1992 年《民诉法意见》第 266 条进一步规定：“一方当事人不履行或者不完全履行在执行中双方自愿达成的和解协议，对方当事人申请执行原生效法律文书的，人民法院应当恢复执行，但和解协议已履行的部分应当扣除。和解协议已经履行完毕的，人民法院不予恢复执行。”在当时，绝大多数执行和解协议都在法院干预甚至主导下达成，如未因当事人完全履行而结案，由法院继续执行可谓理所当然。

在此之后，有三个方面的变化值得注意：其一，随着社会主义市场经济的蓬勃发展，私法自治原则兴起，当事人对债权债务的处分空间明显扩大；其二，法院借助审判方式改革、诉讼模式转型的“东风”，逐渐向当事人转移权能与责任，主导执行调解的动力开始衰退，期待“当事人自愿和解达成协议”发挥更大的工具价值；其三，法学界开始借助私法契约或民事合同理论，对执行和解协议的成立、履行、效力等进行重新定义和塑造。受此影响，1998 年《执行若干规定》第 86 条第 1 款规定双方当事人通过

① 参见陈杭平：《论民事“执行和解”制度——以“复杂性”化简为视角》，载《中外法学》2018 年第 5 期。

② 参见《关于在经济纠纷案件执行过程中当事人自愿达成和解协议后一方当事人不履行或者翻悔可否按原生效法律文书执行问题的批复》[法（经）复〔1989〕8 号]（已失效）。

执行和解协议可以“变更生效法律文书确定的履行义务主体、标的物及其数额、履行期限和履行方式”，赋予其相当于民事合同的内容。① 2012 年《民事诉讼法》第 230 条第 2 款在原法的基础上，增加并修改为：“申请执行人因受欺诈、胁迫与被执行人达成和解协议，或者当事人不履行和解协议的，人民法院可以根据当事人的申请，恢复对原生效法律文书的执行。”欺诈、胁迫均出自民法的规定，实际上将执行和解协议与民事合同趋同对待。

这一理念也影响到后续司法解释的制定。2015 年《民诉法解释》第 466 条规定：“申请执行人与被执行人达成和解协议后请求中止执行或者撤回执行申请的，人民法院可以裁定中止执行或者终结执行。”根据起草者的释义，由于执行和解协议属于民法上的和解契约，只产生私法效果，对当事人产生合同上的约束力，不具有公法效果，不直接产生执行程序上的效力。和解协议达成后，非经当事人申请，执行程序不当然暂缓、中止或终结。② 当然，2018 年最高人民法院《关于执行和解若干问题的规定》（以下简称《执行和解规定》）一方面继续贯彻民事合同的理念，特别是在第 9 条增加申请执行人可向法院提起诉讼的救济途径，另一方面也适当作了回调。这主要体现在第 2 条规定，即和解协议达成后，执行法院可以裁定中止执行。详见下文的分析。

从执行和解制度的演进路径不难看出，执行和解是立法者顺应时代所需、对执行调解（说服教育）加以改造的结果，自始便具有鲜明且强烈的公法属性。但是，随着生活的变迁，该项制度的法律内涵悄然发生转变，私法色彩渐浓。当然，恰如上述立法及司法解释呈现出的纠结、摇摆，尚不能断言执行和解已成为一种纯粹的民事合同或私法契约。如果进行横截面式的观察，很难说公法还是私法的成分占比更多。本书认为，把有关执行和解的法条及司法解释涵摄于“私法行为”或“公法行为”概念之下，使之正当化、一体化并避免彼此间的矛盾，很难奏效。相反，应当正视路径依赖形成的惯性，并对未来保持开放，承认执行和解的兼容性、灵活性。在“主要效力说”的指引下，下文将围绕执行和解的要件及效力展开解说。

（二）执行和解的构成要件

在“主要效力说”下，执行和解兼具私法行为与公法行为的性质及效力。这种复合型效力产生的根据，在于执行和解构成要件的复合性。其中，私法效力源自当事人的意思表示，公法效力则与司法审查要件紧密相关。从 2021 年《民事诉讼法》第 237

---

① 在 2020 年的修订中，因相关内容已被其他司法解释吸收，《执行若干规定》第 86 条被删除。

② 参见最高人民法院修改后民事诉讼法贯彻实施工作领导小组编著：《最高人民法院民事诉讼法司法解释理解与适用》（下），人民法院出版社 2015 年版，第 1246～1247 页。

条的规定来看，执行和解包含当事人"自行和解达成协议"、司法审查及当事人确认三项要件。《民事强制执行法（草案）》第24条第1款、第2款也作了类似规定。

1."自行和解达成协议"

首先，执行和解协议可能包括两个部分：（1）变更生效法律文书确定的债权债务主体、履行标的、履行期限、履行地点和履行方式等内容，属于债的变更的范畴；（2）排除对某些财产的执行、申请执行人撤回或撤销执行申请、申请执行人申请中止执行、一方违约另一方另行起诉或对和解协议申请执行等执行契约条款，并非必需。

根据不同的标准，执行和解协议可作不同的分类：（1）限制型和解协议与扩张型和解协议。限制型和解协议指的是当事人对执行债权仅作履行期限、分期等方面的限定，在债的主体、客体上并未超越执行债权的范围；扩张型和解协议指的是当事人约定以物抵债、设定担保、债务承担、债务抵销或免除等超出执行债权的内容。若被执行人不履行执行和解协议，对申请执行人的救济在二者中存在区别。（2）一般型和解协议与特殊型和解协议。一般型和解协议仅包括债的变更的内容，特殊型和解协议还包括执行契约条款。（3）替代型和解协议与选择型和解协议。所谓替代型和解协议，指的是当事人合意用和解债权（和解协议约定的债权债务关系）替代执行债权（生效法律文书所确定的债权债务关系）的特殊和解协议，在当事人之间发生执行债权消灭及和解债权独自成立的效力。所谓选择型和解协议，指的是当事人约定，债权人可在"替代"（申请执行和解协议、另行起诉）与"恢复执行"之间进行选择的特殊和解协议。[①] 这两种特殊和解协议均面临对执行程序的公法效力、可否申请执行和解债权的疑问。

对于执行契约条款，若本属于申请执行人的程序处分权范围，如撤回执行申请、申请中止执行，当属有效；若对申请执行人的权能加以限制，如依据2020年《执行和解规定》第9条申请执行人既可恢复执行也可另行起诉，而和解协议约定其只能另行起诉，在理论上也属有效；如扩张申请执行人的权能，赋予其超越现行法律及司法解释规定的权限，如约定其可依据协议申请强制执行，原则上不因此产生执行力。[②]

其次，"自行和解"意味着当事人自愿、自主和解。在通常情况下，执行和解协议

---

① 参见肖建国：《中国民事强制执行法专题研究》，中国法制出版社2020年版，第286～290页。

② 在学理上，根据债权人基于合意享有的执行权能与法定权能之比较，执行契约可分为"扩张执行的契约"与"限制执行的契约"。如属于前者，可能因为侵害法定对被执行人的保护而无效；如属于后者，因为债权人原则上可自由决定是否申请强制执行、实施强制执行的限度，一般不具有合法性的问题。详见［德］弗里茨·鲍尔等：《德国强制执行法》（上册），王洪亮等译，法律出版社2020年版，第207～213页；［德］汉斯·约阿希姆·穆泽拉克：《德国民事诉讼法基础教程》，周翠译，中国政法大学出版社2005年版，第375～376页。

不包括执行契约条款,适用民法关于意思表示的规则。根据《民法典》第147~151条的规定,当事人因重大误解、受欺诈、受胁迫而订立民事合同或合同内容显失公平,受损的一方当事人可请求法院或仲裁机构予以撤销。如果将执行和解协议等同于民事合同,也应作相同理解。不过,2021年《民事诉讼法》第237条第2款仅将受欺诈、胁迫纳入规范视野,并不完整,似还应补充重大误解及显失公平两种情形。另外,该款只规定执行法院可以根据当事人的申请,恢复对原生效法律文书的执行,而未规定申请执行人可提起撤销权诉讼。这是因为,执行和解协议与其说是独立的民事合同,毋宁说是替代强制执行的债务履行方案,效力依附于强制执行程序。对于申请执行人来说,既然其可通过申请恢复执行使执行和解协议失效,便不具有通过起诉撤销协议拘束力之"诉的利益"。被执行人也不得以执行和解协议已成立/生效且未被撤销为由,起诉请求确认协议效力或请求申请执行人履行协议内容。

还需注意的是,2021年《民事诉讼法》第237条第2款未对加害人的范围作出限制。第三人欺诈、胁迫,致使当事人违反真实意思而达成和解协议的,同样构成申请恢复执行的事由。在过去,执行法院经常违背当事人的意愿,诱导、强迫双方达成执行和解,换言之,"法院干预型"执行和解泛滥;与此同时,因为制度规范的缺失,又难以防范当事人不履行和解协议内容。由此造成比较普遍且突出的"高和解率,高反悔率"的"双高"现象。① 如果法院有诱导、强迫行为,不妨碍当事人根据该款规定,申请恢复原生效法律文书的执行。如果当事人的申请遭到执行法院的阻挠,可向上级法院寻求执行监督。

2. 司法审查及当事人确认

2021年《民事诉讼法》第237条第1款规定,执行人员应当将和解协议内容记入笔录,由双方当事人签名或者盖章。根据2020年《执行和解规定》第1条、第2条的补充,和解协议既可由当事人以书面形式达成并向执行法院提交,也可由当事人口头达成,并由执行人员将协议内容记入笔录,由各方当事人签名或者盖章。须注意的是,书面和解协议在向执行法院提交之前,口头和解协议在被记入笔录及由当事人签章之前,均属于执行外的和解,不具有执行法上的效力。只有在满足向执行法院提交或者记入笔录、当事人签章之后,才构成强制执行法上的执行和解。因此,尽管相关法律、司法解释语焉不详,但仍有必要将"提交""记入笔录"解释为以司法审查为核心的构成要件。

具体来说,执行法院应当对当事人提交的书面和解协议或达成的口头和解协议

① 参见陈杭平:《论民事"执行和解"制度——以"复杂性"化简为视角》,载《中外法学》2018年第5期。

进行审查,判断协议是否真实、是否合法(主体是否适格、意思表示有无瑕疵、是否违反法律的强制性规定或违背社会公共利益),[①]并构成辅助当事人意思表示产生执行法效力的正当性根据。部分法院明确规定法院对执行和解协议负有审查及确认的职责。例如,北京市高级人民法院《关于规范民事执行和解的若干规定(试行)》第6条第1款规定:“对于当事人之间的和解协议,执行法院经审查认为系当事人自愿达成且不违反法律、法规及司法解释规定的,予以认可。执行法院经审查后不认可和解协议的,执行和解不成立。”浙江省高级人民法院《关于规范执行和解工作的规定(试行)》第6条规定:“执行和解协议违反法律规定或者损害国家、集体、第三人利益的,人民法院不予认可。”

将当事人在笔录上签字或盖章作为生效要件,目的在于赋予当事人拒绝或反悔的权利,确保当事人自愿达成和解。不过,从1998年《执行若干规定》开始,该要件逐渐被虚化,仅要求执行人员将书面和解协议附卷即可。当事人对和解协议进行确认的机会容易被剥夺。[②] 对此,应注意区分和解协议的达成方式。如果当事人口头达成和解协议,执行人员在制作笔录后,应当交由当事人签字或盖章;如果当事人向执行法院提交书面和解协议,应当确保双方同意的真实性、自愿性。

(三)执行和解的法律效力

执行和解的法律效力可以区分为成立执行和解的效力、当事人履行和解协议的效力、当事人不履行和解协议的效力三个层次。这三个层次均涉及执行和解协议的私法效力和作用于强制执行程序的公法效力。

首先,在现行执行法规范体系下,经司法审查及当事人确认的执行和解协议不具有执行力,和解债权人不能据以申请强制执行。究其原因,主要在于两个方面。其一,执行和解协议属于私文书,即使经司法审查认定有效,也只是确认不存在私法上的无效、可撤销等事由,而不会发生性质上的“由私转公”。其二,执行和解协议与执行债权指向同一给付内容,若赋予执行和解协议以执行力,将会针对同一给付内容进行两个强制执行,可能导致重复执行、双重给付。当然,在立法论上,如果当事人达成的是替代型和解协议或者包含赋予执行力条款的选择型和解协议,并经司法审查确认效力,债权人可依据执行和解协议申请执行,而原生效法律文书的执行被视为同时且当然撤销。具体来说,如果执行和解协议载明“本协议有执行力”或者“债务人不履行本协议,债权人可据此向法院申请执行”,或者包含此类可选择条款,法院经司法审

① 参见江必新主编:《强制执行法理论与实务》,中国法制出版社2014年版,第379~381页。

② 参见百晓锋:《论体制转型期执行和解的法律效力》,载《国家检察官学院学报》2021年第3期。

查出具确认效力的裁定书，债权人可以依据执行和解协议及裁定书申请执行。对此可类比确认调解协议效力的裁定书。在实质上，相当于将债权人撤销执行申请、依据和解协议（调解协议）申请司法确认、根据经司法确认的调解协议申请执行三项行为合一了。

2020 年《执行和解规定》第 2 条规定，和解协议达成后，有下列情形之一的，人民法院可以裁定中止执行：(1)各方当事人共同提交书面和解协议的；(2)一方当事人提交书面和解协议，其他当事人予以认可的；(3)当事人达成口头和解协议，执行人员将和解协议内容记入笔录，由各方当事人签名或者盖章的。由此可见，执行和解依法成立的，执行法院即可裁定中止执行，无须当事人提出独立申请。根据“特别法优于一般法”的法规范适用原则，应当适用 2020 年《执行和解规定》第 2 条而非 2022 年《民诉法解释》第 464 条。[①] 换言之，一旦符合执行和解的要件，即产生中止执行的公法效力。在执行实践中，有的执行和解协议需要长期履行。为防止案件一直滞留于执行法院的办案系统，变成执行积案，最高人民法院《关于进一步规范近期执行工作相关问题的通知》（法〔2018〕141 号）指出，对于此类案件可以终结执行方式（选择“和解长期履行”情形）报结，构成终结执行之一种。另外，2022 年《民诉法解释》第 466 条规定，申请执行期间因达成执行中的和解协议而中断，其期间自和解协议约定履行期限的最后一日起重新计算。值得注意的是，《民事强制执行法（草案）》往前迈了一大步，第 24 条第 2 款规定：“执行中，和解协议提交人民法院并经双方当事人认可，或者执行人员将协议内容记入笔录并由双方当事人签名或者盖章的，人民法院可以裁定终结执行。但是未经申请执行人同意，不得解除已经采取的执行措施。”换言之，成立执行和解的，原则上由法院裁定终结执行。这虽然有利于减少中止执行的适用，但径行裁定终结执行，则有退回至 1982 年《民事诉讼法（试行）》及 1984 年最高人民法院《关于贯彻执行〈民事诉讼法（试行）〉若干问题的意见》时代的嫌疑，并不可取。

与之相对，德国《民事诉讼法》第 775 条第 4 项规定，当事人提出公文书或债权人出具的私文书，证明债权人在判决作出后已受清偿（包括德国《民法典》第 362 条及以下条文中的代物清偿、新债清偿、免除等）或同意延缓履行的，构成执行障碍，属于导致强制执行暂停或受到限制的事实。[②] 其中，债权人出具同意延缓履行的私文书，不

---

① 为了配合《民法典》的实施，最高人民法院在 2020 年年底对《民诉法解释》《执行和解规定》都作了修正，二者看似已无新旧之别。2022 年，最高人民法院根据 2021 年新《民事诉讼法》对《民诉法解释》再次修正，目前后者反倒像是“新法”。不过，根据个别的且主要是形式性的修正，很难在整体上将《民诉法解释》视作一种新发布的司法解释。

② 参见［德］奥拉夫·穆托斯特：《德国强制执行法》（第 2 版），马强伟译，中国法制出版社 2019 年版，第 98～101 页。

排除是基于与债务人协商和解的结果。但是,当事人自行达成执行和解协议,本身不构成执行障碍,不直接导致强制执行的暂停或受限。而在日本,执行债权已为执行名义(公文书)所确定,其存在与有效具有高度盖然性,优于作为私文书的和解协议。因此,和解协议的成立也不能当然地阻却执行债权的执行力,而只能由一方当事人行使抗辩权,向执行法院提起执行异议之诉。[①]

其次,若当事人按照执行和解协议履行完毕,在民法上构成新债清偿,执行债权归于消灭,同时导致强制执行结束,无须债务人通过债务人异议及异议之诉阻却执行。对此,最高人民法院《关于执行案件立案、结案若干问题的意见》第 15 条规定,执行和解协议履行完毕,与被执行人自愿履行、法院强制执行满足执行债权一样,可以"执行完毕"方式结案。

关于执行和解协议约定之债权债务关系的性质,学理上有"实践合同说""附生效条件合同说""附解除条件合同说"等不同见解,但各有不足。相反,"新债清偿说"主张,新债(和解之债)并不能使旧债(执行债权)消灭,二者先后发生、客观并存、目的相同,并存在债权满足的次序。债务人需先履行新债,若新债被履行,旧债消灭;新债未被履行、未被完全履行或者被瑕疵履行,则债权人仍可主张旧债。[②] 本书认为,"新债清偿说"能较好地兼容执行债权与和解债权,对于和解债权优先[③]、债务人履行和解债务后无须恢复执行[④]而言,具有更强的解释力。即使当事人未明确约定用和解债权替代执行债权,债务人履行完和解债权后,同样基于当事人的意思自治而使同一给付目的实现,原生效法律文书的执行被视为当然撤销,法院作执行结案处理(将中止执行变更为执行完毕)。对被执行人而言,无须通过行使抗辩权甚至债务人异议之诉的方式,阻却强制执行。相反,在德国、日本及我国台湾地区等,当事人依照执行和解协议履行完毕之后,并不发生终结强制执行的公法效力,仅构成债务人异议之诉的事由。

最后,若当事人不履行(包括不完全履行、瑕疵履行、迟延履行)执行和解协议,根据 2021 年《民事诉讼法》第 237 条第 2 款及 2020 年《执行和解规定》第 9 条的规定,申请执行人可以申请恢复执行原生效法律文书,也可以就履行执行和解协议向执行

---

① 参见肖建国:《中国民事强制执行法专题研究》,中国法制出版社 2020 年版,第 281 页。

② 参见肖建国主编:《民事执行法》,中国人民大学出版社 2014 年版,第 187 ~ 188 页;肖建国:《中国民事强制执行法专题研究》,中国法制出版社 2020 年版,第 283 ~ 286 页。

③ 参见 2020 年《执行和解规定》第 11 条规定,执行和解协议约定的履行期限尚未届至或者履行条件尚未成就(除非被执行人预期违约),或者被执行人一方正在按照执行和解协议约定履行义务的,不恢复执行。

④ 参见 2020 年《执行和解规定》第 8 条规定,执行和解协议履行完毕的,人民法院作执行结案处理。

法院提起诉讼。《民事强制执行法(草案)》第24条第3款也规定:“被执行人不履行执行和解协议的,申请执行人可以就原执行依据再次申请执行,也可以就履行执行和解协议向执行法院提起诉讼。”当然,相关规定并不意味着申请执行人可自由选择申请恢复执行或另行诉讼。如果仅属于限制型执行和解协议,申请执行人一般通过恢复执行获得完全救济,其在原则上并无另行起诉的利益。但在扩张型执行和解协议下,申请执行人可通过另诉请求被执行人履行和解协议或赔偿因不履行给其造成的损失。至于申请执行人能否申请执行和解协议,既要区分立法论与解释论的不同立场,也要注意仅适用于替代型及包含赋予执行力条款的选择型执行和解协议,而不适用于一般执行和解协议。上文已有讨论,此处不赘述。

在执行实务中,被执行人对和解债务,经常发生迟延履行、瑕疵履行等情况,容易引发争议。

【设例14-1】

2020年4月,梅州市中级人民法院作出执行裁定,查封被执行人谢某及其妻子赖某共有的房产一套。2020年5月,谢某与申请执行人吴某达成《执行和解协议》,约定:(1)双方确认谢某尚欠吴某本息合计223万元,此款应当在2020年年底前全部还清,其中5月底前还67万元、7月底前还90万元、9月底前还30万元,余款36万元在12月底前还清;(2)由保证人赖某提供夫妻共同财产即房产、车库作担保;(3)如谢某未能按期履行任何一期的还款义务,吴某可申请恢复执行,并由保证人在担保财产范围内承担清偿义务;(4)上述款项还清后,解除所有财产的查封。自2020年7月起,谢某未按《执行和解协议》履行付款义务。2021年2月,吴某申请恢复执行。3月,梅州市中级人民法院作出“执字第9号恢字第1号”执行通知书,告知谢某在3月20日之前把《执行和解协议》内容全部履行完毕,逾期将对其及其妻赖某提供担保的财产进行拍卖。3月20日,谢某把《执行和解协议》约定的款项全部付清。吴某领取款项后,要求法院继续按照原生效判决执行280万元债权。2021年5月,梅州市中级人民法院向谢某发函,要求其继续履行原生效判决。谢某不服,提出执行异议,请求终结执行,并解除对其居住房产的查封。

设例14-1改编自一则真实的案例,但进行了较大改动。① 被执行人是否按照执行和解协议履行完毕,决定了执行法院应否依申请恢复执行。对于被执行人逾期履行执行和解协议约定的债务,是否属于履行完毕,执行法院应否恢复执行,要看迟延履行与申请恢复执行的时间先后。如果被执行人未按约定的期限履行和解债务,申请执行人申请恢复执行的,和解债权已经消灭。被执行人在此之后按照执行和解协

① 参见(2015)执申字第30号裁定书。

议内容履行的，属于对执行债权而非和解债权的履行，并不发生新债清偿的效果。设例 14－1 中，谢某的履行发生在吴某申请恢复执行且法院已恢复执行之后，且吴某领取款项后并未撤回执行申请，故执行法院按照原生效判决继续执行并无错误。不当之处在于，不应在恢复执行后告知谢某继续履行执行和解协议，对谢某产生了误导。与之相对，如果被执行人虽未按约定的期限履行和解债务，但在申请执行人申请恢复执行之前履行，且申请执行人受领给付，那么视为已经履行完毕，执行法院不再恢复执行。如果申请执行人因为被执行人的迟延履行而遭受损失的，可以另行起诉。对此 2020 年《执行和解规定》第 15 条规定："执行和解协议履行完毕，申请执行人因被执行人迟延履行、瑕疵履行遭受损害的，可以向执行法院另行提起诉讼。"当然，如果申请执行人拒不受领被执行人的迟延履行，而坚持申请恢复执行的，执行法院应予准许。

对于恢复执行，仍有加以探讨的必要。因被执行人不履行执行和解协议，申请执行人恢复对原生效法律文书的执行的，和解债权归于消灭。若被执行人已部分履行和解协议，则视为对执行债权的履行，恢复执行时予以扣除。不过，在扩张型和解协议中，如果当事人约定了担保条款，为了保护申请执行人的信赖利益及恢复执行后提高执行债权的实现可能，在例外情形下应当保留担保条款的"成果"。对此，2020 年《执行和解规定》第 18 条规定："执行和解协议中约定担保条款，且担保人向人民法院承诺在被执行人不履行执行和解协议时自愿接受直接强制执行的，恢复执行原生效法律文书后，人民法院可以依申请执行人申请及担保条款的约定，直接裁定执行担保财产或者保证人的财产。"其中关于担保人向执行法院作出接受强制执行的书面承诺，已接近于执行担保制度。详见本章第二部分的分析。

二、执行担保

与执行和解不同，执行担保迟至 1991 年才被《民事诉讼法》正式确立。该法第 212 条规定："在执行中，被执行人向人民法院提供担保，并经申请执行人同意的，人民法院可以决定暂缓执行及暂缓执行的期限。被执行人逾期仍不履行的，人民法院有权执行被执行人的担保财产或者担保人的财产。"本条规定历经多次《民事诉讼法》修改，保留至今。此后，最高人民法院在 1992 年《民诉法意见》、1998 年《执行若干规定》、2015 年《民诉法解释》等司法解释中作出了一定的细化，并在 2018 年发布《关于执行担保若干问题的规定》（法释〔2018〕4 号，2020 年修正，以下简称《执行担保规定》），对执行担保制度作出较为全面的规定。《民事强制执行法（草案）》第 25 条有所调整，规定："执行中，被执行人或者他人可以向人民法院提供担保，申请暂缓实施调查措施和执行措施，并承诺暂缓期限届满后被执行人仍不履行执行依据确定义务的,自愿接受人民法院直接强制执行。被执行人或者他人提供的担保明显更有利于执行的,人民法院可以认定执行担保成立,决定暂缓实施调查措施和执行措施。但是暂缓查封或者变价的,应当取得申请执行人的同意。暂缓实施的期限,为六个月以下。暂缓期限届满后,被执行人仍不履行执行依据确定义务的,人民法院可以裁定执行担保财产或者该他人的财产。"与执行和解相似,执行担保作为一种执行程序中的公法上担保,构成中国强制执行制度的一大特色,但私法色彩渐浓。

(一)执行担保的特征

执行担保与民事担保、域外作为"假执行"障碍的担保容易混淆,又与执行和解中的担保条款比较相似。以下分别加以辨析。

1. 执行担保与民事担保

二者存在以下主要区别:

(1)民事担保须以合同方式设立,且原则上采用书面形式(要式合同),执行担保无须当事人之间订立合同,只需被执行人向法院提供担保并得到申请执行人的同意。换言之,民事担保基于当事人之间的横向关系而成立,执行担保基于当事人分别与执行法院发生的纵向关系而成立。民事担保合同可在发生纠纷前、诉讼系属中、判决生效后甚至强制执行中订立,而执行担保只能发生在强制执行中,通常是在执行立案后财产被拍卖或交付前。

(2)民事担保需要办理登记等公示手续,执行担保无须办理公示手续。根据《民法典》第209条规定:设立担保物权的,除非法律另有规定,否则依法登记才发生担保效力,令担保权人取得优先受偿权;未经登记,不发生担保效力。例如,以不动产抵押的,须办理抵押登记;以应收账款、知识产权等权利质押的,须办理质押登记;以动产抵押的,不办理登记不得对抗善意第三人;以动产质押的,须交付质押物。而执行担保原则上无须办理担保登记或者将担保物交付申请执行人,只需被执行人将相关权利凭证、标的物向执行法院提存或予以查封、扣押即可。当然,以不动产、权利等提供执行担保,不登记缺乏公示性,根据《民法典》的规定不发生私法上效力,容易与民事担保、处分行为等发生冲突。例如,被执行人将不动产的权属凭证交由执行法院提存后,制作了新的权属凭证,在不动产上设立抵押权并办理登记,或者将不动产出售给不知情人并办理登记。在此情形下,申请执行人往往难以实现执行担保所提供的债权保障。

为了协调执行担保与私法规范,司法解释一度要求提供执行担保的,应当按照民法的相关规定办理登记手续。2008年《执行若干规定》第84条曾规定:提供执行担保的,应当依照担保法的有关规定,按照担保物的种类、性质,将担保物移交执行法院,或依法到有关机关办理登记手续。该条规定被2015年《民诉法解释》吸收,变为第470条第2款第2句的规定,即“被执行人或者他人提供财产担保的,应当参照物权法、担保法的有关规定办理相应手续”。不过,2020年《执行担保规定》第7条将办理登记等担保物权公示手续的用语从“应当”变更为“可以”,并规定“已经办理公示手续的,申请执行人可以依法主张优先受偿权”。换言之:执行担保是否按照《民法典》办理担保登记并非强制,若担保书里载明无须办理登记并获得申请执行人的同意,无须办理;办理登记的申请执行人享有私法上的优先受偿权,否则就无权主张。本书认为,这一规定更有利于意思自治与执行担保的融合,既保留了执行担保的基本特征,又有利于发挥当事人的自主性。

(3)民事担保没有执行力,执行担保具有执行力。在民事担保中,担保权人若想强制实现担保权,可以通过诉讼、仲裁或者非讼性质的担保物权实现程序取得执行依据,再向法院申请强制执行。至于执行担保,在恢复执行后,法院可以直接执行担保财产或担保人的财产。

2. 执行担保与作为“假执行”障碍的担保

在域外,也存在被执行人通过提供担保阻却强制执行的规定。例如,德国《民事诉讼法》第775条第3项规定,当债务人通过提供担保阻止强制执行,且提出公文书予以证明时,债务人提供担保的行为发生执行障碍的效果。从表面上看,这一规定与我国的执行担保颇为相似。然而,根据德国学者的阐述,该条规定仅适用于德国《民事诉讼法》第709条、第711条、第720a条第3款的情形之中。① 这几个条款规定的是“假执行”制度。在德国、日本、我国台湾地区等,法院可依职权或依申请,对尚未确定(生效)的判决宣告假执行。假执行在性质上属于终局执行,但并非基于确定判决,故具有执行名义的不安定性,会因本案判决被上级法院撤销或更改、假执行宣告被撤销或更改而全部或部分丧失效力。为了平衡债权人、债务人的利益,允许债务人通过提供担保的方式阻却假执行。尽管德国《民事诉讼法》只规定债务人提供担保且有公文书证明,构成执行障碍,而未明确执行机关能否执行担保财产,但在学理上看,执行应无疑义。

相比之下,我国大陆尚未确立假执行制度,《民事诉讼法》规定的执行依据均为已生效的法律文书。作为执行担保的直接效力对象,暂缓的并非尚存在不安定性的假执行,而是基于生效法律文书的终局执行。因此,执行和解与域外作为“假执行”障碍之担保的场域、目的、功能皆不相同,不可望文生义,将二者混为一谈。

---

① 参见[德]奥拉夫·穆托斯特:《德国强制执行法》(第2版),马强伟译,中国法制出版社2019年版,第101页。

3. 执行担保与执行和解中的担保

在2018年之前,执行担保和执行和解中的担保的区别是很明显的。执行担保作为公法上的担保,基于当事人与法院的纵向关系而成立,具有执行力;执行和解中的担保条款则是当事人自行和解达成协议的内容,基于当事人之间的横向关系而成立,即使经过司法审查确认效力,也不具有执行力。然而,随着《执行和解规定》及《执行担保规定》的实施,二者呈现相向而行的趋势。一方面,执行和解中的担保条款,在满足"担保人向人民法院承诺在被执行人不履行执行和解协议时自愿接受直接强制执行"的要件时,恢复执行原生效法律文书后,执行法院可以依申请执行人申请及担保条款的约定,直接裁定执行担保财产或者保证人的财产。这一规定与执行担保的执行力已相当接近。① 区别仅在于,依据执行和解协议担保条款申请执行的,需要申请执行人提出独立的申请(不同于恢复执行的申请),而按照2020年《执行担保规定》第11条,执行法院在依申请恢复执行后,无须申请执行人提出独立的申请,即可直接裁定执行担保财产或者保证人的财产。② 当然,这种区别的实践意义极为有限。另一方面,2020年《执行担保规定》第4条规定,担保书的内容除了暂缓执行期限、接受执行承诺等执行契约条款外,还包括被担保的债权种类及数额、担保范围、担保方式,担保财产的名称、数量、质量、状况、所在地、所有权或者使用权归属等私法内容。申请执行人同意的,相当于在当事人之间就担保的实体内容达成协议。

(二)执行担保的要件与效力

1. 根据《民事诉讼法》及相关司法解释的规定,执行担保成立的要件有四项:

(1)被执行人或者第三人向执行法院而非申请执行人提供担保。2020年《执行担保规定》第2条规定,执行担保可以由被执行人提供财产担保,也可以由他人提供财产担保或者保证。在具体方式上,被执行人或者他人提供执行担保的,应当向执行法院提交担保书,并将担保书副本送交申请执行人。担保书可记载的内容如上文所述。

(2)被执行人或第三人书面承诺,被执行人于暂缓执行期限届满后仍不履行时,自愿接受直接强制执行。执行担保成立后,赋予执行法院直接执行被执行人的担保财产或保证人的财产的权力,最重要的正当性根据就是被执行人或保证人的书面承诺。如果被执行人或第三人提供的担保书中未明确作出这一承诺,执行法院应要求

① 参见刘君博:《执行和解协议中担保条款研究》,载《法律科学》2019年第4期。

② 根据2020年《执行担保规定》第13条规定,"担保期间届满后,申请执行人申请执行担保财产或者保证人财产的,人民法院不予支持",似乎又能得出相反的结论。

其补充并明确，否则不予接受。对于不包含接受执行条款的担保书，申请执行人表示同意的，应将其理解为双方自愿达成的执行和解协议，而非执行担保。①

（3）征得申请执行人的同意。根据1991年《民事诉讼法》起草者的释义，申请执行人“同意”的内容，并非暂缓执行及暂缓执行的期限，而是被执行人向法院提供担保（从而发生暂缓执行的效力）。② 不过，现行司法解释作了扩张，将暂缓执行及暂缓执行的期限也纳入申请执行人“同意”的范围。2020年《执行担保规定》第4条第1款规定：“担保书中应当载明……暂缓执行期限……被执行人于暂缓执行期限届满后仍不履行时担保人自愿接受直接强制执行的承诺等内容。”因提交担保书是提供执行担保的具体方式，担保书记载的内容是申请执行人的“同意”对象，故“暂缓执行期限”及作为前提的暂缓执行也涵盖在内。当然，对于暂缓执行期限的同意并非决定性的，执行法院仍可对期限作相应调整（理由参见下文的分析）。申请执行人的“同意”须以书面为之，应当向执行法院出具书面同意意见，或者由执行人员将其同意的内容记入笔录，并由申请执行人签名或者盖章。该种“同意”是向法院作出的诉讼行为，而非向被执行人作出的法律（私法）行为。如果申请执行人不同意被执行人向法院提供担保，执行法院不得接受被执行人或第三人的担保书。在此情形下，暂缓执行也无从谈起。

针对同一个被执行人，有多个已取得执行依据的债权人申请参与分配，或者执行法院将多个执行案件作并案处理的，涉及对担保书之“同意”如何作出的问题。若多个债权人一致同意，自无疑义。若只有部分债权人同意，部分债权人不同意或者仅同意部分担保书的条款，则视为不同意，抑或以申请执行人的意思表示为准，还是按照债权数额或人数实行“多数决”？首先，在金钱债权执行中，已取得执行依据并参与分配的债权人与申请执行人处于同等的法律地位，平等分享执行成果，故也有资格同意或者不同意设立执行担保并暂缓执行。其次，如果只有部分债权人同意，其他债权人可从本案执行程序中脱离，不参与分配而另行申请执行，仍将继续执行，则本案暂缓执行失去实际意义。对此，有必要采用文义解释、目的解释方法，回到2021年《民事诉讼法》第238条本身及上述起草者阐明的立法目的，将“同意”的重心置于被执行人向执行法院提供执行担保，而非暂缓执行及其期限。后者虽也可由当事人通过“记载－同意”的方式进行约定，但主要由执行法院依职权作出决定。由此出发，即使复数债权人对是否暂缓执行及其期限达不成一致意见，只要都同意被执行人向法院提供执行担保，就

① 当然，因执行和解协议不含接受执行条款，申请执行人不得依据2020年《执行和解规定》第18条的规定，在申请恢复执行后，申请执行担保财产或担保人的财产。

② 参见唐德华：《民事诉讼法立法与适用》，中国法制出版社2002年版，第448页。

视为已满足“同意”的要件。

值得注意的是,《民事强制执行法(草案)》未强调申请执行人的同意。该草案第25条第2款规定,被执行人或他人提供担保并申请暂缓执行后,执行法院认为“担保明显更有利于执行的”,可以决定暂缓执行。换言之,暂缓执行与否,由执行法院裁量决定。这样固然省去了征得申请执行人同意的麻烦,但是否会导致执行法院权力膨胀,有无剥夺申请执行人程序参与权的嫌疑,损害执行担保的正当性,有待观察和分析。毕竟,我国执行担保并非用于阻却假执行,而是依据生效法律文书进行的终局执行。本书主张,有必要保留征得申请执行人同意这一要件。

(4)担保财产的查封、扣押或提存。如果第三人提供保证,只需向执行法院出具担保书即可,不涉及担保财产的查封、扣押或提存。但是,如果被执行人或第三人以特定财产提供担保,除了提交担保书,一般还需将有关财产或财产权利凭证交执行法院提存,或者由执行法院予以查封、扣押。2020年《执行担保规定》第7条第2款规定:“申请执行人申请人民法院查封、扣押、冻结担保财产的,人民法院应当准许,但担保书另有约定的除外。”这样的方式,可以降低担保人转移、隐匿、损毁担保财产的风险,一旦被执行人在暂缓期限届满后仍不履行债务,依申请恢复执行后,执行法院可以简便、快速地执行担保财产。例如,浙江省高级人民法院《关于执行担保若干疑难问题解答》(浙高法执〔2013〕4号)规定:担保财产系普通动产或不需要登记的财产权利,应将财产或财产权利凭证移交执行法院,普通动产无法移交的,执行法院应予查封;担保财产系不动产或需登记的财产权利,由执行法院对该财产或财产权利予以查封或冻结,必要时对其权属证书予以扣押;担保财产系特殊动产,如机动车、船舶等,则应同时办理移交和查封手续;查封、冻结应作出裁定,裁定书中应列明执行担保人;需办理查封、冻结登记手续的,应当向有关部门发出协助执行通知书。

须注意的是,在我国执行查封并不能令申请执行人取得实体法上的优先受偿权。申请执行人为了更周全地保障自身利益,可以要求被执行人或第三人在其提供的担保财产上进行担保登记,或者申请对担保财产办理登记手续。执行法院可以向登记机关发出协助执行通知书。

2. 执行担保主要产生公法上效力,包括暂缓执行及执行力。以下分别加以讨论。

首先,执行担保成立,且法院决定暂缓执行的,应暂不进行执行程序,无须另行裁定暂不执行。这与达成执行和解后,法院应当依职权或依申请裁定中止执行明显不同。在学理上,暂缓执行与执行中止存在以下主要区别:(1)暂缓进行的执行行为原则上可由当事人作出约定(通过被执行人提交担保书,申请执行人同意)并由法院决定,例如暂不查封标的物、组织拍卖、将标的物移交申请执行人;中止执行则使执行程序整体暂停进行,不过已采取的财产查封措施不予解除。(2)暂缓执行有期限限制,期限届满后应当恢复执行或继续执行；中止执行只有待中止事由消除后才依申请恢复执行，但事由何时消除存在不确定性，无法事先施加期限限制，有的甚至因事由的结果（如执行依据被撤销、被执行人死亡且无遗产可供执行又无义务承担人）终结执行。（3）暂缓执行的原因通常是主观的、内在的，即被执行人以提供担保为条件提出申请，申请执行人同意，执行法院作出决定；中止执行的事由通常是客观的、外在的，例如一方当事人死亡或组织终止、执行依据按照审判监督程序决定再审的。然而，如本书第一章所列司法解释显示，在实践中二者的边界已相当模糊。强行区分二者的适用情形，并没多大必要。

暂缓执行的期限有多长，由执行法院根据双方当事人的意见，结合实际情况作出决定。与域外强制执行采用当事人进行主义原则不同，我国大陆执行程序仍以职权进行主义为原则。因此，域外学理上主张，暂缓（延缓）执行只需债权人同意，无须执行法院同意，且延缓期限届满后，经执行法院通知，债权人未及时（收到通知后 10 日内）申请续行执行的，视为撤回强制执行申请。① 但根据 2021 年《民事诉讼法》第 238 条的规定：一方面暂缓执行及暂缓执行的期限由法院依职权决定；另一方面暂缓执行期限届满的，可以由申请执行人申请恢复执行，但既没有规定逾期申请的法律效果，也未排除法院依职权恢复执行或继续执行。尽管《执行担保规定》将更大的权限赋予当事人，尝试贯彻自主行为、自我负责的正当性逻辑，但执行法院仍应保留对暂缓哪些执行行为、暂缓期限长短的职权调整余地。在多个债权人参与分配且对暂缓执行期限长短未达成一致意见的案件中，更是如此。2020 年《执行担保规定》第 10 条规定："暂缓执行的期限应当与担保书约定一致，但最长不得超过 1 年。"此处的"应当"以理解为"可以"或者增加"原则上"作限定语为宜。至于最长不得超过一年，是因为暂缓执行期限过长，不仅会影响执行效率，而且会增加执行债权实现的不确定性。《民事强制执行法（草案）》采用法院裁量决定暂缓执行模式，原则上无须征得申请执行人的同意，故相应缩短了暂缓执行的期限。该草案第 25 条第 3 款第 1 句规定："暂缓实施的期限，为六个月以下。"如前所述，如果将征得申请执行人的同意作为恢复执行担保的要件之一，暂缓执行的期限应适当延长，从而给予当事人更大的自主决定空间。

其次，暂缓执行期限届满后被执行人仍不履行义务，或者暂缓执行期间担保人有转移、隐藏、变卖、毁损担保财产等行为的，执行法院可以依申请恢复执行，并直接裁定执行担保财产或者保证人的财产。当然，根据 2020 年《执行担保规定》第 13 条的规定，执行担保财产或保证人的财产，应由申请执行人在担保期间届满前申请。且根

---

① 参见吴光陆：《强制执行法》（第 3 版），台北，三民书局 2015 年版，第 150 ~ 151 页。

据第 12 条的规定，担保期间自暂缓执行期限届满之日起计算。担保书中载明担保期间的，应担保书为准；担保书没有记载担保期间或者记载不明的，担保期间为 1 年。然而，如果当事人没有约定担保期间，规定执行担保期间上限似乎没有必要，也不合理。这有混淆执行担保和民事担保的嫌疑。

在执行担保财产或者保证人的财产时，以担保人应当履行义务部分的财产为限。这需要根据担保书记载的内容（被担保的债权种类及数额、担保范围、担保方式）、被执行人的履行情况（剩余未履行的债权）等作出判断。如果被执行人与保证人均有可供执行的财产，或者担保财产由第三人提供但被执行人有可供执行的财产，由于执行他人的担保财产将涉及后续的追偿诉讼，为减轻当事人诉累，节省司法资源，执行法院应当优先执行被执行人的财产。如果被执行人既提供了担保财产，又有便于执行的现金、银行存款的，为节省执行成本，提高执行效率，应当优先执行现金、银行存款。后者已为 2020 年《执行担保规定》第 11 条第 2 款第 2 句所明确。只有被执行人无财产可供执行，或者财产难以执行，才可执行他人提供的担保财产或者保证人的财产。

第十五章

执行救济

强制执行，即运用国家公权力强制实现私权利（债权、担保物权）。在中国语境下，就是依据申请执行人的执行请求权，执行法院不顾被执行人的意愿而强制剥夺其财产或限制其行为自由。首先，强制执行与司法审判不同，其本质特征在于事实上的干预、剥夺、限制，而非观念上的裁量、判断。因此，强制执行始终有违法、不当的风险，或者说天生带有实际侵害执行当事人、利害关系人权益的“基因”。其次，法院在实施执行过程中，对财产权属的判断贯彻形式化原则，难免会因为权利外观与实际不符、占有与所有相分离等，错误地执行他人所有的财产。再次，法院通常根据执行依据之记载实施执行，原则上贯彻“抽象执行请求权说”（执行依据表征的实体权利 = 执行请求权），但由于执行依据之记载与实体权利的真实状况（如执行债权已部分履行、抵销、提存）会有出入，被执行人可能被迫双重给付或过度给付。最后，我国不实行执行文付与制度，法院比较频繁地变更、追加被执行人，逾越执行依据记载的主观范围，可能剥夺对相关主体之必要的程序保障。鉴于此，通过设置完善的执行救济体系，保护执行当事人、案外人的实体权益及程序权利免受违法、不当执行的侵害，就显得尤为重要。执行救济，相当于强制执行的“刹车皮”和“安全阀”，预防侵害的发生，制止侵害的扩大。

在学理上，可将强制执行瑕疵分为“违法执行”与“不当执行”两种类型。所谓违法执行，指的是执行行为违反法律规定的执行要件、程序或方法。在现行司法解释中，有关违法执行的详细规定，莫过于最高人民法院《关于审理涉执行司法赔偿案件适用法律若干问题的解释》(法释〔2022〕3 号,以下简称《执行赔偿解释》)第 2 条。[①]当然,即使执行行为的外观合法,只要违反公平原则、比例原则、善意执行理念,实质损害当事人或第三人利益的,也属于违法执行的范围。[②] 例如,在金钱债权执行中,被执行人有存款、现金等易于执行的财产,执行法院仍强行拍卖被执行人的不动产、股权。根据《国家赔偿法》第 38 条的规定,执行法院"对判决、裁定及其他生效法律文书执行错误,造成损害的",受害人可以请求国家赔偿。所谓不当执行,指的是执行行为虽然符合强制执行法规范,但执行之结果与实体法律关系真实状况相背离。例如,对属于第三人所有的财产进行查封、拍卖,未将优先权列入分配方案。由于不当执行并未违反法定程序,故执行当事人及利害关系人不得请求国家赔偿。

《民事诉讼法》及相关司法解释规定的执行救济制度,可以分为"内嵌"型与"外延"型两种。"内嵌"型执行救济内置于强制执行程序,主要对应于违法执行,由法院执行局组成审判组织进行审查和作出裁定。狭义的"内嵌"型执行救济即执行异议、复议,广义上不妨将执行监督、执行回转的内容也归入其中。"外延"型执行救济则从强制执行程序溢出,主要对应于不当执行,一般由法院审判部门按照诉讼程序进行审理和作出裁判,包括执行异议之诉(案外人异议之诉、许可执行之诉)、分配方案异议之诉及正在酝酿中的债务人异议之诉。本书之所以称为执行程序"外延"的救济方法,是因为相关诉讼之结果将直接作用于强制执行,令其停止、限制或继续。也因为此,这类诉讼具有诉讼上或执行上的形成之诉的特征。这与当事人谋求取得新的执行依据的"另行起诉"截然不同。例如,物的交付执行中,原物毁损灭失且当事人无法就折价赔偿协商一致的,执行法院终结执行。申请执行人另行起诉,已是一段与原强制执行无关的新故事了。[③]

---

① 该条列举的"错误执行行为"也即违法执行行为包括:(1)执行未生效法律文书,或者明显超出生效法律文书确定的数额和范围执行的;(2)发现被执行人有可供执行的财产,但故意拖延执行、不执行,或者应当依法恢复执行而不恢复的;(3)违法执行案外人财产,或者违法将案件执行款物交付给其他当事人、案外人的;(4)对抵押、质押、留置、保留所有权等财产采取执行措施,未依法保护上述权利人优先受偿权等合法权益的;(5)对其他人民法院已经依法采取保全或者执行措施的财产违法执行的;(6)对执行中查封、扣押、冻结的财产故意不履行或者怠于履行监管职责的;(7)对不宜长期保存或者易贬值的财产采取执行措施,未及时处理或者违法处理的;(8)违法拍卖、变卖、以物抵债,或者依法应当评估而未评估,依法应当拍卖而未拍卖的;(9)违法撤销拍卖、变卖或者以物抵债的;(10)违法采取纳入失信被执行人名单、限制消费、限制出境等措施的;(11)因违法或者过错采取执行措施或者强制措施的其他行为。

② 参见杨与龄编著:《强制执行法论》,中国政法大学出版社 2002 年版,第 7 页。

③ 在德国,属于此类诉讼的主要包括债务人请求债权人返还执行标的物的返还之诉(我国交由执行回转制度解决)、债务人因债权人有违善良风俗地骗取或利用执行名义而提起的损害赔偿之诉、债权人对债务人提起的以取得执行标的物为目的的撤销之诉、执行程序结束后债务人或第三人提起的损害赔偿或不当得利返还之诉,等等。参见[德]奥拉夫·穆托斯特:《德国强制执行法》(第 2 版),马强伟译,中国法制出版社 2019 年版,第 16 ~ 17 页。

关于我国的执行救济制度体系，详见图 15 - 1：

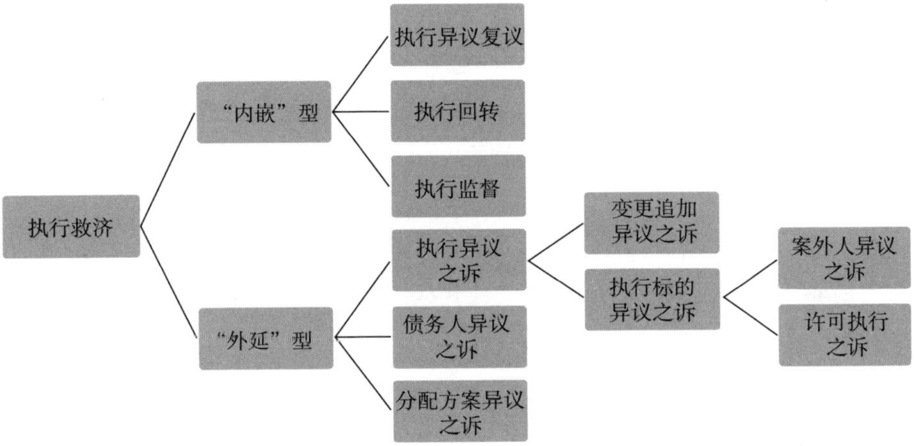

图 15 - 1　我国的执行救济制度体系

一、执行救济的历史

在改革开放以前，法院在执行工作中贯彻强制执行与说服教育相结合的原则。在当时，执行程序的规范化程度很低，主要通过执行人员发挥主观能动性，推动执行的实施。相应地，执行救济也处于一种“低规范化”状况，当事人、利害关系人只能通过申诉、信访等渠道反映问题，欠缺法定程序保障。典型的如 1979 年最高人民法院制定的《人民法院审判民事案件程序制度的规定（试行）》“八、执行”部分规定，“执行工作一定要依靠群众和有关部门，要做好对当事人的说服教育工作，注意工作方法……判决和裁定正确，当事人故意拖延或拒不执行的，应依靠有关单位和群众进行说服教育。如反复教育无效，可通知当事人所在单位强制执行”。与此同时，该文件对执行救济未置一词。

1982 年《民事诉讼法（试行）》有了明显进步。这主要体现在第 162 条的规定上：“执行过程中，案外人对执行标的提出异议的，执行员应当进行审查。无理由的，予以驳回；有理由的，报院长批准中止执行，由合议庭审查或者审判委员会讨论决定。”尽管该条与目前的案外人异议之诉相比，显得相当粗糙，但无疑向保护案外人实体权益迈出了一大步。1991 年《民事诉讼法》进一步完善了执行救济制度体系。一方面，第 208 条对上述第 162 条作了修正，规定，“如果发现判决、裁定确有错误，按照审判监督程序处理”。另一方面，第 214 条首次确立了执行回转制度：“执行完毕后，据以执行的判决、裁定和其他法律文书确有错误，被人民法院撤销的，对已被执行的财产，人民法院应当作出裁定，责令取得财产的人返还；拒不返还的，强制执行。”1998 年《执行若干规定》第109条、第110条对执行回转制度略作补充,规定申请执行人应返还的财产包括孳息,执行回转应当重新立案,已执行的标的物系特定物的,应当退还原物,不能退还原物的,可以折价抵偿。该司法解释还专门在第129~136条规定了执行监督制度。执行监督的机制包括上级法院指令或责令纠正、直接裁定或决定纠正、督促限期执行、决定由本院执行或与下级法院共同执行、指定本辖区其他法院执行、通知暂缓执行等。

然而,在2007年以前,《民事诉讼法》及司法解释没有针对违法执行行为设置救济途径,也没有规定处理的法定程序。当事人、利害关系人仍只能通过申诉、信访等渠道反映问题,法院的相关处理机制则被纳入执行监督的范畴。执行监督是法院内部的监督纠错机制,当事人和利害关系人既无法有效启动,也难以参与其中。加之各种现实因素的影响,执行监督的作用受到限制,难以为受到侵害的当事人、利害关系人提供充分的救济。① 由此造成执行救济的混沌无序,既有当事人、利害关系人面对违法执行徒唤无奈,也有不诚信者胡搅蛮缠,干扰执行工作的正常开展。为了解决执行难、执行乱问题,2007年《民事诉讼法》"执行程序"编作出重大修改。其一,第202条规定:"当事人、利害关系人认为执行行为违反法律规定的,可以向负责执行的人民法院提出书面异议。当事人、利害关系人提出书面异议的,人民法院应当自收到书面异议之日起十五日内审查,理由成立的,裁定撤销或者改正;理由不成立的,裁定驳回。当事人、利害关系人对裁定不服的,可以自裁定送达之日起十日内向上一级人民法院申请复议。"这一规定填补了我国对违法执行行为进行程序上救济的法律空白,标志着我国执行救济制度发展到了一个新阶段。② 其二,吸收执行监督的有益经验,将督促执行的内容上升为立法。第203条规定:"人民法院自收到申请执行书之日起超过六个月未执行的,申请执行人可以向上一级人民法院申请执行。上一级人民法院经审查,可以责令原人民法院在一定期限内执行,也可以决定由本院执行或者指令其他人民法院执行。"其三,完善执行标的救济制度,既保留案外人对执行标的之异议,又引入执行异议之诉,形成"执行标的异议+执行异议之诉"的二阶段构造。具体来说,第204条规定:"执行过程中,案外人对执行标的提出书面异议的,人民法院应当自收到书面异议之日起十五日内审查,理由成立的,裁定中止对该标的的执行;理由不成立的,裁定驳回。案外人、当事人对裁定不服,认为原判决、裁定错误的,依照审判监督程序办理;与原判决、裁定无关的,可以自裁定送达之日起十五日内向人民

① 参见江必新主编:《新民事诉讼法执行程序讲座》,法律出版社2012年版,第72页。

② 参见王飞鸿、赵晋山:《民事诉讼法执行编修改的理解与适用》,载《人民司法·应用》2008年第1期。

法院提起诉讼”。2008 年《执行程序解释》第 26 条第 2 款创设了分配方案异议及异议之诉。至此，以执行异议之诉、执行行为异议及复议、执行监督、执行回转、分配方案异议及异议之诉为主要内容的执行救济制度体系大致成型。

在此以后，2015 年《民诉法解释》专门对执行异议之诉的管辖、要件、主体、裁判等作出详细规定，并对分配方案异议之诉加以完善。2016 年《执行变更当事人规定》第 32 条规定，被申请人或申请人对于特定类型的变更、追加当事人裁定或驳回申请裁定不服的，可以自裁定书送达之日起 15 日内，向执行法院提起执行异议之诉。由此司法解释又创设了一种新的执行异议之诉，可被称为变更追加异议之诉或主体适格异议之诉。在强制执行法出台之前，也属无奈之举。

在比较法的视野下，执行监督、执行回转为我国大陆所特有，域外鲜见同类制度；执行异议大致相当于我国台湾地区的执行“声请”或“声明异议”，指向强制执行的命令、实施强制执行的方法、强制执行应遵守的程序及其他违反强制执行的规定而侵害当事人或利害关系人利益的情事；[①]执行复议大致相当于我国台湾地区的抗告，指向执行法院就“声请”或“声明异议”所作的“裁定”；对于被执行人实体权益的救济，我国大陆则欠缺一大版块——债务人异议之诉。在“抽象执行请求权说”下，虽然执行债务已通过履行、抵销、提存等方式全部或部分消灭，但债权人仍可依据执行名义的形式化记载请求执行全部债务。对此执行法院不得径行驳回，而应由债务人提起异议之诉，请求救济。

虽然理论界一直呼吁我国应当设立债务人异议之诉制度，但《民事诉讼法》历经多次修改而未采纳。取而代之的，是 2014 年《执行异议复议规定》第 7 条第 2 款。该款规定，被执行人以债权消灭、丧失强制执行效力等执行依据生效之后的实体事由提出排除执行异议的，执行法院应当参照《民事诉讼法》第 225 条(2021 年修改后第 232 条)规定进行审查。然而，债权是否因被执行人履行、抵销、提存等消灭，是一个实体争议问题，不宜通过执行行为异议解决。最高人民法院受制于法律缺位，为了应对实践中层出不穷的相关问题，采用了这种妥协办法。[②] 不过，《民事强制执行法(草案)》第 88 条确立了债务人异议之诉制度。

二、“内嵌”型执行救济

广义上的“内嵌”型执行救济包括执行异议复议、执行回转和执行监督。关于执

① 关于我国台湾地区的执行“声请”或“声明异议”，参见杨与龄编著:《强制执行法论》，中国政法大学出版社 2002 年版，第 171 ~ 178 页。

② 参见最高人民法院执行局编著:《最高人民法院关于人民法院办理执行异议和复议案件若干问题规定理解与适用》，人民法院出版社 2015 年版，第 102 页。

行回转的内容，本书已在第二章第一部分中作过介绍，本章从略。下文集中讨论执行异议复议、执行监督。

（一）“内嵌”型执行救济的对象

“内嵌”型执行救济以错误、违法的执行行为为客体。执行行为是一个包罗万象的概念，包括搜查、查封、扣押、冻结、拍卖、变卖、以物抵债、暂缓执行、中止执行、终结执行、变更或追加执行当事人，等等。法院之间往来公函（如关于参与分配、移送“执转破”、移送执行的函）、执行监督行为（如上一级法院决定提级执行或指令辖区内其他法院执行）等不属于执行行为的范畴。有些间接执行措施带有惩戒性质，如纳入失信被执行人名单、限制高消费，是否属于执行行为，有争议。本书持肯定的观点。执行行为可以分为事实性行为与裁量性行为、积极行为与消极行为。不同类型的执行行为出现错误、违法，应提供不同的救济方法。

1. 事实性执行行为与裁量性执行行为

事实性执行行为即执行人员采取的执行方法，可依职权或依申请作出，对执行标的、执行程序发生作用力，如网络查控、现场搜查、实施查封、组织拍卖、选任代履行人、作为间接执行方法的罚款、中止执行、终结执行；裁量性执行行为由执行法院通过略式程序进行审查并作出裁定，是对执行要件、范围的判断，如不予受理或驳回执行申请的裁定、对执行管辖异议的裁定、变更追加执行当事人或驳回变更追加申请的裁定①、不予执行公证债权文书的裁定。显然，并非所有执行法院作出的裁定都属于裁量性执行行为。例如，法院为了查封、扣押、冻结被执行人的财产而作出的执行裁定，是查封这一执行方法的有机部分。执行人员依据执行裁定作出查封登记、张贴封条、扣押财产，构成执行查封的统一体。因此，此类执行裁定属于事实性执行行为。中止执行、终结执行的裁定也是如此。

原则上，当事人或利害关系人不服事实性执行行为，可以向执行法院提出执行异议，对异议结果不服的，再向上一级法院申请复议；不服裁量性执行行为，直接向上一级法院申请复议。理由在于，执行法院在作出裁量性执行行为之前，已经赋予当事人一定的程序保障。相关裁定一般通过略式程序作出，除了书面审查，有的还组织过听证。要求当事人或利害关系人先提出执行异议，由法院裁定予以撤销或者驳回异议，不服的当事人再申请复议，有叠床架屋之嫌，既不经济，也影响执行效率。我国大陆

---

①　例外是，根据2020年《执行变更当事人规定》第32条第1款的规定，对于部分变更、追加裁定或驳回申请裁定，“可以自裁定书送达之日起十五日内，向执行法院提起执行异议之诉”。为避免救济的重复，此处的“可以”应理解为“只能”。详见本章“变更追加异议之诉”部分的分析。

执行异议/执行复议的制度框架无疑是受域外执行行为救济二元化的影响。除了上文提及的我国台湾地区“声请”或“声明异议”/抗告之外，德国区分为抗议/即时抗告①、日本区分为执行异议/执行抗告。忽略翻译造成的干扰及因执行体制差异造成的区别，在宽泛的意义上，异议、抗议均向执行法院提出，由其对执行行为进行审查并予以纠正，当事人对结果不服的可向上一级法院提出抗告；抗告、即时抗告以执行法院的裁定为对象，具有移审的效力，由上一级法院受理并作出裁定。遗憾的是，最高人民法院在制定司法解释时缺乏明确的区分意识，不时将二者混为一谈。例如，2020年《执行异议复议规定》第9条规定，被限制出境的人认为对其限制出境错误的，可以自收到限制出境决定之日起10日内向上一级人民法院申请复议。起草者明确认识到限制出境属于间接执行方法之一种，却不按照事实性执行行为设置统一的执行异议复议救济途径，实属不当。②《民事强制执行法(草案)》第84条第1款有所区分：“当事人、利害关系人认为已实施的执行行为违反法律规定的，可以在相应的执行程序终结前，向执行法院提出书面异议，请求撤销或者变更执行行为。但是依照本法规定可以直接申请复议的除外。”

【设例15-1】

在某案件的执行过程中，被执行人鑫世纪公司与申请执行人百货公司达成用土地使用权以物抵债的执行和解协议，执行法院出具以物抵债裁定书。案外人中成公司是鑫世纪公司的债权人，已提起了诉讼，得知鑫世纪公司名下的主要财产被以物抵债后，向执行法院提起第三人撤销之诉，请求撤销其作出的以物抵债裁定。法院以执行程序中的裁定不属于第三人撤销之诉的对象为由，裁定不予受理。二审法院予以维持。最高人民法院经再审审查，驳回中成公司的再审申请。

设例15-1改编自一则真实的案例。③ 首先，根据2020年《执行和解规定》第6条的规定，当事人达成以物抵债执行和解协议的，执行法院不得依据该协议作出以物抵债的裁定，因此所作裁定是违法或错误执行行为。其次，该裁定并非裁量性执行行为，而是事实性执行行为，当事人或利害关系人不服的，可以提出执行异议及申请复议。由于法规范上已经提供了较为简便、低成本的救济渠道，第三人中成公司就不具有提起第三人撤销之诉的诉的利益。就此而言，执行程序中法院所作各类裁定均不

① 参见[德]奥拉夫·穆托斯特：《德国强制执行法》(第2版)，马强伟译，中国法制出版社2019年版，第228~239页。

② 参见最高人民法院执行局编著：《最高人民法院关于人民法院办理执行异议和复议案件若干问题规定理解与适用》，人民法院出版社2015年版，第123~129页。

③ 参见(2019)最高法民申3512号。

属于2021年《民事诉讼法》第59条第3款规定的“发生法律效力的判决、裁定、调解书”，不能对之提起第三人撤销之诉，而应通过执行异议、复议予以救济。

有疑问的是，对于执行法院作为间接执行方法而作出的罚款、拘留、纳入失信被执行人名单的决定，被执行人可否提出执行异议？一方面，作为间接执行方法的罚款、拘留，有别于对妨碍执行强制措施的罚款、拘留。前者是对人执行，旨在通过对被执行人施加威慑、压制，迫使其自愿履行执行债权（主要是不可替代的行为义务）。后者是对妨碍、干扰执行秩序的一种惩戒措施，所作决定本身构成执行依据。对于后者，2021年《民事诉讼法》第119条规定，当事人不服决定的，可以向上一级法院申请复议一次。另一方面，间接执行与直接执行一样，在性质上都属于事实性执行行为。因此，被执行人不服间接执行措施的，可以提出执行行为异议。[①]

2. 积极执行行为与消极执行行为

积极执行行为即执行法院或执行人员作出一定的事实性或处分性行为，消极执行行为即执行法院或执行人员不作为、怠于作为，如不及时采取执行措施、不及时解除查封措施、不恢复执行、不对查封财产进行拍卖、不出具以物抵债裁定书等。关于消极执行的救济方法，实务上一直有争议。

【设例15-2】

东源公司依据某仲裁裁决书，向淄博市中级人民法院申请对圣发公司强制执行。2015年4月15日，淄博市中级人民法院立案执行。2015年5月11日，淄博市中级人民法院向圣发公司送达执行通知书、执行裁定书，责令圣发公司履行仲裁裁决确定的义务。随后，淄博市中级人民法院对圣发公司的银行账户予以冻结，将圣发公司名下的一块土地使用权过户至东源公司名下，并查封了圣发公司名下在建工程。但在此后两年半时间里，淄博市中级人民法院未再推进执行程序。东源公司向淄博市中级人民法院提出执行异议，要求纠正消极执行行为，尽快将案件执行完毕。淄博市中级人民法院以消极执行不属于执行异议复议范围为由，裁定驳回。山东省高级人民法院又驳回了东源公司的复议申请。最高人民法院在执行监督中也认为，本案应适用督促执行程序予以救济，而非适用执行异议复议相关规定。

设例15-2改编自一则真实的案例。[②] 最高人民法院认为，2021年《民事诉讼法》第232条与第233条分别适用于积极执行行为与消极执行行为。对于具体执行措施或程序违反法律规定并侵害当事人、利害关系人合法权益的，受害人可以依照第

① 参见肖建国：《民事强制执行救济制度的展开——以我国现行法律规定的难点和适用为中心的研究》，载最高人民法院执行工作办公室编：《执行工作指导》2008年第1辑，人民法院出版社2008年版，第92~93页。

② 参见(2015)执申字第50号。

232 条的规定提起执行异议。对于执行法院在法定期限内未执行的,属于消极执行、怠于执行,申请执行人可依照第 233 条申请上一级法院督促执行。本案中,东源公司并未对执行法院具体执行措施或程序提出异议,而是认为执行法院消极执行,请求执行法院尽快采取相应的执行措施,将本案执行完毕。从其主张来看,应适用督促执行程序予以救济。对此,上一级法院可采取限期执行、提级执行或指令执行的方式进行监督,而无法撤销或者改正。

设例 15－2 的裁判结果值得肯定。首先,2021 年《民事诉讼法》第 233 条规定,"人民法院自收到申请执行书之日起超过六个月未执行的,申请执行人可以向上一级人民法院申请执行"。根据 2020 年《执行程序解释》第 11 条的规定,第 233 条适用于以下情形:(1)债权人申请执行时被执行人有可供执行的财产,执行法院自收到申请执行书之日起超过 6 个月对该财产未执行完结的;(2)执行过程中发现被执行人可供执行的财产,执行法院自发现财产之日起超过 6 个月对该财产未执行完结的;(3)对法律文书确定的行为义务的执行,执行法院自收到申请执行书之日起超过 6 个月未依法采取相应执行措施的;(4)其他有条件执行超过 6 个月未执行的。不难看出,最高人民法院将第 233 条规定的超过 6 个月"未执行",在金钱执行、物的交付执行中替换为"未执结"。[①] 当然,根据 2020 年《执行程序若干解释》第 14 条的规定,执行中的公告期间、鉴定评估期间、管辖争议处理期间、执行争议协调期间、暂缓执行期间以及中止执行期间应当从 6 个月的期间内剔除。设例 15－2 中,执行法院在长达两年半的时间里,无正当理由未及时有效地推进查封财产的处置,属于消极执行、拖延执行。其次,2021 年《民事诉讼法》第 232 条规定,当事人、利害关系人提出执行异议,执行法院经审查认为理由成立的,裁定撤销或者改正。且不论拖延执行这一消极行为能否被撤销,即使可以通过本院裁定改正并经上一级法院复议维持,也不及上一级法院督促执行效果更加直接、显著。毕竟,被裁令改正后,执行法院仍有根据具体情况作出变通的余地。而被上一级法院责令限期执行,否则提级执行或指令其他法院执行,执行法院将面临更大的行政压力。

不过,由此认为消极执行只能通过督促执行救济,而不得提出执行异议及申请复议,则失之偏颇。例如,申请执行人申请追加第三人为被执行人,执行法院不予受理申请(而非受理后裁定驳回),属于消极执行行为。[②] 对此,由上一级法院督促执行,

---

① 根据可供执行财产发现阶段的不同,6 个月的起算点也不同。债权人在申请执行时提供被执行人的财产的,执行法院应当自收到申请执行书(而非执行立案)之日起 6 个月内执结;执行法院在执行过程中才发现被执行人的财产的,执行法院应当自发现财产之日起 6 个月内执结。

② 如果裁定不予受理或者受理后裁定驳回申请,根据 2020 年《执行变更当事人规定》第 30 条的规定,不服的当事人可以向上一级法院申请复议。

责令执行法院在一定期间内受理申请,并不妥当。理由在于,申请人提出的申请可能不符合 2020 年《执行变更当事人规定》第 28 条第 1 款的规定,没有向执行法院提交书面申请及必要的证据材料。通过提出执行异议,由申请人阐明理由及补充证据材料,再由执行法院作出审查,比上一级法院替代作出判断,更加符合强制执行的规律。事实上,最高人民法院也指出,并不排除对消极执行行为提出异议。① 因此,本书主张:对于消极执行行为,可由行为外观判断违法与否的(如 6 个月内未执结或未执行),应当通过督促执行予以救济;难以由行为外观判断违法与否,相反需根据具体的事实情形作出个别判断的,作为例外可以通过执行异议复议予以救济。在域外,由于不存在督促执行制度,对于消极执行也通过执行异议(抗议)途径救济。例如,德国《民事诉讼法》第 776 条第 2 款规定,债权人可以对执行员违法拒绝实施某个执行行为提出抗议。

当然,由于强制执行的规范化程度较高,执行行为不仅有方法、措施上的强制要求,而且应当遵守执行的期间、顺序等法定程序。由此出发,执行行为无时无刻不笼罩在违法阴影之下。如果将所有违法执行都纳入执行异议、复议救济的客体范围,将导致执行程序频繁地被执行异议、复议打断,严重影响执行效率。对此,有必要引入"救济之必要"或异议复议之利益概念。违法执行不能通过执行异议复议予以有效救济、所要达到的程序权利保护目的难以实现的,或者以滥用方式提出、失权后仍然提出的,就欠缺救济之必要或予以救济的利益。出于同一目的,《民事强制执行法(草案)》第 32 条另辟蹊径,引入向执行法院申请实施相关执行行为的前置程序。该条规定:"当事人、利害关系人认为人民法院应当实施执行行为而未实施的,可以在执行程序终结前,向执行法院提出书面申请,请求实施该执行行为。人民法院收到实施执行行为申请后,应当在七日内审查处理。理由成立的,开始执行;理由不成立的,书面通知申请人。人民法院收到实施执行行为申请后,对情况紧急的,应当在四十八小时内审查处理;理由成立的,应当立即开始执行。申请人对人民法院逾期未审查处理或者依据本条第二款规定作出的通知不服的,可以依据本法第八十四条规定提出书面异议。"根据该条规定,对于消极执行,执行当事人、利害关系人应当先向执行法院书面申请实施执行行为,执行法院拖延审查处理或决定不实施执行行为的,才能提出执行异议。这有利于减少对执行程序的干扰,避免激化执行当事人与执行法官之间的矛盾,提高对消极执行的救济效率。至于效果如何,则有待实践的检验。

---

① 参见最高人民法院执行局编著:《最高人民法院关于人民法院办理执行异议和复议案件若干问题规定理解与适用》,人民法院出版社 2015 年版,第 100 页;江必新主编:《新民事诉讼法执行程序讲座》,法律出版社 2012 年版,第 78 ~79 页。

(二)“内嵌”型执行救济的程序

1. 执行异议复议

凡执行当事人、利害关系人(执行当事人以外之民事主体)认为自身权益受违法执行行为侵害的,均可在执行终结前提出书面执行异议。执行异议的构成要件包括:

(1)异议的主体。有资格提出执行异议的包括执行当事人、利害关系人。执行当事人除了执行依据记载的主体外,也包括执行力主观范围扩张所及的主体。对此可参见本书第三章的讨论。利害关系人因执行程序、执行行为而异,如协助执行中的协助执行人,财产拍卖中的竞买人、优先购买权人。①

(2)异议的形式。需提交申请书,载明请求、事实、理由等内容,并附上异议人身份证明、相关证据材料及送达地址和联系方式。对执行异议原则上进行书面审查,未必会给予异议人口头辩论的机会,故申请书应充分阐明异议成立的事实理由和法律理由,表明相关执行行为违法且侵害异议人的民事权益。证据材料原则上仅限书证、以书面形式提交的电子数据、视听资料等适合即时审查判断的证据。

(3)异议的对象。如前所述为事实性执行行为,原则上是积极执行行为,例外情况下包括消极执行行为。根据最高人民法院《关于公布失信被执行人名单信息的若干规定》第 12 条,公民、法人或其他组织对被纳入失信被执行人名单,只能申请纠正而不能提出异议,对纠正审查结果不服的,可以向上一级法院申请复议。《关于落实在一定期限内适当限制特定严重失信人乘坐火车、民用航空器有关工作的通知》(发改办财金〔2018〕794 号)规定,法人、公民或其他组织对被采取限制消费措施有异议的,参照失信被执行人名单的异议处理方式执行。概言之,对于这两种带有惩戒性质的间接执行行为,司法解释及规范性文件设置了特殊的“纠正—复议”救济途径,而不能提出执行异议。2020 年《执行异议复议规定》第 9 条规定,被限制出境的人认为对其限制出境错误的,可以自收到限制出境决定之日起 10 日内向上一级法院申请复议。换言之,对于限制出境决定这一间接执行行为,只能申请复议,也不能提出执行异议。

针对执行监督行为、内部管理行为,不得提出执行异议或申请复议。对此,最高人民法院的立场鲜明:“上级法院依职权对下级法院间产生的执行争议作出协调处理

---

① 2020 年《执行异议复议规定》第 5 条规定,下列主体可以作为利害关系人提出执行异议:(1)认为人民法院的执行行为违法,妨碍其轮候查封、扣押、冻结的债权受偿的;(2)认为人民法院的拍卖措施违法,妨碍其参与公平竞价的;(3)认为人民法院的拍卖、变卖或者以物抵债措施违法,侵害其对执行标的的优先购买权的;(4)认为人民法院要求协助执行的事项超出其协助范围或者违反法律规定的;(5)认为其他合法权益受到人民法院违法执行行为侵害的。

决定、裁定指定执行、提级执行和针对异议裁定作出的复议裁定等监督行为,以及人民法院作出的更换承办人员、延长执行期限等内部管理行为,均非执行法院在执行过程中作出的具体执行行为,不属于法律规定的执行异议或者复议案件的受理范围。"[①]由此可以避免"执行监督—执行异议复议—执行监督—执行异议复议……"的循环往复。当然,对于这几类行为,可以通过执行申诉、信访,请求上级法院通过指令下级法院纠正、暂缓执行等执行监督方式救济。换言之,执行监督行为、内部管理行为只能通过执行监督予以救济,是否受理由上级法院决定。另外,执行法院通过执行监督撤销原执行行为,并作出新执行行为,当事人、利害关系人可以对新执行行为提出执行异议及申请复议。例如,执行法院在以物抵债裁定作出后,又以本院院长发现的执行监督程序,撤销该以物抵债裁定,并中止案件执行。当事人异议的对象并非撤销以物抵债裁定的执行监督裁定,而是不作出以物抵债裁定、中止执行的行为。[②]

(4)异议的期限。2020年《执行异议复议规定》第6条第1款规定,提出执行异议的期限为执行程序开始之后、"执行程序终结之前"。一方面,现行法律和司法解释未对执行异议的期限作进一步限制(如执行行为作出之日起10日内提出异议)。这一点仍有完善的空间。[③] 为了提高执行程序的安定性,似乎有必要针对执行行为规定更短的异议期限。另一方面,"执行程序终结"在解释论上指的是整个执行案件终结,而非针对某项执行标的物执行终结。[④] 例如,对被执行人的不动产拍卖成交,法院已将成交裁定送达买受人,甚至将拍卖所得价款转付给申请执行人,只要尚未执行结案,利害关系人就可以妨碍其参与公平竞价为由,对不动产拍卖提出执行异议。当然,针对金钱债权执行、物的交付执行、行为执行,宜分别确定执行程序终结之时。另外,针对终结执行裁定的异议,由于发生在执行程序终结之后,相关司法解释规定应当自收到终结执行法律文书、未收到的自知道或者应当知道终结执行之日起60日内提出。[⑤]

(5)异议的管辖。由负责执行的法院专属管辖,通常由执行局而非审判部门组成合议庭进行审查。例外是,如果异议人遭遇"执行异议难",也即执行法院自收到执行异议后3日内既不立案又不作出不予受理裁定,或者受理后无正当理由超过法定期限不作出异议裁定,异议人可向上一级法院提出异议。上一级法院取得管辖权,认为异议人的理由成立的,应当指令执行法院3日内立案或者在15日内作出异议裁定。

① (2015)执复字第31号裁定书。

② 参见(2019)最高法执监374号裁定书。

③ 参见肖建国:《中国民事强制执行法专题研究》,中国法制出版社2020年版,第168页。

④ 参见乔宇:《执行异议复议与异议之诉》,中国法制出版社2018年版,第9页。

⑤ 参见《关于对人民法院终结执行行为提出执行异议期限问题的批复》(法释〔2016〕3号)。

(2020 年《执行异议复议规定》第 3 条)

如前所述,执行复议可分为两种:其一,当事人对执行法院所作执行异议的裁定不服的,可以向上一级法院申请复议;其二,对于裁量性执行行为,司法解释规定可以直接向上一级法院申请复议。对于前者,2021 年《民事诉讼法》第 232 条规定执行异议案件的当事人有复议权,类似当事人的上诉权。后者的构成要件包括:(1)复议的主体,仅限执行法院作出执行相关裁定的当事人。(2)复议的形式,与执行异议相似,复议人应提交复议申请书及相关证明材料、身份材料。(3)复议的对象,仅限裁量性执行行为,以执行法院作出的裁定为载体。(4)复议的期限,与执行异议不同,因执行法院已作出了相关裁定并送交当事人,复议人应当自收到相关裁定之日起 10 日内提出申请。(5)复议的管辖,由执行法院的上一级法院专属管辖,一般由执行局组成合议庭审查。

执行异议符合上述要件的,执行法院应当在收齐材料后 3 日内立案。执行复议符合上述要件的,法律或司法解释对审查立案期限的规定却付之阙如,存在规范上的漏洞。由此可见,最高人民法院并未充分意识到作为独立救济渠道的执行复议。执行异议复议立案后,采用略式程序进行审查。对于当事人、利害关系人提出的执行异议,执行法院原则上对执行异议和复议案件实行书面审查。案情复杂、争议较大的,应当进行听证。(2020 年《执行异议复议规定》第 12 条)当事人除了应当提交申请书及相关材料,也负有按时参加听证的义务。由于执行异议复议旨在撤销、变更执行行为,可能对执行法律关系发生形成力,异议人应当一次性提出所有的异议事由,不得在撤回异议或者被裁定驳回异议后,再提出其他异议事由。(2020 年《执行异议复议规定》第 15 条第 1 款)类似形成之诉的诉讼标的,应当包含全部法定形成事由。

执行异议复议是对违法执行的救济,应尽量减少对执行效率产生的影响,故执行异议复议的审查期间较短。对于执行异议,执行法院应当在收到(如材料不全,要求异议人补齐)书面异议之日起 15 日内审查完毕并作出裁定。(2020 年《执行程序解释》第 5 条第 2 款)《民事强制执行法(草案)》第 85 条将异议审查期间延长至 30 日。对于执行复议,上一级法院应当自收到复议申请之日起 30 日内审查完毕,并作出裁定;有特殊情况需要延长的,经本院院长批准,可以延长,延长的期间不得超过 30 日。(2020 年《执行程序解释》第 8 条)《民事强制执行法(草案)》第 86 条第 2 款延续了 30 日的复议审查期间,但规定对拘留决定不服的,上一级法院应当在收到复议申请后 5 日内审查完毕并作出裁定。

这一期间限制是否适用于针对裁量性执行行为的复议,司法解释并未作出明确规定。由于裁量性执行行为主要针对执行要件、范围,兹体事大,实行比事实性执行行为更长的审查期间,似乎是合理的。何况执行异议之后,当事人仍可获得执行复议的救济。而直接向上一级法院申请复议,除了执行监督外已无正式救济途径,法院在更长的期限里进行更深入全面的审查,也理所应当。另外,保持两类执行复议审查期间的一致性,降低适用上的繁复,也值得考虑。概言之,本书主张两类执行复议的审查期间均适用2020年《执行程序解释》第8条的规定。

根据2020年《执行异议复议规定》第17条的规定,执行异议审查的结果包括以下几种:(1)异议不成立的,裁定驳回异议;(2)异议成立的,裁定撤销相关执行行为;(3)异议部分成立的,裁定变更相关执行行为;(4)异议成立或者部分成立,但执行行为无撤销、变更内容的,裁定异议成立或者相应部分异议成立。执行异议成立,意味着系争执行行为违法,通过撤销、变更或改正相关违法执行行为,可由执行人员在恢复原状后作出合法的执行行为,或者按照变更、改正后的行为实施执行。有些违法执行行为并无可撤销、变更的内容。例如,执行法院应发出协助执行通知书而不发出、应解除财产查封而不解除,若认定异议成立,相当于宣告相关消极执行行为违法,并无撤销消极执行行为的必要和可能。再如,被执行人以违法查封为由提出执行异议,待法院认定异议成立时,查封的财产已经拍卖成交,所有权已转移给买受人,则不得撤销查封、拍卖行为。

根据2020年《执行异议复议规定》第23条的规定,上一级人民法院对不服异议裁定的复议申请审查后,应当按照下列情形分别处理:(1)异议裁定认定事实清楚,适用法律正确,结果应予维持的,裁定驳回复议申请,维持异议裁定;(2)异议裁定认定事实错误,或者适用法律错误,结果应予纠正的,裁定撤销或者变更异议裁定;(3)异议裁定认定基本事实不清、证据不足的,裁定撤销异议裁定,发回作出裁定的人民法院重新审查,或者查清事实后作出相应裁定;(4)异议裁定遗漏异议请求或者存在其他严重违反法定程序的情形,裁定撤销异议裁定,发回作出裁定的人民法院重新审查;(5)异议裁定对应当适用《民事诉讼法》第234条规定审查处理的异议,错误适用第232条规定审查处理的,裁定撤销异议裁定,发回作出裁定的人民法院重新作出裁定。除发回重新审查或者重新作出裁定的情形外,上一级法院裁定撤销或者变更异议裁定且执行行为可撤销、变更的,应当同时撤销或者变更该裁定维持的执行行为。为了防止上下级法院之间"踢皮球",发回重新审查仅限一次。执行法院对发回重新审查的案件作出裁定后,当事人、利害关系人申请复议的,上一级法院复议后不得再次发回重新审查。本书认为,这一规定同样适用于针对裁量性执行行为的复议。当然,该条规定的"异议裁定"应替换为下一级法院所作出的"相关裁定"(裁量性执行行为)。

执行法院对执行异议或复议所作裁定,具有类似既判力的法律效力。当事人、利害关系人在异议被裁定驳回或者被裁定成立之后,针对同一执行行为,以相同的事由

（包括应当一次性主张而未主张的事由）再次提出执行异议或复议的，执行法院不予受理。在学理上，有观点认为，裁定无一事不再理及既判力的适用，故当事人得以同一事由再次提出执行异议。[①] 这种观点过于机械，有些偏颇，也不符合规制执行异议复议滥用的政策需求。本书不予采纳。

为防止被执行人、利害关系人借执行异议复议拖延、阻挠执行，在执行异议审查和复议期间，原则上不停止实施相关执行行为。“不停止执行”在执行异议审查与执行复议期间的含义有所不同。在执行异议审查期间，不停止的是原执行行为。在执行异议复议期间，若异议人不服驳回执行异议的裁定而申请复议，不停止的仍是原执行行为；若被异议人不服撤销或改正原执行行为的裁定而申请复议，不停止的是撤销或改正之后的继续执行。[②]《民事强制执行法（草案）》第 87 条规定：“执行行为异议审查和复议期间，不停止实施该执行行为。但是异议裁定撤销、变更执行行为，当事人、利害关系人不服该裁定并申请复议，复议期间应当撤销、变更该执行行为。”例如，执行法院裁定查封被执行人名下的唯一房产，被执行人提出执行异议，在异议审查期间不停止对该房产的查封。如果执行法院裁定异议不成立，被执行人不服并申请复议，在复议期间仍不停止对该房产的查封。如果执行法院裁定异议成立，应当撤销查封裁定，解除对该房实施的查封行为，申请执行人不服并申请复议，在复议期间不停止的是撤销查封裁定及解除相关查封措施。

然而，一概不停止执行，有的违法执行行为将无从救济，当事人、利害关系人也可能因此遭受难以挽回的损害。为了平衡各方的利益，司法解释没有采取由执行法官酌定或区分执行行为类型（如查封不停止，处置原则上停止）的思路，而是将决定权及相应的负担交由当事人或利害关系人。根据 2020 年《执行程序解释》第 9 条第 2 款，在执行异议审查和复议期间，被执行人、利害关系人提供充分、有效的担保请求停止相应处分措施的，执行法院可以准许。不过，如果申请执行人又提供充分、有效的担保请求继续执行的，应当继续执行。根据 2022 年《民诉法解释》第 313 条第 2 款，被执行人与案外人恶意串通，通过执行异议、执行异议之诉妨害执行的，执行法院应当按照对妨碍执行的强制措施进行罚款、拘留。申请执行人因此受到损害的，可以提起诉讼要求被执行人、案外人赔偿。

2. 执行监督

从我国执行救济制度的变革历程可知，在过去执行监督是个“框”，什么都可以往里面装。当事人、利害关系人认为执行行为违法、不当的，都可以通过申诉、信访的方

---

① 参见吴光陆：《强制执行法》（第 3 版），台北，三民书局 2015 年版，第 190 页。

② 参见肖建国：《中国民事强制执行法专题研究》，中国法制出版社 2020 年版，第 170 ~ 171 页。

式向执行法院及其上级法院反映。而对于执行申诉信访,《民事诉讼法》及相关司法解释也未就要件、程序、裁判效力等作出明确规定。缠访、越级访与救济无门相互交织。随着执行救济制度规范化程度的提高,一方面,执行异议复议、执行异议之诉等规定越来越完善,归属执行监督的内容逐渐减少;另一方面,执行监督本身也在向诉讼化、规范化的方向发展。

执行监督有广义与狭义之分。广义的执行监督不仅包括执行法院及其上级法院的内部监督,而且包括党委、人大、舆论、检察机关等的外部监督。其中,检察监督也即检察机关对执行行为的监督,曾经引起广泛的讨论和争议。① 随着2012年《民事诉讼法》第235条规定"人民检察院有权对民事执行活动实行法律监督",相关争论才告一段落。《民事强制执行法(草案)》用了四个条文对执行检察监督予以完善。② 在相关规范性文件中,执行分权运作机制、执行公开、执行案件的流程管理、重点环节的监督管理(如执行立案、执行款物、执行文书立卷归档)也被纳入执行监督制约机制的范畴。③ 本书采用狭义的执行监督概念,仅指执行法院及其上级法院对执行行为违法、不当的监督。其中,虽然执行法院通过受理、审查执行申诉信访,对违法、不当执行行为加以纠正,但主要依靠上级法院对执行法院实施监督。上级法院可作出的监督措施包括:指令执行法院纠正、直接作出裁定或决定予以纠正(2020年《执行若干规定》第72条、《关于高级人民法院统一管理执行工作若干问题的规定》第5条)、督促执行、指令限期执行、提级执行、指定其他法院执行(2020年《执行若干规定》第74条,

---

① 争论围绕执行检察监督的合法性(1991年《民事诉讼法》第14条规定民事检察监督的对象为"民事诉讼",是否包含民事执行)、必要性、合理性等展开。参见江必新主编:《新民事诉讼法执行程序讲座》,法律出版社2012年版,第210~218页。

② 第96条规定:"经当事人、利害关系人申请,人民检察院认为同级或者下级人民法院的执行行为违反法律规定、应当实施执行行为而未实施或者在执行中作出的其他生效裁定、决定确有错误,需要纠正的,应当提出检察建议。但是,当事人、利害关系人依照本法可以提出异议、申请复议、提起诉讼或者人民法院正在进行异议、复议审查或者诉讼审理的除外。执行行为违背公序良俗或者执行人员在执行案件时有贪污受贿、徇私舞弊、枉法执行等违法行为且司法机关已经立案的,人民检察院可以依职权进行监督。"第98条规定:"人民检察院因履行执行监督职责提出检察建议的需要,报经检察长审批后,可以采取以下措施,对相关事项进行调查核实:(一)向当事人或者案外人调查核实有关情况;(二)依照有关规定调阅人民法院的执行卷宗;(三)法律规定的其他措施。人民检察院进行调查核实,不得采取限制人身自由和查封财产等强制性措施。人民检察院依法采取本条第一款第二项规定措施的,人民法院应当予以配合。"第99条规定:"人民法院或者有关国家机关收到检察建议书后,应当在三个月内将审查处理情况书面回复人民检察院。"另外,第97条对国家机关作为被执行人或协助执行人时的检察监督作了规定。该条规定:"人民检察院发现有关国家机关不依法履行执行依据确定的义务或者协助执行义务的,可以提出检察建议。人民法院发现的,可以请求人民检察院依法履行法律监督职责。"

③ 参见《关于进一步加强和规范执行工作的若干意见》(法发〔2009〕43号)第四部分"强化执行监督制约机制"。

《关于执行案件督办工作的规定(试行)》第 2 条、第 6 条)等。《民事强制执行法(草案)》第 95 条规定:“上级人民法院认为下级人民法院已实施的执行行为违反法律规定或者在执行中作出的其他生效裁定、决定确有错误,需要纠正的,可以责令自行纠正,也可以裁定或者决定纠正。上级人民法院认为下级人民法院在办理案件中未实施执行行为违反法律规定的,可以督促下级人民法院限期实施;必要时,也可以决定由本院或者指定本辖区其他人民法院执行该案件。下级人民法院拒不执行上级人民法院的裁定、决定或者有严重违法执行行为的,上级人民法院可以建议依照有关程序对主管人员和直接责任人员依法给予处分。”

执行监督具有管理性与兜底性两大特征。首先,执行监督并非程序性执行救济。当事人、利害关系人寻求执行监督救济的,只能通过执行申诉信访。[①] 对于执行信访,各级法院执行部门应当设立执行信访专门机构,负责来访接待、来信处理、交办督办以及信访终结的复查、报请、决定及备案等各项工作。上级法院还可通过挂牌督办、巡回督导、领导包案等方式督促办理;设立执行信访案件台账,定期对辖区法院通报执行信访案件相关统计数据;将辖区法院执行信访工作情况纳入绩效考评,提请同级党委政法委纳入社会治安综合治理考核范围;下级人民法院未落实督办意见或者信访化解工作长期滞后,上级人民法院可约谈下级人民法院分管副院长或者执行局局长,进行告诫谈话,提出整改要求。(《执行信访意见》第 5 条)这些均体现了鲜明的上下级法院内部管理性色彩,当事人、利害关系人不能参与其中及获得程序保障。其次,执行信访具有兜底性。当事人、利害关系人只有穷尽法定的执行异议复议、执行异议之诉等程序救济手段,上级法院才对执行申诉信访进行实质审查。对此,《执行信访意见》第 14 条规定,如信访案件尚未经过异议程序或执行监督程序处理,上级人民法院一般不进行实质性审查。当然,对于执行监督行为、内部管理行为,只能通过申诉信访寻求执行监督。

作为兜底性的执行救济制度,执行监督的对象涵盖法院作出的与强制执行有关的所有行为。例如,在执行中作出的裁定、决定、通知或具体执行行为不当或违法;下级法院执行的非诉讼生效法律文书有不予执行事由,应当依法作出不予执行裁定而不制作的;下级法院的执行案件(包括受委托执行的案件)在规定的期限内未能执行

---

① 参见《关于人民法院办理执行信访案件若干问题的意见》(法发〔2016〕15 号,以下简称《执行信访意见》)第 1 条规定,执行信访案件,指信访当事人向人民法院申诉信访,请求督促执行或者纠正执行错误的案件。执行信访案件分为执行实施类信访案件、执行审查类信访案件两类。第 6 条第 1 款规定,执行实施类信访案件,指申请执行人申诉信访,反映执行法院消极执行,请求督促执行的案件。第 11 条第 1 款规定,执行审查类信访案件,指信访当事人申诉信访,反映执行行为违反法律规定或对执行标的主张实体权利,请求纠正执行错误的案件。

结案的，应当作出裁定、决定、通知而不制作的，或应当依法实施具体执行行为而不实施的；发现据以执行的生效法律文书确有错误的；等等。

执行监督与审判监督一样，是颇具中国特色的司法救济制度。一方面，在中国语境下必须承认它存在的必要性与合理性。因法院垄断执行权能和责任，滋生“执行乱”现象，而程序性的执行救济机制可能失灵或衍生新的争议，有必要为执行申诉信访及程序外的执行监督留有余地，以纠正形形色色的错误执行、违法执行。另一方面，程序外执行监督的存在，又构成当事人、利害关系人“信访不信法”的一个诱因，导致执行争议经异议复议、执行异议之诉仍难以实现案结事了。查阅中国裁判文书网及各类案例检索系统可知，几乎每件由最高人民法院处理的执行监督案件都绵延了十几年甚至几十年，在几级法院之间不断往返，耗费了极大的司法成本和社会资源。面向将来，执行监督应当向逐步规范并限缩的方向发展。目前，已取得一定进步。例如，2014 年《关于执行案件立案、结案若干问题的意见》规定执行监督案件一律立“执监字”案号，并对执行监督案件的结案方式作出细化规定。[①] 2016 年《执行信访意见》按照诉访分离、信访终结的思路对执行申诉信访加以分解、规范。

三、“外延”型执行救济

“外延”型执行救济包括执行标的异议之诉、变更追加异议之诉、债务人（被执行人）异议之诉、分配方案异议之诉等。关于执行标的异议之诉、分配方案异议之诉，本书已分别在第七章第一部分、第十章第二部分作过比较详细的阐述，此处不赘述。本节将重点讨论“执行标的异议—执行标的异议之诉”二阶段构造的存废、变更追加异议之诉的适用及债务人异议之诉的设置。

（一）执行标的异议之诉

执行标的异议之诉，通常被简称为执行异议之诉，可分为案外人（或第三人）异议之诉与许可执行之诉，旨在救济案外人、当事人有关执行标的的实体权益。金钱债权执行与物的交付执行以被执行人的财产为执行标的。如果对案外人所有或享有其他会因执行而受侵害之权益的财产进行强制执行，执行行为纵然合法，也属不当。对此，2021 年《民事诉讼法》第 234 条规定：“执行过程中，案外人对执行标的提出书面

---

① 在《关于执行案件立案、结案若干问题的规定》实施之前，实践中法院对于执行监督案件一并使用“执监字”“执申字”两种案号。在宽泛的意义上，对于当事人或利害关系人申诉信访案件立“执申字”，对于法院依职权启动的监督案件立“执监字”。不过，法院依职权启动的监督案件基本上也源自当事人或利害关系人的申诉信访，真正由法院发现并纠错的案件少之又少。就此而言，二者“同根同源”，统一为“执监字”并无不妥。当然，目前仍偶见“执申字”裁定书，这应予纠正。

异议的,人民法院应当自收到书面异议之日起十五日内审查,理由成立的,裁定中止对该标的的执行;理由不成立的,裁定驳回。案外人、当事人对裁定不服,认为原判决、裁定错误的,依照审判监督程序办理;与原判决、裁定无关的,可以自裁定送达之日起十五日内向人民法院提起诉讼。”换言之,对于案外人的执行标的异议,现行法律采用“执行标的异议(或案外人异议)—执行异议之诉”的救济制度。

如本章第一部分所述,执行异议之诉在2007年《民事诉讼法》修正时才得以确立。在此之前,若案外人针对执行标的提出排除执行的异议,通过“案外人异议—执行监督”予以救济。2007年《民事诉讼法》修正时,有关执行标的异议制度如何修改,存在不同的观点。有的主张参照域外立法例,删除案外人异议,直接适用案外人异议之诉;有的主张保留案外人异议并增设案外人异议之诉,由当事人或利害关系人自行择一适用;有的主张将案外人异议作为案外人异议之诉的前置程序,对执行机构有关案外人异议的裁定不服的,才可提起案外人异议之诉;还有的主张执行机构对案外人异议不作审查,只询问申请执行人是否同意撤回对系争执行标的的执行,若不同意,案外人可提起异议之诉。① 立法者最终选择了保留案外人异议,并将其作为执行异议之诉的前置程序。自那以后,相关争议仍不绝于耳。有学者囿于域外没有案外人异议的制度范本,不自觉地受到域外执行程序不得解决实体争议之“审执分离”原则的束缚,认为增加前置程序反而使案外人救济程序更加复杂,主张删除这一“错位、累赘”的前置程序。② 也有学者通过更加开阔、细致的比较法考察,认为直接起诉模式不是通例,域外实际上直接或间接地都允许执行机关根据初步实质审查对执行程序作不同处理,以便在案外人与债权人之间合理分配风险,进而主张废除案外人异议前置,改采由案外人自主决定的“任意选择模式”。③

关于案外人异议之存废,不能简单地以“域外无,则我国不应有”的逻辑加以论证,且域外是否真的完全没有也值得追问,也不能对该救济程序的实效妄加揣测。从局部的实证研究来看,案外人异议制度的确发挥了执行标的异议“过滤阀”的功能。例如,某法院2012~2015年的案外人异议案件中,仅11.9%最终提起执行异议之诉。案外人异议审查还具有多种积极的效果。一方面,在案外人异议审查阶段,执行当事人达成执行和解协议的比例提高;另一方面,对于案外人是否与被执行人合谋转移财

---

① 参见王飞鸿、赵晋山:《民事诉讼法执行编修改的理解与适用》,载《人民司法·应用》2008年第1期。

② 参见刘学在、朱建敏:《案外人异议制度的废弃与执行异议之诉的构建——兼评修改后的〈民事诉讼法〉第204条》,载《法学评论》2008年第6期。

③ 参见黄忠顺:《案外人排除强制执行请求的司法审查模式选择》,载《法学》2020年第10期。

产，执行异议审查法官比民事审判法官更有经验，更能识别异议事由的真伪。[①] 当然，案外人异议之诉相对于案外人异议的占比小，也可能是因为案外人异议简便、低廉，导致案外人出于投机心理，滥提、乱提异议。换言之，该数据具有误导性，并非因为案外人异议制度过滤掉了绝大多数执行标的异议，反倒因为有该项制度，才导致案外人异议的滥用。然而，另有统计数据表明，某市两级法院在2017～2019年办结的案外人异议及异议之诉案件中，驳回案外人异议的比例超过85%，驳回执行异议之诉原告诉讼请求的比例却高达87.5%、90%、92%！[②] 由此可见，案外人异议之诉同样存在滥用的风险。如果删除案外人异议制度，大概率会引起案外人异议之诉的大幅增加，在审判机关"人少案多"的背景下，这种结果是否可欲，不无疑问。执行机关只能通过执行行为异议程序加以审查执行标的异议，通过"异议—复议"救济，反而削弱了对案外人、当事人的程序保障。至于"任意选择模式"，除了增添程序的繁复性外，对于提高案外人执行标的异议的救济是否有作用，尚待研究和观察。因此，本书主张仍保留现行"执行标的异议—执行异议之诉"的二阶段救济模式。

在此前提下，有两个问题至关重要：其一，执行标的异议与执行异议之诉的区分，如何避免二者混同？其二，执行标的异议与执行行为异议的区分，尤其当二者发生竞合时，如何适用执行救济程序？

1. 执行标的异议与执行异议之诉

针对案外人提出的执行标的异议，适用略式程序进行审查和判断。其要义在于对证据方法、疏明标准、审查程序、审查范围、审查原则等作出一定程度的限制，避免异议审查的"诉讼化"。如本书第七章第二部分所述，当事人只能提出可以即刻审查判断的证据方法，典型的如书证及书面形式的当事人陈述、视听资料、电子数据，但不得申请鉴定、勘验，原则上不能申请法院调取证据，也不能申请证人到庭作证；对于案外人的权利足以排除执行之事实的证明，因系对程序性事实的疏明，只需达到优势证据证明标准即可；法院原则上进行书面审查，如有必要可以组织听证，但不允许当事人像参加庭审那样展开充分的攻击防御，而应集中回答法官的提问及展开有限度的对抗；审查范围包括案外人是否系权利人、该权利的合法性与真实性、该权利能否排除执行（2020年《执行异议复议规定》第24条）；审查采用形式化原则，根据权利外观判断案外人是否为执行标的物的权利人（2020年《执行异议复议规定》25条），但在例外情况下采用实质审查原则（典型如2020年《执行异议复议规定》第28条关于已购

① 参见毋爱斌：《审执分离视角下案外人异议制度的变革》，载《中南大学学报（社会科学版）》2017年第2期。

② 参见李玲：《执行异议权滥用的防范与规制》，载《人民司法·应用》2020年第4期。

但未办理过户登记不动产异议、第29条关于已购但仍登记在房地产商名下的商品房异议、第31条关于承租人阻止移交不动产异议)。通过略式程序的审查判断,既能控制执行机关司法资源的耗费,防止异议审查与异议之诉审理混同,又能甄别、过滤掉大多数执行标的异议,保障强制执行的继续进行。

案外人或申请执行人不服执行法院作出的执行标的异议裁定,按照2021年《民事诉讼法》第234条的规定,若与原判决、裁定无关,也即执行依据无错误,可以自裁定送达之日起15日内向人民法院提起诉讼。在"执行标的异议—执行异议之诉"二阶段构造下,需要厘清异议裁定对于异议之诉的效力。首先,异议裁定基于略式程序作出,仅就异议事由是否成立作出形式性判断,不能就案外人对于执行标的之权利作出实质性判断,因此异议裁定对异议之诉不具有类似积极既判力的拘束力。不过,为防止案外人滥用异议权,在异议被裁定驳回或撤回异议后,针对同一执行标的重复提出异议的,执行法院不予受理。(2020年《执行异议复议规定》第15条第2款)其次,异议裁定作为法院出具的公文书,对异议事由(主要涉及案外人是否系权利人、该权利的合法性与真实性、该权利能否排除执行等方面)的判断仍具有推定真实的证据效力。① 须注意的是,异议裁定对异议事由的判断,不属于2019年《关于民事诉讼证据的若干规定》第10条第1款第6项规定的"已为人民法院发生法律效力的裁判所确认的基本事实",不具有对事实免证或预决的效力。因此,在执行异议之诉中,异议裁定可能影响主观证明责任的负担。例如,法院在裁定中认定案外人的异议事由成立,从而中止对系争执行标的物的执行,申请执行人不服提起执行异议之诉,尽管2022年《民诉法解释》第309条规定"案外人应当就其对执行标的享有足以排除强制执行的民事权益承担举证证明责任",但由于异议裁定对该事实已作出初步判断,原则上应先由申请执行人提出相反证据。详见第七章第二部分相关部分的讨论。

在这两个阶段中,执行法院是否停止执行有所区别。对于执行标的异议,在审查期间不停止执行。执行法院只有经审查异议理由成立的,根据2021年《民事诉讼法》第234条的规定,才裁定中止对系争标的物的执行。对于执行异议之诉,在审理期间实行限制性继续执行,对系争标的物的查封继续,但不得进行拍卖、变卖、交付等处置。不过,如果申请执行人请求对财产进行处置并提供足额担保的,执行法院可以准许。对此,2020年《执行程序解释》第16条规定:"案外人执行异议之诉审理期间,人民法院不得对执行标的进行处分。申请执行人请求人民法院继续执行并提供相应担

---

① 参见2022年《民诉法解释》第114条规定:"国家机关或者其他依法具有社会管理职能的组织,在其职权范围内制作的文书所记载的事项推定为真实,但有相反证据足以推翻的除外。必要时,人民法院可以要求制作文书的机关或者组织对文书的真实性予以说明。"

保的，人民法院可以准许。案外人请求解除查封、扣押、冻结或者申请执行人请求继续执行有错误，给对方造成损失的，应当予以赔偿。”

《民事强制执行法(草案)》第 89 条和第 90 条第 1 款基本延续了现行《民事诉讼法》及相关司法解释的规定。其中，第 89 条规定：“案外人认为其对执行标的享有足以排除强制执行的民事权益的，可以在该执行标的的执行程序终结前，向执行法院提出书面异议。执行法院应当在收到书面异议之日起三十日内审查，理由成立的，裁定中止对该标的的执行；理由不成立的，裁定驳回。案外人、当事人对裁定不服，认为原判决、裁定错误的，依照审判监督程序办理；认为与原判决、裁定无关或者执行依据为仲裁裁决、公证债权文书等的，可以自裁定送达之日起十五日内向执行法院提起诉讼。案外人对执行标的实际享有民事权益，该权益足以排除强制执行的，应当支持其异议请求；不足以排除强制执行的，应当依法保护其合法权益。”第 90 条第 1 款规定：“案外人异议审查期间和案外人异议之诉审理期间，停止相应的处分措施。申请执行人提供担保请求继续执行的，可以继续执行，但是继续执行可能对案外人权益造成不可逆重大损害的除外。”

2. 执行标的异议与执行行为异议

从概念来看，执行标的异议与执行行为异议可谓泾渭分明。执行标的异议是案外人基于自身的权益主张排除法院对执行标的物的执行，针对的是不当执行；执行行为异议是当事人、利害关系人主张撤销或改正法院的执行行为，针对的是违法执行。另外，提出执行标的异议的期限是“异议指向的执行标的终结之前”，而非执行行为异议的“执行程序终结之前”。(2020 年《执行异议复议规定》第 6 条第 2 款)①如果系争执行标的已经被处置完毕，即使执行程序尚未终结，案外人也只能通过另行提起不当得利返还诉讼的方式寻求救济。

不过，二者在实践中容易混同。例如，案外人针对被法院查封的财产提出异议，往往既主张民事权益足以排除对该财产的执行，又主张法院的查封裁定及查封措施违法、错误。就审查程序而言，只要在异议期限内提出，二者并没有实质区别。具体来说，审查都由执行法院管辖，适用相同的审查期限，原则上不停止执行，都适用略式程序进行审查，所作裁定也都指向解除查封并停止后续的处置行为。然而，二者的后续救济程序截然不同，一个可以申请复议，另一个只能通过执行标的异议之诉解决。如果异议兼有执行行为异议和执行标的异议的性质，出于后续救济程序的充分性、对

---

① 例外是执行标的由当事人通过以物抵债等方式受让的，因不存在信赖利益保护的问题，则延后至“执行程序终结之前”。最高人民法院执行局编著：《最高人民法院关于人民法院办理执行异议和复议案件若干问题规定理解与适用》，人民法院出版社 2015 年版，第 88 页。

实体争议处理的妥适性等考虑，应该归入执行标的异议的范畴。因此，2020 年《执行异议复议规定》第 8 条第 1 款规定，案外人基于实体权利既对执行标的提出排除执行异议又作为利害关系人提出执行行为异议的，执行法院应当按照执行标的异议进行审查。这是二者竞合时的处理原则。当然，如果案外人既基于实体权利对执行标的提出排除执行异议，又作为利害关系人提出与实体权利无关的执行行为异议，对于两个异议分别适用 2021 年《民事诉讼法》第 234 条、第 232 条进行审查。

【设例 15－3】

执行法院查封了被执行人易行公司名下的案涉房屋，拟就案涉房屋进行司法拍卖，遂依法发布了司法拍卖公告。案外人吕某提出异议，称其在查封之前已与易行公司就案涉房屋签订了租赁合同，执行法院在案涉房屋司法拍卖公告中应予以披露，保障其用益物权并优先受偿。执行法院裁定驳回吕某的异议，告知其如不服本裁定，可自裁定送达之日起 15 日内向一审法院提起诉讼。吕某不服该裁定，遂向执行法院提起执行异议之诉。法院经审查，认为吕某提出的是执行行为异议，应当通过异议、复议程序解决，遂裁定驳回起诉。

设例 15－3 改编自一则真实的案件。[①] 本案中，第三人吕某提出异议，旨在请求执行法院修改拍卖公告，披露案涉房屋处于租赁状态信息，进行附租赁拍卖，而不是基于租赁权请求停止对案涉房屋的腾退、移交执行。因此，该异议属于典型的执行行为异议，而非旨在排除执行的执行标的异议。吕某对执行法院所作执行异议裁定不服的，可以申请复议，但不能提起案外人异议之诉。执行法院将其归为执行标的异议显属不当。该案暴露了执行法院不同部门之间对同一异议在定性上的分歧。相信类似现象在实践中并不少见。

在执行实务中有争议的是，承租人基于租赁权请求停止对系争财产的腾退、移交执行，如何定性？2020 年《执行异议复议规定》第 31 条规定："承租人请求在租赁期内阻止向受让人移交占有被执行的不动产，在人民法院查封之前已签订合法有效的书面租赁合同并占有使用该不动产的，人民法院应予支持。承租人与被执行人恶意串通，以明显不合理的低价承租被执行的不动产或者伪造交付租金证据的，对其提出的阻止移交占有的请求，人民法院不予支持。"遗憾的是，在起草者撰写的释义书中，只解释了该条参照"买卖不破租赁"的法理和规定，完善了执行中对不动产租赁权的保护，并未提及承租人提出的异议属于何种性质。[②] 根据最高人民法院新近裁判观

---

① 参见（2018）最高法民终 855 号裁定书。

② 参见最高人民法院执行局编著：《最高人民法院关于人民法院办理执行异议和复议案件若干问题规定理解与适用》，人民法院出版社 2015 年版，第 443～448 页。

点，案外人主张对案涉房屋享有租赁权，该权利足以排除执行，且与原判决、裁定无关的，应归入执行标的异议，适用《民事诉讼法》第234条的规定。[①] 作为一般性的结论，承租人依据租赁权提出执行异议，其性质取决于对法院执行行为与租赁权占有、使用、收益权能是否相兼容的判断。针对法院查封不动产的执行，承租人依据租赁权提出异议，因查封不直接影响其占有、使用不动产并从中收益，属于执行行为异议；针对法院拍卖不动产的执行，承租人依据租赁权提出异议，依据"买卖不破租赁"相关规定，法院可进行附租赁拍卖，属于执行行为异议；针对法院腾退、移交不动产的执行，因会剥夺承租人的占有、使用，二者不可兼容，属于执行标的异议。

（二）变更追加异议之诉

2020年《执行变更当事人规定》第32条第1款规定："被申请人或申请人对执行法院依据本规定第十四条第二款、第十七条至第二十一条规定作出的变更、追加裁定或驳回申请裁定不服的，可以自裁定书送达之日起十五日内，向执行法院提起执行异议之诉。"具体来说，该款规定可提起变更追加异议之诉的情形包括：(1)作为被执行人的有限合伙企业，财产不足以清偿生效法律文书确定的债务，申请执行人申请变更、追加未按期足额缴纳出资的有限合伙人为被执行人，在未足额缴纳出资的范围内承担责任；(2)作为被执行人的企业法人，财产不足以清偿生效法律文书确定的债务，申请执行人申请变更、追加未缴纳或未足额缴纳出资的股东、出资人或依公司法规定对该出资承担连带责任的发起人为被执行人，在尚未缴纳出资的范围内依法承担责任；(3)作为被执行人的企业法人，财产不足以清偿生效法律文书确定的债务，申请执行人申请变更、追加抽逃出资的股东、出资人为被执行人，在抽逃出资的范围内承担责任；(4)作为被执行人的公司，财产不足以清偿生效法律文书确定的债务，其股东未依法履行出资义务即转让股权，申请执行人申请变更、追加该原股东或依公司法规定对该出资承担连带责任的发起人为被执行人，在未依法出资的范围内承担责任；(5)作为被执行人的一人有限责任公司，财产不足以清偿生效法律文书确定的债务，股东不能证明公司财产独立于自己的财产，申请执行人申请变更、追加该股东为被执行人，对公司债务承担连带责任；(6)作为被执行人的公司，未经清算即办理注销登记，导致公司无法进行清算，申请执行人申请变更、追加有限责任公司的股东、股份有限公司的董事和控股股东为被执行人，对公司债务承担连带清偿责任。

在德国、日本等实行执行文付与的国家里，执行力向执行名义未记载的第三人扩张，通过付与改写名义的执行文实现。如果申请人或被申请人对该种执行文的驳回

① 参见(2021)最高法民再314号裁定书。

或付与不服的，可以提出执行异议（抗议）或抗告，在例外情况下申请人可以提起执行文付与之诉，被申请人可以提起付与执行文异议之诉。[①] 故执行当事人适格争议在强制执行程序之前解决。我国台湾地区不实行执行文付与，在1996年之前按照执行异议处理执行当事人适格问题。1996年“强制执行法”修改以后，第14条之一规定相关争议通过执行异议之诉解决（分为债权人提起的许可执行之诉和债务人提起的不适格异议之诉）。不过，对于执行法院所作裁定能否声明异议或抗告，学理上存在争议。有学者认为该款规定有误，当事人适格属于程序事项，可通过声明异议或抗告解决，两套救济程序并存也无必要，建议删除。[②] 相比之下，我国大陆将变更、追加执行当事人的情形一分为二，原则上可对执行法院的裁定申请复议（主体适格复议），例外情况下可提起执行异议之诉（变更追加异议之诉）。

我国台湾地区执行力扩张的情形极为有限，基本与既判力扩张相一致。[③] 对于此类情形所作裁定的救济，执行异议之诉的确并非必需。相比之下，我国大陆变更、追加被执行人的情形极为丰富多样，有些涉及实体事项，有必要为申请人或被申请人提供诉讼救济。事实上，域外主要通过独立诉讼取得执行名义解决的执行当事人适格问题，在我国大陆由“变更追加裁定＋变更追加复议/变更追加异议之诉”的方式解决。换言之，我国大陆允许较为宽泛地变更、追加被执行人，并在多种情形下通过异议之诉的方式予以救济。

变更追加异议之诉与执行标的异议之诉的程序设置并无二致。当然，二者的诉讼标的、诉讼目的及裁判效力有所区别。首先，虽然二者的诉讼标的都可以表述为“异议权”，但相同外壳之下的内核迥异。在变更追加异议之诉中，法院重在审理判断第三人对于被执行人的债务是否承担法定的连带责任；而在执行标的异议之诉中，法院重在审理判断案外人对于执行标的物的权益是否真实、能否足以排除执行。其次，变更追加异议之诉的目的在于将第三人变更、追加为被执行人或者阻止该种变更、追加；而执行标的异议之诉的目的在于排除或继续对系争执行标的物的执行。最后，二者的裁判都具有遮断、拘束后诉的效力，但变更追加异议之诉的裁判关系到执行力的主观范围，而执行标的异议之诉的裁判关系到执行力的客观范围。

---

① 参见肖建国：《中国民事强制执行法专题研究》，中国法制出版社2020年版，第130～137页。

② 参见吴光陆：《强制执行法》（第3版），台北，三民书局2015年版，第128～129页。

③ 我国台湾地区“强制执行法”第4条之二规定：“执行名义为确定终局判决者，除当事人外，对于左列之人亦有效力：一、诉讼系属后为当事人之继受人及为当事人或其继受人占有请求之标的物者。二、为他人而为原告或被告者之该他人及诉讼系属后为该他人之继受人，及为该他人或其继受人占有请求之标的物者。”

(三)债务人异议之诉

如前所述,目前通过执行行为异议解决被执行人对执行债权的实体异议,显然并不妥当。有鉴于此,《民事强制执行法(草案)》第88条规定:“执行依据生效后,发生消灭或者妨碍申请执行人请求的抗辩事由的,被执行人可以在执行程序终结前,以申请执行人为被告,向执行法院提起诉讼,请求不予执行。被执行人知道或者应当知道存在多个异议事由的,应当在异议之诉中一并主张。”

然而,是否像域外那样,让被执行人径行提起债务人异议之诉,则仍有探讨的空间。本书主张,债务人异议之诉以被执行人向执行法院提出债务人异议为前置程序,理由如下:(1)我国执行程序兼具纠纷解决的功能,执行法院通过略式程序对实体事项进行初步审查和判断,在事实上过滤了大多数实体争议。这是中国语境下执行救济制度的一大特色,也可谓“审执分离”原则的中国内涵。如果抛弃这一结构性的制度特征,不仅与“执行标的异议—执行异议之诉”二阶段化不一致,导致执行救济制度失衡,而且容易导致债务人异议之诉的滥用,干扰执行程序的正常进行。(2)通过执行行为异议解决被执行人实体异议显然不当,但不应从一个极端走向另一个极端,简单地用债务人异议之诉替代执行行为异议。相反,应当参照案外人异议审查程序,设置被执行人异议审查程序,如当事人对异议裁定不服,再向执行法院提起债务人异议之诉或许可执行之诉。

有资格提出债务人异议及异议之诉的,须是执行依据记载的被执行人、其继受人或其他执行力扩张所及之人。被执行人为复数的,如果执行依据记载的给付义务是合一确定的,典型的如必要共同债务人,应共同作为原告起诉;如果给付义务是分别确定的,如普通共同债务人,各自就债务消灭或妨碍请求情况起诉。如果被执行人怠于提起本诉,导致其责任财产不当减少,有损害其他债权人的债权之虞,其他债权人可代位提起诉讼。[①] 相对方须是申请执行人、其继受人或其他执行力扩张所及之人。如果申请执行人通过变更追加之诉将执行力扩张所及之人追加为被执行人,后者可以基于执行债权消灭、妨碍的实体事由,再对前者提出债务人异议及异议之诉。[②]

被执行人提起债务人异议、债务人异议之诉,并非主张执行依据本身有错误,而是执行依据所记载的权利存在消灭或妨碍事由,致使申请执行人的执行请求权相应

---

① 《民法典》第535条第1款规定,因债务人怠于行使其债权或者与该债权有关的从权利,影响债权人的到期债权实现的,债权人可以向人民法院请求以自己的名义代位行使债务人对相对人的权利,但是该权利专属于债务人自身的除外。

② 参见杨与龄编著:《强制执行法论》,中国政法大学出版社2002年版,第191页。

减损，执行法院也不得根据执行名义的形式记载实施执行。常见的权利消灭事由包括清偿、提存、抵销、混同、免除、解除条件成就、赡养（抚养、扶养）权利人死亡、抛弃、被执行人破产等。权利的妨碍指的是执行依据记载的执行请求权并未消灭，但一定原因致权利人不能行使。例如，执行和解中双方约定暂缓执行，若申请执行人在暂缓期间内申请继续执行，被执行人可以提出债务人异议。此类事由还包括债权人书面同意暂不申请执行，债务人作出同时履行的抗辩，对请求交付的标的物行使留置权等。

不过，如果执行依据负有期限、条件，被执行人主张期限未届满、条件未成就，关系到执行要件是否具备，属于执行行为异议而非债务人异议；如果执行依据生效后债权转让或者由第三人免责的债务承担的，被执行人主张其不对原债权人承担债务或者已免除债务承担的，关系到执行力主观范围是否扩张或执行当事人是否适格，属于主体适格异议而非债务人异议。在这两种情形中，当事人对法院所作裁定不服的，前者可以向上一级法院申请复议，后者根据具体事由的不同可以分别向上一级法院申请复议或者向执行法院提起变更追加异议之诉。但是，被执行人均不可以提起债务人异议之诉。

须注意的是，债务人异议及债务人异议之诉旨在救济执行依据之记载（表征）与真实权利义务关系状况不相符时，被执行人的民事权利因不当执行而遭受侵害。因此，执行依据记载内容有错误，例如，债权自始不存在、无效，在判决确定之前已部分或全部消灭，相关事由并非发生在执行依据生效之后，被执行人只能申请再审，通过审判监督程序获得救济。二者的区别在于执行依据记载的权利正确（但嗣后消灭或受妨碍）还是错误。在解释论上，执行依据记载正确与否的判断时点，对法院判决而言有事实审（有二审的为二审，没有的为一审）最后一次辩论终结时、事实审判决宣告时、事实审判决生效时等不同标准。由于我国不像大陆法系其他国家和地区那样具有制度性的“辩论终结时”，且实践中二审法院经常不开庭审理，而以阅卷、调查和询问当事人替代（2021 年《民事诉讼法》第 176 条），不妨在原则上将判断时点定在判决生效时，如定期宣判的为宣判之日，未经公开宣判的为向双方当事人送达之日。这样相对易确定。当然，在最后一次开庭或询问当事人之后，法院通常不再增加新的判断根据。在此以后发生债权消灭或妨碍事由的，不属于判决错误。若债权人依据生效判决申请强制执行，作为例外，允许被执行人就这一期间的事由提出债务人异议。①

① 举个例子，二审法院在 4 月 15 日询问了双方当事人，告知其等待法院的终审判决。5 月 8 日当事人双方约定债权债务抵销，但分别在 5 月 10 日、12 日收到法院送达的二审判决书。债权人依据二审判决申请强制执行，债务人可以执行债权已被抵销为由提出债务人异议。

若执行依据没有实体确定力,如公证债权文书、确认调解协议的裁定、支付令、准许实现担保物权的裁定,因债务人没有主张实体抗辩事由的机会,债权消灭或妨碍事由发生在执行依据生效之前还是生效之后似乎没有本质区别。因此,在学理上,对于此类执行依据,异议事由的发生时限无须作出限制。[①] 在解释论上,对于由法院作出的不具有实体确定力的执行依据(如支付令、确认调解协议裁定、准许实现担保物权裁定)而言,生效之前的实体事由可根据2022年《民诉法解释》第372条的规定,由作出该判决、裁定的法院作出新的判决、裁定撤销或者改变原判决、裁定。[②] 至于公证债权文书,如本书第二章第四部分所述,被执行人可以另行起诉撤销之。

在二阶段化构造下,执行法院对债务人异议的审查适用略式程序,通过限制当事人的证据方法及探明事实的限度,适用"优势证据"证明标准,作出执行债权有无消灭、妨碍事由的判断。若执行法院裁定驳回异议,被执行人不服,可以提起债务人异议之诉。债务人异议之诉的诉讼标的为被执行人的异议权,旨在不准按执行依据强制执行或者撤销已实施的执行,在性质上属于程序上的形成之诉。然而,采用"形成之诉说"的话,被执行人败诉后,仍可以实体权利受到侵害为由,提起不当得利返还或损害赔偿之诉。这种结果并不可欲。为了促进集中审理、纠纷一次性解决和节省司法资源,本书同样采"新确认之诉说"。执行法院受理债务人异议之诉后,应当准许当事人围绕被执行人的实体权利展开充分、全面的攻击防御,所作判断具有既判力。

---

① 参见杨与龄编著:《强制执行法论》,中国政法大学出版社2002年版,第193页。

② 该条规定:"适用特别程序作出的判决、裁定,当事人、利害关系人认为有错误的,可以向作出该判决、裁定的人民法院提出异议。人民法院经审查,异议成立或者部分成立的,作出新的判决、裁定撤销或者改变原判决、裁定;异议不成立的,裁定驳回。对人民法院作出的确认调解协议、准许实现担保物权的裁定,当事人有异议的,应当自收到裁定之日起十五日内提出;利害关系人有异议的,自知道或者应当知道其民事权益受到侵害之日起六个月内提出。"

主要参考文献

一、著作

1. 常怡等:《民事诉讼基础理论研究》,法律出版社2020年版。

2. 常怡主编:《民事诉讼法教程》,重庆出版社1982年版。

3. 陈福勇:《未竟的转型:中国仲裁机构现状与发展趋势实证研究》,法律出版社2010年版。

4. 陈荣宗:《强制执行法》,台北,三民书局股份有限公司2000年版。

5. 崔建远:《物权法》(第3版),中国人民大学出版社2014年版。

6. 崔建远:《中国民法典释评·物权编》(上卷),中国人民大学出版社2020年版。

7. 董少谋:《民事强制执行法学》(第2版),法律出版社2016年版。

8. 韩世远:《合同法》(第4版),法律出版社2018年版。

9. 黄金龙:《关于人民法院执行工作若干问题的规定实用解析》,中国法制出版社2000年版。

10. 黄薇主编:《中华人民共和国民法典合同编解读》,中国法制出版社2020年版。

11. 黄薇主编:《中华人民共和国民法典释义》,法律出版社2020年版。

12. 江必新、刘贵祥主编:《最高人民法院关于人民法院网络司法拍卖若干问题的规定理解与适用》,中国法制出版社2016年版。

13. 江必新主编:《强制执行法理论与实务》,中国法制出版社2014年版。

14. 江必新主编:《新民事诉讼法执行程序讲座》,法律出版社2012年版。

15. 李国光主编:《民事诉讼法及配套规定新释新解》(下),人民法院出版社2006年版。

16. 马登科:《民事执行的现代转型与制度创新——以威慑机制和人权保障的冲突与融合为背景》,厦门大学出版社2014年版。

17. 马登科:《案外人救济制度研究》,法律出版社2016年版。

18. 乔宇:《执行异议复议与异议之诉》,中国法制出版社2018年版。

19. 谭秋桂:《民事执行法学》(第3版),北京大学出版社2015年版。

20. 唐德华:《民事诉讼法立法与适用》,中国法制出版社2002年版。

21. 王卫国:《破产法精义》(第 2 版),法律出版社 2020 年版。

22. 王亚新、陈杭平、刘君博:《中国民事诉讼法重点讲义》(第 2 版),高等教育出版社 2021 年版。

23. 毋爱斌:《民事执行拍卖制度研究》,厦门大学出版社 2014 年版。

24. 吴光陆:《强制执行法》(修订 3 版),台北,三民书局股份有限公司 2015 年版。

25. 吴香香:《请求权基础:方法、体系与实例》,北京大学出版社 2021 年版。

26. 肖建国:《中国民事强制执行法专题研究》,中国法制出版社 2020 年版。

27. 肖建国主编:《民事执行法》,中国人民大学出版社 2014 年版。

28. 谢在全:《民法物权论》,中国政法大学出版社 2011 年版。

29. 许士宦:《强制执行法》(第 2 版),台北,新学林出版股份有限公司 2017 年版。

30. 许士宦:《执行力扩张与不动产执行》,台北,新学林出版股份有限公司 2014 年版。

31. 杨与龄:《强制执行法论》,中国政法大学出版社 2002 年版。

32. 张登科:《强制执行法》,台北,三民书局 2012 年版。

33. 朱庆育:《民法总论》,北京大学出版社 2013 年版。

34. 自然人破产处理工作小组起草:《世界银行自然人破产问题处理报告》,殷慧芬、张达译,中国政法大学出版社 2016 年版。

35. 最高人民法院民事审判第二庭:《〈全国法院民商事审判工作会议纪要〉理解与适用》,人民法院出版社 2019 年版。

36. 最高人民法院修改后民事诉讼法贯彻实施工作领导小组:《最高人民法院民事诉讼法司法解释理解与适用》,人民法院出版社 2015 年版。

37. 最高人民法院执行局:《人民法院办理执行案件规范》,人民法院出版社 2017 年版。

38. 最高人民法院执行局:《最高人民法院关于人民法院办理执行异议和复议案件若干问题规定理解与适用》,人民法院出版社 2015 年版。

39. [德] 穆泽拉克:《德国民事诉讼法基础教程》,周翠译,中国政法大学出版社 2005 年版。

40. [德]奥拉夫·穆托斯特:《德国强制执行法》(第 2 版),马强伟译,中国法制出版社 2019 年版。

41. [德]弗里茨·鲍尔等:《德国强制执行法》(上册),王洪亮等译,法律出版社 2019 年版。

42. [德]弗里茨·鲍尔等:《德国强制执行法》(下册),王洪亮等译,法律出版社 2020 年版。

43. [日]福永有利:《民事执行法　民事保全法》,雷彤译,作者 2017 年印行。

44. [日]高桥宏志:《民事诉讼法:制度与理论的深层分析》,林剑锋译,法律出版社 2003 年版。

45. [日]伊藤真:《民事诉讼法》(第 4 版补订版),曹云吉译,北京大学出版社 2019 年版。

46. James J. Brown, Judgment Enforcement Practice and Litigation, Wiley Law Publications, 1994.

47. Wendy Kennett, Civil Enforcement in a Comparative Perspective, Intersentia, 2021.

二、期刊

1. 百晓锋:《程序变革视角下的终结本次执行程序制度——以〈民诉法解释〉第 519 条为中心》,载《华东政法大学学报》2015 年第 6 期。

2. 百晓锋:《论司法拍卖中"悔拍"的法律后果》,载《法律适用》2020 年第 2 期。

3. 百晓锋:《论体制转型期执行和解的法律效力》,载《国家检察官学院学报》2021 年第 3 期。

4. 曹志勋:《停止侵害判决及其强制执行——以规制重复侵权的解释论为核心》,载《中外法学》2018 年第 4 期。

5. 陈刚:《民事执行回转制度的法系意识考察及立法启示》,载《国家检察官学院学报》2021 年第 3 期。

6. 陈杭平、李凯:《中国语境下的债权执行制度——兼论〈民事强制执行法〉与〈民法典〉的衔接》,载《国家检察官学院学报》2021 年第 3 期。

7. 陈杭平:《"善意执行"辨》,载《华东政法大学学报》2021 年第 2 期。

8. 陈杭平:《比较法视野下的执行权配置模式研究——以解决"执行难"问题为中心》,载《法学家》2018 年第 2 期。

9. 陈杭平:《论民事"执行和解"制度——以"复杂性"化简为视角》,载《中外法学》2018 年第 5 期。

10. 陈杭平:《再论执行力主观范围的扩张》,载《现代法学》2022 年第 4 期。

11. 陈恒、李飞:《仲裁案件执行难问题实证研究》,载《法律适用》2018 年第 15 期。

12. 陈计男:《论查封之效力》,载《法令月刊》第 43 卷第 6 期(1992 年 6 月)。

13. 陈凯:《〈最高人民法院关于公证债权文书执行若干问题的规定〉的救济程序选择评析》,载《中国公证》2019 年第 1 期。

14. 陈荣宗:《强制执行之竞合》,载《台大法律论丛》第 3 卷第 2 期(1974 年)。

15. 崔建远:《论外观主义的运用边界》,载《清华法学》2019 年第 5 期。

16. 崔建远:《我国〈民法总则〉的制度创新及历史意义》,载《比较法研究》2017 年第 3 期。

17. 丁勇:《认缴制后公司法资本规则的革新》,载《法学研究》2018 年第 2 期。

18. 葛云松:《民法上的赔礼道歉责任及其强制执行》,载《法学研究》2011 年第 2 期。

19. 何东宁等:《〈最高人民法院关于人民法院强制执行股权若干问题的规定〉的理解与适用》,载《中国应用法学》2022 年第 2 期。

20. 黄忠顺:《案外人排除强制执行请求的司法审查模式选择》,载《法学》2020 年第 10 期。

21. 黄忠顺:《论执行力对诉的利益的阻却——以公证债权文书为中心的分析》,载《法学论坛》2016 年第 4 期。

22. 金印:《案外人对执行标的主张实体权利的程序救济》,载《法学研究》2021 年第 5 期。

23. 雷彤:《司法拍卖不动产的交付问题研究》,载《人民司法》2019 年第 13 期。

24. 雷彤:《执行体制改革背景下"执行员"的再解读》,载《当代法学》2019 年第 1 期。

25. 李玲:《执行异议权滥用的防范与规制》,载《人民司法 · 应用》2020 年第 4 期。

26. 梁上上:《未出资股东对公司债权人的补充赔偿责任》,载《中外法学》2015 年第 3 期。

27. 廖浩:《民事特定继受执行程序研究——以执行主体变更、追加的二阶段架构为中心》,载《华东政法大学学报》2020 年第 4 期。

28. 刘君博:《执行和解协议中担保条款研究》,载《法律科学》2019 年第 4 期。

29. 刘学在、朱建敏:《案外人异议制度的废弃与执行异议之诉的构建——兼评修改后的〈民事诉讼法〉第 204 条》,载《法学评论》2008 年第 6 期。

30. 刘颖:《分配方案异议之诉研究》,载《当代法学》2019 年第 1 期。

31. 刘颖:《执行文的历史源流、制度模式与中国图景》,载《中外法学》2020 年第 1 期。

32. 刘哲玮:《论民事司法查封的效力》,载《国家检察官学院学报》2019 年第 4 期。

33. 马登科:《民事间接强制执行比较研究》,载《法律科学》2012 年第 4 期。

34. 马家曦:《执行内容确定之程序展开》,载《甘肃政法学院学报》2019 年第 3 期。

35. 史明洲:《执行和解的法解释论展开——〈民事诉讼法〉第 230 条评注》,载《当代法学》2017 年第 1 期。

36. 汤维建:《论司法拍卖市场化改革及其完善》,载《中国法学》2015 年第 1 期。

37. 王飞鸿、赵晋山:《民事诉讼法执行编修改的理解与适用》,载《人民司法·应用》2008 年第 1 期。

38. 王亚新:《通过强制执行的权利实现——执行程序的实际操作及其功能》,载《当代法学》2018 年第 1 期。

39. 毋爱斌:《审执分离视角下案外人异议制度的变革》,载《中南大学学报(社会科学版)》2017 年第 2 期。

40. 肖建国、刘文勇:《论执行力主观范围的扩张及其正当性基础》,载《法学论坛》2016 年第 4 期。

41. 肖建国:《民事强制执行救济制度的展开——以我国现行法律规定的难点和适用为中心的研究》,载最高人民法院执行工作办公室编:《执行工作指导》2008 年第 1 辑,人民法院出版社 2008 年版。

42. 肖建国:《强制执行形式化原则的制度效应》,载《华东政法大学学报》2021 年第 2 期。

43. 薛贵忠、盛强:《网络司法拍卖中拍卖公告发布途径的认定》,载《执行工作指导·最高人民法院执行局法官会议纪要》2020 年第 75 辑。

44. 杨留强、马瑞杰:《银行存款权利属性研究》,载《广西政法管理干部学院学报》2012 年第 3 期。

45. 叶科展:《关于公证债权文书的债权人诉权的思考——以〈最高人民法院关于公证债权文书执行若干问题的规定〉第 24 条为视角》,载《中国公证》2020 年第 6 期。

46. 张其鉴:《论公司出资债权不得抵销——以出资债权的法构造为中心》,载《中国政法大学学报》2022 年第 2 期。

47. 赵钢、刘学在:《论代位权诉讼》,载《法学研究》2000 年第 6 期。

48. 赵晋山:《强制执行程序中拍卖问题研究(一)》,载《强制执行指导与参考》2002 年第 1 卷。

49. 赵秀举:《论现代社会的民事执行危机》,载《中外法学》2010 年第 4 期。

50. 赵秀举:《论民事执行救济——兼论第三人执行异议之诉的悖论与困境》,载《中外法学》2012 年第 4 期。

51. 庄家园:《初探债权执行程序的理论基础——执行名义欠缺的质疑与收取诉讼的构造尝试》,载《现代法学》2017 年第 3 期。

52. 张卫平:《案外人异议之诉》,载《法学研究》2009 年第 1 期。

53. 张卫平:《执行救济制度的体系化》,载《中外法学》2019 年第 4 期。

54. 张卫平:《判决执行力主体范围的扩张——以实体权利转让与执行权的获得为中心》,载《现代法学》2007 年第 5 期。

关键词索引